中国共产党南京市玄武区历史
（1978—2012）

中共南京市玄武区委党史工作办公室　组　编
任　宁　主　编
钱钦民　华惠毅　副主编

东南大学出版社
SOUTHEAST UNIVERSITY PRESS
·南京·

图书在版编目(CIP)数据

中国共产党南京市玄武区历史：1978—2012 / 任宁主编：钱钦民，华惠毅副主编. — 南京：东南大学出版社，2023.11
ISBN 978-7-5766-0707-9

Ⅰ.①中… Ⅱ.①任… ②钱… ③华… Ⅲ.①中国共产党-地方组织-党史-南京-1978-2012 Ⅳ.①D235.534

中国国家版本馆CIP数据核字(2023)第043773号

责任编辑：刘　坚(635353748@qq.com) 　　责任校对：张万莹
封面设计：毕　真　　　　　　　　　　　　　责任印制：周荣虎

中国共产党南京市玄武区历史(1978—2012)

Zhongguo Gongchandang Nanjing Shi Xuanwu Qu Lishi(1978—2012)

主　　编	任　宁
出版发行	东南大学出版社
出 版 人	白云飞
社　　址	南京市四牌楼2号(邮编：210096　电话：025-83793330)
经　　销	全国各地新华书店
印　　刷	南京艺中印务有限公司
开　　本	787 mm×1092 mm　1/16
印　　张	24.75
字　　数	550千字
版　　次	2023年11月第1版
印　　次	2023年11月第1次印刷
书　　号	ISBN 978-7-5766-0707-9
定　　价	220.00元

本社图书若有印装质量问题,请直接与营销部调换。电话(传真)：025-83791830

中国共产党南京市玄武区历史(1978—2012)

编审委员会

主　任　闵一峰
副主任　钱　维　贾　慧　许　恺　吕　璟
编　委　朱天龙　罗昌锋　刘　诚　施　扬
　　　　　陈可科　马千山　张　杰　任　宁

编纂人员

主　编　任　宁
副主编　钱钦民　华惠毅
编写组　周建安　周大玮　张　伟　王　静　乙维清

审读人员

徐卫力

编纂说明

一、《中国共产党南京市玄武区历史(1978—2012)》是玄武区委成立以来编纂的第二部党史著作。第一部的书名为《中共南京市玄武区地方史(1949—1978)》，按照市委党史办要求，从第二部起，书名为《中国共产党南京市玄武区历史》。

二、本书以马克思主义、毛泽东思想、邓小平理论、"三个代表"重要思想、科学发展观和习近平新时代中国特色社会主义思想为指导，以党的十一届三中全会以来的路线、方针、政策和以后历届党代表大会的精神为依据，运用辩证唯物主义的立场、观点、方法记述、分析和评价历史。

三、本书记事时间从1978年12月党的十一届三中全会开始，至2012年12月学习贯彻党的十八大精神为止，时间跨度为34年。为了叙事方便和承上启下，有些章节的记述时间略有前推或后延。

四、书中提及的党政机关称谓，一般采用简称。如中国共产党中央委员会、中华人民共和国国务院、中共中央纪律检查委员会分别简称为"中共中央""国务院""中纪委"；中共江苏省委、江苏省人民政府分别简称为"省委""省政府"；中共南京市委员会、南京市人民政府分别简称为"市委""市政府"；中共玄武区委、玄武区人民代表大会、玄武区人民政府、玄武区政协，分别简称为"区委""区人大""区政府""区政协"，其领导班子同时出现时，简称"区四套领导班子"，中共南京市玄武区纪律检查委员会简称为"区纪委"；等等。

五、在本书记事的时间段里，玄武区举行了第三次至第十次党代表大会，产生了8届领导班子。领导班子组成情况在附录中集中记载，正文中不再分别记载。

六、由于本书所记载史料的时间跨度大，同一事项前后有多种称谓，比如"私营经济""个体经济""民营经济"，本书不作统一，基本上保持原来的名称，以体现不同历史时期史实的本来面貌。

七、重要的专用名称，缩写和简化的名称，采用页下注的形式注释。

八、本书资料主要来自区档案馆保存的档案，公开出版的报刊、书籍，年鉴、地方志，《中国共产党南京市玄武区历史大事记》《中共南京市玄武区委执政实录》等内部参阅材料，以及相关部门提供的统计资料、总结报告和调查报告。书中所引用的全区综合性数据，均以区统计部门提供的数据为准。

序

《中国共产党南京市玄武区历史（1978—2012）》正式出版了。这部著作是继《红色玄武三十年(1919—1949)》和《中共南京市玄武区地方史(1949—1978)》之后，玄武党史工作的又一硕果。

烽火铸信念，忠诚筑丰碑。玄武是一片流淌红色血液、浸染红色文化的土地，无数英雄儿女在这里浴血奋战、顽强拼搏，谱写了荡气回肠的壮丽篇章。梅庵小筑里的铮铮誓言，留下了革命先驱救国救民、艰难探索的初心；梅园新村里的点点灯火，映照着共产党人追寻和平民主道路的不懈努力；"5·20"运动中爆发的声声呐喊，铭记着共产党人带领人民不惧压力、不畏强权的战斗精神：为这片红色土地带来了永恒的记忆。

逝去的是岁月，不灭的是精神。新中国成立以来，一代代玄武人在党的坚强领导下，传承红色基因，矢志艰苦奋斗，推动玄武大地发生了翻天覆地的变化，处处迸发出无限的生机与活力。特别是进入新世纪的10年，玄武综合实力大步跃升，城市面貌焕然一新，人民生活日新月异，生态环境显著改善。玄武相继入选全国高质量发展百强区、全国幸福百强区、全国社会治理百强区，以实际行动扛起了作为省会城市中心城区和市委市政府所在地的责任担当。在现代化建设过程中，我们深深体会到，必须坚持解放思想、实事求是，坚定走好符合玄武实际的发展道路；必须坚持人民至上、执政为民，牢固树立全心全意为人民服务的宗旨意识；必须坚持敢于担当、真抓实干，主动应对发展道路上的种种困难挑战；必须坚持党要管党、全面从严治党，充分发挥党总揽全局、协调各方的领导核心作用：这是我们弥足珍贵的应该继续发扬的历史经验。

历史是时间的刻度，更是奋斗的标尺。踏上新征程，党的二十大全面把握党和国家事业发展新要求、人民群众新期待，指明了中国式现代化的前进道路方向，发出了为全面建设社会主义现代化国家、全面推进中华民族伟大复兴而团结奋斗的动员令。我们将从光辉历史中汲取智慧和力量，认真学习、宣传、贯彻党的二十大精神，自觉把玄武现代化建设摆到全国、全省、全市发展大局中审视和谋划，围绕区第十二次党代会明确的"建设最具竞争力的创新高地、最具影响力的消费中心、最具吸引力的美丽城区、最具凝聚力的幸福家园"奋斗目标，坚定走好特大城市中心城区、彰显玄武特色的高质量发展之路，坚决扛起"争当表率、争做示范、走在前列"重大而光荣的使命，奋力谱写"强富美高"玄武新篇章。

  鉴往知来，学史明智。《中国共产党南京市玄武区历史（1978—2012）》的史料翔实、脉络清晰、内容丰富，全面客观地记录了区委团结带领全区广大党员干部群众，在改革开放中走过的光辉历程。这段历程，是一部筚路蓝缕、栉风沐雨的奋斗史，是一部披荆斩棘、凯歌高进的发展史，不仅为玄武发展积累了坚实的物质基础，更给我们留下了宝贵的精神财富。我们将以《中国共产党南京市玄武区历史（1978—2012）》出版为契机，进一步发挥党史"以史鉴今、资政育人"的重要作用，引导全区广大党员干部群众培养历史眼光、增强历史自信，踔厉奋发，勇毅前行，更好地扛起新使命，创造新辉煌，为全面建设社会主义现代化国家、全面推进中华民族伟大复兴作出新的更大贡献！

闵一峰
2022年12月

目　录

第一编　拨乱反正与改革开放起步
（1978年12月至1984年8月）

第一章　全面拨乱反正 (003)

第一节　学习贯彻十一届三中全会精神 (003)

一、区第三次党代会部署清除"四人帮"流毒 (003)

二、开展"真理标准"大讨论补课 (005)

三、学习贯彻"四项基本原则" (007)

四、学习宣传《关于建国以来党的若干历史问题的决议》 (009)

第二节　落实政策和调整社会关系 (011)

一、加快平反冤假错案 (011)

二、复查和处理历史遗留问题 (012)

三、落实知识分子政策和民族政策 (014)

第三节　推进民主政治建设 (015)

一、恢复和健全人民代表大会制度 (015)

二、政协和民主党派恢复活动 (017)

三、重建党政职能分开的领导体制 (018)

第二章　实行工作重心转移 (021)

第一节　贯彻国民经济调整方针 (021)

一、明确城区工作定位 (021)

二、发展"双服务"事业 (023)

三、恢复发展各项社会事业 (025)

第二节　加快发展区街经济 (027)

一、加强对区街经济的领导和管理 (027)

二、整顿区街企业 (029)

三、打击经济领域的犯罪活动 …………………………………………… (031)

第三节　切实改善群众生活 ………………………………………………… (033)
　　一、调整和提高职工工资 ………………………………………………… (033)
　　二、做好下乡回城人员的安置工作 ……………………………………… (034)
　　三、集中力量加快住宅建设 ……………………………………………… (036)

第三章　改革开放起步 ………………………………………………………… (038)

第一节　加快启动企业三项改革 …………………………………………… (038)
　　一、学习贯彻党的十二大精神 …………………………………………… (038)
　　二、改革之一：试行经济承包责任制 …………………………………… (040)
　　三、改革之二：扩大企业自主权 ………………………………………… (042)
　　四、改革之三：鼓励企业发展横向经济联合 …………………………… (044)

第二节　加强思想政治工作和精神文明建设 ……………………………… (046)
　　一、开展文明礼貌月活动 ………………………………………………… (046)
　　二、加强民主和法制教育 ………………………………………………… (048)
　　三、改进思想政治工作 …………………………………………………… (050)

第三节　总结经验，开创四化建设新局面 ………………………………… (053)
　　一、召开区第四次党代会，检阅改革开放成果 ………………………… (053)
　　二、制定四项措施弥补不足 ……………………………………………… (054)
　　三、制定经济社会发展新目标 …………………………………………… (056)

第四章　坚持和加强党的领导 ………………………………………………… (057)

第一节　提高党员政治思想素质 …………………………………………… (057)
　　一、建立党员轮训制度 …………………………………………………… (057)
　　二、开展争做合格党员活动 ……………………………………………… (059)
　　三、恢复和发扬党的优良传统优良作风 ………………………………… (060)

第二节　加强党组织的战斗堡垒建设 ……………………………………… (062)
　　一、解决领导班子"散""软""懒"问题 ………………………………… (062)
　　二、严肃查处违纪违法党员 ……………………………………………… (064)
　　三、培养和发展新党员 …………………………………………………… (066)

第三节　改进机关作风和实施机构改革 …………………………………… (068)
　　一、整顿机关工作作风 …………………………………………………… (068)

二、实施第一轮机构改革 …………………………………………（069）
　　三、按照"四化"要求配备干部 …………………………………（071）

第二编　开创改革开放和城区工作新局面
（1984年9月至1992年2月）

第五章　全面推进经济体制改革 ……………………………………（076）
　第一节　区委部署深化企业改革 ……………………………………（076）
　　一、学习贯彻中央关于经济体制改革的决定 …………………（076）
　　二、给企业放权松绑 ……………………………………………（078）
　　三、为企业搞活排忧解难 ………………………………………（079）
　第二节　打破"大锅饭"，激发企业内生活力 ………………………（081）
　　一、全面实行多种形式的经济责任制 …………………………（081）
　　二、构建横向经济联合新格局 …………………………………（083）
　　三、积极发展外向型经济 ………………………………………（085）
　第三节　改革商业管理体制 …………………………………………（087）
　　一、商业公司实行"去行政化"改革 ……………………………（087）
　　二、加快建设商业网点 …………………………………………（088）
　　三、冲破陈规旧习，扩大商品交流 ……………………………（090）
　第四节　给街道简政放权 ……………………………………………（092）
　　一、扩大街道人权财权管理权 …………………………………（092）
　　二、扶持街道发展劳务经济 ……………………………………（093）
　　三、增强居委会的工作活力和经济实力 ………………………（095）

第六章　加快城区开发和建设 ………………………………………（098）
　第一节　加强城市建设与市容管理 …………………………………（098）
　　一、以"三破三立"促城区全面发展 ……………………………（098）
　　二、实行"四位一体"综合开发 …………………………………（100）
　　三、破解城市管理中的"老大难"问题 …………………………（101）
　第二节　改革城市建设与管理体制 …………………………………（103）
　　一、实施"综、分、法"管理模式 ………………………………（103）
　　二、城建事业单位实施企业化管理 ……………………………（105）

三、公益设施实施社会化 …………………………………………… (107)

第三节　改革和发展各项社会事业 ……………………………………… (109)
　　一、大力提高基础教育水平 …………………………………………… (109)
　　二、推进医疗机构"联建" ……………………………………………… (111)
　　三、建设群众文化工作新体系 ………………………………………… (113)
　　四、依托"三大"发展区属科技事业 …………………………………… (115)

第七章　在治理整顿中深化改革 …………………………………………… (117)

第一节　治理整顿经济秩序 ………………………………………………… (117)
　　一、深入学习贯彻十三大精神 ………………………………………… (117)
　　二、纠正经济领域乱象 ………………………………………………… (118)
　　三、防止经济过热 ……………………………………………………… (120)
　　四、依法严惩经济犯罪 ………………………………………………… (122)

第二节　做好新形势下的思想政治工作 …………………………………… (124)
　　一、继续开展坚持"四项基本原则"教育 ……………………………… (124)
　　二、区委坚决制止动乱 ………………………………………………… (126)
　　三、坚持"两手抓""两手都要硬" ……………………………………… (127)

第三节　区委部署经济社会发展新突破 …………………………………… (129)
　　一、振奋精神，增强经济发展后劲 …………………………………… (129)
　　二、抓住有利时机完善和深化企业改革 ……………………………… (131)
　　三、区第五次党代会提出建设"花园式文明区"目标 ………………… (132)
　　四、区第六次党代会号召"区街经济上一个新台阶" ………………… (134)

第八章　加强各级党组织的"三大"建设 …………………………………… (137)

第一节　加强党性与严肃党纪 ……………………………………………… (137)
　　一、持续开展增强党性教育 …………………………………………… (137)
　　二、改革开放形势下的全面整党 ……………………………………… (139)
　　三、严肃处理不合格党员 ……………………………………………… (141)

第二节　加强党的制度建设 ………………………………………………… (143)
　　一、完善党的日常工作制度 …………………………………………… (143)
　　二、健全党内外监督制度 ……………………………………………… (145)
　　三、制定居委会党建制度 ……………………………………………… (146)

第三节　加强党的作风建设 (148)
一、开展全心全意为人民服务再教育 (148)
二、专项治理群众反映强烈的问题 (149)
三、创建良好的民生"小环境" (151)

第三编　初步建立社会主义市场经济体制
（1992年3月至2002年10月）

第九章　把握机遇，加快发展 (155)
第一节　解放思想，拓宽发展思路 (155)
一、学习贯彻邓小平南方谈话和十四大精神 (155)
二、全区经济"四加快四促进" (157)
三、提前两年实现"八五"计划 (158)
四、区第七次党代会提出"九五"继续翻一番 (159)

第二节　加速发展区街经济 (161)
一、优先发展第三产业 (161)
二、外贸外资外经齐增长 (162)
三、依靠科技进步加速经济振兴 (164)

第三节　提高城市综合服务能力 (166)
一、市政建设全面提速升级 (166)
二、推进市政管理制度化规范化 (167)
三、强化社区服务功能 (169)

第十章　培育社会主义市场经济体系 (171)
第一节　制定"市场兴区"战略 (171)
一、开展建设社会主义市场经济体制教育 (171)
二、壮大有形市场体系 (172)
三、发挥"珠江路一条街"的市场效应 (174)

第二节　逐步建立现代企业制度 (177)
一、加快企业经营机制转换 (177)
二、积极稳妥实行企业产权制度改革 (178)
三、鼓励民营经济进入市场竞争 (180)

第三节　推进与市场经济相适应的配套改革……………………(182)
　　　一、实行"分税制"和国资管理新体制………………………(182)
　　　二、加快社会保障体系建设……………………………………(183)
　　　三、做好下岗失业人员再就业工作……………………………(184)
　　　四、转变政府职能,改进机关作风……………………………(186)

第十一章　提高社会主义精神文明建设水平……………………………(188)
　　第一节　创新精神文明建设活动形式………………………………(188)
　　　一、坚持两个文明建设同步发展………………………………(188)
　　　二、制定精神文明建设规划纲要………………………………(190)
　　　三、开展覆盖各类群体的精神文明创建活动…………………(191)
　　第二节　强化社会主义思想道德教育………………………………(194)
　　　一、开展生动活泼的爱国主义教育……………………………(194)
　　　二、开展"三德"教育…………………………………………(196)
　　　三、开展"二五""三五"普法教育……………………………(198)
　　第三节　协调发展各项社会事业……………………………………(199)
　　　一、实施教育现代化工程………………………………………(199)
　　　二、开展群众喜闻乐见的文化活动……………………………(201)
　　　三、加快实现"人人享有卫生保健"的目标…………………(203)

第十二章　发挥党组织的政治领导核心作用……………………………(206)
　　第一节　提高党员队伍的政治素质…………………………………(206)
　　　一、以邓小平理论武装党员干部………………………………(206)
　　　二、区委领导班子加强自身建设………………………………(208)
　　　三、领导干部开展"三讲"教育………………………………(210)
　　第二节　创新党的工作运行机制……………………………………(212)
　　　一、实行党建经济一体化目标管理……………………………(212)
　　　二、创建"党建工作先进区"…………………………………(214)
　　　三、建立"政绩荣誉档案"考核制度…………………………(215)
　　　四、加强党建薄弱领域的基层党组织建设……………………(217)
　　第三节　加强反腐倡廉制度建设……………………………………(219)
　　　一、强化党员领导干部廉洁自律………………………………(219)

二、实行廉政建设责任制 …………………………………………… (221)
　　三、专项清理和查办"三违"案件 ………………………………… (223)

第十三章　带着两个文明建设丰硕成果进入新世纪 …………………… (226)
第一节　确立跨世纪发展目标 ………………………………………… (226)
　　一、学习贯彻党的十五大精神 ……………………………………… (226)
　　二、区第八次党代会制定跨世纪发展目标 ………………………… (228)
　　三、完成"九五"计划和实施"十五"计划 ………………………… (229)

第二节　做大做强区域经济 …………………………………………… (231)
　　一、积极推进"三大转变" ………………………………………… (231)
　　二、加快发展新兴产业 ……………………………………………… (233)
　　三、提高东部区域城市化水平 ……………………………………… (235)

第三节　确保人民群众分享改革开放成果 …………………………… (237)
　　一、多措并举增加城乡居民收入 …………………………………… (237)
　　二、精心营造优良的区域环境 ……………………………………… (238)
　　三、全力维护社会安定和谐 ………………………………………… (240)

第四编　继往开来，加快社会主义现代化建设
（2002年11月至2007年9月）

第十四章　以"三个代表"重要思想指导实践 …………………………… (245)
第一节　全面学习贯彻党的十六大精神 ……………………………… (245)
　　一、在思想行动上确立"三个代表"的指导地位 ………………… (245)
　　二、多形式多渠道培训基层干部 …………………………………… (247)
　　三、区委领导带头学习，率先垂范 ………………………………… (247)

第二节　以新思路新举措实现新发展 ………………………………… (249)
　　一、制定率先实现基本现代化奋斗新目标 ………………………… (249)
　　二、夯实"富民强区"基石 ………………………………………… (250)
　　三、经济社会发展连年迈上新台阶 ………………………………… (252)

第三节　举全区之力打赢"非典"阻击战 …………………………… (253)
　　一、紧急动员，严防坚守 …………………………………………… (253)
　　二、一手抓防治，一手抓发展 ……………………………………… (254)

三、从突击防治到长效管理 …………………………………………… (255)

第十五章　走又好又快发展经济之路 ……………………………… (258)

第一节　构建发展新框架 …………………………………………… (258)
　　一、区委召开第九次党代会 …………………………………………… (258)
　　二、做精做强珠江路"一街三园" …………………………………… (260)
　　三、完善"两带"建设规划 …………………………………………… (261)
　　四、"三区"建设快速启动 …………………………………………… (262)

第二节　加快民营经济发展 ………………………………………… (263)
　　一、加强对民营经济的领导 …………………………………………… (263)
　　二、降低发展民营经济的"门槛" …………………………………… (265)
　　三、助力民营科技企业发展 …………………………………………… (267)

第三节　全面加快东部地区建设 …………………………………… (268)
　　一、"四大板块"全面开盘 …………………………………………… (268)
　　二、抓好关键一着——拆迁 …………………………………………… (269)
　　三、多管齐下招商引资 ………………………………………………… (270)

第十六章　加强党的执政能力建设 ………………………………… (273)

第一节　贯彻中央加强党执政能力建设的决定 …………………… (273)
　　一、深刻认识加强执政能力建设的重大意义 ……………………… (273)
　　二、明确加强执政能力建设的目标："四围绕四增强" …………… (274)
　　三、制定加强执政能力建设的保证措施 …………………………… (275)

第二节　开展保持共产党员先进性教育活动 ……………………… (276)
　　一、区委制定教育活动的目标要求 ………………………………… (276)
　　二、严格验收　务求实效 …………………………………………… (277)
　　三、区委领导班子做出样子 ………………………………………… (278)
　　四、探索保持先进性教育成果的长效机制 ………………………… (280)

第三节　练好提高执政能力的"看家本领" ……………………… (281)
　　一、加强对干部作风建设的组织领导 ……………………………… (281)
　　二、倡导领导干部"从我做起，对我监督" ……………………… (283)
　　三、用良好的服务把党的政策变为群众的掌声 …………………… (285)

第四节　严格干部监督管理 ……………………………………… (286)
　一、从"鼓励"和"禁止"两端规范公务员行为 …………………… (286)
　二、抓大不放小，推进反腐倡廉工作全面落实 ………………… (287)
　三、严肃查处干部职务犯罪 …………………………………… (289)

第五编　夺取全面建设小康社会新胜利
（2007年10月至2012年12月）

第十七章　以科学发展观谋划新一轮发展 ……………………… (292)
第一节　学习贯彻党的十七大精神 …………………………… (292)
　一、掀起学习贯彻十七大精神热潮 …………………………… (292)
　二、党员干部分批学习实践科学发展观 ……………………… (294)
　三、区第十次党代会定位发展新目标：建设现代化国际性人文绿都标志区
　　……………………………………………………………… (296)
第二节　开展新一轮解放思想大讨论 ………………………… (297)
　一、解决思想观念上的"六不"问题 …………………………… (297)
　二、各级领导干部带头参加解放思想大讨论 ………………… (299)
　三、解放思想大讨论强化"四个共识" ………………………… (300)
第三节　深入推进和谐社区建设 ……………………………… (302)
　一、制定和谐社区建设新目标 ………………………………… (302)
　二、围绕纾解民生难题推进和谐社区建设 …………………… (304)
　三、和谐社区建设的十二个品牌 ……………………………… (305)
　四、首创《和谐社区评价准则》 ………………………………… (308)

第十八章　坚持创新驱动、内生增长、绿色发展 ………………… (310)
第一节　制定产业发展基本方略 ……………………………… (310)
　一、加快重点产业的发展 ……………………………………… (311)
　二、提高科技信息产业自主创新能力 ………………………… (311)
　三、拓展商贸商务产业发展空间 ……………………………… (313)
　四、鼓励创新发展文化旅游产业 ……………………………… (314)
第二节　构建人才聚集高地 …………………………………… (315)
　一、实施"432"人才计划 ……………………………………… (315)

二、发挥政策效应,广开招贤之门 …………………………………… (317)
　　三、完善人才服务系统 ………………………………………………… (318)

第三节　利用区位优势发展总部经济 …………………………………………… (320)
　　一、总部经济是区经济发展的必然选择 ……………………………… (320)
　　二、出台加快发展总部经济扶持政策 ………………………………… (321)
　　三、成长中的总部经济三大板块 ……………………………………… (322)

第四节　成功应对世界金融危机影响 …………………………………………… (323)
　　一、世界金融危机波及玄武区 ………………………………………… (323)
　　二、各级领导干部坚定信心、主动作为 ……………………………… (324)
　　三、全区同心勠力,经济逐步向好 …………………………………… (325)

第十九章　全面推进以民生为重点的社会建设 …………………………… (328)

第一节　坚持民生普惠,改善群众生活 ………………………………………… (328)
　　一、创建充分就业区 …………………………………………………… (328)
　　二、完善社会救助体系 ………………………………………………… (331)
　　三、加快推进养老事业 ………………………………………………… (332)

第二节　实现科教文卫全面发展 ………………………………………………… (334)
　　一、建设科技创业创新名城示范区 …………………………………… (334)
　　二、提升教育现代化水平 ……………………………………………… (336)
　　三、发挥资源优势,筑就文化高地 …………………………………… (338)
　　四、完善社区卫生服务体系 …………………………………………… (340)

第三节　全面建设环境友好型社会 ……………………………………………… (342)
　　一、落实环保优先方针 ………………………………………………… (342)
　　二、铁腕治理污染企业 ………………………………………………… (344)
　　三、解决群众最迫切的环保问题 ……………………………………… (345)

第四节　建设百姓安居乐业家园 ………………………………………………… (347)
　　一、启动新一轮"平安玄武"创建行动 ……………………………… (347)
　　二、推进社会矛盾纠纷大调解机制建设 ……………………………… (349)
　　三、保持打击违法犯罪行为的高压态势 ……………………………… (351)
　　四、构筑应对突发事件的安全屏障 …………………………………… (352)

第二十章　提高党的建设的科学化水平 …………………………………（355）
　　第一节　增强基层党组织和党员的执行力 ……………………………（355）
　　　　一、不断解放思想，不断更新观念 …………………………………（355）
　　　　二、提高基层组织和党员干部的政治业务素质 ……………………（357）
　　　　三、开展"创先争优"活动 ……………………………………………（358）
　　第二节　建立常态督察机制 ……………………………………………（359）
　　　　一、首次成立常态督察机构 …………………………………………（359）
　　　　二、创新形式，突出重点，讲究实效 …………………………………（359）
　　第三节　推进干部思想作风的源头治理工作 …………………………（361）
　　　　一、构建重在预防教育的监管体系 …………………………………（361）
　　　　二、坚持实行群众评议机关制度 ……………………………………（362）
　　　　三、纠风查腐，严格执纪执法 ………………………………………（363）
结束语 ………………………………………………………………………（365）
附录 …………………………………………………………………………（369）
后记 …………………………………………………………………………（376）

第一编
拨乱反正与改革开放起步

(1978年12月至1984年8月)

【本编提要】 1978年12月召开的党的十一届三中全会,作出了把党的工作中心转移到社会主义现代化建设上来和实行改革开放的战略决策,开启了社会主义现代化建设的新时期。玄武区委按照中央和省委、市委的部署,加强和改善党的领导,带领各级党组织和广大干部群众拨乱反正,落实政策,调整社会各方面的关系,同时从玄武区的特点出发,启动经济体制改革,扩大企业自主权,试行多种形式的经济责任制,开始解决存在多年的"企业大锅饭"问题。广大干部群众精神面貌焕然一新,大干社会主义的积极性高涨,各项工作和社会事业从粉碎"四人帮"后两年的徘徊状态中走了出来,迈上了健康发展的轨道。1982年9月,党的十二大提出了建设有中国特色的社会主义的重大命题和"小康"战略目标,向全党和全国人民发出了全面开创社会主义现代化建设新局面的伟大号召。1984年8月,玄武区委召开区第四次党代会,学习和贯彻党的十二大精神,总结经验,发扬成绩,梳理不足,汲取教训,制定了经济社会发展新目标,拉开了开创玄武区现代化建设新局面的帷幕。

第一章　全面拨乱反正

遵循党的十一届三中全会提出和确定的"解放思想、实事求是"的思想路线和"解放思想、开动脑筋、实事求是、团结一致向前看"的指导方针,玄武区委以"实践是检验真理的唯一标准"的讨论为先导,引导广大干部群众从路线、思想、作风等各个方面,在政治、经济、文化、教育等各个领域,冲破"左"的思想禁区,清除"四人帮"流毒,打开思想解放的"闸门",全面拨乱反正,正本清源。在此基础上,区委根据党的政策,平反了"文化大革命"中发生的大量冤假错案,复查和处理了一批历史遗留问题,落实了知识分子政策和民族政策;按照中央和省委、市委的部署,积极推进民主政治建设,恢复和健全了人民代表大会制度,支持民主党派参政议政;统一认识,创造条件,改变以往长期形成的"党不管党,党政不分家"的状况,建立区党政职能分开的领导体制,改善和加强了党的领导。经过几年的工作,逐步调整了被"文化大革命"严重破坏的各个方面的关系,化消极因素为积极因素,团结了一切可以团结的力量,为改革开放和社会主义现代化建设奠定了良好政治基础和思想基础。

第一节　学习贯彻十一届三中全会精神

一、区第三次党代会部署清除"四人帮"流毒

1978年12月26日至12月28日,玄武区委召开第三次党代表大会。大会认真学习了党的十一届三中全会公报,热烈拥护全会作出的"全党工作的着重点从1979年起转移到社会主义现代化建设上来"和实行改革开放的战略决策,热烈拥护全会关于撤销有关"反击右倾翻案风"和天安门事件的错误文件的决定。区委书记王炳凯代表区委作了题为《把党的工作重点切实转移到社会主义现代化建设上来,更好地为生产

服务为职工群众生活服务》的工作报告。报告遵循党的十一届三中全会精神，分析了全区粉碎"四人帮"以后的形势，进一步明确了区委领导全区各级党组织和广大干部群众打破精神枷锁，清除"左"的影响，端正党的工作路线的目标和任务。

从1976年11月至1978年11月，玄武区先后开展了揭批"四人帮"的"三大战役"，集中力量揭批"四人帮"篡党夺权阴谋和反革命罪恶历史，清查与"四人帮"阴谋活动有牵连的人和事，粉碎"四人帮"江苏的代理人和爪牙在玄武区的帮派体系，取得了决定性胜利。从"三大战役"取得的成果来看，揭批"四人帮"的群众运动可以结束了，但是区委也认识到，林彪、"四人帮"反革命修正主义路线和反动思想体系在各个领域的流毒远远没有肃清，"内伤"尚未治愈。有些同志中毒不知毒，知毒不消毒，过高地估计了前一阶段揭批的成效，对林彪、"四人帮"危害社会主义革命和社会主义建设的严重性认识不足。王炳凯代表区委所作的工作报告认为，不彻底批判林彪、"四人帮"的流毒，思想就解放不了，胆子就大不了，办法也多不了，步子也快不了，须要从思想上、理论上继续深入批判林彪、"四人帮"的反革命修正主义路线和反动思想体系，进一步引导广大干部群众从根本上摆脱"左"的影响，把思想统一到十一届三中全会确定的路线、方针、政策上来，把这场政治大革命进行到底。

按照区党代会的部署，区委于1979年上半年组织、带领各级党组织和广大干部群众认真学习《人民日报》1978年10月4日特约评论员文章《夺取揭批"四人帮"斗争的全胜》，集中力量全面排查本地区、本系统和本单位受"四人帮""影响最深危害最大的问题"。全区举办了不同层次的专题学习班，举行了多种形式的批判会，把"四人帮"在理论和实践、精神和物质、政治和经济、生产力和生产关系、政治挂帅和物质鼓励等方面颠倒了的是非纠正过来，紧密联系各领域、各系统的实际，清除其流毒，把各项工作纳入正常发展的轨道。

工业战线结合贯彻《中共中央关于加快工业发展若干问题的决定（草案）》，批判"四人帮"鼓吹的"革命搞好了，生产就自然上去了"，"企业不要规章制度"，管理是对工人的"管、卡、压"，"凭觉悟搞好生产"，把按劳分配、搞奖励等统统当作物质刺激等破坏生产、破坏管理、破坏社会主义经济基础的种种谬论和罪行，推动企业整顿，建立和恢复正常的生产秩序，加快工业生产发展。

农业战线组织和发动广大干部群众学习中央批转的湖南省湘乡县（今湘乡市）减轻农民负担的经验，学习中央关于改进干部作风的批示，学习中央关于落实农村经济政策的相关文件，批判"四人帮"破坏社会主义集体经济、任意侵犯人民民主权利的谬论和罪行，认真检查和落实党在农村的各项经济政策，进一步减轻农民不合理负担，从各个方面调动农民积极性。组织和引导广大农民群众排除干扰，不失时机地搞好春耕生产和夏收夏种，为夺取全年丰收打好基础。

财贸战线继续贯彻全国财贸"双学"（学大庆、学大寨）会议精神，批判"四人帮"散布的"服务得好会出修正主义"等谬论和罪行，贯彻"发展生产，保障供给"的财经工作总方针，坚持政治观点、生产观点、群众观点，为企业发展生产和人民生活搞好"支""帮""促"，当好新长征路上的好后勤。

基建战线重点批判"四人帮"破坏国家统一计划、破坏基本建设程序的谬论和罪行，更好地贯彻集中力量打歼灭战的方针，迅速把基本建设搞上去，满足生产发展和改善群众生活的需求，适应四化建设的新要求。

文化教育战线是受"四人帮"毒害的重灾区。联系发生在玄武区的一系列打击、迫害知识分子，破坏文化教育的罪行，深入批判"四人帮"炮制的"两个颠倒"、"两个估计"（即："文化大革命"前17年教育战线基本上是资产阶级专了无产阶级的政，是"黑线专政"；大多数知识分子，世界观基本上是资产阶级的，是资产阶级知识分子）反革命谬论和罪行，清除流毒，在全社会树立、倡导尊重知识、尊重知识分子的社会风尚，推动文教事业发展。

政法战线深入批判"四人帮"破坏社会主义法制，颠倒敌我，把无产阶级专政矛头指向党内、指向革命干部的谬论和罪行，积极采取措施加强政法队伍建设，加强社会主义法制建设，保卫社会主义革命和社会主义建设。

这次揭批斗争紧扣实际，重点突出，目标明确，收到了正本清源、分清是非的效果，为进一步落实各项政策，加快各项事业的发展，排除了思想障碍。广大干部群众消除了余悸，振奋了精神，为实现新时期总任务而奋斗的积极性高涨。

二、开展"真理标准"大讨论补课

随着思想解放的深入，各项政策的落实，一个端正思想路线、恢复实事求是优良传统、冲破思想禁区的重大课题，摆到了玄武区各级党组织和广大干部群众，特别是各级领导干部面前。

"文化大革命"中，林彪、"四人帮"大搞假"左"真右，鼓吹"天才论""顶峰论"，"一句顶一万句""句句是真理"，把毛泽东思想宗教化、绝对化。"四人帮"

粉碎以后，1977年2月7日，"两报一刊"（《人民日报》、《解放军报》、《红旗》杂志)社论《学好文件抓住纲》又提出"两个凡是"的方针（即："凡是毛主席作出的决策，我们都坚决维护；凡是毛主席的指示，我们都始终不渝地遵循"）。由于这个方针对毛主席生前的决策和指示拒绝作任何分析，在理论上违背了马克思主义基本原理和党的实事求是思想路线，在实践上为新形势下坚持真理、修正错误设置了障碍，使许多干部的思想处于僵化半僵化状态，十一届三中全会精神的贯彻落实遇到了巨大阻力。1978年5月11日，《光明日报》发表特约评论员文章《实践是检验真理的唯一标准》，指出：虽然"四人帮"及其帮派体系已被摧毁，但是"四人帮"加在人们身上的精神枷锁还远没有完全粉碎。对于禁锢人们的思想"禁区"，要敢于去触及，敢于去弄清是非。同全国一样，这篇文章在玄武区干部群众中引起强烈反响。

1978年月10月16日，区委宣传部第一次召开小型座谈会讨论真理标准问题，拉开了玄武区正式开展"真理标准大讨论"的帷幕。在此之前，区委宣传部邀请《实践是检验真理的唯一标准》的作者南京大学教师胡福明给全区干部作了一次关于文章撰写过程和发表前后情况的报告，帮助广大干部加深对"实践是检验真理的唯一标准"的理解。10月27日，区委根据省委和市委的要求，发出了《在全区认真开展真理标准问题讨论的通知》，部署全区开展"真理标准大讨论"。这次讨论分4步进行：一是组织广大干部群众学习。主要学习马克思的《关于费尔巴哈的提纲》，毛泽东的《实践论》《人的正确思想是从哪里来的?》《反对本本主义》，以及邓小平在扩大的中央工作会议上的讲话，并把学习和大批判结合起来，深入批判林彪、"四人帮"炮制的"顶峰论""绝对权威"等谬论，在理论和思想上分清是非。二是培训骨干，每个班组、每个门市部都有一至二个骨干带头学习，带领群众学习和讨论。三是分批对干部群众进行动员和宣讲，讲清这次讨论的意义、要求、做法。四是由区委宣传部编写辅导提纲，举办专题报告会、讨论会。在学习讨论中，区委提倡敞开思想，各抒己见，畅所欲言，允许有不同的看法，坚决实行"三不主义（即不打棍子，不戴帽子，不抓辫子）"，实事求是地总结经验教训。

1979年下半年，邓小平赴天津、山东、上海等地和部队考察后，提出要警惕"两个凡是"的影响，指出关于真理标准问题的"争论还没有完"，没有认真开展讨论的单位要"补课"。根据省委、市委的统一安排，区委进行了"补课"教育。9月5日，区委召开由基层领导干部、宣传干部和区街机关全体干部1000多人参加的动员大会，区委负责同志传达中央指示和省委、市委负责同志讲话精神，要求全区各级领导干部首先敞开思想，联系实际，带头学好《光明日报》发表的《实践是检验真理的唯一标准》，从理论和实践上弄懂弄通。在此以后，区委连续举办两期党员干部读书班，重读毛泽东著作《实践论》《人的正确思想是从哪里来的?》，学习中国社会科学院编写的《实践是检验真理的唯一标准 通俗讲话》，集中进行辩证唯物主义认识论教育，提高端正思想路线的自觉性。

这次讨论以及"补课"，帮助干部群众搞清了3个问题：一是实践是马克思主义的首要的和基本的观点，坚持实事求是、一切从实际出发是毛泽东思想的活的灵魂；二是划清"真高举""假高举"和"真坚持""假坚持"的界限，认识到不能把林彪、"四人帮"那一套违背马克思主义基本原理的思想体系记在毛泽东思想名下；三是坚持实践是检验真理的唯一标准，才是维护马列主义、毛泽东思想的科学态度。讨论和"补课"使干部群众进一步摆脱了"左"的思想影响，摆脱了"两个凡是"的束缚，推动了各级领导班子和干部群众进一步解放思想，坚持从实际出发，按客观规律办事，为贯彻执行党的十一届三中全会制定的路线、方针和政策奠定了思想理论基础。

从1978年10月到1981年底进行的真理标准问题大讨论，以及以后的讨论补课，是玄武区党的历史上一次重要的思想路线教育活动，成果显著，影响深远。1984年8月29日，在区第四次党代会上，区委书记王亮代表区委所作的工作报告对全区进行的真理标准的讨论作了充分肯定和高度评价，指出这次讨论打破了林彪、"四人帮"设置的精神枷锁，端正了党的思想路线，打开了解放思想的闸门。"实践证明，端正党的思想路线，是端正党的政治路线和组织路线、执行各项方针政策以及改进领导方法和工作方法的基础，是根本的拨乱反正。"

三、学习贯彻"四项基本原则"

通过实践是检验真理的唯一标准的讨论，党内外思想大解放，出现了努力研究新情况、解决新问题的新气象，但与此同时，也出现了一些值得注意的现象：一方面，有些同志仍然受"左"的思想束缚，对十一届三中全会制定的路线、方针、政策表现出某种不理解甚至抵触情绪；另一方面，社会上有极少数人利用思想解放和党纠正"左"倾的机会，散布怀疑和否定共产党的领导、反对社会主义制度和毛泽东思想的言论，主张走资本主义的道路。针对这种现象，1979年3月30日，邓小平在理论工作务虚会上代表中央所作的讲话中明确指出，要在中国实现四个现代化，必须坚持社会主义道路，必须坚持人民民主专政，必须坚持共产党的领导，必须坚持马列主义、毛泽东思想。如果动摇了这"四项基本原则"中的任何一项，就会动摇社会主义事业，动摇整个现代化建设事业。

根据中央指示和省委、市委的部署，区委在全区干部和职工群众中开展坚持"四项基本原则"的宣传教育。1979年4月25日至5月8日，区委集中351名基层领导干部，学习邓小平在理论工作务虚会上的讲话。5月8日，区委书记王炳凯按照区委研究确定的部署，对全区开展学习、宣传"四项基本原则"活动作了具体安排。

区委采取"学""讲""忆"等灵活多样的学习、宣传形式和办法，引导广大干部群众学习、贯彻"四项基本原则"。"学"，就是组织干部和群众认真学习邓小平在务虚会上的讲话、1979年中央12号文件《中共中央 国务院关于进一步加强全国安定团结的通知》、中央领导同志关于目前形势和任务的报告以及在全国思想战线问题座谈会上讲话的精神，进一步认识坚持党的领导、坚持社会主义道路和坚持人民民主专政的重要意义。"讲"，就是组织65名机关中层干部和区委聘请的100名报告员，深入街道、企业、商店、学校等基层单位宣讲"四项基本原则"的具体内容，批评社会生活中的一些不良倾向，表扬坚持"四项基本原则"的好人好事。在机关全体干部参加的千人大会上，王炳凯作了示范宣讲。在此后的一个多星期里，全区共举办宣讲会230多场次，超过5万名干部群众参加听讲。"忆"，就是各单位组织以"社会主义好"为主题的报告会、座谈会，由老职工、爱国华侨和劳动模范、先进工作者讲亲身经历，谈新旧社会的对比，谈党的十一届三中全会前后的对比，用生动的事实说明只有社会主义才能救中国、只有共产党才能领导全国人民实现四个现代化的道理。

在"学""讲""忆"的基础上，区委进一步分析了宣传、学习中反映出来的情况，认为前些时候社会上出现的怀疑和动摇"四项基本原则"的现象，原因是有些同志没有分清3个界限：一是没有分清"四项基本原则"同在"文化大革命"中受"四人帮"对社会主义、人民民主专政、党的领导、毛泽东思想的歪曲宣传影响的界限；二是没有分清贯彻执行"四项基本原则"中的问题同"四项基本原则"本身的界限；三是没有分清新形势下"四项基本原则"内容的新发展同否定"四项基本原则"的错误言论的界限。区委为此提出，坚持"四项基本原则"必须引导广大干部群众摆正4个关系：摆正党在社会主义革命和建设时期犯过错误、受过挫折同坚持社会主义道路的关系；摆正党内存在的官僚主义等不正之风同坚持党的领导的关系；摆正正确评价毛泽东的历史功过同坚持毛泽东思想的关系；摆正全党工作重点转移同坚持人民民主专政的关系。引导广大党员干部群众认清坚持"四项基本原则"是全党全国人民团结的共同政治基础，是实现四化大业的根本保证。冲破禁区、解放思想不是否定"四项基本原则"。对企图削弱、摆脱、取消和反对党的领导的错误倾向，对诋毁"四项基本原则"的言行，必须理直气壮地进行教育、帮助、批评直至斗争。

通过学习，各系统各单位排查"左"和右的错误思潮对本单位的影响，总结经验教训，讨论和制定了加强思想政治工作的措施。区医院、房管所、同仁街菜场、南师附小、婴幼院等单位的党支部成员带领党员和职工畅谈十一届三中全会以来的变化，从主流、从发展看形势，加深了对十一届三中全会确定的路线、方针、政策的理解，增强了同心同德干四化的信心。区委总结和推广了这几个单位的做法和经验，进一步深化了全区"四项基本原则"的学习和贯彻。

在集中一段时间进行坚持"四项基本原则"的宣传、学习以后，区委又在三届二次全会扩大会议、全区党员大会和区机关中层干部大会等会议上，多次要求结合日常工作学习、宣传"四项基本原则"，把坚持"四项基本原则"列为经常性的思想政治教育的重要内容。

四、学习宣传《关于建国以来党的若干历史问题的决议》

正确评价新中国成立以来一些重大历史问题上的是非，是拨乱反正中必然遇到和必须解决的一个重要问题。在1979年庆祝新中国成立30周年大会上，叶剑英代表中央发表了重要讲话，对新中国成立以来的历史作了全面回顾；随后，党中央起草了《关于建国以来党的若干历史问题的决议》（简称为《决议》），并于1981年6月27日至29日召开的十一届六中全会上一致通过。《决议》从根本上否定了"文化大革命"和"无产阶级专政下继续革命"的错误理论，对一些重大历史事件和重要历史人物作出了实事求是的评价，科学总结了新中国成立以来社会主义革命和社会主义建设的历史经验。《决议》为广大干部和群众在重大历史是非问题上统一思想提供了依据，对广大干部和群众同心同德实现新的历史任务而奋斗，产生了深远影响。

根据市委的统一部署，区委于6月29日组织区机关、工厂、商店、学校等单位广大党员和干部收看收听了十一届六中全会的电视转播和广播，学习大会公报和

《决议》。8月4日至6日,区委召开三届七次全委扩大会议,传达中央领导同志在十一届六中全会上的讲话,传达省委负责同志在省委六届五次扩大会议上所作的《关于党的十一届六中全会精神的传达报告》,全区党员旁听了传达报告。会后,区委委员、区机关各部门及基层单位主要负责人153人进行了讨论,共同回顾了新中国成立以来革命和建设中的功过是非,座谈《决议》的历史意义。会后,在区委的组织和领导下,全区广大干部群众开展学习《决议》、宣传《决议》的活动。

这次学习宣传活动分两步进行。第一步,区委宣传部和区委党校联合举办3期党员干部(区机关科级以上干部和各系统、街道党员干部)轮训班,每期10天,共轮训335人,由区委负责同志讲课,帮助学员先学一步,提高认识,统一思想。第二步,从9月份起,组织基层干部和群众学习《决议》。区委抽调70多名干部,分批向群众宣讲《决议》精神。全区各系统、街道共宣讲609场,听讲人数约75 070人次。在学习、讨论《决议》过程中,许多干部群众列举本地变化来说明社会主义制度的优越性,说明党的领导的正确。大家认为,新中国成立以来的巨大变化是在毛泽东思想指导下取得的,是在党的领导下取得的,否定和看不到这些变化,广大群众是通不过的;但是忽视过去的错误、掩盖过去的错误也是通不过的。过去一次又一次地犯阶级斗争扩大化的错误,就是因为没有彻底清理"左"的指导思想造成的。《决议》归纳的经验是对32年社会主义革命和社会主义建设实践的科学总结,也是今后进行社会主义革命和建设的基本准绳。大家盛赞《决议》是"一部建国以来的简明党史",是坚持真理、修正错误的典范。

全区学习、宣传《决议》的活动持续了4个多月,基本澄清了长期以来干部群众中一些模糊不清或争论不休的问题,达到了"四个统一"和"四个澄清":统一了对毛泽东同志和毛泽东思想历史地位的认识,统一了对新中国成立32年历史重大是非问题的认识,统一了对党的十一届三中全会以来党的路线、方针、政策的认识,统一了对十一届六中全会上中央人事变动的认识;澄清了4个观念,即"党也曾有失误""党风上有某些问题""毛主席功过要正确评价"和"党的工作重点转移不等于不要坚持'四项基本原则'"。一些曾有过"说毛主席有了错误想不通""平反冤假错案、给四类分子摘帽想不通""对在'文化大革命'中受到冲击和种种不公正待遇想不通"等"想不通"的干部群众,通过学习讨论,把这些"想不通"统一到了《决议》的基本结论上来,顺了理、顺了气、鼓了劲,对"左"更加深恶痛绝,深感新中国成立以来发生的失误非纠正不可,被"左"的思想模糊了的认识非理清不可。

十一届六中全会审议通过的《决议》，是十一届三中全会以后党中央制定的一部极为重要的文献，它标志着党在指导思想上已完成拨乱反正的历史任务，有着重大的现实意义和历史意义。玄武区委及时组织广大干部群众学习、宣讲《决议》，排除了干扰，为全区上下团结一致向前看，同心同德贯彻执行十一届三中全会以来党的路线、方针、政策，推进四化建设，提供了思想保证。

第二节 落实政策和调整社会关系

一、加快平反冤假错案

在10年"文化大革命"中，林彪、"四人帮"颠倒敌我关系，煽动"怀疑一切，打倒一切"，打击残害干部群众，制造了大量冤假错案，涉及范围之广，前所未有。玄武区在"文化大革命"中发生的冤假错案总数位居全市各区前列，是发生冤假错案的重灾区。

早在1978年2月，区委就成立了落实政策的工作班子，经过查阅档案和走访相关当事人等工作，平反冤假错案取得了一定成绩。1978年10月31日，区委召开进一步落实政策大会，在肯定成绩的基础上，对照中央和省委、市委的要求，指出玄武区平反冤假错案还存在3个方面的差距：一是有些干部对平反冤假错案的重大意义认识不足，对林彪、"四人帮"摧残干部和群众的严重恶果认识不足，认为"遗留问题不多了"，产生了松劲情绪；二是思想还不够解放，怕这怕那，心有余悸；三是平反工作发展不平衡，一些单位进展很慢，有的单位甚至没有开展这项工作。会议要求按照华国锋主席关于各方面的工作要"思想再解放一点，胆子再大一点，办法再多一点，步子再快一点"的指示，加快平反冤假错案的步伐。

本着善始善终搞好平反冤假错案工作的精神，区委采取了2项措施：一是各级党委进一步加强对平反冤假错案工作的领导，继续提高对这项工作重要性的认识，排除和克服任何松劲情绪。平反冤假错案的任务一天没有完成，工作班子一天不解散。各级领导亲自动手，认真督促检查，严格把好质量关，把平反冤假错案工作抓紧抓好抓到底。二是做好检查验收工作。有平反冤假错案任务的单位，必须达到5

项要求：所有冤假错案都要得到昭雪、平反和纠正；审查结论事实清楚、证据确凿、定性准确、处理得当；妥善做好善后工作；对所涉及的干部、群众应分配工作的要分配适当工作，分配不适当的要作适当调整；彻底清理审干材料，一切诬蔑不实之词全部去掉，不留尾巴。平反冤假错案工作已经结束的单位按此要求检查验收，每个单位检查验收后写出书面报告，报区委落实政策办公室，由区委组织相关人员进行核查。已经初步核查验收的工交、财贸、城建、公安等4个系统，对照这些要求，缺什么补什么，认真进行"补课"。

平反冤假错案，作为十一届三中全会后区委拨乱反正的一项重要工作，到1982年党的十二大召开之前基本结束，以后发现的冤假错案纳入区公安、检察、法院等政法部门以及纪检委的日常工作中加以解决。从1982年2月区委成立落实政策办公室到1984年8月区第四次党代会，全区共复查"文化大革命"中发生的案件2559件，清理（销毁或交还本人）污蔑不实材料66 000多份、16万多页，对所有冤假错案都实事求是地做了结论，对株连的家属做了清档和消除影响的工作；对属"造反派"组织制造的641件"三乱"（乱批斗、乱关押、乱定性）案件全部进行了妥善处理，给所涉及的街道居民、干部和党员平反昭雪，恢复名誉；对"文化大革命"中非正常死亡的44人，多数举行了追悼仪式，按政策规定给予遗属补助，给其符合招工条件的子女办了招工手续。冤假错案的平反，使许多家庭和干部群众卸下了政治上、精神上的压力和负担，轻装上阵投入四化建设。

二、复查和处理历史遗留问题

区委在大规模平反冤假错案的同时，按照实事求是、有错必究的方针，对"文化大革命"前长期在"左"的思想指导下产生的一些"历史老案"[①]进行复查和改正，消除消极因素，调动一切可以调动的积极因素，创造安定团结、生动活泼的政治局面。

根据中共中央1978年4月5日批转的统战部、公安部《关于全部摘掉右派分子帽子的请示报告》的精神和9月17日批转的《贯彻中央关于全部摘掉右派分子帽子决定的实施方案》的通知，在市委统一部署下，区委对全区的右派分子进行了认真复查和处理。在此后将近1年的时间里，经过认真细致的工作，将全区被错划

---

① "历史老案"：指在反右扩大化、反右倾等运动中形成的冤假错案，在新中国成立初期的一些政治运动中搞错的或处理偏重的案件。

的 93 名右派分子进行了纠正，其中 23 名由区接收安置、10 人恢复公职、8 人恢复党籍，其余的生活和工作也得到了妥善安排，较为彻底地纠正了 1957 年反右斗争扩大化的错误。

1979 年 1 月 11 日，中共中央作出《关于地主、富农分子摘帽和地富子女成分问题的决定》，区委立即传达贯彻。在 1 个多月的时间里，全区 54 名"四类分子"，除了 7 名管制期未满外，其余全部摘掉了帽子。对地主、富农家庭出身的子女，其本人成分也一律定为公社社员，不得歧视。"四类分子"本人及其家属由此获得政治上的新生。

根据中共中央 1979 年 11 月 12 日批转的中央统战部等部门提出的《关于把原工商业者中的劳动者区别出来问题的请示报告》的精神，区委在 1980 年 2 月 4 日成立了"区别"工作领导小组。全区用了将近 10 个月的时间，将 1956 年社会主义改造时被作为资产阶级工商业者对待的 393 名"三小"（小商、小贩、小手工业者），从全区 453 名工商业者中区别出来，明确他们原来的劳动者成分。这些人中有的办理或改办了退休手续，有的加入了工会，有的安排了相应的工作。对原工商业者也落实了相应的政策，根据中央决定，给他们摘掉了资本家或资本家代理人的帽子，妥善解决了这一社会主义改造中遗留下来的历史问题。

从 1979 年 11 月起，区委按照中央精神，为国民党起义、投诚人员落实政策，确认原国民党军队中投诚人员身份，做好原国民党县团以上宽释人员工作和生活安置的复查工作，对安置不当的给以调整或给以适当的生活费补助，随后宽大释放了在押的原国民党县团以下党、政、军、特人员。同时，积极落实对台湾同胞和海外侨胞的政策，巩固和发展统一战线。

根据市委的要求，区委及时做好"文化大革命"期间被没收、抢占私房的复查处理工作。全区需要解决"私房"问题的"三侨"、"台属"、统战对象和高级知识分子共 144 户。经过认真细致的工作，至 1984 年 8 月区第四次党代会前，采取返还、置换、折价等方式，妥善解决了 113 户的房产问题（占总数的 78.5%）。其余的以后陆续得到了妥善解决。

区委还对发生在"文化大革命"前的 48 个申诉案件进行了认真复查，其中 11 件得到了纠正。对长期结不了案的 100 多个"老大难"案件，根据现有材料进行复查，实事求是地"割掉尾巴"。1981 年区委、区政府又组织人员对 1 026 件干部档案进行再"过滤"，对 618 件有文字记载的案件进行逐件研究，并对其中 361 件的文字记载进行了修正,给相关干部的问题作出实事求是的结论。

在党的十一届三中全会以后的二三年里,区委认真贯彻执行党中央的指示,落实了一系列的"摘帽""区别"等政策措施,虽然涉及的只是全社会中的极少数人员,但深得人心,被称为"摘帽一人,调动一家,影响一批"。原国民党国大代表、行政院参议邓智康当上区政协驻会委员后,立即向在国外的亲友写信,表达自己的激动之情。梅园中学教师曾鸣春被摘掉右派帽子后,解开了心头疙瘩,积极参加民主党派组织的活动,并在认真备课、教课之余,经常同其他教师一起交流和探讨教学经验,为提高教学质量献计献策,决心把自己的"一技之长"奉献给新中国的教育事业。一些被"区别"出来的"三小"也是欢欣鼓舞,说自己新恢复的劳动者身份"比留给子女的任何财产都宝贵"。

三、落实知识分子政策和民族政策

1978年3月21日至23日,区委召开落实干部和知识分子政策的工作会议,这是"文化大革命"后玄武区第一次研究、部署落实知识分子政策工作。十一届三中全会后,按照"政治上一视同仁,工作上放手使用,生活上关心照顾"的精神,各级党组织做了许多调查研究工作,加大了落实知识分子政策力度,落实政策工作的进展速度加快。1980年,区委、区政府从实际出发,改善知识分子的工作条件和生活条件:套改了12名科技人员的专业职称,其中6名获评助理工程师、1名被评为助理农艺师、5名被评为技术员;为部分住房困难的科技人员优先安排了住房。南师附小教师斯霞被评为全国劳动模范、全国三八红旗手,长江路小学教师王兰被评为全国三八红旗手。

1980年区委按照积极慎重的方针,在文教系统发展了20名优秀知识分子入党,占全区当年新发展党员的50%。在教育界有较高威望的教师程淑华、黄曙光、王兰先后入党,给全区广大教育工作者,特别是长期要求入党的知识分子很大鼓舞,大家感到有了希望,有了奔头,纷纷表示要献身党的教育事业。自十一届三中全会到1984年8月区第四次党代会的几年间,全区共发展93名知识分子入党,41名知识分子被提拔或推荐到重要工作岗位。一些专业不对口的科技人员和教学人员开始调整归队。

在"文化大革命"中被贬为"臭老九"的知识分子,政治地位和社会地位有了明显的提升。但是,由于知识分子人数较多(1982年6月底全区有中专以上学历的知识分子1 522人，其中大专以上的192人），落实政策的工作量很大，而且由于受当时认识水平和实际工作的局限，知识分子政策的落实工作仅仅是浅层次的、初步的，需要在政治上对知识分子进一步关心，知识分子业务不对口的情况还相当普遍，许多知识分子的生活、工作条件特别是居住条件有待进一步改善。区委要求各级党组织进一步转变思想观念，在知识分子管理和使用体制、机制等方面继续进行探索，做好工作，进一步提高知识分子的政治地位和经济待遇，充分发挥知识分子在四化建设中的作用。

"文化大革命"中，像其他城区一样，居住在玄武区的少数民族的传统生活习惯和特殊需求被当作"四旧"横扫，伤害了这些少数民族居民的感情。据1982年8月按照国务院规定进行的第三次人口普查结果，全区共有4 876户、176 318人，其中少数民族有16个、4 030人，占全区总居住人口的2.3%。少数民族中人数最多的是回族3 837人，占全区少数民族人口的90%以上；布依族、黎族、维吾尔族、达斡尔族、傣族、朝鲜族、俄罗斯族、锡伯族等8个少数民族各只有1人。随着拨乱反正的深入，玄武区各级党组织对少数民族工作日益重视，落实少数民族政策被提上工作日程。在少数民族居民集中的街道，区委注意培养和任用少数民族干部。全区恢复了两家清真早点门店，同仁街等菜场恢复了"清真专柜"，受到少数民族居民的欢迎。有关少数民族的其他政策也逐步得到落实。

第三节　推进民主政治建设

一、恢复和健全人民代表大会制度

1978年12月19日至21日，区第八届人民代表大会举行第一次会议，标志玄武区中断了12年之久的人民代表大会制度由此得到恢复。

按照1979年全国人大颁布的《中华人民共和国全国人民代表大会和地方各级人民代表大会选举法》（简称《选举法》）的规定，从1980年6月21日至9月10日，全区进行直接选举区第九届人大代表工作。由于区委重视，发动广泛，宣传深入，全区约16万居民中，除了因刑事犯罪依法被剥夺选举权的3人、依法停止行使选举权的18人和因精神病暂停行使选举权的144人外，共有选民101 378人。全区设120个选区，选出代表242人。通过选举，广大干部群众受到了一次具体的社会主义民主和法制教育，激发了当家作主的光荣感和责任感。

1980年9月19日至24日，区第九届人民代表大会在玄武礼堂召开，出席代表242人。区革委会主任王承基、法院院长毕先民、检察院检察长郭勇杰分别向大会作了工作报告。会议在总结、检查前两年工作的基础上，把巩固发展安定团结政治局面、努力发展生产和生活服务事业、积极安排就业、加快住宅建设、搞好市场管理等工作确定为今后的主要任务。会议根据修改后的地方人大、人民政府、法院和检察院的组织法，第一次选举产生区人大常委会。常委会设立经济、文教、政法及代表联系等4个工作小组，在区人民代表大会闭幕期间，发挥地方国家权力机关作用，依法行使监督权、决定权和罢免权。大会选举王炳凯为区人大常委会主任。大会作出了撤销区革委会、成立区人民政府的决定，选举王承基为区长，选举刘忠、郑凤翔、朱鼎川、洪流、谢子新为副区长，选举毕先民为法院院长、郭勇杰为检察院检察长。

区人大常委会为了保证宪法、法律在玄武区的贯彻执行，通过听取汇报、组织视察和执法检查，对区"一府两院"实施法律监督和工作监督。区第九届人大常委会任职期间，听取了区政府关于贯彻"调整、改革、整顿、提高"方针的工作报告，听取了区法院、检察院、公安分局关于严厉打击严重刑事犯罪分子和经济犯罪活动的工作汇报；按照九届人大确定的主要任务，组织和安排代表对相关工作进行调查研究，向区政府提出建议并向区委汇报。

按照第五届全国人民代表大会第二次会议通过的《中华人民共和国地方各级人民代表大会和地方各级人民政府组织法》（简称《组织法》），区人民代表大会每届任期3年。1984年6月5日至9日，区第十届人民代表大会举行。出席代表200名。会议提出，全区要以经济建设为中心，积极探索改革的新路子，维护宪法尊严，从重从快严惩严重刑事犯罪分子和严重破坏经济的犯罪分子，加强基层政权建设，开创玄武区工作的新局面。会议选举周强为区人大常委会主任，选举李向群为区长，选举区法院院长和区检察长各1名。区第十届人大常委会任职期间，先后听取了区政府关于《中华人民共和国兵役法》《中华人民共和国经济合同法》《中华人民共和国会计法》《中华人民共和国义务教育法》《中华人民共和国药品管理法》《中华人民共和国文物保护法》等法律以及食品卫生管理、环境保护等方面规定的贯彻执行情况的汇报；对市场物价和社会综合治理、打击刑事犯罪等工作进行了视察；对个体经济状况、工业企业横向经济联合情况、下放人员安置工作，以及城建、开发、城管、环保等方面的工作目标实施情况进行了调查，并提出了相应的改进建议。

区九届和十届人大一次会议期间，代表共提交提案547件，解决了一批"老大难"问题。根据群众要求，区九届人大代表们提出了"西家大塘建商业网点"的建议。区政府经过现场调查，多次听取代表和群众的意见，协调各方面的关系，终于建成了这个拖延了六七年之久的商业网点。后宰门小学下水道堵塞，每逢雨天校舍就积水，常常被迫停课。在代表们的提议下，区政府督促有关方面通力合作，疏通了排水管道，给学生创造了较好的学习环境。富贵山小学配备外语教师问题、多年没有解决的金陵化工厂的酸污染和噪声问题，经过区十届人大代表建议，都得到妥善解决。

二、政协和民主党派恢复活动

玄武区政协自1964年6月举行第二届第一次会议后，被停止活动。"文化大革命"开始不久，区委统战部也停止工作。十一届三中全会以后，区委加强了统一战线工作，支持各民主党派发展组织，积极推动民主党派及其成员在政治生活、经济建设和文教科技等领域发挥作用。

1980年1月29日，根据市委决定，区委重新成立统战部并开始办公。2月27日，区委举行区内民主党派基层组织恢复活动庆祝会，区委负责同志到会讲话，鼓励民主党派基层组织为四化建设献计献策，贡献聪明才智。截至1980年2月底，全区共有中国国民党革命委员会、中国民主同盟、中国民主促进会、中国农工民主党、中国民主建国会等民主党派成员125名，设立了5个支部和7个直属小组。

1980年6月9日，区委根据南京市委批准的市委统战部《关于区、县政协恢复活动的报告》，召开区政协第二届常委会议，已中断了16年工作的区政协恢复活动。9月18日至22日，政协玄武区第三届委员会第一次会议在成贤街小学召开。本届委员有93名，比第二届增加了47.6%，委员的分布充分体现了各个方面和界别，具有更广泛的代表性。会议设14个界别，与第二届相比，增加了文艺体育界、工程技术界和台湾同胞等3个界别。会议按照新的政协章程，选举产生了区政协第三届常务委员会，郭思贵为主席，时光、撒光铨、孙宾南为副主席，吴仲三为秘书长。

玄武区政协从第三届开始,逐步实现政协工作制度化、规范化,区政协工作由此步入了正轨。这一届区政协第一次设立了学习、对台宣传、文史等3个专门工作委员会和城建、财贸、卫生、小学教育、民族宗教、咨询服务、妇女等多个工作组。专门工作委员会作为区政协委员进行经常性活动的工作机构,主要由本届政协委员组成,吸收少数有代表性的社会知名人士和专家学者等非政协委员参加。1981年和1983年,区第三届政协分别召开了第二次会议和第三次会议,听取和审议了政协常委会的工作报告和提案工作报告。根据第一次会议提出的"区政协应当切切实实地将工作重点转移到为四化服务的轨道上来""通过各种渠道和各方面的工作,充分调动一切积极因素,团结一切可以团结的力量,全力维护和发展安定团结政治局面"的要求,委员们热情参政议政,提出了30件关于处理"文化大革命"遗留问题的提案。在区党政部门的努力下,所提出的的问题均获得合理解决。其中最为突出的是配合有关部门对全区9户台胞、近千户台属进行调查,逐户逐事解决问题,先后为65户、20位侨胞侨属、台胞台属以及国民党起义投诚人员落实相关政策,发还被占私房和在"文化大革命"中被查抄的财物。针对企业自主权、市场物资供应、职工住房、幼儿健康保护、卫生防疫、教师待遇、联防治安等方面新出现的问题,在相关专门工作委员会的组织下,经过委员深入调查研究,提出了20余条意见和建议,帮助区委、区政府改进工作。

1984年区政协第三届委员会任期届满,6月4日至9日召开了区政协第四届委员会第一次会议。本届委员增至105名。会议选举晨钟为政协主席。全体委员学习了党在新时期的总任务和中共中央关于经济体制改革的精神,对玄武区的改革开放提出了许多建设性意见,协商、讨论了全区3年发展规划、珠江路一条街建设和成贤街改造规划,以及筹建区侨台公司、区侨联等工作。会议作出了更好地发扬政治协商、民主监督、合作共事、广交朋友、自我教育的好传统,最大限度地团结一切可以团结的力量,调动一切可以调动的积极因素,发展和加强中华民族大团结、大统一,为实现20世纪末工农业年总产值翻两番的宏伟目标,为建设高度社会主义物质文明和精神文明而努力奋斗的决议。

三、重建党政职能分开的领导体制

区政府的恢复,区人民代表大会制度的健全,区政协活动的正常化,区法院和区检察院建设的加强,标志着玄武区党政分开的领导体制初步形成。区委、区人大、区政府、区政协"四套班子"分开办公,按照法律规定的职责范围积极开展工作,初步改变了以往长期形成的"党政不分家,党委一把抓","党不管党、包办一切",什么事都由区委讨论、书记拍板的状况。

1980年10月28日至29日,区委先后召开常委会和有区机关各部门负责人参加的工作会议,围绕党政分开后如何加强和改善党的工作问题,进行了讨论和研究。大家从以往的工作中进一步看到了党政分开的必要性。过去区委管了许多不该管的事情,不仅影响了政府工作的开展和各个职能部门作用的发挥,而且使区委陷入日常事务圈子,没有充分的时间和精力抓思想政治工作,抓党的路线、方针、政策的贯彻,这实际上是削弱了党的领导。党政分开,是从制度上发挥和加强党的领导的一项重要措施,势在必行。11月3日,区委在听取各方面意见后,对实行党政分开后的区委工作作出了3项"进一步明确"的规定:

进一步明确区委的职责和任务。共7项:一是领导全区基层组织认真贯彻中央和上级党委的指示以及布置的各项工作任务,执行区党代表大会的决议,对全区各种地方性的工作进行政治领导、组织监督和检查督促。二是加强思想政治工作,抓好党员教育,有针对性地开展宣传鼓动,把党内外干部群众的思想统一到党的路线、方针、政策上来。三是按照领导班子革命化、年轻化、专业化、知识化的要求,加强对干部的考察和培养。四是依照党章和《关于党内政治生活的若干准则》规定,搞好党风党纪,充分发挥党的基层组织的战斗堡垒作用和党员的先锋模范作用。五是进一步落实党的各项政策,调动各方面的积极因素。六是保证区人大、政府、政协、法院、检察院积极主动地、独立负责地、协调一致地开展工作,充分发挥工、青、妇等群众团体的作用,积极开展独立活动。七是不断改进区委的工作方法和作风,深入基层、联系群众,搞好调查研究,了解新情况,研究新问题,总结新经验,更好地指导工作。区委要求基层党委、总支、支部和区委各部门按照以上精神,改变"党政不分、以党代政"现象,明确职责范围,建立党的业务工作和岗位责任制。

进一步明确把思想政治工作放在重要地位。区委和各级组织紧密结合干部群众的思想、工作和生活实际,用疏导的方法,开展经常性的宣传教育,引导全区党员干部群众正确认识当前形势,明确经济调整和改革开放的目的、意义、方向和做法,同心同德干四化。

进一步明确建立和健全相应的制度,改进领导方法。为了使区委工作适应形势要求，经常委会研究，建立了学习制度、会议制度、责任制度、调查接待制度、民主生活制度等5项制度。常委带头执行《关于党内政治生活的若干准则》，除了以普通党员身份参加所在党组织活动、接受群众监督以外，每个季度开一次民主生活会，交流思想，开展批评与自我批评，增强团结，改进工作。

玄武区委在党政职能分开以后为改善和加强党的领导所作的这3项"进一步明确"的规定，得到了市委的肯定。区委向市委所作的专题报告《改善党的领导 加强党的工作》，由市委作为文件转发给全市各区委、县委参考学习。

为了适应党政职能分开后加强党的领导的需要，1981年3月3日，区委决定在区政府成立党组。1982年4月28日，区委在区人大常委会、区检察院、区法院分别成立了党组。1984年6月19日，区委在区政协成立了党组。

第二章　实行工作重心转移

　　玄武区委在政治路线、思想路线拨乱反正取得重要进展的同时，积极贯彻落实十一届三中全会确定的把全党工作重点转移到社会主义现代化建设上来的重要决策。区委引导各级党组织和广大党员统一思想，认真清理经济工作中不符合工作重点转移的问题，按照中央提出的调整、改革、整顿、提高的"八字方针"和市委提出的"区委要把工作重点转移到为人民生活服务、为生产服务上来"的要求，确立新的工作定位，调整机构设置，调整干部配备，调整经济结构，恢复和发展区街经济，集中力量搞好为经济建设服务的"后方"建设，满足生产发展和人民群众日益增长的精神、物质需求。全区经济社会建设一改前几年在前进中徘徊的状态，出现了快速发展的新局面。人民群众的生活水平有了明显的提高。

第一节　贯彻国民经济调整方针

一、明确城区工作定位

　　长期以来，由于林彪、"四人帮"反革命集团的干扰，加上粉碎"四人帮"后两年对经济发展的要求急了，步子迈得不够稳，经济建设出现了严重的比例失调，因生产建设任务目标安排过大，物资、财政、外汇产生了相当大的缺口。1979年4月召开的中央工作会议，正式确定对国民经济实行调整、改革、整顿、提高的新"八字方针"。1980年12月，中央召开工作会议，进一步总结新中国成立以来经济建设的经验教训，分析导致比例失调的根源，比较彻底地清理了经济工作中的"左"的错误，制定了经济上实行进一步调整、政治上实现进一步安定的方针。区委召开多种形式会议，传达贯彻中央、省、市关于国民经济调整工作会议的精神，举办干部轮训班，通过多种渠道，组织广大干部群众，特别是机关和街道干部、各基层单位主要负责干部，认真学习中央负责同志的讲话，学习《陈云同志文稿选编》，学习经济理论，不断加深对新"八字方针"的理解，明确前进方向。

原先，有些干部群众对党的工作重点转移和经济调整思想上有担心、工作上有戒心（怕犯"生产第一""业务挂帅"错误），对"转移"和"调整"缺乏信心。区委不回避看法上的分歧，通过讨论、交流，统一广大干部群众思想认识。大家认识到十一届三中全会以来，"政治形势一年比一年稳定，经济形势一年比一年好转"，"经济形势是新中国成立以来少有的好形势"，但政治上还存在不安定因素，经济上还潜伏着国民经济严重比例失调等危险。中央总结历史经验提出的新"八字方针"，纠正了"左"的指导思想，找准了病根。"长痛不如短痛"，调整是为了站稳脚跟，为了更好地前进。只有下决心调整，国民经济才能协调发展，才能保证实现工作重点的转移。广大干部群众抛却了"担心"和"戒心"，对"转移"和"调整"增强了信心。

1981年3月下旬，区委召开区四套班子中党员参加的常委扩大会议，认真学习市委负责同志在市委工作会议结束时关于清理"左"的思想、进行经济调整的讲话。会议边学习、边摆区里在经济工作中各种"左"的表现，认真清理前一时期玄武区经济工作存在的问题。大家认为，玄武区经济工作中的"左"，主要表现在3个方面：一是在1978年12月举行的区第八届人代会上，提出了一些过高过急的口号和目标，脱离了玄武区的实际；二是脱离了城区工作的实际，重生产轻生活，为了经济上大干快上，挤掉了民房、校舍、商业网点和公共卫生等服务于群众的生活设施建设，造成了群众在住房、买菜、做衣和入学、入托等生活方面的严重困难；三是急于"过渡"，搞"一刀切"，在所有制上长期搞"一大二公""限制集体""消灭个体"，在管理上片面强调"上升""集中"，在分配形式上"向全民看齐"，吃大锅饭，造成思想混乱。通过学、摆、议，大家认清了经济工作中"左"的表现和危害，调整了发展经济的思路，为贯彻落实新"八字方针"排除了思想阻力。

早在1978年10月，区委就召开全区干部会议传达了南京市委工作会议提出的"城区对安排好城市人民生活负有重大责任。区委要把工作重点转移到为人民生活服务为生产服务上来，逐步实现家务劳动社会化，解除广大职工的后顾之忧"的要求，但是，当时并没有引起广大干部的注意，更没有制定相应的措施加以落实。1978年12月，区第三次党代表大会作出把党的工作重点转移到社会主义现代化建设上来、更好地为生产服务为职工生活服务的决议，也制定和采取了一些政策、措施，但由于当时的工作侧重点还是清除林彪、"四人帮"反革命修正主义路线的流毒，注重在政治上、思想上的拨乱反正，切实搞好"双服务"（为人民生活服务、为生产服务）同样没有得到所有领导干部的高度重视。通过历时 2 年多时间对新"八字方针"的学习讨论和贯彻落实，区委和各级干部进一步认识到作为城区党的各级组织，要真正实现工作重点转移，就要把搞好"双服务"作为城区工作的出发点和归宿，各行各业各级党组织在安排工作时，不论是搞政治工作的还是搞业务工作的，都要围绕"双服务"这个中心开展工作，各级领导干部要把主要精力放到搞好"双服务"上来，为搞好"双服务"多作贡献，促进"双服务"大干快上。

二、发展"双服务"事业

在区委、区政府的号召和组织下，各街道从自身的条件和需要出发，各显神通，掀起了兴办"双服务"网点的热潮。梅园新村地区饮食网点少，居民吃早点困难，街道办了 7 个饮食点，并且聘请一位会做湖南豆腐的老师傅办起了豆腐坊，每天给居民供应豆腐和豆浆，受到居民欢迎。丹凤街地区修旧服务点缺乏，街道在吉兆营办起了修旧综合门市部，利用古唱经楼办了一个酒座、书场"三馆合一"的茶社。玄武门街道发挥自己独有的优势，在玄武湖公园门口办了一家湖滨照相馆。新街口地区技术人才多，经济条件好，街道办起了照相制版、缝纫、大理石加工、医疗器械、誊印和沙发、蓬套制作等服务项目。后宰门地区人口日益稠密而服务网点稀少，街道一鼓作气办起了建筑修缮、玻璃五金、双联加工等 9 个服务点和 4 个饮食小吃点。新建制的四牌楼街道家当少、底子薄，街道便发动群众想办法解决资金、场地和技术管理人员不足等困难，在很短时间里办起了汽车修理、小吃部、招待所、皮件加工等生产、生活服务网点。市委、市政府对四牌楼街道依靠群众、自力更生办网点的经验十分重视，在全市街道工作现场会期间，将四牌楼街道作为一个点，组织与会者参观，向全市推广四牌楼街道的经验。

在各街道行动起来并取得一定成绩以后，区政府为了进一步促进"双服务"网点的有序有效建设，于 1981 年 12 月成立发展集体、个体商业服务协调小组，协调各部门的关系，处理发展网点过程中发生的矛盾，对一些重大的政策问题进行研究，提出意见和措施，报区委、区政府批准后下达贯彻落实。在两年多时间里，区政府针对实际工作中出现的新情况，制定了一系列鼓励发展"双服务"事业的政策和规定。主要有：

分配政策：全区不作统一规定，由各街道根据按劳分配、多劳多得的原则和各单位的经济收入自定办法。从业人员的收入，在利润中扣除税金、管理费、公积金、公益金后允许低于、同于或高于全民所有制单位职工的收入水平。

税收政策：街道兴办的"双服务"单位的经营所得利润，免征所得税1年，1年之后确有困难的可以申请继续免税；这些单位的产品和零售商品，按规定征收工商税，确有困难的给予适当减免；劳务、修理、加工、服务的业务收入，免交工商税1年，期满后是否继续征收可根据经营情况酌定。按照这一政策精神，1981年区工商管理部门对街道75个"双服务"企业和经营鲜肉、饮食、农机产品的企业实行了减税或免税。

货源供应政策：饮食服务社、组所需的原材料、燃料、粮食由工商、物资部门组织就近供应，对一些不能满足供应的小品种如芝麻、黄豆、花生等，允许到农村集市采购，产品售价高进高出。

就业保障政策：待业青年参加街道"双服务"企业，可以从参加之日起计算工龄。以后如果他们被招收到全民所有制单位或其他集体所有制单位工作，可以计算为连续工龄。待业青年在"双服务"单位所学的技术如果与被新招收单位所分配的工种对口，他们在"双服务"单位的工作时间可以顶算学徒年限；如果不对口，可以参照上山下乡青年被招工后缩短学徒期的规定执行。在街道"双服务"企业中的老弱病残人员退组退社后，由所在单位根据支付能力发一定数量的退休费或保养金。1982年经区有关部门批准，丹凤街街道对新办集体所有制企业职工和个体劳动者实施社会劳动保险和医疗保险试点。职工安心，企业安定，推动了生产发展，取得了很好的社会效果。

鼓励发展个体经营政策：在法律许可的范围内，允许待业人员从事不剥削他人的各种个体劳动，以增加收入。对个体手工业者和小商小贩，根据需要和可能允许他们从事原来的工作，在一些开放的公共场所和风景区允许街道组织他们去摆摊设点。这样既方便了群众，又为待业人员开辟了增加收入的渠道。

在政府和各方支持下，全民所有制企业、集体所有制企业和个体劳动者一起上，全区"双服务"事业呈现快速发展势头。1979年全区街道办起了汽车修理、电机修理、电视机修理、玻璃仪器、皮件加工等行业的64个生产服务网点和经营几十个品种的饮食服务点；1980年和1981全区又分别增加了180个和85个"双服务"点；1984年全区增加服务网点379个，超额完成区自订的348个的计划和市下达300个的任务。到1984年底,全区"双服务"网点达到1 486个。驻区数十家大单位纷纷破墙开办"双服务"店(至1985年底,驻区大单位共破墙开店82处,新增营业面积6 600多平方米,在全市各城区中名列前茅)。商贸系统与街道和有关部门配合,填平补缺,重点开办了钟山综合商店、后宰门豆腐生产点(设浮桥供应点)、拥有140多个经营摊位的糖坊桥工业品市场和供应200多个品种的粮油复制品商店。新辟了9处农贸市场,1982年农贸市场蔬菜和其他副食品的上市量达448万公斤,比上年增长50%。虽然全区商业服务网点数还远远没有恢复到"文化大革命"前的水平,但已在一定程度上方便了群众生活,缓解了广大市民的买菜难、买煤难、做衣难、修旧难、洗澡难、理发难。

三、恢复发展各项社会事业

十一届三中全会以后,遭受"文化大革命"破坏的各项社会事业百废待兴。区委按照工作重点转移的战略方针,通过拨乱反正,大力恢复和发展教育、文化、卫生等与居民生活密切相关的事业,尽快改变这些事业与经济发展不相适应、与广大群众需求不相适应的状况。区地方财政中用于文化、教育、卫生方面的支出大幅增加。1979年至1984年的7年间,平均每年支出214.5万元,比1971年至1978年的7年间平均每年支出的166.6万元增加28.75%;每年支出占区级财政收入的比例由1977年的38.3%提高到1984年的41.6%。

教育:党中央撤销1971年在错误路线下炮制的《全国教育工作会议纪要》后,各学校和广大教师思想不断解放,逐步把工作重点转移到教学上来。全区开展"学雷锋,树新风,创三好"活动,整顿校风校容,教师加强备课,教学秩序日渐稳定,教学质量不断提高。1980年全区高中、初中、小学升学考试成绩和升学率居全市第一。随着人民群众生活水平的提高,幼儿教育需求旺盛,发展迅速。1980年5所小学开设了学前幼儿班,扩建了3所民办幼儿园和新建了1所全托幼儿园,增加入托幼儿400多名。1981年3月,区政府把原来由区管理的中学上交市教育局管理后,区教育部门集中精力办好小学和幼儿园。根据省小教工作会议精神,小学教育纠正忽视德育和体育的倾向,全面贯彻党的教育方针。幼教工作贯彻幼教工作条例,坚持保教结合的原则,提高保教水平。1981年3至6周岁幼儿入园率达到90%。从1979年起,全区开始贯彻中央"两部一委"制定的学校卫生工作条例,各校都配备保健教师(专职或兼职),购置保健橱、简单的医疗器械和常用药品。学校的卫生工作有了极大改善,走上了正轨。从1980年开始,玄武区连续2年投入近60万元,分别在珠江路小学、南师大附属小学、香铺营小学新建6 000平方米的教学大楼;投资70多万元抢险、翻建、维修4 116平方米的校舍,增添卫生、保健和教学设备,更新课桌椅,使全区近半数学生用上了新的标准课桌椅。对区属6所设备条件较差的学校,另拨专款重点配置教学设备。到1984年,玄武区在全市率先实现"一无两有"(学校无险房,班级有教室、有课桌椅)的目标,为全面实施九年义务教育创造了条件。

科技:围绕为区街工业服务,加强了新技术的推广和应用。在1979年和1980年,推广了远红外线加热干燥节电新技术、汽车"九孔片"节油新技术、锯木纸浆机油滤芯新技术、电焊机自动断电新技术,建成了1座太阳能热水器站。举办多期培训班,为企业单位培训了330多名技术骨干和行政管理干部。1981年成立区技术攻关协作小组,帮助企业解决生产管理中的难题。为了鼓励青少年学科技,每年举办中小学科技作品展览,1979年展出作品43件,1980年402件,1981年108件,推动了少儿科普工作,受到社会好评。在中小学生中征集科学"小发明""小论文",其中"蘸水笔的改进"等4个项目获省、市嘉奖,40件获纪念奖。

文化:群众性的文艺宣传活动和业余文艺活动蓬勃开展。1979年兴建27窗画廊,每周举办2次音乐会、故事会和其他文艺演出;举办文学讲座,声乐、器乐和舞蹈创作培训班;6个业余团队创作、改编或移植了14个小型戏曲节目,为外宾和职工演出80多场。1980年举办各类文艺培训班12个,培训学员369人;举办各种形式的文艺会演32场。1981年举办文学、音乐、舞蹈、戏剧、美术、摄影等培训班14个,培训了941名文艺骨干;组织小学生文艺会演和"红领巾爱祖国"主题演出会;恢复了区少年儿童图书馆,设立了图书流动服务箱,方便群众阅读。1983年举办文艺培训班5个,受训文艺骨干近900人;成立区业余艺术团,为群众演出44场,观众达24 000人次;举办由17所小学和31所幼儿园1 000多位小朋友参加的文艺会演,演出了60多个节目;4个街道建起了广播站,全区初步形成有线广播网;玄武门、丹凤街、香铺营等街道恢复了文化站,街道文化活动日趋活跃。到1984年,初步形成以区文化馆为中心,由8个街道的文化站、68个居委会的文化室组成的三级文化网,每年开展多种多样的、群众喜闻乐见的文化娱乐活动。

医疗卫生:抓紧思想整顿、业务培训和医德教育3个环节,大力提高医疗质量。区属医院病床使用率、周转率等都超过历史最好水平。1980年和1981年开设的家庭病床由往年的 605 张次增加到 1 500 多张次。积极贯彻预防为主的方针,每年开展以除害灭病为中心的爱国卫生运动。1979 年开展 5 次、40 多万人次参加的卫生突击活动。1980 年进行 4 次卫生突击大检查。改革卫生管理体制,开展卫生联防活动,建立街道卫生保洁网,在全区 12 条干道推行日清扫、周突击、月检查责任制。加强饮食卫生管理,1983 年对全区 135 家集体食堂按街道组成 7 个卫生联防片,对从事食品生产和经营的近 3 000 名人员进行了体检,全区食品合格率由 1982 年的 50% 上升到 66.84%。

计划生育工作:广泛宣传中共中央公开信,提倡一对夫妇只生一个孩子。1981 年全区组织宣讲"公开信"近 700 场,举办计划生育流动图片展,开展独生子女健美评选活动。全区组成 16 个联防片,采取思想教育和奖惩相结合的方法,实行"奖一、限二、罚三"的政策,鼓励晚婚、晚育。全区计划生育率、一胎率、独生子女家庭领证率、出生率、自然增长率都达到市政府下达的指标要求。

体育:广泛开展群众性业余体育活动。1979 年举办 3 期太极拳训练班,举办居民体育表演大会。1980 年玄武区代表队参加了市十二届运动会 9 个项目的比赛,获奖牌 152 枚,其中金牌 44 枚。举办区居民体育运动会以及冬季环湖长跑赛、小学生篮球邀请赛、足球选拔赛、职工乒乓球赛、小学生跳绳踢毽比赛,参加各项比赛的运动员达 1 800 名。1984 年召开首届职工体育运动会,开创了群众性体育活动的新局面,受到上级体委的表扬。

第二节　加快发展区街经济

一、加强对区街经济的领导和管理

十一届三中全会以后,区委多次召开工作会议,遵循工作重点转移的方针,研究加强对经济工作的领导。1980 年 1 月 16 日,邓小平同志《目前的形势和任务》讲话发表以后,全区反响强烈。区委因势利导,举办了为期 4 天的有区机关各部门和基层领导干部 260 多人参加的大型学习班,围绕十一届三中全会以来的政治经济形势和实现四个现代化必须解决的问题进行学习和讨论,排查本部门、本系统和本单位不适应的方面，提出改进措施和意见。通过学习，大家统一思想，振奋精神，进一步明确了加快经济发展的重要意义和加快经济发展的路子。

早在1978年6月，为贯彻中共中央《关于加快工业发展若干问题的决定（草案）》的精神，区委根据市委的决定，将区属28个工交企业（其中工业23个、商业3个、交通2个），连同区革委会的工业、交通2个科的工作人员全部上交给市局，实行按行业归口管理，为这些企业的发展提供更为广阔的环境。在宣传新时期总任务和学大庆、学大寨运动中，玄武区经过调整、补充，至1979年底，又办起了13个区属工业企业、23个街道小工业和36个生产组，职工总数达6 000余人，区街经济在新的基础上开始新的起步。

1979年初，区革委会成立生产服务管理科，主管全区生产、服务事业。同年9月，区革委会调整街道生产服务事业管理体制，加强生产服务管理科的力量，明确管理科负责贯彻落实兴办街道生产和生活服务事业的方针、政策，协同街道和区有关部门搞好产、供、销计划的综合平衡，帮助街道企业改善经营管理，提供生产服务，使管理科成为区革委会管理全区街道生产、生活服务企业的职能部门。1980年7月，区革委会为了进一步办好集体企业，将南京玉器厂、南京焊接机械厂、南京文具用品厂、南京钢锉二厂、南京天山光学仪器厂、南京玻璃纤维五厂、南京自行车零件厂、南京轻工塑料厂、南京灯具厂和南京制镜厂等32家玄武区的主要工厂改为街道企业；10月，又将这32家企业中各方面条件较好的南京自行车零件厂、南京玉器厂、南京玻璃纤维五厂等10家企业上升为大集体性质的企业，在政策上给以更多的支持，进一步壮大街道企业的实力。与此同时，区委放宽限制，创造条件，鼓励发展个体工商户。1980年全区发展个体工商户139家，1981年发展到273家，增加96.4%；1984年发展个体工商户265户，比上年增加53%（至1985年底，全区个体工商户发展到1 267户），成为区街经济中一支生力军，它们的产品为丰富市场提供了必要的补充。

区委、区革委会（1980年9月24日改为区政府）出台激励政策，鼓励企业根据市场需求发展生产。1980年5月，区革委会主任办公会议研究确定街道企业实施新的奖励办法，在企业中实行超利润奖、超计件奖、完成计划指标奖，奖金总额可以不超过职工一个半月的工资，对有特殊贡献的职工的奖励可以不超过2个月的工资。物资供应部门坚持为生产服务、为基层服务的方针，1980年调拨供应的主要物资的计划指标全部超额完成，计划外的主要物资供应比1979年增加2倍以上，为企业发展生产提供了物质保证。

1979年6月3日，区委三届二次全委扩大会议部署开展增产节约、增收节支活动。全区工商企业和建筑行业积极响应区委号召，从各自实际出发，大搞增产节约、增收节支，取得了显著成效。面临停产的新街口汽车蓬套沙发厂，产、供、销不稳定的向阳羊毛衫厂，白手起家的梅园羽毛球加工组和劳务公司仪表元件厂，厂房、场地、资金困难的广播器材二厂、大公木器厂等企业，发挥"小而灵"的特点，"热销产品加快生产，平销产品以销定产，滞销产品限制生产，过剩产品及时转产"，通过挖潜、革新、改造，穷办苦干，广开生产门路，都摆脱了困境，越办越兴旺。1979年街道工业产值比上年增加12.2％，11个厂、社提前1至2个月完成全年计划。1980年全区工业企业完成总产值1 616万元，比1979年增长36％；利润完成247万元，增长15％。1983年，全区工业产值1 989万元，利润225万元。至1983年底，全区工业企业固定资产总值达364万元，比1978年增加79.25％，企业实力有了显著增强。

在增产节约、增收节支劳动竞赛中，财贸系统采取"改进货源渠道，扩大经营服务；改进供应方法，提高服务质量；改进奖金制度，鼓励多劳多得；改进集市贸易，促进商品流通；改进价格管理，安定群众生活"等多项措施，提高了全区供应水平和服务水平。1980年全年商品零售总额6 030.5万元，比1979年增长15.19％；利润总额316.84万元，增长16％。

区街经济的发展壮大，保证了全区的财政收入。1980年全区财政收入提前57天完成任务，全年财政收入达1 784.1万元，比1979年增长12.2％，完成市核计划的112.07％。全年实现了财政状况的好转，在基本满足各项事业发展需要的基础上，略有节余。

二、整顿区街企业

玄武区工商企业规模小，底子薄，先天不足，加上"文化大革命"中极"左"路线的破坏，一些企业领导班子拧不成一股绳，经营管理混乱，经济效益不高，发展后劲不足，难以适应经济社会发展的要求。在贯彻落实全党工作重点转移的战略决策过程中，区委成立企业整顿领导小组，开展企业整顿，为全区实现经济更快发展固本强基，练好内功。

整顿和建设企业领导班子。区委按照中央提出的革命化、年轻化、知识化、专业化的要求,对企业领导班子进行有计划、有步骤的充实和调整,把懂业务、会管理的优秀中青年骨干大胆地选拔到领导岗位上来。1979年,区委调整和充实了区机关的11个部门、4个街道及34个基层单位的领导干部,充实进领导班子的绝大多数是50岁以下、具有20多年工作经验的中年干部。1980年区委又选拔68名领导干部,调整、充实了67个单位的领导班子。财贸系统10个公司(店)的领导班子调整后,成员由原来班子的50名减为44名,平均年龄由50.6岁下降为43岁,具有高中文化程度的干部比例由原来的32%提高到56.8%。玻璃纤维五厂、灯具厂、自行车零件厂、文具用品厂的新班子成员中增加了电大毕业生1名、助理工程师1名、技术员1名和有技术专长的干部2名,改善了领导班子成员的年龄结构和知识结构,提高了领导水平。1981年1月19日,经市委批准,区委成立了由区委书记王炳凯为组长的清理领导班子中"三种人"① 领导小组并开展工作,进一步纯洁了企业领导干部队伍。

建章立制,狠抓制度建设,整顿生产经营秩序。针对生产经营中暴露出来的问题,各街道党委帮助企业建立相应制度,提高经营管理水平。梅园新村街道党委针对玉器厂记账、保管、采购都由1人经手的情况,在清账、查库的基础上,改由3人分别经手,并制定和完善相应的财务制度和物资管理规定,堵塞了漏洞。文教系统党委发现北京东路小学校办工厂在工资表上列假名冒领工资、有的收入不入账等混乱情况后,立即修改了财务管理规定。原来管理薄弱、经济效益差的玻璃纤维五厂先后建立了34项规章制度、71个工种岗位责任标准、24条安全操作规程和4项主要产品质量检验标准,让每个工种、每道工序、每个工人的操作都有章可循,有标准可查,有效地改善了生产秩序,盈利水平大幅度提高。百货公司、物资回收公司、同仁街菜场等单位制定了《文明礼貌服务规范》《优质服务条例》等内部法规、章程;和平路百货商店调整劳动组织,改变店容店貌,方便了顾客。经过一段时间实践的检验,这些单位都扩大了经营,获得了较好的经济效益和社会效益。

关、停、并、转,调整企业生产方向。区委开展生产目的的教育,帮助企业纠正片面追求产值的倾向,在适销对路上下功夫。丹凤街街道根据社会需要,关闭了吉兆营旅社和丹凤翻砂组两个长期亏损、没有发展前途的单位;对永胜内燃机配件厂、南京机械阀门厂和丹凤变电设备安装服务处等单位,在摸清市场行情后,及时

---

① "三种人",指在"文化大革命"中造反起家的人、帮派思想严重的人和打砸抢分子。

安排转产轻工产品和民用产品。区委组织全区街道企业学习丹凤街街道的经验，调整产品结构和企业经营方向，取得了很好的效果，实现了产值、利润"双增长"。向阳羊毛衫厂是全区企业面貌变化较大的一家企业。这个厂调整后生产的产品，以"新、优、廉"的特色进入了全国106个市、县和南京市的48个商店（场），新出样的104个花色品种中51个当年就取得了效益，其中小商品针织帽因造型新颖独树一帜，在市展销会上供不应求。1981年上半年该厂亏损39 000元，经过1年半的努力，到1983年底盈利76 000元。截至1984年底，全区有17个居委会由于工商企业健康发展和利润增加，成了"万元居委会"，其中太平门居委会年创利达10万元。

三、打击经济领域的犯罪活动

在深入揭批"四人帮"的基础上，玄武区委根据中央精神和市委决定，从1979年初开始，在全区范围内开展打击现行反革命分子、打击贪污盗窃分子的"双打斗争"，保护经济发展和社会安定。

1978年10月31日，区委根据市委要求，成立"双打斗争"领导小组，召开全区干部会议，部署开展"双打斗争"。区委书记王炳凯在会上指出，这次斗争的重点是现行反革命分子、反攻倒算的地富反坏分子、刑事犯罪分子、贪污盗窃分子、投机倒把分子和打砸抢首恶分子。"四人帮"帮派体系中的一部分人，有的是乱中夺权的打手，又是乱中发财的扒手，他们是"双皮虎""双料货"，开展"双打斗争"是进一步打击"四人帮"的社会基础，是揭批"四人帮"的深入发展，是夺取揭批"四人帮"斗争全胜，实现经济和社会发展的必不可少的重要保证。

按照区委安排，全区基层单位"双打斗争"分3批进行。第一批为财贸系统的和平路菜场、城建系统的玄建五金厂、街道工业中的南京灯具厂和卫生系统的环卫所等4个单位；第二批为80%的基层单位，在1979年第一季度进行；少数条件还不成熟的单位作为第三批在第二季度进行；整个工作在半年时间里基本结束。在这次"双打斗争"中，全区查处违法和严重危害社会治安分子360多人，查处无证摊贩和投机倒把案件600多起。区检察机关受理经济案件10件，逮捕8人。这些犯罪分子大多是供销员和仓库保管员，他们内外勾结，倒卖统购物资。街道企业里受到刑事处理的3名贪污犯，2名是劳教过的，1名是还没有摘掉帽子的坏分子。

为了集中火力重点打击犯罪分子，防止"误伤"和扩大打击范围，区委明确规定,对人民内部的资本主义倾向,主要是批评教育,采取开会"说清楚"的办法,帮助犯错误的人放下包袱,轻装上阵。区委特别强调对集体企业和街道企业间的协作中出现的问题,要具体分析,把投机倒把与正常协作区分开来;有贪污盗窃和投机倒把行为的,经济上退赔不能马马虎虎,但检讨得好,生活困难,又能得到群众谅解的,退赔可以缓、减、免,为四化建设调动一切可以调动的积极因素。

1982年初,中共中央发出《关于严厉打击走私贩私、贪污受贿等违法犯罪行为的紧急通知》,全国人大常委会发布《关于严惩严重破坏经济的罪犯的决定》和中共中央、国务院发布《关于打击经济领域中严重犯罪活动的决定》后,区委认真贯彻执行,继续深入开展打击经济领域犯罪活动的斗争。2月23日,区委召开常委扩大会,学习"通知"和"决定",随后成立由区委书记郑凤翔为组长的区委查处经济案件领导小组和工作班子,进行调查摸底。3月18日,在市委查处经济案件工作会议以后,全区"打击"和"严惩"工作全面铺开。区委抓住宣传、办案、教育、整顿4个环节,在全区大张旗鼓地开展学习、宣传、贯彻"通知"和"决定"精神的活动。财贸系统以耀身绒线店党员主任受贿1 100元后与采购员勾结,以低于市场价倒卖毛线,致使国家损失47 000多元的事例为反面教材,在全系统展开讨论,以处理一个人、教育一大片。全区先后召开2次宽严相结合的处理大会,有51人在全国人大"决定"规定限期内交代了自己的问题。在这期间,区委又召开4次"打击"和"严惩"的专业会议、2次书记办公会和3次研究重点案件的常委会,根据"严打"中暴露的案情,发动干部群众结合企业整顿,挽回经济损失,建立健全规章制度,树立长期作战的思想,达到"处理一个案件,总结一次教训,堵塞一些漏洞"的目的。

从1982年初至1984年底,全区查办新发生的经济犯罪案件270件,结案254件,结案率94%。1984年12月3日,南京市委给予在打击经济领域严重犯罪活动中作出显著成绩的区检察院经济检察科和科长倪卫国分别记功,并给倪卫国颁发奖状和奖金,晋升一级工资(市委这次表彰的立功人员中仅倪卫国一人晋升工资),授予区百货公司经济案件办案组先进集体称号,授予杨小京、曹志恒、刘宪权等3人先进个人称号。

玄武区委连续四五年在经济领域持续打击严重犯罪活动,是揭批"四人帮"以后又一次规模较大的政治斗争。这场斗争虽然没有结束,但已经有效地震慑了犯罪分子,减少了国家和集体的财产损失,为推动社会风气好转、保护企业健康发展、实行全党工作重心转移创造了安定的社会环境。

第三节 切实改善群众生活

一、调整和提高职工工资

"文化大革命"期间，职工工资被冻结。随着经济的恢复和发展，从1977年开始，玄武区贯彻中央"一要建设，二要吃饭"的方针，着手改革职工工资关系。在市委、市政府的统一部署下，连续多次为职工增加工资，职工的工资收入水平有了较大幅度的提高。

在1977年全区70％以上职工增加工资、1978年给工作成绩突出的少数职工（占职工总数的2％）晋级的基础上，1980年4、5月间，又对40％的职工的工资进行升级，许多单位在不突破指标的前提下，采取升半级的做法，扩大增资面。全区全民所有制单位职工4 690人中，升级的职工有2 103人，占44.84％；在大集体所有制单位的6 801名职工中，通过"调高""靠级""定级""升级"等多种形式，4 038人增加了工资，占职工总数的59.4％；另外给4 782人补发了地区差。街道企业也进行了相应的调资工作。当年全区有一半以上的职工增加了工资，是十一届三中全会以后增资面最大的一次"工调"。1983年10月，又对40％的职工的工资进行了普调，并对部分工资偏低、起骨干作用的知识分子升两级工资。1984年，玄武区从实际出发，调整临时工、季节工的工资标准，勤杂工、普通工的日工资由1.2元上升为1.6元，壮工由1.4元上升到1.8元。

在增加在职职工工资收入的同时，区委、区政府在财政收入增长的基础上大幅度增加社会抚恤金和社会救助费。1980年，全区开展烈属生活状况定期复查，在110户优抚家庭中确定30户为定期补助对象，每月给这些对象补助429元（总额）。对鳏寡孤独、老弱病残和无职业的106户居民（113人）给予定期救济，每月救济总额为1 500多元。对在20世纪60年代初精减的老职工中的17个困难户，作为定补对象，每月补助总额402元。1980年全年临时救济1 056人次，总救济金额18 000多元。1980年全区各类抚恤金和社会救助共支出85.23万元，1981年为87.37万元，从1982年起每年超过100万元，比1971年到1977年7年间的年平均抚恤救助金额增加1倍以上。

职工工资的多次增加，使职工收入年增长幅度保持在10%左右。1980年全区人均工资646.15元，比1979年增长9.67%；1981年上升至716.90元，比1980年增长10.95%。1982年职工人数由11 842人激增至18 966人，增加60.16%，而且大多是新参加工作的和低级别的工人，全区工资总额虽然增长54.6%，但人均工资下降3.44%，降至692.22元。1983年人均工资继续上升，达766.08元，比1982年增长10.67%；1984年上升至877.53元，增长14.55%，是十一届三中全会以来增幅最大的一年。

二、做好下乡回城人员的安置工作

从1966年至1978年，玄武区有19 351名高、初中毕业生和3 056户、14 110名居民到农村插队落户。十一届三中全会以后，绝大部分知识青年、下放户及其子女回城，加之从1979年开始，高、初中毕业生不再"上山下乡"，除了继续升学的以外，每年新增待业青年数千人，全区出现了待业高峰。广大知识青年的就业和下乡回城人员的安置对社会产生了极大的压力，成了当时亟待解决的社会问题。区委根据中央提出的"实行政府统筹规划指导下，劳动部门介绍就业、自愿组织起来就业和自谋职业相结合"的方针，在发展经济的基础上，千方百计挖掘潜力，做好知识青年和下乡回城人员的就业安置工作。

1979年3月15日，丹凤街街道在原来的待业青年红专学校①的基础上，办起了全省第一家劳动服务站，安置待业青年。5月8日，区委在丹凤街街道召开现场会；9月6日至8日，区委又召开区街道工作会议，推广丹凤街街道创办劳动服务站的经验，鼓励全区各街道兴办劳动服务站，扩大就业能力，在安置待业青年的同时安置其他待业人员。为了加强对兴办劳动服务站工作的领导，7月2日区委成立了由区委书记挂帅的红专学校委员会，统筹各方面的关系，并将已经收归区属的17个街道工厂重新放回街道，为各街道安置待业人员提供条件，开拓就业空间。至1979年底，全区7个街道共新办劳务、生产、饮食、服务等网点175个，经营项目120个，吸收待业青年和招收社会闲散人员9 500多人，占全区当年待业总人数的

---

① 红专学校：1977年底，由团区委牵头，聘请中学教师和社会上的专业技术人员，利用晚上和节假日为待业青年补习文化、传授专业技能，组织知识青年参加社会劳动。丹凤街街道称这种学习形式为红专学校。

80%以上。全区下放回宁的6 300多人中需要安置2 674人，至1979年底安置了2 241人，办退养手续的298人，两者合计占应安置人员的95%。

1980年5月20日，玄武区成立区级劳务公司。公司在加强对街道兴办劳动服务事业进行业务指导的同时，按照区委要求，发动和支持各系统、各部门和相关单位兴办劳务公司，发展商业服务和劳动密集型企业，广开就业门路，多渠道、多形式安置待业人员。城建系统建立综合服务站后，不断扩大业务，不仅开展水、电安装维修和多种加工业务，还开辟花卉盆景生产，夏天供应冷饮，安排了100多名职工待业子女就业。南京汽车汽缸床垫厂劳务公司实行跨行业经营，利用地下室面向社会开设怡然茶社，安置了36名待业人员。区委总结和推广了这两个单位安置待业人员的经验，进一步推动了全区的安置工作。

为了帮助新建立的劳务公司和劳务企业站稳脚跟，加快发展，区委、区政府在3个方面给以大力支持：采取"防空洞里借一点，边角地带找一点、拆掉旧房盖一点"等办法，为新办劳务企业解决经营用房和场地不足的困难；通过银行、区财政和区劳务积累等渠道，发放贷款134万元，为新办劳务企业解决资金不足的困难；选留一批有实践经验、事业心强的"老三届"知青，适当任用一批退休人员和在社会上挖掘一批能人，为这些劳务企业充实干部力量和解决专业技术人员不足的困难。到1984年底，全区在工业、商业、饮食、服务、运输、建筑等行业兴办了242个劳务企业，安置了6 000多名待业人员，并且向国家上缴税利593.39万元。

随着企业的发展和生产水平的提高，企业对就业人员的文化技术要求越来越高，使许多刚从学校毕业的初、高中学生和回城知识青年一时难以适应，出现了"有人无事干，有事无人干"的新情况。从1981年开始，玄武区逐步加强技术培训工作，除了由街道劳动服务站组织培训以外，区委、区政府鼓励有条件的单位（包括驻区大单位）开展就业前培训，帮助待业人员掌握一定的操作技能和一技之长，为他们自谋职业或应招进入企业创造条件。到1984年为止，全区先后举办各种类型的培训班63期，培训服装裁剪、水电安装、幼教、财务会计、家用电器修理、打字、炊事、锅炉操作、机械加工、装潢等行当的待业人员1 975人。这些待业人员经过培训后，就业率达90%以上，受到待业青年和安置企业的欢迎。

全党动员，各方支持，玄武区平稳地度过了特殊历史时期形成的就业高峰期。经过2年的努力，到1981年，1980届以前的待业青年中除了一部分准备复习迎考、等待顶替和严重残疾者以外，基本安排完毕。到1984年底，全区待业人员降至711

人,全区范围的就业和安置的矛盾基本解决。近20万人口的玄武区,在五六年间安排了26 795名(极少数人员重复就业)知识青年和待业人员走上工作岗位,是一件了不起的工作,对经济发展,改善人民生活,促进社会安定团结,都起到了重要作用。

三、集中力量加快住宅建设

由于"左"的路线和思想观念的影响,以及受经济力量的限制,住房建设一直是民生工作中的短板。玄武区许多系统、单位在"文化大革命"10年中,基本上没有建设和分配职工住房。从1978年开始,全区下放农村的数千户居民陆续回宁,加剧了住房不足的社会矛盾。1978年12月26日,区委在区第三次党代会上明确要求,集中各方面的力量,打一场加快住宅建设的总体战,尽快缓解居民住房拥挤和短缺的状况。

经过一年努力,1979年居民住宅开工面积达28 877平方米,竣工27 780平方米,在冬天来临之前,安排548户新住户入住。在已经回宁的2 787户中,原来有住房并且能够过冬的有854户,其余1 933户由所在系统、单位帮助解决过冬用房,以解燃眉之急。12月29日,区委书记王炳凯在区委全委扩大会议上总结全年工作时说,初战告捷。全区住宅建设与社会需求相比,虽然是杯水车薪,但也缓和了一些住房矛盾。

为了调动全民单位、集体企业和个人建设住房的积极性,进一步挖掘建房潜力,玄武区在国家政策许可的范围内,采取多种形式鼓励修建居民住宅。一是由国家拨款和企事业单位投资统建住宅。二是公建民助。1981年230户办理施工执照,竣工115户。三是职工居民集资建房。1981年和1982年,教育系统和丹凤街街道等单位集资建设了29幢、48 325平方米的职工和居民住宅。四是鼓励私房新建翻建、拖披搭阁。1981年全区批准419户翻建私房14 800平方米,比1980年增加2.5倍。五是成片轮修、维修公房,扩大公房利用率。1981年前后,全区投资160万元,修缮房屋116 700平方米,其中成片轮修了丹凤街、长江东西街、太平桥南、竺桥、桃园新村、黄泥岗、估衣廊、中山东路、中山路等23条街巷,共93 000平方米,占1981年全市轮修公房面积的四分之一。在当时历史条件下,国家拨款和企事业单位投资是住宅建设的主要渠道,但其他渠道的建设对改善广大居民的居住条件功不可没。在居民住房最为紧缺的1981年,全区由国家拨款和企事业单位投资统建住宅22幢、41 000平方米,而其他渠道新建和修缮的住宅130 000多平方米,为前者的3倍。

从1978年12月区第三次党代会到1984年8月区第四次党代会,全区通过多种渠道,在后宰门、板仓村、珠江路、文昌桥、鱼市街、中山门、长江后街、裕德里、百子亭、焦状元巷等地集中建造各类住房106幢、280 300多平方米,在岗子村、太平门、富贵山建造简易住房12 200平方米。由于从农村回城的居民对住宅的需求尤为迫切和强烈,按照市委要求的精神,区委、区政府在安排住宅建设计划和制定住房分配方案过程中,对回城下放户的住宅加以单列,每年都有200户左右的回城居民进入新居,比较好地缓解了下放回城家庭住房难的问题。下放回城户和社会各方都较为满意。

在做好住宅建设的同时,区委、区政府贯彻"以管为主,管建结合"的方针,加大投入,加快市政建设,改善居民的居住环境。1978年至1984年平均每年用于城市生活设施维护的费用为63.1万元,比1971年至1977年平均每年投入的费用增长1.3倍。1979年全区修建路面41条、41 000万平方米,整修管道26 800万米,基本实现全区路面沥青化和排水管道化。在此以后的1980年至1984年的5年间,又铺修大、中道路路面160 000多平方米、人行道5 000米,全区道路养护维修率达到市级标准;新建、改建下水道2 800米,疏通、维修69 000米;新建和修建窨井、雨水井10 00多座;安装自来水49处,解决了尖角营、都司巷、大纱帽巷、小纱帽巷、严家桥、虹板桥等街巷300多户居民长期"吃水难"的问题;新建公厕15座、高台垃圾箱9座。加大和充实环卫力量,建立健全"门前三包""日出日清"和夜间清扫等环境卫生管理制度。完成浮桥至竺桥河道驳岸工程196米、珍珠河1600米的驳岸工程和清淤工程,使河道整洁宽敞,面貌一新。

第三章 改革开放起步

1982年9月党的十二大的胜利召开,标志党在指导思想上拨乱反正任务基本完成。党中央在新形势下提出了全面开创社会主义现代化建设新局面的奋斗纲领,不失时机地推进机构改革和经济体制改革,加快改革开放的进程。区委认真学习贯彻党的十二大精神,进一步认识到实现四个现代化,大幅度提高生产力,必然要求多方面地改变同生产力发展不适应的生产关系和上层建筑,改变一切不适应的管理方式、活动方式和思想方式。全区试行经济承包责任制,扩大企业自主权,发展横向经济联合,大力搞活经济,加快经济发展步伐。与此同步,针对实行改革开放后出现的新情况,区委抓紧整顿机关作风,加强思想政治工作,加强精神文明建设,加强民主与法制建设,改进社会管理,净化社会空气,排除来自"左"和右的干扰,以党的十一届三中全会以来的路线、方针、政策统一广大党员干部群众的思想认识,为推进全面改革、深化改革"鸣锣开道""保驾护航"。

第一节 加快启动企业三项改革

一、学习贯彻党的十二大精神

1982年9月举行的党的十二大,通过对过去6年历史的总结,提出了建设有中国特色的社会主义重大命题和小康社会的战略目标,为进一步肃清"文化大革命"遗留下来的消极后果,全面开创社会主义现代化建设新局面,确定了继续前进的正确道路、战略步骤和方针政策。区委按照省委、市委的要求先后两次举办分别由384名区管干部和930名在职党员参加的轮训班,学习胡耀邦同志在大会上所作的《全面开创社会主义现代化建设的新局面》报告等十二大文件。在有条件的干部中开展学习胡耀邦同志的《四化建设和改革问题》和《马克思主义伟大真理的光芒照耀我们前进》等重要讲话，学习邓小平文选中的有关篇章（详见第四章第一节）。引导各级党组织和广大党员干部联系玄武区实际进一步加深对中央有关改革与经济建设的方针、政策的理解，总结经验，认真清理"左"的思想，打破与新形势不相适应的老框框，勇于改革，在各条战线和各项工作中努力开创新局面。

　　在学习中，全区各级党组织和广大党员干部通过回顾历史经验，分析对比有利条件和不利条件，对20世纪末实现工农业年总产值翻两番增强了信心。区委认为，十二大提出的在不断提高经济效益的前提下，到20世纪末的20年，力争使我国工农业总产值翻两番、人民生活达到小康水平的奋斗目标，充分考虑了我国实现现代化的长期性和艰巨性，符合我国经济落后和发展不平衡的实际情况，是切实可行的。按照十二大的要求，区委在全面开创新局面的各项任务中把发展经济列为首要任务，争取全区经济工作有新有突破，迈出新步子。

　　党的十二大明确提出了努力建设高度的社会主义精神文明和高度的物质文明的战略方针，指出社会主义精神文明是社会主义的重要特征，是社会主义制度优越性的重要表现。区委和各级党组织通过学习，为一手抓物质文明建设、一手抓精神文明建设，"两手抓、两手都要硬"的工作思路奠定了思想基础。十二大通过的新党章，进一步总结了党的建设的历史经验教训，对党的生活作出了包括"党员的八条义务"等一系列新规定，强调共产党员永远是劳动人民的普通一员，党和人民的利益高于一切，个人利益服从人民的利益，是党适应新时代的特点和需要，是进一步加强执政党建设的正确纲领。通过学习，全区各级党组织和党员干部深切体会到，新党章有着极大的现实针对性，提高了加强党组织建设和党员自身建设的自觉性，为大力整顿各级领导班子，大胆选拔优秀干部，更好地贯彻落实十一届三中全会以来党的路线、方针、政策，开展工作新局面，提供了思想保证、行动保证和组织保证。

　　区委采取召开会议、在职自学或组织学习中心组讨论等多种形式，组织各系统、各部门、各单位联系思想实际和工作实际，回顾和总结历史经验，进一步搞清十一届三中全会以前各项业务工作的方针政策、制度办法，哪些是正确的、应该坚持的，哪些是过去适用、今天已不适用的，哪些是错误的、应该予以抛弃或改正的；在统一思想认识的基础上，切实研究解决迫切需要解决的重大问题。区委要求各级领导干部带头学好十二大文件，通过谈学习心得、体会的形式，带头总结经验教训，带头清理"左"的思想，带头改进工作。在学习讨论中坚持实事求是的原则,开展批评与自我批评,但不搞人人过关,不追究个人责任。

通过学习,区委和广大党员干部提高了对改革的迫切性和必要性的认识,认识到大力推进改革是发展全区经济工作的保证,坚定了进行改革的信心和决心。在市统一部署下,区委在分析前一阶段经济体制改革试点情况的基础上,决定本着全面而有系统、坚决而有秩序的改革方针,成立经济体制改革小组,确定了当前改革的重点、方法和步骤。从玄武区微小型企业多、为生产为生活服务类企业多的特点出发,区委决定围绕打破分配上的平均主义、"大锅饭",充分调动企业和职工的积极性,尽快推动生产发展,提高生产效率和经济效益,从扩大企业自主权、发展横向经济联合、全面实行和完善各种形式经济承包责任制等3项改革切入,加快企业改革步伐。

二、改革之一:试行经济承包责任制

在党中央解放思想、实事求是思想路线的指引下,农村许多地方突破不许包产到户、不许分田单干的限制,实行多种形式的生产责任制,推动了农村经济改革,农业生产连年获得丰收。玄武区按照市委部署,参照农村的经验,在一些微小型企业试行经济承包责任制,以解决企业内部分配不合理、"职工吃企业大锅饭"的问题,理顺国家与企业之间、企业与职工之间的责、权、利关系,以及解决"大锅饭"挫伤一部分职工生产积极性的问题。

1980年,玄武区首先在商业系统的菜场、理发行业试行经济承包责任制。同仁街菜场是商业系统最早试行经营责任制的单位之一。1980年11月起,同仁街菜场划小核算单位,试行基本工资加利润提成奖励的经营责任制,改变了过去经营搞统包统揽、核算搞统负盈亏、分配搞统一平衡的"菜场开'大锅饭'、职工吃'大锅饭'"的状况,干部、职工的积极性高涨,经济指标完成水平全面提高。1980年11月至1981年6月,与实行经济承包责任制前的1979年11月至1980年6月相比,营业额增长28.1%,毛利增长17.8%,成本费用下降22.5%,利润增长190%,人均劳动生产率提高37%,向国家缴纳所得税增长224%,提留公积金增长160%,职工平均月收入增长32%。全场副食品供应量增加140多万公斤,蔬菜日进货量由平均1.5万公斤左右增加到2.5万公斤以上。恢复和开展了代客加工、送货上门等服务项目,受到市民欢迎。经济承包责任制带来了职工、菜场、国家和市民"四满意"新景象。

同仁街菜场的变化，在全区各个经济领域发挥了示范效应。1981年，继商业系统之后，玄武区在城建和街道的部分企业中试行经济承包责任制。1983年初，区委、区政府又在工业、商业、劳务、城建、文教卫生等不同领域，确定轻工塑料厂、后宰门劳务系统、玄建一队、冠生园食品厂、香铺营菜场、美新饮食店、牙病防治所和北京东路小学幼儿园等不同类型的单位，更大范围地试行经济承包责任制，为全面实行经济承包责任制积累经验。

根据各个领域的不同情况，玄武区试行经济承包责任制的形式灵活多样，不搞"一刀切"。工业和城建系统，试行以厂长为中心向主管部门承包，完成产值、利润等承包指标不奖不罚，超额完成有奖，完不成受罚；企业内部试行班组、车间向企业承包，改部分固定工资为记分、计件形式的浮动工资，活分活值，联产联利，职工的劳动报酬同企业盈亏直接挂钩。商业系统早点行业试行集体承包（职工自由组合，重新认店，工资浮动，自主经营，定额上交，超额分成，盈亏自负）、离店承包（留职停薪，福利自理，盈亏自负，定额上交，余额归己）和租赁承包。区饮食公司对承包者按规定供应货源和无息贷款，合同一订3年不变。劳务系统由区劳务公司与街道劳务公司签订安排劳动就业和产值、利润3个方面的承包合同，以1983年为基础，产值、利润分别增长4%和安置待业人员完成80%的得奖，完不成的受罚；在街道劳务公司内部试行多种形式分配办法，其中后宰门街道试行的取消基本工资、浮动上不封顶、职工收入高低完全取决于企业经营优劣的除本分成浮动工资制，在市劳务工作会议上得到了肯定。一些有经常性收入的事业单位，进行企业化管理试点，比如牙病防治所实行定额承包后，超额分成，多劳多得，集体和职工的收入都有了增长。到1984年底，全区工业系统20家企业中17家与区工业公司签订了承包合同。劳务系统中8个街道的劳务公司与区劳务公司签订了承包合同。商业系统中有131家集体商店实行多种形式的经营责任制，占企业总数的一半以上。

经济责任制的广泛试行，给企业带来了5个方面的变化：一是提高了企业的经济效益。街道工业系统中的6个试点单位，1983年的总产值和总利润分别超过年计划的13.6%和29.84%，比1982年的实绩分别上升8.36%和1.7%；人均创利超过没有实行承包的14个单位的48.12%。区修配公司所属东风路的4个修鞋、黑白铁门市部在实行经济责任制前，全年亏损5 580元，职工工资打七折；1983年实行责任制后，扭亏为盈，还上缴税金2 066元，集体提留800多元，职工工资平均每月70多元，增长了1倍。二是社会效益得到了提升。商业系统实行经济责任制后，提出"服务态度就是效益"的口号,主动出摊设点,送货上门,普遍延长服务时间,有的店将原来的一天"一市"改为"二市""三市",提高了供应服务水平。理发行业将承包指标分解到人、按个人营业额计酬后,人人抢着干,改变了理发排队现象。三是初步克服了奖金分配上的平均主义现象。轻工塑料厂实行责任制后,奖金最高的职工每月可得346元,而最少的只有4.39元,有的甚至得不到奖金,拉开了差距,起到了奖勤罚懒的作用。四是加强了企业管理。不论试行哪种方式的承包责任制,都得经过大量数据测算才确定各项承包指标,而在承包责任制的实行过程中更需要严格的制度和科学的管理,为此各试行单位都进行了企业整顿,建立和健全了规章制度,管理水平得到显著提高。五是增加了职工收入,改变了职工的精神面貌。工业系统6个试点单位1983年职工的提成工资(奖金)比1982年增加了34.12%,平均每人所得150多元,比1982年净增40多元。生产的发展,收入的增加,增强了广大职工的主人翁意识,一些过去只管自己多拿钱、不问企业赚和赔的职工,现在都主动关心企业的经营情况,共同挑起企业发展的重担。

三、改革之二：扩大企业自主权

党的十二大以后,区委按照中央和省、市委的部署,进一步扩大企业自主权,由重点改变"职工吃企业大锅饭"的问题进而重点改变"企业吃国家大锅饭"的问题,调动企业积极性、主动性、创造性,增强活力,增强了企业在市场上的竞争力。

1984年5月,省委、省政府分别下达了《贯彻执行国务院关于企业改革暂行规定的通知》和《关于改革国营企业经营管理体制的几个问题的意见》。南京市委于5月12日提出了包括下放经济管理权限、给中小企业以更大自主权在内的《关于搞活经济的十项改革意见》。区委召开工作会议认真学习和贯彻中央和省委、市委一系列文件的精神,认识到扩大企业自主权是增强企业活力的重要一环,是解决现行经济体制主要弊端所必须采取的重要改革。在统一思想的基础上,区委按照市委提出的"抓住重点,首先环绕三个搞活(搞活企业、搞活经济、搞活流通),积极推进改革"的要求,综合各方面的意见,针对玄武区"三多"(微小型企业多、集体企业多、为生产生活服务性企业多)的特点,接连出台了《关于经济改革的五点实施意见》和《关于搞活经济的改革意见》两个扩大企业自主权的文件,为搞活企业营造了必要的外部条件,逐步使企业成为具有自我改造和自我发展能力的生产者、经营者。

在《关于经济改革的五点实施意见》中，区委要求改革企业管理机构的职能属性，实现"三个转变"：改变区工业公司的管理属性，确立公司的职能作用；改变零售商业公司、建筑公司只抓单一管理的现状，由单纯管理向经营实体转变；改变全民事业单位"吃大锅饭"的状况，向企业化的管理方向转变。在《关于搞活经济的改革意见》中，区委扩大了区、街集体企业在生产经营、劳动人事和资金使用等方面的自主权，提出了以"六个可以"为主要内容的搞活经济的30条意见：企业可以根据市场变化变更经营范围，自行采购原材料，自行安排生产，自行销售产品；对用议价购进的原材料生产的产品，可以实行"高进高出""低进低出"的浮动价格；可以根据"交够国家的，留足集体的，剩下的用于职工分配"的原则，自主决定经济承包及分配方式；企业可以公开招工，择优录用；可以按照"四化"要求民主选举或招聘厂长（经理），由厂长（经理）组阁；厂长（经理）有权奖惩本企业职工，对错误严重而又不改的职工，经职代会通过，厂长（经理）有除名权、开除权；企业可以根据完成国家计划情况和利润增减或扭亏情况，决定奖金的增、减、停，有权根据经济条件、支付能力决定职工福利待遇，不搞一刀切。

1984年6月25日，区委、区政府成立了由区委书记李向群任组长的区经济体制改革领导小组，督促和推动各部门、各系统落实区委两个文件精神，把该放给企业的权限进一步下放给企业，为企业松绑。根据企业的呼声和要求，区政府职能部门首先下放了一批实实在在的权力，其中区计经委下放了新办企业审批权和设备更新权，财政局下放了流动资金使用权，劳动局下放了人事调动权和招工权，工业、商业系统也两次下放管理权限，受到了企业的欢迎。

企业扩大了经营、管理自主权，增添了新的活力，积极性得到了发挥。区商业系统本着少环节、多渠道的原则，撤销联合核算点，成立摄影器材、农村土特产品等4个贸易中心和饮食公司购销经理部，由商业行政性公司向经济实体过渡。区副食品公司扩大自主权后，按经济实体要求成立了业务购销组，除了给基层店进行业务指导和监督以外，还积极开辟销售渠道、组织货源，为基层店提供服务。粮食系统从管理型转为经营型后，经营门路大开，新办了2个粮油食品商店，各粮站由"站"改为"店"，前店后坊，平价议价，生货熟货兼营，既方便了群众生活，又扩大了经营，增加了经济效益。城建系统改革公司管理体制，大刀阔斧调整内部机构设置，打破原工程队和所属工厂的界限，成立了3个专业处，实行专业化管理，精简管理人员加强生产一线，提高了企业的应变能力，保证了施工进度和工程质量。

丹凤街劳务公司有了用人权以后，采取招聘方式吸收一批能人充实各企业领导班子和技术部门，企业素质有了明显提高。长期亏损的金陵五金厂招聘能人黄庆宝任厂长，黄庆宝上任2个月，大胆改革，使企业迅速摆脱了困境。

四、改革之三：鼓励企业发展横向经济联合

根据南京市委《关于搞活经济的十项改革意见》中打破部门、地区和所有制界限，积极推进紧密式、松散式、合同式等多种形式经济联合的要求，区委从玄武区工业基础薄弱、商业流通不活的实际出发，明确提出企业要采取走出去、请进来的办法"找靠山""请财神"，大力发展横向经济联合。至1984年底，全区成立了81个经济联合体，联合联营项目60多个，在促进资金、技术、人才的合理交流，产品转轨变型，提高产品质量，扩大经营项目，增强企业活力等方面发挥了积极作用。

玄武区经过探索，冲破区街企业就地生产和封闭式经营的框框，开展了5种形式的横向经济联合：

与本地区的企业联合。本着互通有无、互惠互利的精神，就近寻找联合伙伴。永胜内燃机配件厂具备承接莫愁牌洗衣机内缸月产10 000只的能力，但由于场地限制，每月只能生产5 000只。1984年9月与向阳羊毛衫厂实行联合经营，利用羊毛衫厂空余的场地和厂房加工洗衣机内缸，2个月不到，洗衣机内缸月产量便达到9 700只。

与外地单位联合。区商业系统杂品、回收、修配、百货等行业的15家商店，通过挖掘潜力，为外地单位提供店面、人员、技术，吸引外地名特优产品和南京紧缺商品到南京生产和销售，满足了市场需求。新街口花席店与江都、丹阳两地的皮鞋厂开展联营后，销售额增加122%，利润增加90.46%，还增加了残疾人鞋、大号码鞋和单只鞋的定做业务。工业系统与外地企业挂钩，扬长避短，开展多方面的协作，机械阀门厂、广播器材二厂、永胜内燃机配件厂分别与武汉、泰兴、江西等地的有关企业在产品配套、信息互通、技术交流、生产项目上进行联合和协作，都取得了良好的经济效益。

与农村联合。向阳羊毛衫厂为了集中力量抓好主产品羊毛衫的生产，把兼营产品翻新电石桶生产任务转让给了与自己联合经营的仙林包装容器厂。羊毛衫厂把生产电石桶的流动资金和每年从联营厂获得的利润2万至3万元，用于主产品羊毛衫

生产，增加了羊毛衫的产量和品种，而仙林包装容器厂也因为开辟了翻新电石桶新业务，增加了收益。自行车零件厂长期受厂房的限制，生产出现萎缩现象，后来与雨花台区江东大队积余三队联合经营，在生产队提供的0.3公顷土地上新建了1 000平方米厂房，增加了脚蹬、拉链、螺丝等零件生产，双方都获得了好处。

与科研单位进行技术协作。永胜内燃机配件厂与江苏省农机研究所水泵研究室挂钩，由水泵研究室派出2名工程师帮助研制微型水泵。这种水泵体积小，价格便宜，使用方便，适合偏僻农村使用，需求量大。投放200台试销，就获利30 000多元。该厂还与江苏省计算机研究所联营，由计算机研究所出资扶持该厂上马电阻箱、单板机电路板和操纵台等新产品，年产值增加15 950元。长江电器厂与南京工学院（今东南大学）和华东工学院（南京理工大学）的科研部门合作，生产5种高校教学仪器，10个人创造的年产值达10万元。

与外商联营。广播器材二厂是一家生产电动扬声器的老厂，潜力较大，但由于设备陈旧、技术落后，产品不能适应市场变化。与香港玉颖贸易公司联合后，通过补偿贸易，引进了1条比较先进的生产流水线，生产能力和技术水平得到大幅度提高。轻工塑料厂、玄武喷漆厂与外商联营，特约经销产品，都扩大了经营规模，丰富了市场供应。

根据市政府和玄武区政府的规划，玄武区加快开发珠江路东段商业一条街，逐步把中山东路、珠江路、北京东路、中央路、韶山路建成经济、贸易、金融、服务、文化中心，把虹板桥、糖坊桥建成以经营小商品、农副产品为主的商业区，为横向联合开辟了新的领域。1984年8月30日，区政府成立外地来宁经商接待处和网点开发经营服务公司，具体落实市委和区委关于搞活流通、开放市场的政策措施，并且制定了在开发、经营上提供方便，在生活上给予照顾等优惠条件，敞开大门，欢迎外地单位和农村"两户一体"来玄武区开店创业。

玄武区坚持贯彻以经济建设为中心的方针，积极推进对内搞活、对外开放，加快了经济发展步伐。1984年区街工业提前2个月完成全年计划，总产值2 379万元，利润284万元，分别比1983年增长19.6%和26.6%。区商业系统完成销售额8 994万元，利润540万元，分别比1983年增长16.3%和16.5%。区劳务系统经济效益创全市最好水平，完成产值1 778万元、利润406万元，分别比1983年增长62%和61.17%。区粮食系统创利73万元，比1983年增长63%，进入了全省粮食系统先进行列。

第二节 加强思想政治工作和精神文明建设

一、开展文明礼貌月活动

建设社会主义精神文明,是我国坚持社会主义道路,推进改革开放,凝聚力量进行现代化建设的重要保证。在改革开放起步后不久,党中央提出了建设社会主义精神文明的任务。1981年初,全国总工会、团中央等9个单位联合发表了《关于开展文明礼貌活动的倡议》。2月28日,中共中央宣传部、教育部、文化部、卫生部、公安部发出《关于开展文明礼貌活动的通知》,要求在全社会开展以讲文明、讲礼貌、讲卫生、讲秩序、讲道德和心灵美、语言美、行为美、环境美为内容的"五讲四美"活动,以及热爱祖国、热爱社会主义、热爱中国共产党的"三热爱"活动。

开展文明礼貌活动,是我国社会主义精神文明建设的一项重要工作和具体形式。区委根据中央和省委、市委通知精神,认真部署文明礼貌活动的积极开展。1981年3月18日,区委宣传部、区总工会、团区委和区妇联等9个部门联合召开由区机关及基层单位负责人1 000多人参加的动员大会,会后,各行业、各基层单位纷纷行动起来,结合自身特点,开展形式多样、内容丰富的文明礼貌活动。教育系统开展"学小虎子、戴小红花""遇事想一想,我和雷锋像不像"等活动,财贸系统开展"文明经商、礼貌待客"活动,城建系统和街区企业开展"为四化争贡献"活动,各级工会组织在职工中开展群众性的"互助互济互爱"活动,妇联和各街道开展创建"五好家庭"活动。这些活动的开展,对恢复被"四人帮"败坏了的厂风、校风、店风、院风、机关作风以及整个社会性风气,改善人与人的关系,维护社会安定团结,促进青少年一代的健康成长,建设社会主义现代文明和发扬中华民族传统文明,激励人们同心同德克服困难搞好社会主义四化建设,起到了巨大的推动作用,广大干部群众的精神面貌发生了显著变化。

在社会主义精神文明建设广泛开展的基础上,从1982年开始,区委按照中央和省、市有关部门的部署,连续3年在每年3月份开展文明礼貌月活动。

1982年3月开展的第一个文明礼貌月活动,以治理脏乱差为重点,进行了5次突击活动：3月1日，区领导、区机关干部和群众15 000人上街打扫马路；3月5日，结合"学雷锋，树新风，做好事"活动，全区组织85个为民服务队和28个青年服务队打扫公共厕所，疏通下水道，为群众做好事；3月12日，全区30多个单位9 000多人到板仓苗圃、九华山、珍珠河边植树育苗；3月20日，全区出动25 000多人冒雨清理河道，清理卫生死角；3月27日，全区8 400多人集中清理新街口一条街上的卫生死角，建设文明一条街。在一个月之中，全区共出动317 600人次、2 367辆次汽车、4 085辆次板车清运垃圾。25个先进集体和52个单位受到区委、区政府表彰。

1983年3月进行的第二个文明礼貌月活动的重点是深入开展"三优一学"（优质服务、优美环境、优良秩序和学雷锋）活动。在整个活动月，各基层共出动宣传队370多个，宣传群众62 000多人次，举办了"优质服务周""植树绿化周""卫生突击周""义务劳动周"。区委、区政府4月15日召开文明礼貌月总结表彰大会，136个先进集体、336名先进个人受到表彰。

1984年进行的第三个文明礼貌月活动的重点，是以"五讲四美三热爱"为主旨进行社会公德教育。区委、区政府抽调区机关副科长以上职务的干部45人，深入基层宣讲社会公德。财贸系统分级举办培训班进行职业道德教育和服务规范化教育。教育系统收集了玄武区多年来教师热爱学生的80个典型事例，汇编成《爱生手册》，组织教师学习，广为宣扬。卫生系统举办了4期职业道德讲座，引导广大医务工作者争做白衣天使。兰园街道邀请南京工学院马列主义教研室讲师讲"恋爱、婚姻和家庭"，帮助居民了解和树立正确的恋爱观、婚姻观和家庭观。全区召开多种类型宣讲会1 586场，受听群众102 000多人次，编辑出版黑板报800多期。在这次文明礼貌月中表现突出的152个先进集体和340名先进个人受到了区委、区政府表彰。

在广泛开展文明礼貌月活动、创建精神文明单位的基础上，区委、区政府积极探索精神文明建设的新形式，号召和鼓励各行各业打破行业界限和地区界限，发挥各自长处和优势，共建精神文明。1983年4月，中共中央办公厅、国务院办公厅、中央军委办公厅联合转发保定地区军民共建精神文明现场会的报告，要求各地结合实际情况，开展共建活动。区委、区政府认真贯彻落实，成立由区委副书记、区长任组长的军民共建领导小组，部署全区推进军民共建工作，把精神文明建设推向新阶段、新高度。九华山居委会与南京军区空军警卫连在全区率先结成军民共建对子、军民共同植树种花，清马路，建公园，改变了九华山地区的脏乱差面貌。清溪村、黄家塘、虹板桥、太平门等居委会，南京火车站、玄武湖公园管理处、同仁街菜场等企事业单位和部分大中小学，也相继与部队建立了共建点，开展经常性活动。到1984年底为止，全区61个居委会与117个企事业单位和驻区部队、工厂挂钩共建，共建的形式也由起初的警民共建发展到厂民、兵（民兵）民等多种形式。在改变社会风气和社会秩序，净化、美化、绿化环境等方面，这些不同形式的共建点都发挥了较好的作用。

随着文明礼貌月活动的开展，创建文明单位形式的多样化，"五讲四美三热爱"逐渐成为广大干部群众的自觉行为。区委因势利导，根据中央和省、市委要求的精神，调整了精神文明建设的部署，从1985年起，不再组织文明礼貌月活动，而把"五讲四美三热爱"教育渗透到日常工作之中。1984年9月25日，区委成立由区委副书记朱鼎川任组长的精神文明建设领导小组，协调和指导区机关部门和各级组织结合日常工作进行"五讲四美三热爱"教育，实现精神文明建设经常化、制度化。

二、加强民主和法制教育

十年动乱，把党和政府搞乱了，把社会搞乱了。十一届三中全会端正了党的思想政治路线，各方面的工作都向好的方向发展。但由于受"四人帮"反革命修正主义路线的流毒影响，仍有一些人是非混淆，法制观念淡薄，一遇适当的气候就闹无政府主义，违法犯罪，破坏正常的社会秩序，破坏社会道德标准，破坏人与人之间的正常关系。这些人虽然人数不多，但对社会的影响大，而且毒害了青少年。"内伤"不彻底清除，社会就不安定，就不可能集中力量进行现代化建设。区委分析了这种社会状况，根据中央指示的精神，与政治思想路线拨乱反正相呼应，在全社会加强民主和法制教育。

早在1979年7月10日，区委就成立政法领导小组，加强党对政法工作的领导。1979年12月7日，区委成立整顿社会治安领导小组。1981年6月，成立玄武区司法局，作为区政府司法行政职能部门，组织开展法制宣传工作。1982年4月8日，区委成立由刘忠任书记的政法委员会，从组织上加强对法制宣传教育的领导。

从区委成立政法领导小组开始，区委宣传部和司法部门密切配合，结合区委、区政府各个时期的中心工作，通过举办法律知识讲座和专项治理等多种形式，广泛开展法制宣传教育。1979年11月，全区开展民主与法制宣传月活动，宣传《中华人民共和国刑法》《中华人民共和国刑事诉讼法》和地方各级人民代表大会和地方各级人民政府、法院、检察院的《组织法》《选举法》等7部重要法律。12月，针对社会上出现的一股怀疑、否定"四项基本原则"的错误思潮，区委根据中央和省、市关于加强城市管理和加强社会治安工作的指示精神，宣传、贯彻市革委会《关于加强城市管理的布告》，帮助和鼓励群众提高同犯罪分子作斗争的积极性和自觉性。1980年，结合市、区人民代表选举、职工代表大会制度，以及对"四人帮"反革命集团的公开审判，大张旗鼓地宣传尊重人民民主权利和在法律面前人人平等的思想。1982年，"新宪法草案"和"新宪法"公布后，全区开展两次大学习、大讨论活动：6月，区委宣传部和区人大常委会多次召开座谈会，逐条征集对新宪法草案的修改意见，同时组织98名宣讲员深入街道、企业、学校，举办365场宣讲会，受听人数41 800多人次。10月，新宪法在五届五次全国人民代表大会通过后，全区又掀起学习、宣传、贯彻新宪法的热潮。通过两次讨论、学习，新宪法的基本精神家喻户晓，广大干部群众增强了遵守宪法、维护宪法的观念。此外，在每年的1月，区委宣传部和司法部门配合区妇联和卫生部门，进行新婚姻法、计划生育政策和保护妇女儿童合法权益的宣传；在八一建军节和秋季征兵期间进行兵役法的宣传。通过多形式、多内容的法制宣传，实现了法制教育全覆盖，增强了广大干部群众遵纪守法的观念。

依靠社会力量加强对违法青少年的教育，是玄武区法制宣传教育的重点。1980年，区政法部门根据中央有关文件精神，对沾染恶习较深、违法情节较重的15名青少年逐个登记，采取家长、所在单位、街道治安积极分子、民警相结合的办法，组成帮教小组，"包预防""包教育""包改造"，积极组织这些青少年参加集体活动，学政治、学文化、学法律、学技术，实行全方位帮教。区和街道制定特殊政策，在安排就业、入学时一视同仁，满腔热情做好这些青少年的思想转化工作。各街道、居委会也层层采取这种帮教形式，教育和鼓励有违法行为的青少年健康成长。大石桥居民32名有较轻违法行为的青少年经过帮教，多数变好了，其中22名就了业、6名参了军。1981年，经公安部门批准，全区组织349名老干部、退休工人、退休教师等对167名有违法行为的青少年"结对"帮教，通过帮教，表现较好和停止违法活动的有142人，占总数的85%。同年，区政法部门举办83期法纪教育班，组织450名有轻微违法行为的青少年学习，帮助他们懂得遵守法律是每一个公民的神圣义务，不仅不能犯法，而且要积极维护法律。经过学习，68名有了较好的转变，450名停止了违法活动，上缴多种凶器109件，一批违法青少年被及时挽救，走上了正道。

区委在法制教育中，按照市委的统一部署集中打击严重刑事犯罪活动，并选择典型案例，举办罪证展览和公判大会，教育人民，震慑犯罪分子。由于广大干部群众的积极参与，全区社会治安状况有了较大改观。1981年发案246起，破获165起，破案率为67.1%。1982年发案273起，破获171起，破案率62.6%，其中重大案件23起、破获18起。1983年，发生各类案件231起，比上年下降15.4%。1984年根据中央"依法从重从快，一网打尽"的方针，对严重危害社会治安的犯罪分子进行了3次集中搜捕，并配合全国统一打击流窜犯。在这次集中打击刑事犯罪活动中，公安机关收到群众检举揭发材料410份，搜捕各类人犯334名，摧毁了26个犯罪团伙，破获了一大批积案，打击了犯罪分子的嚣张气焰。全区的发案率大幅度下降。

根据党的十二大报告中提出的"要在全体人民中间反复进行法制的宣传教育……，努力使每个公民都知法、守法"的要求，区委于1984年初成立了由区委宣传部牵头、区政府司法行政部门负责人参加的法制宣传领导小组，组织开展经常化、系统化的法制教育。

三、改进思想政治工作

1983年初，中共中央颁布了《中共中央关于加强和改进企业职工思想政治工作的决定（草案）》。按照"决定"的精神，市委于5月下旬召开职工思想政治工作会议，全面部署加强、改进职工思想政治工作。6月29日，区委召开由街道、系统支部书记以上干部、工青妇基层组织负责人以及基层政工干部参加的职工思想政治工作会议，学习"决定"精神和贯彻落实市委的部署，统一思想认识，积极改进思想政治工作。

在会议召开之前，区委宣传部对团结羊毛衫厂、长江路小学等10个单位的职工思想政治工作进行了调查，研究分析了各阶层人员的思想动态。会议期间，与会人员联系实际进行学习和讨论，进一步认识到思想政治工作是党动员群众、教育群众、组织群众完成各项任务的强大思想武器，是党的"发家宝""传家宝""看家本领"，任何时候都不能削弱。不少单位由于受林彪、"四人帮""左"的路线的干扰，搞"高、压、空、粗"，思想政治工作受到极大的破坏；"文化大革命"后，有些同志由于没有正确接受教训，又受到社会上出现的一种"强调物质，忽视精神；强调业务，忽视政治"思想倾向的影响，回避矛盾，不敢于也不善于去做深入细致的思想政治工作。大家认为，这些情况的出现，并非思想政治工作本身的过错，恰恰是削弱和忽视思想政治工作的恶果。

会议从3个方面理解加强和改进思想政治工作的重要性、必要性和紧迫性：一是"文化大革命"虽然结束了近7年，但林彪、"四人帮"反革命修正主义路线的流毒还没有清除干净，"左"的影响还有一定的市场；二是历史上遗留下来的剥削阶级思想和国外资产阶级思想会对广大职工起腐蚀作用，影响人们价值观，把理想、荣誉、良知、人格、国格等神圣品质当作商品交换；三是随着改革的展开和深化，如何正确处理国家、集体、个人三者关系等一些新问题需要通过思想政治工作进行疏解。与会者认为，一定要坚持思想领先的原则，恢复和发扬思想政治工作的好传统，不断探索新时期思想政治工作的新特点，研究新方法，为改革开放和加快现代化建设构建强有力的精神支撑。

区委通过总结以往思想政治工作中的经验教训，正确处理灌输和启发、教育和引导、身教和言教等关系，加强建设思想政治工作平台和思想政治工作载体，提高和增强了思想政治工作的针对性、有效性。

开办政治学校。玄武门街道先走一步，在1983年3月14日创办了全区第一所职工政治学校。政治学校聘请南大、十四中的教师为职工讲授马列主义基本原理和企业管理等方面的知识，结合企业正在进行的全面整顿和综合治理工作，进行改革的重要意义和方针、政策教育；结合建立和完善生产责任制，进行国家、集体、个人利益"三兼顾"教育；结合整顿劳动纪律，进行主人翁意识和遵纪守法教育。区委在4月和10月分别在玄武门街道和财贸系统召开办学经验交流会，推广玄武门街道的经验。至1983年底，兰园街道等4个街道、财贸系统9个商业公司和城建系统部分单位办起了脱产或半脱产的职工政治学校，轮训了近千名职工。区委经过规划，按照中央要求，在以后两三年内逐步做到每个职工一年有半个月左右的时间参加政治学校轮训。

开展振兴中华读书活动。从1983年4月开始，区委宣传部和区总工会一起组织职工读"三史"（社会发展史、中国近代史、中共党史）。南京人民对日本侵略者的暴行刻骨铭心，许多单位结合读书活动，举办日本侵华史讲座和日本军国主义侵华罪行控诉会。通过这些活动，广大职工丰富了历史知识，增强了辨别是非的能力。老工人牢记过去，继续发扬工人阶级优良传统；青年职工了解过去，了解中国的国情和国策，了解自己肩负的重任，增强了国家主人翁责任感。到1984年上半年为止，全区建立了202个读书小组，经常参加读书活动的人数有2 800多人。

开展学习身边先进模范人物的活动。区委在组织广大干部群众学习朱伯儒、张海迪等英雄模范人物先进事迹、树立共产主义人生观的同时，大力宣传职工身边模范人物的先进事迹。1983年6月20日，区委作出决定，号召全区职工学习市劳动模范、赵春娥式好工人、区建筑公司二队壮工戴凤英在平凡的工作岗位上勤勤恳恳、任劳任怨，为四化添砖加瓦的先进事迹。7月2日，区委举办戴凤英事迹报告会。1983年，玄武区有8名职工被评为省、市劳动模范，区委举办了137场报告会和座谈会，轮流到各系统、各街道宣传劳模的先进事迹，受教育的职工达12 973人次。

开展多种形式的竞赛活动。工业企业发动职工开展了为企业分忧解愁献计献策立功竞赛，商业服务性行业开展了文明经商竞赛，卫生系统开展了提高医护质量竞赛，城建系统开展了为四化争贡献竞赛，文教系统开展了树立新风尚活动竞赛。各街道通过开展争创"五好院落""五好家庭"竞赛，涌现了一大批好夫妻、好婆媳、好妯娌、好姑嫂、好邻居。继1981年全区评出2 650户"五好家庭"，1982年评出23个"五好院落"、1 823户"五好家庭"，1983年评出"五好院落"511个、"五好家庭"7 178户之后，1984年又评出108个"五好院落"和3 800户"五好家庭"，其中刘有余、吕桂兰、房玉萍等144户"五好家庭"受到市政府的表彰。各行各业竞赛的广泛开展，把思想教育寓于生动活泼的活动之中，吸引了广大群众的参与，在全社会形成了比、学、赶、帮、超的热潮，推动了广大群众的思想素质和道德水平的提高，促进了社会风气的进一步好转。

为了适应开创思想政治工作新局面的需要，区委采取3项措施建设一支革命化、年轻化、专业化的政工队伍。一是按照中央的规定，企业专职政工干部一般应占职工总数的1.5%。全区许多单位都没有达到这个比例，有4个系统党委和4个街道甚至没有配备专职的宣传干事。区委明确规定在1983年底前配齐街道、公司和系统的各级政工干部。二是加强对现有的政工干部的培养。由区委党校办班轮训，帮助他们学习新知识，拓宽知识面，学会在新形势下开展思想政治工作的方法和本领。三是主动解决政治工作者的一些具体问题。政治工作者同其他劳动者一样，应当得到社会的尊重。区委明确规定，政工干部的政治待遇、生活待遇和评选先进与同级的行政、技术干部一视同仁,并且建立思想政治工作责任制,加强考核,调动广大政工干部的积极性。

第三节 总结经验,开创四化建设新局面

一、召开区第四次党代会,检阅改革开放成果

1984年8月,玄武区召开第四次党代会,距离1978年月12月区第三次代表大会已有5年半时间。这5年多,是实现党的十一届三中全会确定的党的工作重点转移的关键时期。在这段时间里,党的工作千头万绪,任务繁重,既要在党的政治路线、思想路线上拨乱反正,又要大力调整国民经济发展方针;既要对新中国成立以来重大历史事件统一认识,平反冤假错案,又要开启改革开放新局面;既要集中力量发展经济,建设高度的物质文明,又要抵御外来腐朽思想侵蚀和消除传统文化中糟粕的影响,建设高度的社会主义精神文明。各项事业百废待兴,各项工作百废待举。这些方面的工作做得如何,是对区委和各级党组织的执政能力和领导水平的检验。召开区第四次党代会的一个重要议题,就是审视第三次党代会以来的这一段关键时间里,区委贯彻执行十一届三中全会以来和十二大确定的路线、方针、政策的情况,总结经验,吸取教训,进一步明确工作思路和工作目标,改进工作作风和工作方法,提高新形势下区委和各级党组织的工作能力和水平,开创各项工作新局面。

区委书记王亮在代表中共玄武区第三届委员会所作的题为《振奋精神 开拓前进 努力开创各项工作新局面》的报告中,回顾了5年多来在8个方面所做的主要的工作。一是打破精神枷锁,清除"左"的影响,端正党的思想路线,推动干部、群众把思想统一到十一届三中全会确定的路线、方针、政策上来。二是随着党的工作重点的转移,切实加强了对经济工作的领导,加快街道工业发展,做好为经济建设中心服务的工作,抓好人民生活,搞好生活设施建设。三是改革领导机构和干部制度,进行了区级机关第一轮机构改革,加速实现干部队伍的革命化、年轻化、知识化、专业化,充实调整了基层领导班子。四是推进民主政治建设,完成了区人大、

区政府、区政协领导体制的恢复和组建工作。五是加强了思想政治工作，开展社会主义精神文明建设，广泛进行"五讲四美三热爱"教育和革命传统教育、公民道德教育、职业道德教育、职业纪律教育等教育活动，提高了职工的政治觉悟，调动了建设四化的积极性。六是落实了党的各项政策，冲破各种阻力，平反冤假错案，全面协调社会关系，加强了党的统一战线工作。七是端正党风，严肃党纪，加强了党的建设。以贯彻《关于党内政治生活的若干准则》和新党章的学习为主要内容，加强党风党纪教育，查处了违纪违法党员。健全了党的民主生活制度。积极在生产一线和知识分子中发展党员，壮大了党的队伍。八是抓好两个"打击"，经济领域中的歪风邪气有所收敛，广大党员干部增强了识别和抵制错误思想影响的能力，健全了经济管理的规章制度，堵塞了漏洞，保卫了四化建设成果。5年多来的工作说明，经过拨乱反正的考验和检验，多数基层党组织是有战斗力的，多数党员是好的，是能够发挥一个共产党员的作用的。

报告认为，区委贯彻执行十一届三中全会精神和十二大确定的路线、方针、政策，才有了广大党员干部的思想解放，才使党的路线重新走上了正确的轨道，才为党的事业和各项工作开辟新局面提供了可靠保证。区委之所以能够较好地贯彻执行党的十一届三中全会以来的路线、方针、政策，完成省委、市委提出的各项任务，基本经验有两条：一是坚持在政治上、思想上同中央保持高度一致。区委成立以常委为核心的学习中心组，对每一个时期党的方针、政策和上级文件集中学习，吃透精神，统一认识，认真落实。区委常委在过民主生活时，把同中央是否保持一致作为检查内容，互相督促，互相提醒，互相帮助，开展积极的批评和自我批评，不让中央的方针、政策在贯彻执行中走样。二是坚持群众路线，充分发挥各级党组织和广大党员的作用。区委对每一项重大工作，都采取先党内后党外、先骨干后群众的工作路子和工作方法。5年多来，区委全委会和全委扩大会议研究重大工作达16次，层层发动，层层贯彻，保证了各项工作的顺利落实。

二、制定四项措施弥补不足

参加区四次党代表大会的200名正式代表，经过充分讨论和认真审议，认为5年多来，区委认真贯彻执行了党的十一届三中全会以来的路线、方针、政策，对成绩的总结是实事求是的。但也认为在工作上还有不少问题，还有不足之处，主要表现在4个方面：

思想作风和工作作风不能完全适应新时期、新形势的要求。表现在领导作风上存在官僚主义，深入实际调查研究做得不够，工作任务布置多，总结经验教训少，影响了对实际工作的具体指导。

思想政治工作虽然已从过去那种以"阶级斗争为纲"转到以四化建设为中心的轨道上来，从过去那种不断地搞政治运动转到围绕经济工作进行思想教育上来，但是对思想政治工作出现的新情况、新特点研究不够，思想政治工作"软弱涣散"状况并没有得到根本改变。尤其是在当前改革的形势下，部分干部、职工受"左"的影响，在党的对外开放、对内搞活经济的方针，机构改革和经济体制改革，让一部分人先富起来的方针，按四化要求选拔配备干部等重大问题上还有不少模糊认识。部分政工干部的素质不适应新时期的要求，需要帮助政工干部改进思想政治工作的方式方法，提高思想政治工作水平。

由于区委一度对经济工作研究不够，抓得不紧，有些工业企业没有相对固定的、适销对路的产品，设备比较简陋，技术比较落后，人才比较缺乏，信息比较迟缓，管理水平较低，经济效益不高，在市场上缺乏竞争力。商业企业经营特色不鲜明、服务质量不高、服务态度不好的问题没有得到根本解决。建筑安全生产管理水平提高不快，施工周期、劳动效率和经济效益同先进地区、先进单位相比有差距。

在党的建设上，对在生产第一线的建党工作注意不够，在生产第一线的党员比例过低。财贸系统党员和群众的比例是5.4%，城建系统为4.5%，工业系统是1.9%，有的单位至今没有党员，影响了党的战斗力的发挥。

为了实现党的十二大确立的全面开创社会主义现代化建设新局面，实现党在新时期的总任务，区委和各级党组织对上述问题都十分重视，认真研究和采取了4项对策、措施：一是加强党对经济工作的领导，动员和引导群众锐意改革，扬长避短，发挥自己的优势，克服困难，实现全区经济稳步发展。二是以思想建设为重点，抓好社会主义精神文明建设，加强并扩大共产主义思想的宣传教育，批判各种错误思想和歪风邪气，防止和抵制精神污染，振奋革命精神，培养和造就社会主义新人。三是加强民主与法制建设，确保正常的社会秩序、生产秩序、科学教学秩序和生活秩序，尽快实现社会治安的根本好转，为两个文明建设提供有力的保证和支持。四是加强党的自身建设，以《关于党内政治生活的若干准则》和十二大通过的新党章为准绳，整顿党的组织和作风，在开创各项工作新局面中，更充分地发挥各级党组织的战斗堡垒作用和共产党员的先锋模范作用。

三、制定经济社会发展新目标

党的十二大制定的全面开创社会主义现代化建设新局面的奋斗纲领，为玄武区的发展指明了方向。区委深刻地认识到，从这次区代表大会到下次区代表大会的3年间，正值十二大提出的要在5年内实现"三个根本好转"（即财政经济状况根本好转、社会风气根本好转、党风根本好转）的关键时刻，各级党组织和广大党员肩负的任务光荣而艰巨，许多新情况须要去研究，不少新问题须要去解决，决不能有丝毫的松懈。社会主义现代化建设进程不可能是一马平川、一帆风顺的，会遇到种种障碍和困难，但"青山遮不住，毕竟东流去"，前途是光明的，四化大业是一定能够实现的。每一个共产党员既不能只看光明、不看困难，更不能害怕困难，畏缩不前。区委号召每一个党员干部满腔热情地投身到社会主义现代化建设的伟大实践中去，振奋精神，开拓前进，坚忍不拔，奋斗不息，团结奋斗，为全区经济发展跨大步贡献聪明才智。

区委决定从1983年起到1986年，工业生产水平要有一个大的提高，力争工业总产值从1983年的1 988万元增长到3 500万元，即比1980年翻一番，比1983年增长75.97%；利润从1983年的244万元增加到355万元，增长43.5%。商业在提高服务质量、改善服务态度的前提下，做好供应服务工作，提高经济效益。采取有效措施，积极打破区域界限，实行对外开放，大力发展工商、农商联营以及建设贸易中心和自选商店（超级市场）等多种经营方式，搞活流通，商品销售总额每年按6%的速度递增。在统筹规划下，城市建设和住宅建设得到相应推进，群众生活水平得到提高。提高企业素质，是加快经济发展的关键，区委为此决定以改革精神抓好企业整顿，争取在1985年完成企业整顿任务。通过整顿，搞好领导班子建设，提高管理水平，加大技术改造力度，尽快实现以内涵为主扩大再生产。

玄武区的第四次党代表大会以党的十二大精神为指针，明确了工作思路和奋斗目标，调整和加强了区委领导力量，统一了广大干部群众的思想，拉开了开创玄武区四化建设新局面的帷幕。

第四章　坚持和加强党的领导

"文化大革命"的破坏，最根本的是对党的民主集中制等党纪的破坏，对党的优良传统的破坏，对党的领导的破坏。党的十一届三中全会以来，从拨乱反正到实行改革开放，玄武区委坚持把党的思想作风建设和组织建设，切实加强党的领导放在各项工作的第一位。区委联系党员实际建立轮训党员制度，开展争做合格党员活动，严格查处违纪违法党员，认真解决各级领导班子"散""软""懒"的问题，按照四化要求调整和配备干部，提高领导能力和领导水平，全区各级党组织成为带领广大党员干部群众进行四化建设的坚强核心力量。

第一节　提高党员政治思想素质

一、建立党员轮训制度

拨乱反正的全面展开和改革开放的启动，迫切要求广大党员清除林彪、"四人帮"极"左"思想的影响，提高政治思想素质，以适应新形势和新任务。区委根据中央关于加强党员教育指示的精神，在结合日常工作进行"三会一课"（支部党员大会、支部委员会、党小组会和党课）的同时，由区委宣传部、组织部和区委党校牵头，举办多层次、多形式、多主题的轮训班，联系思想实际和工作实际轮训党员，并且逐步形成制度。从十一届三中全会到党的十二大精神的宣传贯彻的5年间，区委对全区党员进行了5次较大规模的轮训。

1979年下半年，区委组织部在调查中发现，在全区1 651名党员中，728名是在"文化大革命"期间加入党组织的，占44.1%，他们中的绝大多数政治本质好，工作热情高，但缺乏党的基本知识教育和党的优良传统教育。针对新党员的这些特点，区委组织部从1979年11月至1980年5月，与区委党校一起，举办了6期新党员轮训班,分"党的性质、纲领和现阶段的总任务""党的组织原则和纪律""党的三大作风"等6个专题,组织528名(次)新党员系统接受党的基本知识教育,澄清被林彪、"四人帮"搞乱了的思想是非和路线是非。通过轮训,这批在特定历史条件下加入党组织的党员进一步提高了政治觉悟,增强了党的观念,振奋了精神,积极投身于拨乱反正,成为四化建设和各项工作中的骨干力量。

1980年2月,党的十一届五中全会通过《关于党内政治生活的若干准则》。5月30日,区委扩大会议决定用上党课的形式分4个单元轮训全区党员。第一课《关于改进党风党纪》由区委副书记于敬芝主讲,其他3课都由区委负责同志主讲,至8月8日全部讲完。随后,区委组织部、宣传部和区委党校合作,举办了5期学习《关于党内政治生活的若干准则》的党员轮训班,对全区70%以上的党员进行党规、党法、党纪和党的优良传统教育,组织学员围绕"共产党员要做遵纪守法模范""共产党员要做解放思想的模范""共产党员要做安定团结的促进派""共产党员必须全心全意为人民服务"等课题进行讨论。轮训班受到广大党员的欢迎,被称为新长征路上的"加油站"。有些党员对照准则找差距,"照照镜子洗洗脸,找出问题再向前",肯定成绩,看到问题,制订了整改计划。

1981年党的十一届六中全会通过了《关于建国以来党的若干历史问题的决议》。为了深入学习这一决议,区委宣传部和区委党校在8、9两个月联合举办了3期轮训班,区机关科以上党员干部、各系统和街道党员干部335人参加轮训。通过学习,大家统一了对新中国成立以来党的若干历史问题的认识,认识到决议归纳的"10条"是对新中国成立32年来进行社会主义革命和建设经验的科学总结,是实践中国有特色社会主义道路的基本准绳,对推进改革开放和社会主义建设事业具有重要指导意义,在四化建设中必须遵循和贯彻执行。

1982年11月,区委先后2次举办轮训班,组织广大党员认真学习胡耀邦在十二大所作的工作报告《全面开创社会主义现代化建设的新局面》和党的十二大通过的新党章。第一次轮训,由区委党校按"十二大的伟大意义""社会主义现代化纲领""建设社会主义精神文明和社会主义民主""党的建设"等4个专题,对384名区管干部分4批(为期1周)分别脱产培训。第二次轮训,由区委负责同志采取上大课的形式,分3批对930名在职党员宣讲十二大精神。

1983年《邓小平文选》出版后,区委宣传部根据党员的不同情况,拟订学习计划,规定各级领导干部和有阅读能力的党员在学习中央编印的《十一届三中全会以来重要文献简编》和《毛泽东同志论党的作风和党的建设》的同时，必须通读《邓小平文选》，重点学好其中《全党讲大局，把国民经济搞上去》《"两个凡是"不符合马克思主义》《完整地准确地理解毛泽东思想》等28篇文章；文化程度较低的党员学好其中12篇文章。在初步学习的基础上，宣传部从8月中旬到10月底分4期对包括区委学习中心组成员在内的560名机关干部和基层领导干部进行学习《邓小平文选》的专题轮训，每期轮训10天至12天。广大党员通过学习，进一步加深了对十一届三中全会以来的一系列路线、方针、政策的理解，更加坚定地在思想上政治上同中央保持一致。

玄武区平均一年进行一次大规模的党员轮训活动，是教育广大党员系统理解和掌握中央制定的一系列方针、政策，排除"左"和右的思想干扰，坚持"四项基本原则"的大课堂，是在新的历史时期保持共产党员先进性、建设一支高素质的党员队伍的有力保证。实践说明，坚持实行党员轮训制度，有效提高了广大党员思想素质，是加强党的领导的一项重要举措。

二、开展争做合格党员活动

1980年2月，党的十一届五中全会讨论通过的《中国共产党章程》修改草案，清除了十一大党章中的"左"的错误，继承和发展了党的七大和八大党章的优点，从适应社会主义现代化建设的特点和需要出发，进一步完善了民主集中制内容，对党员条件重新作出严格规定，对解决党在新时期的思想、政治、组织方面的新问题和党的生活中一系列重大问题，具有深远的意义。区委迅即部署在广大党员中开展学习和讨论，要求广大党员与草案相对照，制定"从我做起""从现在做起"的规划和措施，争做一个合格的共产党员。

1982年9月，党的十二大审议和通过新的《中国共产党章程》后，区委根据中央通知和市委党员教育工作会议精神，决定从1983年4月起至10月，在全区党员中学习、宣传新党章，深入开展"学习新党章，争做合格共产党员"的活动，要求每一个党员毫无例外地严格遵守新党章，以新党章的要求作为自己的行动指南。"学习新党章、争做合格共产党员"活动，分两个阶段开展：

第一阶段：学习。区委宣传部和区委党校联合举办由104名支部书记以上党务干部参加的训练班，然后各街道、各系统党委以他们为骨干，分别用2个月时间组织党员学习新党章。区委负责同志和各系统、街道党委书记在学习会上现身说法，讲述学习新党章的体会。配合学习新党章，区委及时推出正反两方面的典型，进行"形象化"教育。宣传部、组织部和区纪委联合编写了程濯秀、王正和两位党员的先进事迹，组织广大党员学习，同时编写了党员尹维曹腐化堕落的典型材料，组织大家讨论，吸取教训，用活生生的事实帮助广大党员加深对新党章的理解，强化学习效果。1983年7月2日，在庆祝建党72周年的时候，区委又举办优秀共产党员、区建筑公司职工戴凤英先进事迹报告会，组织全区共产党员和部分入党积极分子参加听讲，为开展争做合格党员活动"加温"。广大党员学习热情高涨，是近几年来党员教育中参加学习人数最多的一次。

第二阶段：对照。各街道、各系统党委对照新党章的要求，寻找自身差距。区委要求各级组织围绕贯彻执行中央的路线、方针、政策的态度是否端正、是否坚持民主集中制、是否犯有官僚主义、班子成员中有没有利用职权谋取私利的毛病等方面进行对照，检查存在的问题。通过对照检查，各级领导班子和广大党员明确了前进方向和目标，看到了不足和差距，制定了整改措施。

"学习新党章，争做合格共产党员"活动的开展，使广大党员进一步增强了"四个必须"的观念，认识到作为一个共产党员必须坚持政治思想上同党中央保持高度一致；必须实践全心全意为人民服务、为实现共产主义奋斗终身的宗旨；必须坚持党和人民的利益高于一切，除了制度和政策规定的以外不得谋求任何私利和特权；必须维护党的团结，严格遵守党的纪律，坚决反对派性和小集团活动。广大党员增强了共产党员责任感和使命感，发生了3大变化：一是精神面貌发生了变化，积极向上、争学先进的多了；二是对自己的要求发生了变化，高标准、严要求的多了；三是工作状态发生了变化，兢兢业业、一丝不苟的多了。许多退休的老党员表示："只要当一天党员，就要全心全意为人民服务一天。""学习新党章，争做合格共产党员"给党员带来的新变化，为进一步增强党组织的战斗堡垒作用和发挥党员的先锋模范作用夯实了基础。

三、恢复和发扬党的优良传统优良作风

十一届三中全会期间及以后，中央和有关部门制定、颁布了一系列有关作风建设的重要文件，中央领导同志一再强调必须认真抓好执政党的党风建设。区第三次党代会后，区委根据中央的要求和省、市委的部署，先后3次进行集中的整风，大力恢复被林彪、"四人帮"破坏的优良传统和优良作风。

1978年底到1979年初，区委围绕加强团结、大干快上两个主题，在区委领导班子和机关干部中进行了为期1个多月的第一次整风。整顿的重点是区委领导班子，机关各部门的负责人和机关干部也在这次整风中接受教育。这次整风以自我教育为主、群众帮促为辅，通过批评和自我批评，排问题揭矛盾，增强民主集中制观念，转变思想作风，集中解决本单位影响大干快上和安定团结的一两个突出问题：有的解决一些干部中存在的夜郎自大、故步自封、因循守旧的问题；有的解决一些干部思想上畏首畏尾，工作上缩手缩脚，既有余悸也有疑虑的问题；有的解决一些干部搞资产阶级派性，闹不团结的问题。有些同志由于受林彪、"四人帮"反革命修正主义路线的影响，讲了一些错话，做了一些错事，在整风中说清楚，取得了群众的谅解，轻装上阵。这次整风要求严格，但不搞人人过关，层层检查。区委领导班子成员和机关各部门负责人先学一步、先查一步，要求学得多一点、查得好一点、改正得快一点。

1979年底，区委进行第二次整风。区委按照市委的安排，重点在区委领导班子和区机关干部中进行整风。这次整风以自我教育为主，继续抓住本单位影响大干快上和影响安定团结的突出问题，开展批评与自我批评，分清路线是非，调整和充实领导班子。

1980年11月，在中央纪委召开第三次贯彻《关于党内政治生活的若干准则》座谈会上，胡耀邦传达了陈云关于"执政党的党风问题是有关党的生死存亡问题""党风问题必须抓紧搞，永远搞"的讲话，指出抓党风"要抓最重要的问题，要抓干部、要抓群众最不满意的"问题。1981年2月，区委召开三届六次全委扩大会，学习中央有关文件和中央领导人的讲话，进一步提高了对贯彻准则、搞好党风重要性和迫切性的认识。随后，区委集中一段时间，在全区党员中再一次进行党风党纪教育。在这次整风中，区委常委订立"约法三章"：带头执行准则，带头廉洁奉公、艰苦奋斗，带头纠正不正之风。区机关各支部和各基层单位支部也都针对党风中存在的主要问题进行"小立法"，制定了执行准则和纠正不正之风的规定，年底进行对照检查。

为了在党风建设上常抓不懈，实现全党抓党风，促进党风的根本好转，区委根据党的十二大提出的"在今后五年内要争取实现财政经济状况、社会风气和党风的根本好转，三个'好转'中，党风好转是关键"的精神和上级党委的要求，于1984年12月建立了全区各级领导干部抓党风责任制，一级抓一级，层层都负责。

"责任制"规定：区委书记对区委、区人大、政府、政协的党员领导干部的党风负责，对这些领导干部中发生的违纪问题和不正之风，要及时发现，及时纠正。区委副书记和常委对分管的区委直属的党委、总支、支部书记和区委各部委、办、工、青、妇等部门的党员领导干部的党风负责，对党员干部中严重以权谋私、官僚主义和大案要案的查处要亲自过问。区长和党员副区长对自己分管范围内的部门党员领导干部的党风负责，在部署、检查、总结工作时，同时部署、检查、总结党风建设的工作。区人大常委会主任、区政协主席对党员常委和部门领导干部的党风负责。区委、区政府各部门的党员领导干部对本部门的工作人员和所领导的下属单位的党风负责，出现不正之风和违纪案件，要支持有关部门进行检查处理。

为了落实"责任制"，区委建立了4项配套制度：一是建立检查制度。区属党委、总支、支部每半年研究一次党风情况，发现问题及时处理。区委每年11月进行一次全区性的党风大检查，把各级领导干部落实抓党风责任制的情况作为检查内容。二是建立汇报制度。区纪委每半年向区委汇报一次全区党风情况，各党委、总支在每年年底前将抓党风的情况书面报告区纪委。三是建立责任追究制度。在分管范围内的党员干部违法犯罪，除了追究当事人的责任以外，还要追究有关负责人的领导责任。四是建立考核制度。把党风作为考核干部的重要内容之一，对抓党风得力、效果明显的干部，除了给予表扬外，还将作为提职、评级的重要依据。

|第二节| 加强党组织的战斗堡垒建设

一、解决领导班子"散""软""懒"问题

针对长期受"左"的错误影响特别是"文化大革命"造成的严重后果，区委在1978年12月区第三次党代会后，集中抓端正思想路线和组织整顿工作，清除"四人帮"反革命修正主义路线的影响，但在工作中也暴露了一些党组织缺乏战斗力的问题。1981年10月，区委召开由基层各单位党政主要负责同志和机关副科长以上职务的党员干部参加的思想工作会议，重点剖析各级党组织，尤其是区委领导班子中存在的"涣散软弱"的问题，制定纠正措施，在组织上改善和加强党的领导。

会议之前，区委向全体党员传达了邓小平、胡耀邦在中央思想战线座谈会上的重要讲话，传达了省委、市委思想工作会议的精神，组织全体党员摆区里各级领导"涣散软弱"的表现，初步分析产生"涣散软弱"的原因。在广大党员学习讨论的基础上，区委常委用了2天时间，对常委的工作状况进行了分析，认为常委的工作，常委个人的作风和常委之间的团结合作，都在不断加强和改进，恢复并建立起了比较正常的工作秩序，领导工作的状况逐步好转，但也确实存在"涣散软弱"的状态。

区委书记刘忠代表区委在会上检查了区委常委在思想上、工作上存在的"涣散软弱"的问题。区委认为，常委的"涣散软弱"主要表现在3个方面：

"散"。常委的集体领导尚未拧成一股绳，处理日常事务就事论事的多，讨论大政方针、规划全局的少；作出决定后执行不力，没有做到雷厉风行，一抓到底；发扬民主不够，有些重大问题没有经过认真讨论就仓促"拍板"，有些重大问题议而不决，决了又变；集体领导和分工负责结合得不够好，考虑自己分工的方面多，考虑全局的少，各执己见，相互之间造成了矛盾，影响党的方针、政策的贯彻落实。

"软"。处理棘手问题优柔寡断，怕得罪人，有令不行，调度不灵，是非不分，纪律不明，一些可以解决的问题较长时间未得到解决；开展批评与自我批评不够，常委民主生活会虽能坚持，但深度不够；对待困难缺乏"逢山开路、遇水架桥"的顽强精神，而是"逢山绕路，遇水停步"，畏难、避难。

"懒"。缺乏勇于创新、敢于创造的精神，存在"不跑不站，不紧不慢""比上不足，比下有余"的思想，因循守旧，安于现状；碰到矛盾唯"上"的多，唯"实"的少，按文办事的多，主动去解决一些实际问题的少，胆不大，气不壮，劲不足。

区委经过讨论，提出了改变"涣散软弱"状况的5条措施：一是进一步明确区委的工作职责，切实改变以往"党政不分"和"以党代政"的现象，集中精力带领全区基层组织认真贯彻党的路线、方针、政策。二是认真开展批评与自我批评，既要提高对开展积极思想斗争必要性的认识，又要注意改进批评与自我批评的方法，扫除"栽花香一片，栽刺刺自己"庸俗的处世哲学，不因"互相尊重、团结共事"而放弃批评与自我批评。三是在"正己"上下功夫，带头按《关于党内政治生活的若干准则》办事，自觉纠正各种不正之风。四是加强和改善思想政治工作，对不良倾向既不熟视无睹，敢抓敢管，又善于对症下药，讲究方式方法，把思想政治工作做细做活做实。五是坚持按照中央"三位一体"方针,调整、充实和加强各级领导班子,在组织上采取措施,让思想工作硬起来,严格按规章制度办事,把工作做在基层,未雨而绸缪。

区委常委的自我剖析,提高了各级组织对"涣散软弱"危害性和克服"涣散软弱"迫切性的认识,纷纷以区委常委的检查为镜子,针对本单位、本部门"涣散软弱"的表现研究制定整改措施。12月22日,区委召开克服"涣散软弱"经验交流会,有5个单位介绍了经验,区委负责同志再一次作了加强思想政治工作、进一步改变"涣散软弱"状况的动员报告。市委肯定了玄武区委的做法,市委办公厅专门发文向全市各区委、县委介绍了玄武区委的做法和经验。

二、严肃查处违纪违法党员

鉴于过去一个时期特别是"文化大革命"中党的组织受到严重破坏,党规党法形同虚设,党的十一届三中全会决定健全党规党法,恢复被取消多年的纪律检查机构,重新成立中共中央纪律检查委员会。1978年12月,玄武区委重建了区纪律委员会,1984年1月改名为区纪律检查委员会。根据中央和上级党委、纪委的有关规定,区纪委围绕坚持"四项基本原则",围绕贯彻十一届三中全会以来路线、方针、政策,围绕党的中心任务,积极开展纪律检查工作,大力维护党纪,确保党风好转。

狠抓政治纪律。党的十二大前,党内一度出现政治上的自由主义思潮。1981年初,区委和区纪委根据《中共中央、国务院关于处理非法刊物非法组织和有关问题的指示》精神,认真学习贯彻邓颖超同志在中纪委第三次全体会议上的讲话《坚定不移地搞好党风》以及这次会议的相关文件精神,部署各级党组织认真做好思想疏导工作,教育党员坚持"四项基本原则",要求广大党员在政治思想上必须同中央保持一致,不允许对中央文件评头论足,散布与中央文件精神相违背的言论。各基层党支部进行了认真贯彻,制定了相应的落实措施。在机构改革、体制改革中,纪委明确要求广大党员干部认真执行中央确定的"三位一体"的工作方针,听从党组织的安排。区委肯定了许多在革命和建设事业中有贡献的老同志的表现,表扬他们带头执行纪律,以大局为重,按照中央规定退居二、三线,欢迎和支持年轻优秀干部担负主要领导职务,为顺利实现玄武区新老干部的交替和合作作出的新贡献。

贯彻执行中纪委的《公开信》。1983年,中纪委发表了关于坚决制止党员、干部在建房分房中的歪风的公开信。市委、市政府专门下达了贯彻执行公开信的文件，区纪委召开3次大会传达和动员，多次要求各级党组织通过民主生活会进行对照检查。区委专门成立由区纪委领导同志参加的清房领导小组，对全区335名区管以上干部的住房情况进行调查核实，对区机关112名中层以上领导干部及其子女的住房情况进行调查摸底，填表登记。查明了公开信中指出的"五类性质"问题1件，按规定对相关的2名主要领导干部进行了处理；查结了社会反映比较突出的问题13件，清退住房2套5间53.3平方米，调整安排住房1套22.8平方米。在县团级以上干部中，属于非过失超标准的有16人，其中超标准30平方米以上的5人、16至30平方米的6人、15平方米以下的5人，经市委同意，均按相关规定进行了处理。对基层单位的建房、分房中的问题，分别按干部管理权限责成有关单位处理。1984年区纪委发现丹凤街街道党委在1982年11月分配街道自建办公用房和住房时，没有按照街道办事处向区政府申请建房时提出的用途安排用房，没有按照市委和市政府关于住房分配的政策规定分房，在群众中造成了不良影响。经区委常委会研究决定，将丹凤街街道党委、办事处违反分房规定的问题通报全区；住房超标准的，由街道、办事处严格按市委、市政府相关文件进行处理。

纠正其他不正之风。在招工方面，实行公开招工，自愿报名，通过文化考查和德智体全面衡量，择优录用，基本上刹住了"开后门"不正之风。对于经济上的滥发奖金、滥发福利产品，在工作上利用职权和工作之便谋取私利等不正之风，区纪委陆续发出多项通知、通报，进行教育和处理。

打击经济领域中的严重犯罪活动。从1982年上半年开始，区委根据中共中央关于打击经济领域中严重犯罪活动的《紧急通知》和全国人大常委会发布的《关于严惩严重破坏经济的罪犯的决定》的精神，在全区开展打击经济犯罪的斗争。区纪委按照区委的部署，抽调150人组成专门班子，对查出的大案、要案和内部案件，实行定领导、定人员、定时间、定要求、一包到底的"四定一包"责任制进行查处。至区第四次党代会为止的2年多时间里，区纪委共排查出经济案件线索182件，经核实后立案113件，28人受到刑事处理，4人受到党纪、政纪处分。

查处党员违纪违法案件。根据党的纪律，区委加大审理和处理党员违纪案件的力度，以维护党的章程和其他重要规章制度，纯洁党的组织，提高党的战斗力。从1979年1月到1984年8月的5年半时间里，区纪委查处党员违纪案件20起，其中违反政治纪律1人，违犯组织纪律3人，经济上违法犯罪2人，有不正当男女关系的9人，违反计划生育规定的2人，其他问题的3人。通过检查、审理，按照党章、《关于党内政治生活的若干准则》和《党的纪律检查机关案件审理条例》的有关规定，给予开除党籍处分的4人，留党察看的2人，严重警告的6人，警告的4人，免予处分的2人，有2人受2次处分。在查处党员违纪案件工作中，人民群众来信来访提供了大量重要线索。区纪委接待来信来访670多人次，其中属于纪检范围的133人次，区纪委直接查办了81件，转各级党组织查办的50件，基本上做到了件件有着落，事事有交代，发挥了人民群众对党组织和党员的监督作用。

三、培养和发展新党员

据区委组织部1981年的调查，在全区1 651名党员中，56岁以上的党员1 009名，占61%；高中（中专）以下文化程度的1 191名，占72%。在生产、工作第一线的党员数量少，玄武门、丹凤街、梅园新村等3个街道党委所属16个党支部246名党员中，在街道机关和企业工作、生产第一线的只有51名，占21%，79%的党员分散在居民当中。在街道20个企业、2 050名职工中，党员只占1.36%。全区42个生活服务单位中有40个没有党员。要求入党的积极分子"年老的热，年轻的冷"，有3个街道过去4年只发展了5名新党员。区委认为，这份调查真实地反映了"文化大革命"结束后全区党员队伍中存在的"大"（年龄偏大）、"低"（文化水平偏低）、"少"（在第一线偏少）的状况，与四化建设的要求不相适应。

随着党的工作重心的转移，政治上思想上的拨乱反正和党的各项政策的落实，区委要求各级组织把抓紧培养和积极吸收优秀分子入党、优化党员队伍结构摆上工作日程。区委组织部采取了3项措施：一是有组织有计划地举办党课，向要求入党的积极分子进行党的基本知识教育；二是安排老党员与入党积极分子结对，一对一地帮助入党积极分子提高政治思想觉悟，明确和端正入党动机；三是在选拔优秀干部的同时，广泛听取群众对入党积极分子的评说，有目的地引导入党积极分子发扬优点、克服缺点，加快成长。

全区各级党组织认真贯彻"坚持标准，改善结构，突出重点，慎重发展"的方针和"成熟一个，发展一个"的原则，重点发展生产、工作第一线的骨干和优秀知识分子入党。从1979年至1983年，全区发展新党员267名，占全区党员数的14.4%。各级党组织在建党工作中贯彻了党的十一届三中全会以来的方针、政策，清理"左"的流毒影响，破除传统偏见，大胆吸收了48名政治表现好，但因家庭成分、政治历史、社会关系复杂等各种原因长期未能入党的优秀干部、职工和知识分子加入党的组织，在社会上产生了强烈反响。

1982年9月，中组部在向中央提交的《关于加强在中年知识分子中发展党员工作的报告》中指出：“从四化建设的需要出发，从建设高度物质文明和高度社会主义精神文明、培养共产主义接班人这个战略任务来考虑，加强在知识分子中发展党员的工作，有着十分重要的意义”，"当前，在知识分子中发展党员的重点放在中年知识分子中，是完全必要的，但从长远来看，对青年知识分子的发展工作决不可忽视。青年是我们的未来和希望"。区委认真贯彻这一精神，加强对知识分子群体中要求入党积极分子的教育、培养和考察，做好发展党员的基础工作。1984年全区发展了68名新党员，是"文化大革命"后发展新党员最多的一年，也是在知识分子中发展党员最多的一年。自1978年以来，全区共发展93名知识分子入党，其中18名是在1984年发展的，为1983年的2.2倍。1984年6月9日，十三中"三好"学生李立被批准为中共预备党员，是"文化大革命"后被批准入党的南京市第一位中学生。

新党员的增加和党组织隶属关系的调整，使全区党的队伍有了较大的发展，结构也呈较大变化。1984年底，全区党员数量为2 151名，比1979年增加34.2%；45岁以下的中青年党员1 548名，增加20%；高中以上文化程度的党员771名，增加53.2%。1984年全区基层党委由1979年的7个增加到8个，支部由145个增加到167个，党在基层的力量得到了显著加强。

在区第四次党代会上，区委继续部署加强在生产第一线的建党工作，继续重视在知识分子和青年中吸收党员，力争在1987年底全区基本上消灭30人以上规模的厂、社、店等单位中的党员空白点。根据区第四次党代会的要求，经过3年的努力，至1987年底，区工业公司的党群比例从1984年的1.9%提高到4%，城建系统达到5.4%，商业系统达到6.3%以上。1987年底全区有214个党支部，比1984年增加28.1%，全区党员为3 132名，比1984年增加45.6%。党员中45岁以下的中青年党员2 300名，比1984年增加48.6%；高中以上文化程度的党员1 601名，比1984年增加107.7%，占党员总数的比例由1984年的35.8%提高到1987年的51.1%。1984年至1987年，是十一届三中全会以来党员数增幅最大、党员队伍文化知识水平提高最快的3年。

第三节 改进机关作风和实施机构改革

一、整顿机关工作作风

党的十一届三中全会后不久,中央多次指示要大力恢复党的优良传统和优良作风。区委根据中央的精神和省委、市委的部署,把整顿机关作风和干部思想作风摆上重要工作日程,要求广大党员、干部以良好的精神状态和优良的工作作风,积极为基层服务、为人民群众服务,带领群众推进改革开放,大干现代化建设。

区委在总结1981年工作时,发现一些机关和部分机关干部的作风存在较多问题:一是领导工作涣散无力。在少数单位领导班子成员中,相互之间有疙瘩,"当面赔笑脸,背后戳蹩脚";有些班子资产阶级派性影响尚未肃清,"明无山头暗有礁,各唱各的调"。班子心不齐,内耗大,工作难开展。二是精神不振,害怕困难,不敢负责任。有些干部对工作采取敷衍态度,能推则推,不能推则躲,躲不开就拖;有的明哲保身,怕得罪人,对不良倾向不敢管,甚至送上门的思想工作也不做;少数干部更是无病呻吟,小病大养,不好好工作。三是政治与业务、精神鼓励和物质奖励的关系没有摆正。有些干部消极地接受"文化大革命"的教训,从"政治保险,业务危险"变为"政治上看破,业务上得过且过";有些干部从"向前看"变成了"向钱看",为人民服务的观念淡薄了。四是自由主义、无政府主义行为抬头。有的无视组织纪律,"我行我素,不听招呼";有的在子女就业和入党等问题上搞不正之风;个别干部已经被资产阶级"糖衣炮弹"打中,正在蜕化变质。区委认为,产生这些问题有其社会历史原因,首先是"十年动乱"的后遗症没有消除;其次是随着改革开放,人们对新形势下出现的新情况认识不足、准备不充分,对外来的资产阶级思想侵蚀没有引起足够重视,产生了思想混乱。尽管这些问题只发生在少数单位、少数干部中间,但如果掉以轻心,任其自由泛滥,就会削弱党群关系和干群关系,严重影响改革的深入和现代化建设。

1982年初,区委决定进一步整顿机关作风和干部作风。这次整顿的指导思想是增强机关干部为人民服务、向人民负责的观点,有重点地解决扯皮、拖沓、浮躁、松散等问题，提高工作效率和工作质量。1月29日，区委负责同志在机关支部书记会议和部门负责人会议上进行整顿机关作风动员，规定从2月3日开始至2月24日，每周用2个半天，以"向人民负责，为人民服务，当好人民公仆"为题，学习文件，边学边议，边议边查，边查边改。以查摆自身存在的问题为主，花力气解决一两个自己能克服的问题。查摆问题自下而上，分析原因和整改共性问题自上而下。通过学、议、查、改，各部门共摆出97个问题，对区领导提出92条意见和建议，区委各机关提出152条整改措施。整改措施集中体现3个方面：树立1个观念（当好人民公仆），发扬2个精神（要当潜水员，深入到群众中去；解决问题要像蚂蟥一样叮住不放），坚持执行5个制度（岗位责任制，学习理论、政策和业务制度，碰头通气会制度，部门协商工作制度，民主生活会制度）。在此基础上，许多部门拟订了调查研究和深入实际、深入群众的具体计划，重新研究和讨论了方便基层、方便群众的具体内容和办法。3月6日，区委在向全体机关干部作整风小结时，提出机关作风和干部作风必须年年抓，季季抓，务使精神振奋，气象常新。

党的十二大后，区委进一步强化机关作风建设。区委认为，从玄武区的实际情况来看，经过连续几年多次整顿，机关作风有了明显好转，但还是存在一些官僚主义弊端，影响着改革和四化建设的顺利进行，如纪律松散、不负责任、办事拖拉、工作扯皮、效率不高。由于对实际情况不明，对一些问题很难下决心，往往是议而不决；由于本位主义的存在，对一些决定了的事情很难顺利执行。机关工作的活力趋弱，难以开创工作新局面。区委决心结合下一步的机构改革，从体制和机制上推进机关作风建设。

二、实施第一轮机构改革

党的十二大指出，机构改革和经济体制改革，同社会主义精神文明建设一样，是今后坚持社会主义道路，集中力量进行现代化建设最重要的保证。在五届全国人大常委会第二次会议上，国务院领导同志指出，政府机构改革势在必行，抓紧做好这项工作是推进社会主义现代化建设的极其重要的一环。区委按照中央和省委、市委的要求，从1983年初开始着手进行区机关改革的准备工作，对机构的设置和中层干部的调配做了大量的调查研究，广泛征求各方面的意见，反复讨论修改有关改革方案。1984年5月下旬，市委、市政府正式批准玄武区机关的机构设置，核定了人员编制。区机关第一轮机构改革进入了实质性的实施阶段。

1984年6月18日,区委书记王亮在机关干部全体会议上动员和部署区机关改革工作。王亮说,要保证党的十二大提出的奋斗目标的实现,必须改革同生产力迅速发展不相适应的生产关系和上层建筑,坚定地有步骤地进行机构改革和经济体制改革,这是党领导四化建设的一个重要指导思想。区委要求每一个干部本着对党负责的精神,同区委一起,做好机构改革工作。无论是中层干部还是一般干部,都有出有进、有上有下,都要顾大局、识大体,以党和人民的事业为重,服从组织安排,严格遵守中共中央组织部制定的《关于机构改革中各级干部必须遵守的几项规定》。

这次区机关改革分3个阶段实施:

第一阶段,按照干部"四化"的要求,调整和配备区四套班子的领导干部。在市委的领导下,通过群众路线和对干部的考核,区委新的常委班子已经组成;区人大、区政府、区政协也通过1984年6月5日召开的第十届区人民代表大会和1984年6月4日召开的区政协第四届委员会会议,分别产生了新的领导班子。区机关中层的部、委、办、局的领导班子一般由2人组成,大的部门由3人组成,街道领导班子由4人组成。每个班子成员年龄形成梯形结构,新提拔的成员在45岁以下,55岁以上的干部不再进入班子。根据这些干部本人的不同情况,分别担任区政协常委、纪检委员或检查员。机关中层班子人员必须在半个月内,即1984年6月底前到职。

第二阶段,确定机构设置和人员定编。区委经过广泛征求意见和反复研究,提出了区机关的机构设置和人员编制数的方案。这次机构设置的特点是将科改成局,扩大职能部门的权限,加重职能部门的责任。科不能对外,局在处理业务和工作上比科有更大更多的主动性,责任范围也比过去扩大。人员编制数是根据精简的要求和有利于开展工作确定的。在落实到各个部门人员编制时,坚持3点:一是坚持精简原则,干部配备不是越多越好,而在于精干;二是坚持因事设人,每个人的工作量要饱和,不是一人一事,而是一个人要负担多项工作;三是坚持定编的严肃性,定编以后原则上不再抽调临时工作人员,对长期在外学习的人员和长期生病不上班的人员实行编外处理。

第三阶段,明确各部门的职责范围,建立岗位责任制。区委根据省委组织部和省人事局为贯彻全国党政机关实行岗位责任制座谈会精神而制定的相关文件的要求,将这一阶段的工作分两步进行:第一步,各部门在明确职责范围的基础上,制定克服扯皮、推诿所必需的制度和与各自有关的规定；第二步，明确每个干部的职责，实行严格考核、严明奖惩，使每个干部在各自的岗位上各司其职、各尽其责、各行其权，充分发挥才能和智慧。由于各个部门工作范围不同、各个岗位的职责不同，区委用了较长时间完成这一阶段的工作，并且随着改革的深入和经济社会的发展，不断调整各部门的职责范围，不断完善岗位责任制。

区委在实施这一轮机构改革的同时，支持行政事业单位进行改革，以改变科技、教育、文化、卫生、体育等社会事业建设与经济社会发展不相适应的状况。教育系统在长江路小学和九中进行"五、四、三"学制的改革试点（即小学5年、初中4年、高中3年），一至四年级全部采用部编五年制大纲和教材，并有一个五年级班的学生进入九中四年制初中班学习。北京东路小学和南师大附小进行综合教学改革试点，开设电脑、信息等课程，增加课堂教育的容量。玄武医院采用多种形式与大医院联合办院，病床利用率提高到90％以上；普遍实行岗位责任制，对医务人员实行聘用制，按月考核发奖，增强了医务人员的责任感，调动了医务人员的积极性。体委对教练员实行"四定""四包"责任制，群众体育水平明显提高。环卫所进行了"三包一改"试点，变原来的"清扫""清运"为"清运粪便""清运垃圾"两条龙运作，提高了管理水平。园林所以提高工作效率和质量为目标，实行"两定、三包、一浮动"承包责任制，1984年的绿化工作被评为全市第一名。

三、按照"四化"要求配备干部

改革开放的逐步展开，现代化建设新征程的开启，培养、发现、任用现代化建设人才成为各级党组织的当务之急。根据中央提出的干部队伍革命化、年轻化、知识化、专业化的要求，区委结合机构改革和企业整顿，加强了中青年干部的培养和选拔工作。

1980年月1月，区委召开组织工作会议传达贯彻省、市组织工作会议精神，强调组织工作一定要转移到为四化建设服务上来，大力培养和选拔热心干四化的干部，配备强有力的干四化的班子，从组织上保证党的各项任务的完成。8月初，区委召开1980年度的第二次组织工作会议，传达、学习和贯彻中组部关于选拔优秀中青年干部座谈会精神，统一认识，明确任务。会议确定做好3项工作：一是认真贯彻党在新时期的组织路线，破论资排辈、求全责备、唯成分论、重德轻才等片面观点，树唯才是举、不拘一格、重在表现、又红又专等全面观点；二是贯彻"三位一体"① 的方针，积极调整好各级领导班子；三是抓好干部培训，提高干部的政治素养和业务水平，全面落实党的干部政策。

经过试点，从1980年开始，全区开展大规模的群众推荐干部的工作，废除以往选拔干部的"手工业方式"和神秘化的做法，实行以"群众民主推荐、组织部门考核、党委批准"为主要做法的选拔干部新机制。玄建一队领导班子原来在排后备干部时，排这个"有德缺才"，排那个"有才少德"，一个也没有选出来；后来发动群众推荐，一下子出现了22个优秀人才，其中3位群众推荐意见集中，经组织部门考核均符合提拔条件，全部充实进了队领导班子。木材加工厂广大干部、工人都迫切希望年轻、肯钻、懂行的朱惠生当厂长，上级组织部门经过考察也有这样的安排，但少数职工反对，阻力较大。在民主推荐中，全厂180多人中有158人投了朱惠生的票，组织部门因势利导做少部分职工的工作，不久就提拔朱惠生任副厂长。1980年，全区有3 700多名干部、群众参加推荐，在被推荐的672名对象中，经过考核，确定252名为后备干部。在此以后，群众推荐干部成了组织部门选拔、任用干部的常态，每年都有一批优秀干部进入后备干部名单，为建立第三梯队干部队伍提供了雄厚的人才资源。

从1979年至1984年，区委经过对机关部门、街道和企业的领导班子作调整和充实，共提拔各级干部241名，其中45岁以下的中青年干部162名，占67.2%；与此同时，一批年老体弱的同志按规定离休或退休，调整一些因身体、能力或其他原因不称职同志的工作岗位，各级领导班子的干部结构得到了优化。财贸系统基层领导班子经过调整后，其成员的平均年龄由原来的50.6岁下降到44岁，具有高中以上文化程度的干部由原来的32%上升至57%。城建系统基层领导班子成员的平均年龄由47.7岁下降至41.1岁，具有高中文化程度的干部由原来的21.7%上升至33.3%。至1984年底，区级机关中层干部和街道领导干部的平均年龄由原来的50.6岁下降到45.3岁，具有大专文化水平的干部由原来的8.3%上升到17.5%。

十年动乱，造成了一部分党员、干部文化程度偏低，虽然这些干部工作热情高涨，但由于文化水平的限制，接受新事物慢，思想政策水平提高不快，影响了工作的开展。区委针对这种状况，采取多种措施提高干部的文化素质：对"双下"（年

---

① "三位一体"，即选拔一批年富力强、坚持党的路线、有专业知识和本领的中青年干部充实到各级领导班子，有计划有步骤地妥善安排一批对党对人民有贡献的年老体弱的老同志当顾问或退居二、三线，离休退休，担任荣誉职务，调整一批经过3年工作实践确实不能胜任现职的干部，根据他们的不同情况作恰当安排。

龄在 45 岁以下、文化程度在初中以下）干部进行文化补习，通过 3 至 5 年时间，使他们的文化程度分别达到高中或初中水平；选送有培养前途的青年干部到大专院校学习，1982 年至 1984 年的 3 年中有 13 名干部被选送到大专学校脱产学习；鼓励干部参加中央党校函授、干部专修班学习和参加自学考试，对自学考试合格的干部给予奖励。这些措施得到了广大干部和群众的支持，全区有 118 名区机关干部和街道干部参加了大专以上学历的业余学习。

第二编
开创改革开放和城区工作新局面

(1984年9月至1992年2月)

【本编提要】 1984年10月召开的十二届三中全会决定把改革的重点从农村转向城市。全会讨论通过的《中共中央关于经济体制改革的决定》（简称《决定》），标志着我国经济体制改革进入全面展开的新阶段。《决定》阐明了加快以城市为重点的经济体制改革的重要性和必要性，规定了改革的任务、性质和各项基本方针、政策，是指导全面开展经济体制改革的纲领性文件。玄武区委在省委、市委的统一部署下，将城区经济体制改革由局部试点转向全面综合改革，进一步搞活企业，搞活流通，搞活城区，改革城市建设和管理体制，加快教、科、文、卫等社会事业的改革和发展。随着经济体制的转轨，一些深层次矛盾也逐步暴露出来，经济领域乱象环生，影响了社会稳定和经济健康发展。遵照中央的一系列指示，区委以坚定的态度和有力措施，深入开展坚持"四项基本原则"教育，改进和加强思想政治工作，进行新形势下的全面整党，治理经济环境，整顿经济秩序，引导各级党组织和广大干部群众把思想和行动统一到十一届三中全会以来的路线、方针、政策上来,为全面深化改革,为经济和各项社会事业发展注入了新的活力。在这期间召开的区第五次党代会和区第六次党代会,分别向全区各级党组织和广大干部群众提出了建设"花园式文明区"和"区街经济上一个新台阶"的奋斗目标。

第五章 全面推进经济体制改革

区委认真学习贯彻《中共中央关于经济体制改革的决定》，在总结前几年成功经验的基础上，调整工作思路，制定了"巩固、提高、拓宽、深化"方针，各项改革的广度和深度都取得了较大进展。继续围绕解决"职工吃企业大锅饭、企业吃国家大锅饭"问题，给企业松绑，为企业改革撑腰，全面推行多种形式的经济责任制，发展外向型经济和横向经济联合，提高了企业的经济效益，增强了企业在市场上的竞争力。大力改革商业管理体制，扩大商业网点建设，推进多渠道商品交流，大力搞活流通。区委、区政府继续简政，给街道放权，支持发展劳务经济，增强居委会兴办福利事业的经济实力，提高街道在全区工作中地位，发挥街道在为生产服务、为人民生活服务和推进社会主义精神文明建设等方面的作用。全区经济领域呈现了欣欣向荣的态势。

第一节 区委部署深化企业改革

一、学习贯彻中央关于经济体制改革的决定

党的十二届三中全会后，区委立即进行传达、学习和贯彻全会通过的《中共中央关于经济体制改革的决定》。1985年1月，区委用两天时间组织全体机关干部收听中央领导同志在全会上的讲话录音，听取有关经济体制改革的辅导报告，深入开展讨论学习。区委党校举办3期学习《决定》专题培训班，基层领导干部229人次参加学习；区各系统、各街道的15所业余党校相继组织开展学习、宣传、贯彻《决定》的活动，引导广大干部群众增强改革意识和参与改革的自觉性、积极性。

区委常委会联系本区实际学习和深刻领会《决定》精神，认识到经济体制改革

是一场革命,是一项庞大的社会系统工程,必然会触及人们的切身利益,涉及面广,难度大。在学习、宣传、贯彻《决定》过程中,区委一方面对广大干部群众晓之以"理",组织干部群众系统学习党中央关于改革的文件,明确改革的方向、性质、任务和各项基本方针政策,并结合改革措施的出台,由物价、劳动等部门解答群众中带有倾向性的问题,解除群众思想上的疑虑,进一步提高群众对改革必要性、紧迫性的认识;另一方面晓之以"实",大力宣传玄武区的改革成果,开展"八年巨变"教育,用大量看得见、摸得着的事实帮助广大干部群众认识到"八年巨变"成果的取得,是坚持改革、开放、搞活的结果,而要巩固、发展"八年巨变"的成果,也必须坚持改革、开放、搞活。改革不仅是关系到国家和民族兴旺发达的大事,也关系到每一个人的切身利益。改革没有"观众席",人人都要理解改革、支持改革,登台"唱戏"。通过多种形式的宣传教育,广大干部群众进一步坚定了改革信念,激发了参与改革的热情,"改革、开放、搞活"这一建设中国特色社会主义的总方针、总政策日益深入人心,为推进和深化全区各项改革奠定了思想基础。

为了把《决定》落到实处,区委分析了玄武区在南京市所处的地位和特点,确定了一条比较清楚的实施思路:围绕市委提出的"搞活城区"这一主题,以不断增强城区综合管理、综合服务功能为目标,以大力发展区街经济、增强区街经济实力为基础,动员、组织全区党员干部群众积极进行各项改革的探索。各系统、各街道党委根据市、区的部署,结合本系统、本地区的实际和特点,明确各自改革的工作重点。区委和区政府加强对各项改革的分类指导,两套班子实行分工,每位领导人员都负责一项改革课题,落实责任制。区人大、区政协围绕全区改革的重点课题进行调查研究,摸清情况,提出改革方案。与此同时,区委、区政府为区机关各部门和各级党组织参与改革"搭台",并对各部门和各级党组织提出工作具体要求:区纪委和组织、宣传部门及群众团体,重点抓组织保证和舆论支持,为改革鸣锣开道;工商、税务、财政、物价、城管等部门重点为企业改革创造良好的外部条件。基层党组织和广大党员结合"创先争优"活动,当好参与改革的"领头雁"。机关干部、职工和居民群众开展多种形式的合理化建议活动,为推进和深化改革献计献策。区委、区政府加强与驻区部队、企事业单位的横向交往,充分发挥驻区部队和单位在深化玄武区改革中的积极促进作用。全区上下形成了关心改革、支持改革、积极参与改革的氛围。

二、给企业放权松绑

在学习《决定》的基础上，区委、区政府总结前几年搞活企业的经验，按照宏观管好、微观搞活的精神，一方面抓好全区经济和社会发展计划、规划的研究、编制，将各项经济、社会发展目标分解落实到有关系统和责任单位，实行宏观上的综合管理；另一方面把过去揽在手上的企业经营权下放给企业，实现微观上的分级管理，给企业松绑，更好地为企业服务。

1985年5月，区政府向机关各部门、各街道、各企业批转了区计经委《关于进一步扩大企业经济管理有关权限的报告》，对企业的部分经济管理权限进行改革和调整，进一步扩大了企业自主权。

在改革考核机制方面：过去区政府下达计划指标，一直实行环比递增的考核办法，造成了鞭打快牛的状况。改革搞得好、生产发展快的企业，指标越定越高，而改革起色不大、生产效益比较差的企业，指标越订越低，很不合理。自1987年开始，区政府将原来的"环比"改为"定比"，即以1985年的实绩为基数，规定各企业产值、利润每年增长8%，一定三年不变，不搞年年加码，允许企业以丰补歉；而且允许企业在完成国家指令性计划指标的同时，有权根据市场情况自行调整计划（增长幅度不低于全市同行业的平均水平）。这样既解除了先进企业加快发展生产的后顾之忧，也鞭策了后进企业加快发展。在经济性质、隶属关系、财政上缴渠道和主管结构"四不变"的前提下，企业有权参与或组织各种形式、各种范围的联合经营，发展横向经济联系。这些改革为企业构建了宽松的发展环境，调动了大多数企业的积极性。当年区街企业工业总产值和实现利润分别超过计划的19%和24.67%，分别比上年增长24.92%和24.27%。

在企业技术改造和基本建设方面：区政府除了规定5万元以上和30万元以上的投入须分别经区计经委审批和区政府批准以外，5万元以下全民或集体资金的单项基建项目，只要企业有支付能力、资金来源正当，由主管部门审批即可。企业在资金、原材料、燃料自行平衡的前提下，除了购置小汽车、大轿车、摩托车、彩色电视机、洗衣机、电冰箱、沙发床、沙发、地毯、空气调节器、照相机、录音机、录像机、大型和高级乐器、各种家具、呢绒及其制品、纯毛毯等17种国家规定的专控商品，以及污染、噪声和其他扰民影响大的设备，必须报主管部门会同财政、环保部门审核批准以外，有权利用自有资金进行技术改造、设备更新，无须报批。

在分配政策方面：根据国务院相关文件精神和市政府关于放宽集体所有制企业的分配政策，"在交够国家的、留足集体的前提下，剩下的由企业安排用于职工分配"的精神，区政府鼓励国营小型企业和集体所有制企业实施工资总额与经济效益挂钩浮动的分配办法。明确规定随着经济效益提高而增加的工资，只要产品成本中的工资含量不增加，可在成本（费用）中列支。企业随同经济效益提高而提取的工资，可建立工资基金，归企业所有，可以与税后利润中提取的职工个人分配部分合并使用，并允许跨年度使用，以丰补歉。在企业工资基金总额之内，可采取承包、浮动工资、计件工资、劳动分红、发放奖金、岗位津贴、职务津贴等灵活多样的分配形式；至于各企业具体实行何种分配形式，由企业自行研究决定。今后职工增长工资，依靠经济效益的提高来实现。企业定期举行考工定级，先浮动后固定，不再搞平均照顾升级，不吃"大锅饭"，不搞平均主义，充分体现多劳多得、少劳少得，以及脑力劳动和体力劳动、复杂劳动和简单劳动、熟练劳动和非熟练劳动、繁重劳动和非繁重劳动之间的差别。

在新办企业审批方面：区政府大刀阔斧简化手续，减少审批环节，鼓励有能力的街道、部门和系统兴办集体企业。新办的集体企业，除了特营企业应报公安、工商部门审批以外，其他企业包括工业性生产单位、劳务企业以及城建、财贸、文教卫生等各系统新办的集体企业，均只需主管部门审核即可，以提高办事效率，为加快企业发展开辟便捷通道。

玄武区这次"放权"，力度大、涉及的范围广，引起了强烈的社会震动，影响深远。放权，不仅仅是给企业带来了实实在在的权力，更重要的是体现了区委、区政府改革开放的决心，增强了广大干部群众搞活企业、搞活经济、推进改革开放的勇气和信心。

三、为企业搞活排忧解难

按照《中共中央关于经济体制改革的决定》中有关政府机构8条职能的要求和市委八届二次全委扩大会议提出的"抓紧搞好机关改革，端正业务指导思想"的精神，区委、区政府认真总结、检查了上一轮机关机构改革以后在搞活经济这个中心问题上为企业基层服务的情况和问题，根据精简、统一、效能的原则，要求区机关调整工作思路，进一步转变工作作风，切实改变那种长期形成的让基层和企业围着领导机关转的状况，扫除机构重叠、人浮于事、职责不明、互相扯皮的官僚主义积弊，使区机关把工作重心转移到为发展生产服务、为基层和企业服务上来，保证和支持企业和基层各项改革的顺利进行。

区委、区政府多次在各级干部会议上明确宣布，只要不是谋私利，不是搞歪门邪道，在实施改革中容许犯错、纠错，出了问题由区委负责，不追究企业责任。1984年初，永胜内燃机配件厂由于领导班子素质较差，工作能力较弱，在实行经济责任制过程中经营管理没有跟上，产品质量出了问题，销路不畅，经济效益急剧下降，职工每月只能领到20元生活费，严重挫伤了干部、职工的积极性，在社会上产生了较大的负面影响。面对这一状况，区委、区政府不是对永胜内燃机配件厂领导班子批评指责、追究责任，而是相继召开区委常委会和区长办公会议，专题研究如何帮助内燃机配件厂摆脱困境的办法。根据两个会议研究的措施，区里组织工作组，由区领导同志带队去厂里蹲点，具体帮助和指导扭转困局，很快收到了实效。1984年全年利润77 500元，比年计划增加158%，比1983年增加了20倍，保证了职工收入的增加，保护了企业和干部、群众进行改革的积极性。

区机关通过学习《决定》，增强了以改革总揽全局的思想观念，改变了以往那种部门之间"互不通气，互不协调，你放我卡，各自为政"的弊病，强化了共为企业改革服务、为基层服务，互相配合、互相支持的意识。主要表现在4个方面：

一是主动帮助企业用足、用好政策。税务、工商、审计、计量、物价和财政等经济杠杆部门当好企业改革的参谋，为提高经济效益出谋划策。区税务分局为企业开展"支""帮""促"活动，宣传政策法规，上门为企业办理减免新产品税费手续，协助催收货款。区工商局根据市场的变化，建议80多家工商企业更改店名，兼营其他行业的产品，扩大生产和经营渠道，并为区属企业和驻区企业举办学习经济合同法培训班，为新办理证照的个体工商业者开办业余职业学校，帮助企业和个体工商户在改革的新形势下坚持"重合同，守信用"，保证经济活动的健康发展。

二是为企业提供难以获得的宏观信息，帮助企业调整产品结构。1984年玄武区生产的百花牌照相机参加全国评比获得好评，被市里定为重点生产的产品。区相关部门获悉这一信息后，随即搜集全国参加评选照相机有关资料，及时送给企业参考。企业更新了产品设计，加速生产，在"量"和"质"两个方面增强了市场竞争力。1984年生产了7 100架，比上一年增加了6倍多，既满足了市场需要，又增加了企业的经济效益。

　　三是特事特办。区防疫站一台电冰箱发生故障,送厂家修理需要 1 200 元,且要半个月才能修好,影响工作;如果交个体户修理只要 200 元,而且两天就能修好,但没有正规发票。区财政局本着实事求是的精神,依照市财政局"能放则放、能改则改、能活则活"的原则,采取变通办法,准予报销,给基层单位在财务处理上提供一定的灵活性,适应了生产发展的需要。

　　四是"雪中送炭",及时为企业解决遇到的新问题、新困难。随着经济体制改革的深入,经济部门越来越感到基层专业技术人才和经济管理干部的缺乏。区委组织部和区政府人事部门一方面深入基层"找能人",另一方面打破条条框框,采取选、调、借、聘等多种办法"请能人"。1984 年,全区招聘技术专业人才 16 名、经济干部 37 名,缓解了经济管理部门和企业的燃眉之急。

　　五是对于涉及多个部门、多个企业的问题,区委、区政府通过召开现场办公会的办法,把解决问题的场所从机关会场搬到企业现场,当场拍板,提高工作效率。仅 1984 年下半年,由区领导出面召开的现场办公会就有 20 多次,为基层和企业解决了一批"老大难"问题。

|第二节| 打破"大锅饭",激发企业内生活力

一、全面实行多种形式的经济责任制

　　经过前几年的试点,全区企业实行多种形式的经济责任制,较好地调动了企业内部的积极性,增强了职工的主人翁责任感。党的十二届三中全会以后,区委、区政府在总结经验的基础上,决定全面推行以围绕完善企业内部二次分配为目标的经济责任制,进一步解决"职工吃企业大锅饭""企业吃国家大锅饭"的问题,增强企业活力。1986 年 5 月,区政府召开经验交流会,引导企业取长补短,使各种类型企业实行的多种形式的经济责任制更符合企业实际,更广泛、更充分地调动职工积极性。

　　玄武区全面推行经济责任制,总体构架为两层:一是企业按经济效益对车间、

班组实行"按劳分配";二是车间、班组以贡献大小对职工实行"按劳分配"。经过对试行各种形式经济责任制效果的比较、分析,在广泛听取专家学者的意见,特别是在听取企业干部群众意愿的基础上,区委、区政府决定在实行经济责任制上不搞"一刀切",在不同行业实行多种形式的经济责任制。

在生产企业实行6种形式的经济责任制:一是以南京玩具厂为代表的"工资全额浮动"责任制。按照每件产品的单价,分解到各道工序,按日结算,其中60%为生产人员的个人收入,40%交厂部作为退休职工、非生产人员工资,下不保底,上不封顶。二是以轻工塑料厂为代表的"联产计分,活分活值"责任制。全厂班组分为7个核算点,每个点联产量、联质量、联消耗、联利润、联分配,给每个职工计分,按分分配。三是以南京广播器材二厂为代表的"超定额计分"责任制。由厂部给每道工序核定定额,完成定额发基本工资,完不成定额按比例扣发工资,超定额部分发超额工资。四是以电影机械厂为代表的"超利润分成"责任制。厂部将利润指标分解到车间班组,按指标完成情况分配利润;车间再根据职工的贡献进行分配。五是以南京灯具厂、长虹机器厂、玻璃纤维五厂为代表的"百分系数考核计奖"责任制。厂部根据劳动量大小、技术高低、工作繁简、贡献多少等因素,给车间和职工个人分别确定计奖系数,考核计奖。六是以南京永胜内燃机配件厂为代表的"单项承包,按劳取酬"责任制,厂部根据单项任务的特定要求,由职工承包,按协议兑现酬劳。

在商业企业主要实行4种形式的责任制:约占全系统经营单位总数四分之三的、利润较多的商店,实行"基本工资加提成"责任制;以手工业为主的劳务性行业,如早点业、修配业,主要实行"租承"或"承包"责任制;有一定技术要求和原辅料消耗的服务行业,如理发行业,实行"除本分成"责任制;而有一定销售指标且主要以体力为主的行业,则实行"三联三定"(联销、联利、联责,定人均销售指标、定人均创利指标、定人均分配指标)责任制,蔬菜行业实行这种责任制后,销售量和服务质量都有明显提高。此外,为促使企业所有权和经营权分离,全区对36家小型国营商店进行"改、转、租"改革,实行"国家所有,集体经营"。这些改为集体经营的国有小型企业,实行集体企业的财务制度,在税收、承包费、奖金税等方面得到了更多的优惠。

粮食系统由于经营品种复杂,既经营平价粮油食品,又经营议价粮油食品和自制的粮油食品,全系统按照不同的经营品种实行不同形式的责任制。1986年,全区各粮站实行单独核算以后,平价粮油供应在实行7%的批零差价的基础上,按销售量进行"补贴"(每销售万斤粮食发奖金2元左右),多销售多奖励。对自营议价粮油食品所取得的利润,国家、集体、职工个人按五、三、二的比例分成,盈利分成上不封顶,亏损则不包工资。对有些项目实行单项承包,例如各粮站对豆浆机承包后,每月固定向系统上缴利润70元至100元,多产多销粮站多得,少产少销粮站照赔;对切面销售亭实行租赁,包租金、包税收、包费用,把销售同职工利益直接挂钩,调动职工的经营积极性。

至1987年底,全区工业、商业、城建、粮油等4个系统的331个独立核算的工商企业中,160个企业实行不同形式的经营承包责任制,其中实行承包的119个,占总数的35%;16个建立独立党支部的企业实行厂长(经理)负责制;25个企业实行全员或个人租赁制。经营承包责任制的全面推行,初步确立了厂长(经理)在企业中的中心地位和主导作用,完善了企业内部的二次分配,较好地处理了国家、集体、个人三者间的利益关系,增强了企业活力和在市场上的竞争能力。

按照市里的统一部署,玄武区在全面实行经济责任制的基础上,将企业内部改革进一步推向纵深。经过试点,区政府批准对南京制镜厂、灯具厂、轻工塑料厂、文具用品厂、电影机械厂等5家工业企业,对和平商场、珠江商场、燃料公司、同仁街菜场等商业企业,实行厂长经理任期目标制。依照南京市《国营小型工业企业租赁经营试行规定》,区政府同意对由于领导班子长期不健全,经营管理不善、经济效益不好的南京焊接机械厂实行公开招标,由南京真空泵厂技术员租赁经营。对一些微小型企业,区政府分别试行股份合作制(如大庆烟酒店和珠江路商场)和试行风险抵押承包(如客车服务公司所属的梅园商场),为进一步搞活小型企业探索新路。

二、构建横向经济联合新格局

1986年6月,区委、区政府召开为期2天的经济体制改革工作会议。会议根据《中共中央关于经济体制改革的决定》中关于"大力促进横向经济联系"的要求,决定把进一步开展横向经济联合列为全区经济体制改革的重要内容。会议总结了前几年发展横向经济联合的成绩,分析了玄武区经济的优势和劣势,认为打破封锁,打开门户,按照扬长避短、形式多样、互利互惠、共同发展的原则,促进资金、设备、技术和人才在更广泛的领域合理交流,发展各种经济技术合作,联合兴办各种经济实体,是促进全区经济结构和布局的合理化,加速现代化建设的必由之路。区委、区政府决定在4个方面突破区域、条块、部门的限制,按照商品生产的内在需要,在更广泛的领域拓展横向经济联合。

大力拓展横向经济联合的地域。早在1985年,玄武区就先后与福州市台江区、济南市市中区、安徽省滁州市和固镇等地实现了跨省、市的经济技术联合。1986年5月,区计经委代表区政府参加武昌经济技术协作交流会,与参加会议的武汉市武昌区,湖北咸宁、郧阳地区和黄石市、京山县(今京山市),广州市东山区(今已并入越秀区),广西河池、南宁、柳州地区,河南信阳地区,杭州市下城区,重庆市市中区,成都市西城区,苏州市沧浪区,沈阳市和平区,长沙市南区(今天心区),西安市碑林区等17个地区建立了经济协作关系,横向经济联合跨出了一大步。

推进城乡经济一体化发展。1985年2月,区商业局与六合县(今六合区)四合乡签订了全市第一个乡局友好协议,本着服务城市、富裕农村的方针,尝试区县、城乡经济联合,取得了很好的经济效益和社会效益。1986年10月,区政府主办"区县(市)推进横向经济联系商讨会",与参加会议的滁州、宣城、句容、溧水、高淳、六合、江浦、江宁、济南市市中区交流了经验,签订了26份合作协议,利用各自的优势,促进城乡经济共同发展。

冲破部门割裂的藩篱,强化区内工业、商业的经济联系。1986年区政府两次召开全区工业产品看样订货会,组织区内工商企业直接见面,沟通产销关系,使区商业企业成为区工业产品销售的窗口,通过这个窗口直接向工业企业反馈市场信息,促进区工业调整和产品结构更新,实现区内工商业同步发展。全区工业系统20%的工厂与区属4个商业零售公司的11家商店建立了产销协作关系,销售品种达11个大类。

深化生产与科研相结合的横向联系。根据驻区大专院校和科研单位较多、科技力量雄厚的特点,区委、区政府加强了对生产与科研合作的引导。1986年,全区7家企业与11所高校和科研单位建立了协作关系,生产项目有20多个,其中5个产品分别获国家、省、市级科技进步奖,仿古镶嵌工艺漆器和无毒聚氯乙烯包装瓶分别填补了省、市的空白。

到1986年底,全区与15个省、市、自治区的30个县(市、区)建立了横向经济关系,联合项目133项,"外引内联"出现了新局面。全区通过联合,年产值增加569.93万元,占全区工业年产值的11.16%;年增加利润6.31万元,占全区工业利润的 11.8％。1986 年 11 月，区十届人大第二十次会议审查、批准了区政府的《关于推进横向经济联合的报告》，肯定了全区横向经济联合的做法和成绩。

三、积极发展外向型经济

《中共中央关于经济体制改革的决定》重申，十一届三中全会以来确定的对外开放，是我国长期的基本国策。对外开放作为加快社会主义现代化建设的战略措施，在实践中已经取得显著成效，今后必须继续放宽政策，积极扩大对外经济技术交流和合作的规模。区委、区政府认真贯彻落实这一基本国策，按照省、市委的统一部署，解放思想，充分利用国内和国外两种资源，开拓国内和国外两个市场，加快发展外向型经济。

玄武区的对外经济基础较弱。1972 年，全区只有南京玉器厂一家企业通过北京外贸公司小批量出口产品。1984 年，南京玩具厂通过省工艺进出口公司出口长毛绒玩具，成为玄武区第二家生产出口产品的企业。1985 年全区实现的出口供货额仅为 274 万元。1986 年，全区涌现了号称出口创汇"四大家族"（玉器厂、玩具厂、广播器材二厂、前进皮件厂），但全区出口供货额也只有 890 万元。区委、区政府认为，玄武区的对外经济必须从基础工作做起，从低级到高级、从单项突破到全面发展，稳扎稳打，才能取得实效。

加强组织领导。1988 年 2 月，区委、区政府成立发展外向型经济领导小组，由常务副区长分管这项工作，由区计经委主任兼任领导小组办公室主任，负责发展外向型经济的日常工作。随着外向型经济的发展，1991 年 8 月，区政府将外向型经济领导小组升格为对外经济贸易委员会，作为区政府的一个重要职能部门，具体负责全区的外贸、外资、外经工作的总体规划、目标分解、项目审批等工作。同年，经市政府授权，区外经委获得 300 万美元投资项目的审批权。

建立"三级"责任制。区四套班子领导成员明确分工，实行重点项目责任制；区机关部门、街道实行主要领导目标责任制，组织、人事部门将责任目标的完成情况列入考核干部政绩内容；外经委工作人员实行项目责任制，对外商投资项目从联系洽谈、文件起草、上报审批、领取执照直到开业投产、形成效益，都由一人负责到底。三级责任制的建立，增强了各级干部发展外向型经济的责任心，对全区外向型经济的发展起到了重要的保证作用。

制定鼓励发展政策。1988 年 5 月，区政府制定了促进外向型经济发展的 13 条意见。"意见"明确规定：凡有利于促进玄武区外向型经济发展的专业技术人员、外经外贸人员、经营管理人员等，不论在职与否，不论所有制性质，不论是干部还是工人，均可采取调进、借用、聘用、业余兼职、单项合作等形式来玄武区单位工作，调进的专业人员向上浮动一级工资，有突出贡献的一年后继续上浮一级工资。本区机关、事业单位的干部和工作人员受聘到本区承包、租赁或新办外向型企业，可办理留职停薪手续，保留其所有制性质、职级待遇和工资调整、住房分配的权利。为区引荐并促成外商投资者，引荐或促成外商来区开展来料加工、来样订货、来件组装以及补偿贸易等业务，为区外贸出口提供渠道，或为企业开发引进新产品并促成出口创汇，均可按投资额或经济效益的一定比例给予奖励。

积极拓宽出口渠道。区政府从过去"生产什么就出口什么"转为"国际市场需要什么就生产什么"，以市场为导向，根据国际市场行情，对现有出口产品按"畅""平""滞"3个档次排队，"谁走俏就重点发展谁""谁有前途就扶持谁""市场需要什么就开发什么"，引导企业调整生产结构，发展特色产品。1987年出口创汇产品由1986年的4大类，发展到扬声器、宝（玉）石装饰件、布绒玩具、工艺漆器、民用镜、童鞋、文具等大类。区政府在深圳建立"窗口"，以玉器厂为依托、由6家企业投资入股的玄武实业有限公司与香港常乐公司签订了出口日本30万吨黄沙的合同，贸易额200万美元，成为当时全区出口额最大的单笔业务之一。前进皮件厂的各种包件，自行车零件厂的自行车配件，轻工塑料厂的自行车尾灯、把套，都因为适应国际市场需要，通过省机械、工艺、轻工等进出口公司实现小批量出口。1990年南京玩具厂自产产品出口供货额价值764.84万元人民币，成为南京市区街企业第一家出口创汇100万美元的企业。1991年6月，经省工艺进出口公司牵线，南京玩具厂与澳门南光公司合资，成立了玄武区第一家中外合资企业。从此，玄武区第一次有了自己的进出口权，填补了玄武区"三资企业"的空白。

从1988年开始，全区外向型经济迅速发展，实现了3个突破：突破了过去单一的外贸供货出口，初步实现了外贸供货出口与代理出口相结合；突破了过去仅少数区属工厂出口产品，初步实现了区街两级共同搞出口；突破了过去单纯的自产产品出口，初步实现了自产产品与组织商品贸易出口相结合。1988年全区工业产品出口供货额1 230万元，比上年增长12.32%，比1985年增长3.48倍。1989年虽然受到政治风波的影响，但全年的出口供货额仍保持1988年的水平。1990年全区出口供货额达1 355万元，居全市6个城区工业产品出口的首位；占区工业总产值的比重由 1987 年的 17.27% 上升到 20.09%，成为全区经济发展的一支重要方面军，为以后外向型经济的发展打好了基础。

第三节 改革商业管理体制

一、商业公司实行"去行政化"改革

搞活流通，玄武区主要进行了两个层面的改革：一是基层商店、网点的改革，重点在扩大企业经营自主权，实行多种形式的经济责任制；二是行政性商业公司改革，通过改革使其去行政化，区政府对商业企业的管理逐步变直接管理为间接管理。根据《中共中央关于经济体制改革的决定》中关于城市政府必须实行政企职责分开，简政放权，不要重复过去那种主要依靠行政手段管理企业的老做法，以免造成新的条块分割的精神，区委、区政府本着"精简机构、撤销重复层次、减少环节"的原则，于 1984 年 11 月制定《玄武区商业局关于经济改革的试行意见》，酝酿撤销行政性公司，让所属企业真正成为掌管经营权、管理权、劳动人事调配权和财务审批权的经济实体，充分释放企业活力。

早在 1984 年 10 月，玄武区从解决长期存在的"两个大锅饭"弊端出发，撤销了联合核算点，成立了艺风摄影器材、农村土特产品等 4 个贸易中心和饮食公司购销经理部。1986 年 9 月，区商业局经过调查和论证，决定撤销区饮食公司。从 10 月 1 日起，饮食公司将原有的 38 项职能中的 5 项下放给基层商店，5 项平移给行业协会，28 项上交区委、区政府相关职能部门；原公司 24 名干部一部分充实基层，一部分转到经济实体，一部分充实行业协会，饮食行业迈开了区属商业公司转轨变型实质性改革的第一步。

区政府为了做好行政性商业公司逐步向经济实体过渡的准备，促进同行企业之间的联合、协作，积极尝试组建行业协会管理同类企业。1985 年 9 月，以区服务公司为主体，成立了玄武区首家"玄武区摄影行业协会"，为其他行业建立行业协会积累经验。1986 年全区组建了摄影、饮食、旅馆（浴室）、理发等 4 个行业协会。1987 年 7 月，在区政府的推动下，驻区 77 家社会商业企业组建了全市第一个社会

商业联合会。行业协会和商会成立以后，举办经理培训班、法规学习班、业务讲座，开展行业调查、商业咨询和技艺竞赛，配合政府有关部门进行市场管理，帮助会员单位解决实际困难，代表会员单位的利益向政府提交合理化建议，当好政府管理商业企业的助手、参谋和纽带。

1987年1月3日，区委、区政府召开商业体制改革讨论会，专门研究讨论区商业、饮食、服务等公司"转轨变型、平滑过渡"的问题。会议总结了近年来撤销区商业公司和组建行业协会管理同类企业等改革措施的经验，针对各个行业的不同情况，从转变职能入手，决定将原来的单一管理型公司逐步过渡为管理服务型、实体型和经营管理型公司等3种模式，实施商业管理体制的全面改革。4月下旬，区政府撤销了区服务公司、修配公司，新成立了管理服务型的区社会服务公司，人员由原来的65人减少到31人。11月撤销了区糖烟酒、土产杂品、物资回收等3个公司，新成立了区糖烟酒经营公司、区供销经营公司，新公司以本行业的龙头店为依托，建立实体，实现了由原来的单一管理型向经营管理型的转变。3种类型的新公司成立后，管理层次减少，人员显著精简，为增强经济实体活力创造了良好的外部环境。

至1987年底，区政府管理商业企业基本上完成了由以往的直接行政管理逐步向以政策引导和采用经济手段为主的间接管理的过渡，全区商业管理新体制的雏形大体形成。

二、加快建设商业网点

按照市委、市政府于1984年11月和1985年9月召开的两次城区工作会议提出的"加强商业副中心、区商业街和工矿区、新建区、老住宅区的网点建设和改造，形成高中档齐全、综合和专业结合，商业、服务业、修理业配套的服务网络"的要求，玄武区结合发展第三产业，在前几年大面积发展商业网点的基础上，调整网点的建设思路和网点布局，从全面开花到突出重点、拾遗补阙，掀起了新一波网点建设高潮，进一步繁荣了市场，方便了群众，满足了社会多层次、多样化需求。

1985年，区政府成立商业网点建设办公室和网点开发公司，加强对全区商业网点建设的领导和协调。1986年，网点办和区计经委、商业局、粮食局、工商局联手，对全区商业网点进行了新中国成立以来的第一次普查，以帮助制定发展网点的规划，为商业网点的增设、调整和提高综合服务功能提供依据。根据调查结果，区委、区政府按照市委、市政府提出的"补缺门、专业化、上档次"的要求，在3个方面加快商业网点的建设：

加快商业街建设。根据市政府开发商业街的规划，玄武区以开发珠江路东段商业街为重点，兼顾碑亭巷—成贤街、中山东路北侧和中山路东侧等商业街的改造。到1988年底，3条商业街初具规模。珠江路东段商业街开设各类网点108个，比1985年初增加3.7倍，门面利用率达到83.5%。中山东路北侧的网点由1985年初的44个增加到70个，门面利用率达100%。中山路东侧的网点由83个增加到128个，门面利用率达到95.4%。从1984年12月起，区政府结合旧城改造，增加了大行宫、浮桥、和平路3个商业群的网点，新建了1 000平方米的珠江商场，形成了以浮桥为中心、向四面辐射的商业网络。

支持微利行业商业网点建设。区委、区政府进一步放宽政策，支持集体和个人在居民区建设理发、浴室、洗染、早点、菜场、修配和煤基供应等一批商业服务网点。经过连续4年的工作，到1988年底为止，全区以方便群众生活为经营宗旨的微利网点增加了248个，占这一期间新增网点的17.4%。

鼓励建设专业化经营网点。随着经济的发展和人民生活水平的提高，专业化商店这种新业态逐渐成了社会新需求。1985年，珠江路东段建起了以经营家用电器为代表的特色商店40家，一些单位和个体户开设了自行车专业店、炊事用具店和洗染中心。为了适应家电、摩托车社会保有量激增后的新需要，区有关部门支持新建九州家电修理商店和飞轮摩托车自行车修配商店，以填补修配行业中的空白。1987年，区里新开了全市第一家鸡餐馆——金陵鸡餐馆，由于其菜肴品种多、特色浓，受到了食客的欢迎。原来的专业名店发展自己的经营特色，纷纷增加新经营项目，满足社会多层次需要。环球照相馆更新彩色结婚照相房后，摄影艺术新颖，价格优惠15%，1987年经营第一个月就照了220多个彩卷。正章干洗总店实行快件慢件、干洗水洗同时服务，增加了锦缎棉衣、羽绒制品和皮夹克"上烤"等服务项目。曙光美发厅增设美容服务室，新创20多种发型，由一级理发店提升为特级理发店。以经营绒线为特色的耀身商场，经过扩建，面积由原来的200多平方米增加到350平方米，并且由以往的单一零售发展到兼营批发，扩大了经营规模。

为了扶持商业服务网点的建设，区委、区政府多方面采取优惠政策。通过财政拨款、集资共建和借贷自筹等方式，解决兴办商业网点的资金问题；通过迁厂腾地、拓路破界、破墙开店等多种手段，解决兴建商业网点的场地和营业用房问题；通过特事特办和变通等办法，解决商业网点的工商登记和网点经营所需的电、水、油、煤炭等物资的供应计划问题，保证新增网点按期竣工，尽快投入使用。区网点办从1985年成立到1988年底，为全区40个企事业单位提供了商业网点用房20 242平方米，增加了门面193开间，开设了64个商店，其中规模较大的商店20个、微利行业的网点10个，对全区商业网点布局的合理调整发挥了重要作用。

商业服务网点，是搞活流通必不可少的终端。到1988年为止，全区实际拥有门面的商业网点1 769个，比1984年的795个增加1.23倍。这些网点分布在全区10条主干道和142条小街小巷中，按全区人口计算，千人平均拥有网点8.04个，比1984年增加4.34个，网点数量列全市市区前茅。

三、冲破陈规旧习，扩大商品交流

商品交流是不是活跃，是流通渠道活不活、畅通不畅通的重要标志。玄武区以满足人民对蔬菜、副食品、时鲜瓜果和日用生活杂品的需要为目标，进一步打破计划经济体制下形成的框框和陈规旧习，在发展横向经济联合中，推进多渠道、多形式的商品流通，逐步做到市场商品供应稳定均衡、应时鲜活、丰富充沛。

冲破原来的流通体制，改革传统经营方式，促进直销直流。在市、区政府的支持下，1985年区粮食部门与溧水柘塘鱼场协作，走粮食—饲料—养殖—商品经营新路子，全年给玄武区市场提供平价鲜鱼1.25万公斤。1986年区副食品公司分别与高淳县（今高淳区）水产开发公司、江浦水产良种场、胜利圩养殖场、玄武湖水产良种场签订直供鲜活鱼38万公斤的合同，当年为全区供应鲜活鱼15.5万公斤；全区鲜鱼供应量在全市6城区领先，受到市政府表扬。区蔬菜行业在安徽、浙江等地建立采购网络，旺季重品种，淡季重数量，采购蔬菜130多万公斤，保证了蔬菜均衡上市。1986年全区蔬菜上市量2 106.98万公斤，比1985年增加16.7%。

鼓励与产地合作，引进名、特、优产品，扩大经营范围，丰富粮油食品市场供应。1986年，全区与外省、市的19个粮食部门建立了定购合同，引进了内蒙古的葵花籽，齐齐哈尔的大豆，安徽的绿豆、杂交稻、元米，山东和镇江的小磨麻油，甘肃的大麦片，福建的干果、蜜饯，湖南的辣酱，南通的脆饼，上海的饼干、快餐面，泰兴的啤酒，淮阴的名酒等一大批具有地方特色的粮油副食品，其中有些食品以往市民很少见过。区副食品公司与淮阴、安徽等生猪产地合作，利用新开辟的渠道采购了肉类小包装、猪副产品50万公斤，比1985年增加139.8%。1987年，区粮食局主办有全国部分城市城区参加的加强横向联系恳谈会，与20多个省、市的县、区建立了业务往来，调剂粮油食品供应余缺，全年从北京、广东等省、市的6个地区购进400多种名、特、优粮油食品495吨，以及小杂粮777吨、粮食13 500吨，从外地学习名牌产品的加工技术，生产肉馅月饼、空心面等特色食品投放市场，深受市民欢迎。

打破区域界线，支持外地厂商来区开设代销点、门市部。区委、区政府设立专门机构为外来客商排忧解难，从政策上保证外地客商"进得来，留得住，（所得利润）带得走"。区网点办先后为外来客商和社会商业提供经营用房4 320平方米，开店27家。1985年底，全区拥有外来经商企业33家，其中经营土特产的5家，经营风味小吃的3家，从事理发、服装加工、修理等服务行业的11家，经营烟酒、百货综合商店的5家，经营其他商品的专业店9家。1985年盈利的企业17家，保本经营的6家，只有10家企业因处在创业阶段不熟悉南京市场而出现了亏损。

做好敏感商品供应工作。1987年由于市场有效供给一度短缺，物价上涨幅度过大，群众产生了紧张心理，南京市出现了3次"抢购风"，打乱了正常的供应秩序。区委、区政府采取果断措施，加强宏观调控，一方面严厉打击哄抬物价、欺行霸市等不法行为，制止"开后门""卖大户"等不正之风，加强市场管理；另一方面积极发挥国营、集体商业主渠道作用，大力组织货源。全区组织100多人次奔赴山东、安徽、上海、浙江和苏南、苏北等地采购蔬菜246.1万公斤、荤食品58.02万公斤、鲜蛋33.6万公斤，分别占全年上市量的10.9%、16.7%和31.1%。全区6个农贸市场发挥规模优势，运用灵活手段，通过多种渠道扩大蔬菜、鱼、肉、蛋等副食品购销，全年成交量比上年增长38%。区政府多方筹措，千方百计加大食盐、火柴、肥皂、食糖、煤基等日用品的供应量。区燃料公司在原煤计划供应不足的情况下，自采议价煤和黄泥，生产了230万只煤基以备居民购买，确保市场供应。广大市民生活必需品的投放量的增加，有效地缓和了供应紧张的状况，稳定了市场，稳定了人心。

第四节　给街道简政放权

一、扩大街道人权财权管理权

街道工委和办事处是区委、区政府的派出机关，代表区委、区政府并受区委、区政府的委托，对所属及辖区范围内的各有关方面行使管理职权，是区委、区政府主要工作的实际承担者。搞活城区、增强城市综合服务功能的工作，很多是由街道办来做的。从城市改革的主要任务来看，搞活街道办应是增强城市宏观综合服务功能的微观起点。街道办的工作领域必须大大拓宽，在为发展经济服务方面，为人民生活服务方面，为精神文明建设服务方面，都大有作为。

区委、区政府基于这种认识，于1985年召开了两次街道工作会议，统一全区各级干部的思想。经过调查研究，区委、区政府制定了《街道办事处工作暂行规定》和《关于进一步向街道简政放权的十二点意见》等文件，为街道办理顺了3方面的关系，下放了3方面的部分权力，为搞活街道办创造了必要的前提条件。

理顺3方面的关系：一是理顺街道办内部管理关系。区委、区政府工作重点转移后，街道办工作量扩大，头绪增多，原来按人分片一揽子负责的工作方式已不利于工作的开展。区委、区政府总结了丹凤街街道办按精神文明建设、集体经济事业、城市管理和民政管理服务等4条线开展工作的经验，在全区街道办内部设置政工股、经济管理股、城市管理股和民政管理股，规定各股职责范围，实行以条为主、条块结合的分工负责制，提高了工作效率，推进了街道的各项工作。二是理顺街道办与劳务企业的关系。经过几年的发展，各街道都有二三十个劳务企业。过去，街道办对劳务企业抓得过细，牵扯精力很多，而对全街道劳务事业的发展方向、结构、布局等大问题抓得不够。区委、区政府规定，街道办只管发展方向、政策落实、思想政治工作等"大事"，具体经营由劳务公司和各劳务企业自己负责，以适应"政企职责分开"、管好搞活的要求。三是理顺街道办与区机关各部门的关系。针对过去街道办与民政、城管、卫生等部门之间职责不明、分工不清的情况，区委、区政府对区属各部门的工作逐项明确区相关部门和街道办的分工，定期检查，该是谁的责任就找谁，不乱打板子。

下放3方面的部分权力：一是人事权。过去街道办一般只有十四五人的编制，工作忙不过来，而要增加全民所有制干部又没有编制，要招聘集体所有制干部又没有权力。区委、区政府决定，在核定街道办工作人员编制、配齐各类干部以后，如果全民所有制编制不足，街道办可适当增加集体所有制干部，新增干部的工资福利经费从街道劳务企业税后利润分成中开支。二是财权。以往，街道办苦于财力不足，诸多事情办不起来。区委、区政府本着藏富于街道的原则，从1985年起不再向街道劳务公司收取3％的税后利润分成，区劳务公司也将原来向街道劳务公司收取的管理费由利润的5％减为3％。按照1984年基数，这两项减收街道的经费约18万元。1986年，区政府又对街道办实行超收分成的办法，继续让利8万元。街道办从区里下放的财政权中每年共增加收益近26万元，平均每个街道可净得益2.5万元，增强了街道经济上的承受能力和创办各项事业的实力。三是管理权。过去，小街小巷和居民院落的管理权主要集中在区的有关部门，即使街道办发现明显的违章建筑也无法处理。管理权下放以后，根据"条块结合，以块为主"的原则，街道办负责小街小巷、居民院落的管理工作，明确街道办在审批简易建筑、处理违章建筑、道路管理、环卫管理、树木绿化管理、商贩和农贸市场管理等5个方面拥有的权力，一旦发现问题，街道办有权及时纠正和处理。区政府相关部门在退休人员管理、结婚登记、离婚调解等方面也向街道放权，明确街道办的职责。

简政放权，搞活街道，全区街道办逐步实现从以往单一的"民政型"向综合服务型的转化。在经济工作上，由办自救性的生产服务小组转向发展第三产业；在城市管理上，由对小街小巷的被动管理转向市政、环卫、绿化、城管、城建和工商等方面的综合治理；在居民工作上，由以往仅仅管管老头老太、抓抓学习、发发救济转向以搞好计划生育、治安管理、民事调解、卫生防疫、开展群众文体活动等为内容的创建文明居委会和文明街道等多层次的工作，充分发挥了街道办在增强城区综合服务功能中的作用。

二、扶持街道发展劳务经济

兴办劳务企业，发展劳务经济，不仅可以为街道增强综合服务功能铸就"聚宝盆"，为做好"三服务"（为发展经济服务、为人民生活服务、为精神文明建设服务)增添新力量,还能安置大批待业人员,巩固社会的安定团结局面。为此,区委、区政府把支持街道加快发展劳务经济列为激活街道能量的关键工作来抓。

1985年,在区街道工作会议之后,区政府进一步明确在管理劳务企业工作上区、街的分工,加强对街道劳务企业的领导和管理。全区9个街道设立了劳动服务公司,规定街道劳务公司中的产、供、销和人、财、物权统归街道办事处领导,区级劳务公司对街道劳务公司负有综合、服务、协调、监督和业务指导的责任。为了给街道劳务企业提供宽松的发展环境,区政府在税务、金融、工商管理等方面采取了一系列优惠措施,帮助街道劳务企业解决了3个方面的困难:首先是通过区和街道劳务公司帮助企业获取经济信息,建立采集信息和定期分析制度,指导劳务企业针对市场变化采取应对措施,调整生产、服务方向。其次是帮助企业招聘和培训技术工人,解决技术力量薄弱的困难。1984年6月25日,丹凤街街道办事处劳务公司登报公开招聘10名企业管理干部和3名技术人员,报名应聘者122人,开启了全区劳务企业基层单位公开招聘管理干部和技术人员的先河。最后是帮助企业与郊区共建联营生产基地,解决生产场地不足的困难。在劳务企业内部,区委、区政府鼓励企业实行多种形式的经济责任制,改善企业管理。在用工制度上实行能进能出,不搞"铁饭碗""铁交椅"。在收入分配上不开"大锅饭",采取体现多劳多得的多种形式的浮动工资制,把职工的收入与企业经营成果直接挂钩,提高职工积极性和企业经济效益。区政府还鼓励各街道学习丹凤街街道的经验,在街道劳务企业中积极推行退休和医疗"双保险",先后为1 322名职工办了"双保险"手续,为熟练技工和知识分子解除后顾之忧,提高了他们在街道劳务企业工作的积极性,稳定了职工队伍。

从1985年起,全区街道劳务经济进入快速发展期。1989年,街道劳务企业有276家,比街道成立劳务公司第一年的1986年增加27家,其中工业加工生产企业由1986年的71家减少到52家,商业、服务业由1986年的122家增加到167家,建筑安装企业由46家增加到57家,企业结构进一步趋于合理,经济效益迅速提高。1989年街道劳务企业创产值(营业额)9 977.13万元、利润854.84万元,分别比1986年增加85.87%和30.2%。自1986年丹凤街街道创利第一次过百万元以后,1989年丹凤街、新街口、玄武门、后宰门、梅园新村等5个街道创利均超百万元,使街道开各展各方面工作、增强综合服务功能有了较为雄厚的物质基础。

三、增强居委会的工作活力和经济实力

居民委员会是城市基层群众性自治组织。如何加强居委会的建设,充分发挥居委会在城市管理、社会生活、精神文明建设等方面的作用,已成为深化城区和街道改革的重要组成部分。随着城区和街道改革的推进,城区的工作容量不断扩大,许多改革措施须要通过居委会落实,一些群众生活中急需解决的问题须要通过居委会才能有效解决。区委、区政府在调查研究的基础上,摸清了居委会普遍存在的问题,理清了搞活居委会的"难点",从多方面采取措施,增强居委会的活力和实力。

逐步解决居委会工作人员"后继乏人"的问题。从 1986 年初开始,区委、区政府和各街道办从劳务企业和退休人员中选拔了 80 余名热心为群众服务、热爱居民工作的干部担任居委会主任,调整和加强了居委会领导班子。1987 年区政府为全区 25 名从事居民工作 30 年以上的老居民委员会主任颁发了荣誉证书,从区财政增加支出 1.8 万多元,为全区 207 名居委会正副主任增加了生活补贴,激发居委会干部的光荣感和责任感。1987 年,先是在兰园、梅园新村、后宰门、锁金村、玄武门等 5 个街道,以后在其他街道陆续建立居民代表大会制度,召开居民代表大会,商议和决定居委会的重大事项,民主选举居委会主任,积极办理居民代表的批评意见和建议,进一步提高居委会工作的透明度和办事效率,提高居委会工作人员在居民群众中的威望。全区选举产生居委会主任 224 名、居民小组长 2 145 名。居委会主任的平均年龄由 1984 年的 63 岁下降到了 53 岁,三分之二以上的居委会主任具有初中以上文化水平,改变了居委会主任年龄"老化"、文化水平"低化"的状况。各居委会通过"滚雪球"的办法,吸收 6 至 7 名居民活动积极分子协助居委会开展卫生、治保、调解、计划生育和民政优抚等工作,依靠社会各方的支持,充实居委会干部力量。

积极支持居委会发展服务业。1985 年,区委、区政府就提出开展争创"万元居委会"活动,号召各居委会因地制宜、因陋就简兴办便民利民的服务事业。根据区委、区政府的要求,除财务管理权以外,各街道办把企业管理权下放给居委会,少收或不收管理费,制定奖励政策,鼓励居委会多办经济实体,多创多收。城管、城建、工商、防疫等部门在营业场地、批发执照、货源供应、经营管理等方面采取了一系列切实可行的办法,引导居委会兴办成本低、见效快、风险小而又能方便居

民生活的修配修理、建筑修缮、废品收购、理发缝纫、旅馆食堂、板车搬运等服务性小摊小店，以及开展介绍保姆、代换煤气、代送牛奶、代订报刊、代买煤基、代洗衣服等"代理服务"，在为居民解决各类生活难题的同时增加居委会的收入。到1987年底，全区87个居委会兴办服务网点130多个，年利润150万元，居委会拥有机动财力约50万元，25个居委会年收入实现了"万元居委会"的目标，其中4个居委会的年收入超过10万元。居委会经济实力的增强，提高了承受能力和自给能力，改变了以往居委会在解决居民群众的生活实际问题时力不从心的状况。居委会的服务功能开始从单一的民政型向多层次、多方面的综合服务型发展，服务领域从单一物质领域向物质文明和精神文明一起抓的方向发展，服务项目从零星的单项服务向成龙配套的系列化服务发展。绝大多数居委会初步形成了系列化服务的网络，不同程度地开展了"从小（婴幼儿）到老（老年人）"系列服务、绿化美化生活环境系列服务、家务劳动系列服务、助残系列服务、优生优育系列服务、为军人家庭服务和为驻区单位服务等。居委会每项服务都定人定事定责任，负责到底，受到居民群众和单位的赞扬。

协调各方面的关系，为搞活居委会创造外部条件。较长时间以来，居委会被习惯于当作基层政权的办事机构，当作群众团体和各行各业的"代办所"，承担了超出居委会职责范围的工作任务。为了改变这种状况，区委、区政府帮助和支持居委会处理好3个方面的关系：一是处理好区委、区政府各部门、街道办事处与居委会的关系，变"领导"为"指导"。区委、区政府要求各部门和街道办尊重居委会的法律地位，一般不要采取行政命令和硬性摊派的方法，逐步减少向居委会布置行政管理性的工作任务。有些确需居委会协助完成的事项，如计划生育、征兵、招工等，由区政府通过街道办事处统一安排。二是处理好群众团体与居委会的关系，变布置任务为互相协作。居委会与工会、妇联、行业协会等群众团体之间的关系是平等的，不存在隶属关系。群众团体不应该直接向居委会布置工作，更不能让居委会无偿提供服务。遇到某些确需居委会配合完成的工作，可以本着互助互利的原则，通过协商协作来完成，对于超出居委会工作范围并有经济效益的工作任务，应当按"有偿服务"的原则办理。三是处理好驻地单位与居委会的关系，变各自为"政"为共建互利。随着改革开放和商品经济的发展，随着党的关系以及其他群众团体关系和社会工作属地化管理的推行，驻地单位与居委会在两个文明建设中的关系日趋密切。作为四化建设的后方，居委会应当搞好为生产服务、为驻地单位服务，在力所能及的范围内为驻地单位排忧解难；驻地单位也有责任关心支持居委会工作，利用自己在人才、经济等方面的雄厚实力，关心和支持居委会的工作，主动接受居委会在有关本区域公共事务方面的指导、安排和检查，遵守居委会的有关决议和公约。近几年来，区委、区政府大力倡导驻地单位与居委会开展形式多样的共建、联建活动，促进了两个文明建设，使社会风气发生了很大变化。实践说明，居委会与驻地单位"共建"，是双方赢得"互利"的一种好形式。

第六章 加快城区开发和建设

按照《中共中央关于经济体制改革的决定》中关于"要充分发挥城市的中心作用""城市政府应该集中力量做好城市的规划、建设和管理,加强各种公用设施的建设"的要求,以及市委、市政府于1984年11月白下区现场办公会(即第一次城区工作会议)作出的"加强城市开发和管理,提高城市综合服务功能,充分发挥中心城市作用"的工作部署,区委、区政府围绕"把玄武区建成经济繁荣、事业发达、秩序井然、环境优美的花园式文明区"新目标,改革城市建设管理体制,实行"四位一体"综合开发,实施"综、分、法"管理模式,推进事业单位企业化管理,率先在全市实行公益设施社会化,以改革的精神解决城市建设和管理中的突出问题,不断适应人民群众多方面的生活需要。

第一节 加强城市建设与市容管理

一、以"三破三立"促城区全面发展

提高城市综合服务功能,是城区党委和政府工作的重要组成部分。随着市向区简政放权的领域不断扩大和城区改革的不断深化,城市各项管理和服务工作大部分已经落到城区党委和政府的肩上。城区党委和政府不只要管好市政、环卫、绿化、社会治安等工作,还要为人民的物质文化生活提供更加良好的服务。区委、区政府通过学习,认识到提高城市管理水平、增强城市服务功能,对于适应现代化大生产、提高城市现代文明程度的极端重要性。必须在思想认识上"三破三立":改变城区政府是市政府的"办事处"的旧观念,树立城区政府要发挥一级"政权"职能的观念;改变视城区政府为"单纯民政型"的旧观念,树立城区政府具有管理本区域内各项事业的综合职能的观念;改变偏重于条条分割管理的旧观念,逐步形成统

一领导、条块结合、各负其责、以区级为主、充分发挥街道和居委会两级积极性的观念。区委、区政府观念的转变，思想认识的统一，把增强城市综合管理功能和提高综合服务水平作为搞活城区的工作目标，为加快城区开发和建设扫除了思想疑虑，开阔了思路，提供了动力。

党的十二届三中全会以后，市委、市政府调整了市、区职能分工，根据这一分工，区委、区政府增扩了5项权力：一是增扩了财权，建立区级财政，实行收支分级挂钩、基数留成、递增包干、超收多分的办法，调动区生财、理财、聚财的积极性，增强区自我改造、自我发展、自我服务的能力。二是增扩了城市开发权，除了城市建设的骨干工程和重点工程由市负责外，包括重点建设的前期工程、旧城改造、新区开发、一般的城市服务工程，均由区负责实施，增强了区委、区政府工作的主动权，为医治长期以来城市建设周期长、经济效益差的顽症创造了条件。三是增扩了商业、服务项目的管理权，除少数大型、特色、专业的商场、菜馆、饭店和批发企业由市管理以外，过去集中在市有关部门管理的商业网点改造、建设的审批权和零售商店的管理权全由区行使。四是增扩了城市综合管理权，治安、市场、环卫、交通、市政、绿化、民用公房及主干道以外的道路、文化市场、中心农贸市场和普通中学均实行以块为主、权责利配套的管理体制。五是增扩了区级机关中层干部任免权，更便于区委、区政府及时、合理配备和任用干部，更快捷地解决临时发生的问题。权力的"扩容"，改变了以往区委、区政府"看到管不到，想管无法管"的被动地位，为加快城市建设、加强城市管理、提高服务水平提供了政策保证。

1985年3月，经江苏省人大常委会批准的《南京市市容环境卫生管理条例》及其实施细则颁布施行，正式确定了城市管理工作的法律地位。根据条例精神，区委、区政府在原来临时性机构区城市管理委员会的基础上，确定人员编制和制定工作职责，成立区城管监察大队，作为政府机构行使监察、执法职责。区委、区政府将城市管理工作纳入每年工作目标，围绕城市管理为全区改革开放服务、为经济建设服务和为人民生活服务的宗旨，将其作为城区工作的一条主线抓住不放。为了加强对城市管理的领导，区政府确定一名"马路区长"，各街道确定一名"马路主任"，居委会确定一名主任负责市容管理；区城管办充实精干的专职人员，强化管理力量，各街道设立城管股，居委会设立市容卫生管理站，在全区形成区、街道、居委会三级管理网络。与此同时，区政府借助社会力量，聘用了108名城管执勤人员，各居委会也聘用了一批城管义务监督员，参与和辅助城市管理。全区城市管理进入了法治化、规范化的新阶段。

二、实行"四位一体"综合开发

区委、区政府根据玄武区地处南京市政治、文化中心位置的特点,决定城市建设以高层次服务为主,兼顾不同层次的各种需要,把城市开发同旧城改造、商业服务网点设置以及城市基础设施建设紧密结合起来,"四位一体",统一安排建设任务和施工力量,走综合开发之路,提高开发的档次和效率。

通过贯彻市城区工作会议精神,区委、区政府进一步明确城市开发和建设必须经济效益、社会效益和环境效益"三个效益并举",决不能走前几年一度出现的重经济效益、轻社会效益和环境效益的老路。1986年,区政府总结了珠江路西段与省农垦局等6个单位采取的"建二得一"(即建设单位建二可得一)和"按户补偿"(即楼房建成后,建设单位首先保证被拆迁户全部原地安置,剩余部分归己)的办法获得成功的经验,正式确定玄武区城市开发和建设的指导思想,即:所有开发建设项目都要"为民造福",联建单位"保本微利",政府为建设单位"搞好服务"。新的指导思想极大地增强了对市外乃至省外开发商的吸引力。1986年,全国有28个省、市单位同玄武区签订了集资、联建、承包拆迁等多种形式的开发协议,择地投资建设,至年底到位资金近3 000万元,相当于当年区财政收入的77.6%,为扩大开发规模、改善市容市貌提供了财力支撑,开发和建设出现了好势头。当年旧城改造面积37.7万平方米,其中开发面积24万平方米、竣工7万多平方米、交付住宅2.18万平方米,不仅全部安置了1979年以来因为历史原因未安置的613户被拆迁户,而且安置了当年新产生的被拆迁户109户,兑现了区委、区政府"只让被拆迁户在外过一个春节"的承诺,改善了居民的居住条件。

区委、区政府为了适应日益繁重的城区开发和建设任务,加强了开发机构职能。按照理顺关系、统一开发的原则,将区开发公司、房产经营公司、网点开发公司和城建局"统"在一起,提高了全区综合开发能力。区政府成立区综合开发领导小组,具体负责全区范围内的旧城改造和城市开发工作。领导小组对拆迁、复建、安置工作实行目标管理。开发公司从选项、定点到施工,对每个环节的任务进行分解,落实到人,建立健全"定位、定人、定责、定时"的责任制和考勤、奖惩等一系列规章制度,调动开发人员的积极性。领导小组定期组织检查和验收,及时发现和解决问题,确保按时、按质完成开发任务。

1987年玄武区负责开发的第一个住宅小区如意里小区，是当时南京市城区建设的最大的住宅小区之一。小区建筑面积24.6万平方米，总投资额1亿多元。鉴于开发量巨大，经市城乡委协调，由玄武区和市住宅开发公司联合开发。在开发的头三年，由于管理工作没有跟上，复建房建设滞后，一度出现商品房被抢等失控现象，经济效益和社会效益严重滑坡，受到南京新闻媒体的严厉批评，被称为"如意里建设不如意"。区政府随即采取措施，加强小区开发的领导力量，对小区建设的财务、工程预决算、商品房出售、复建安置等工作进行全面清理，清退了4支素质较差的施工队伍，撤销了10多份无效合同，改6幢商品房为复建房，收回了97套被抢占的房屋，对拖了3年之久拒不搬迁的13户居民和7家工业企业实行搬迁。小区建设恢复了正常秩序，建设进度加快，使第一批500户居民按计划迁入了新居。如意里小区建设的曲折过程，在社会上产生了巨大影响，也为区委、区政府推进城区开发建设积累了经验。

经过几年的酝酿，1987年8月，区第五次党代会提出了"把玄武区建成经济繁荣、事业发达、秩序井然、环境优美的花园式文明区"的目标。根据这一奋斗目标的要求，区政府一手抓当前，一手抓长远，每年筛选20多项重点建设项目(1987年26项、1988年23项、1989年27项)纳入全区年度经济和社会奋斗目标，年年有规划、有重点、有开工、有竣工，逐年向奋斗目标推进。从1987年到1991年的5年间，全区旧城改造和开发面积122万平方米，竣工57.9万平方米，城市开发和建设走上了稳步发展轨道。

三、破解城市管理中的"老大难"问题

区委、区政府明确了加强城市建设和管理的思路，认识到城区的一切改革和工作都要有利于搞好服务，有利于提高人民的生活水平和生活质量，有利于创造一个清洁、方便、舒适的生活环境和劳动环境，从而积极采取措施，加大了解决城市建设和管理中的一些历史遗留问题和一些有关全局性的问题的力度。1986年，区政府根据市政府的要求和玄武区的实际情况所制订的全年目标任务中，涉及城市管理方面的目标任务达19项，重点解决市容整顿、清除违章建筑和改善窗口地段市容秩序等问题，实现了全区市容管理和服务水平的大幅度提高。

据区政府1986年的调查，全区174条街巷以及小红山、北极阁和玄武湖畔、龙蟠路两侧有3 000多处近10万平方米的违章建筑，其中回城下放人员的棚屋占

70%以上。为了解决这个"老大难"问题，区政府从各相关部门抽调力量组成专门班子和队伍实施综合治理。结合下放户的搬迁，全区先后清除48条街巷的2 177处违章建筑57 000平方米；结合开展"金陵市容杯"竞赛活动，清理主干道上严重影响市容的违章建筑，先后拆除鼓楼广场、龙蟠路、九华山等处违章建设的房屋20多处1 500平方米；结合日常城市管理，动员街道自行拆除乱搭建的房屋12处1 200平方米。经过坚持不懈的努力，基本清除全区违章建筑，并在清理出来的空地上及时栽种花草、树木，在有条件的地方建设绿岛和街心小花园，在和平公园和珍珠公园分别塑立汉白玉"和平少女"和"珍珠女"像，活跃公园气氛。进香河路和四牌楼地区经过连续奋战，创建了全区第一条"三清"道路和第一个"三清"街道。全区市容面貌大为改观。

从1986年起，玄武区加强了对全区主要干道和"窗口"地段的综合治理。在到1990年的5年间，对南京火车站、新街口、鼓楼等地段进行了42次整顿，在主要干道实行"两扫全日保洁"制度，公布了监督电话，设立了卫生监督岗。南京火车站是整顿和管理难度最大的窗口地区。1984年南京火车站地区划归玄武区管理后，由于客流量大，而分头、分行政区管理旧体制一时还难以改变，脏、乱、差现象严重，非法经营猖獗，治安事件屡有发生。虽经多次整顿，收效甚微。经过2年多时间的摸索和实践，根据市政府要求，1988年初组成了以玄武区为主，市城管、公安、南京车站等10个部门参加的综合治理办公室，统一规划、分工负责，对这一地区的社会治安、交通、卫生、税收、物价、工商等进行综合治理。综合治理办公室先后出台了《南京站台地区管理规定》《饮食摊点管理办法》《出租车辆须知》等规章制度；组建了市场管理、交通治安、卫生保洁专业管理队伍；拆除违章建筑49处3 368平方米，新建4 000平方米的停车场和6 500平方米的游园；修建玄武汽车客运站，开辟了一条长30米、宽10米的公交车专用通道，强化车辆交通管理；建设综合市场，引导流动商贩集中经营，加强对无证商贩的控制。经过3年多时间的工作，有效地改变了车站整个地区的面貌。时任江苏省省长顾秀莲特地作出批示：感谢南京市政府解决了一大难题，希望继续坚持下去。

由于"文化大革命"中社会基础设施欠账太多，严重落后于经济社会的发展和人民群众生活水平提高的需要，全区出现了不同程度的"幼儿入托难""倒垃圾难""上厕所难"等问题。"入托难"是群众反映多年、呼声最高的问题。从1985年起，区政府充实、调整了区托幼办的力量，本着简政放权的精神，把民办幼儿园下放给街道办管理，采取公办、民办、个体办"三条腿"走路的方针，新增了3个小托班、7个幼托班和4个幼托站，发展了一批私托户，至1986年上半年全区3周岁以上儿童入园率达到97.9%。为了缓解"倒垃圾难"，区政府投资购置了5台密封车和800只垃圾桶，建设富贵山单斗式自动起吊垃圾中转站，在市府大院、玄武门地区和锁金村地区，实行垃圾收集、清运机械化、容器化一条龙服务，提高清运能力。由于公厕分布疏密不均，而且同城市建设、市容管理、道路交通等客观环境紧密相连，区政府结合拆迁、开发，统一规划、统一设置公厕，分地段地块、分步骤逐个解决。1985年和1986年两年，全区新建、翻建了7座公厕以及粪便转运站，完成维修公厕工程78项，集资86万元将全区79座公厕通水通电，改为水冲式达标公厕，达标公厕占全区公厕总数的82%，"上厕所难"的状况有了明显好转。区政府还根据群众的要求，组织资金，添置生产设备和扩大生产场地，建设农贸市场、豆腐生产作坊和煤基加工点，进一步缓解了"买菜难""吃豆腐难""买煤难"。

第二节　改革城市建设与管理体制

一、实施"综、分、法"管理模式

随着城区改革的不断深化，区委、区政府感到原来的工作方式已与改革的形势不相适应，仅仅依靠放权来提高城市管理和服务水平，已经远远不够了。经过充分调查研究，区委、区政府针对区内"点"多、"线"长、"面"广[①]的特点，从1986年开始，从加强市容卫生管理入手，推行综合管理、分级管理和依法管理的新模式，实行领导方式和工作方法的新变革。

所谓综合管理，就是把整个城区的管理和服务作为一个大系统看待，其中任何一个部门、任何一项具体工作只是这个大系统的一个组成部分。区委、区政府从长远利益和整体利益出发，综合政府管理的各种职能，综合社会各方面力量，对城区管理工作的各个方面实施统一的全面的管理，把部门之间的摩擦和阻力减少到最小

---

① "点"多，即窗口地区多、名胜古迹多；"线"长，即主干道占全市主干道的27.3%；"面"广，即全区有7个街道、87个居委会和上百条小街小巷。

程度，达到统一实施和提高效能的目的，为全社会提供全方位的服务。为了打破部门之间的割裂状况，由"马路区长"牵头，城管、工商、公安、物价、卫生等部门的领导人员组成区综合管理领导小组，对全区市容、交通、卫生等工作实行统一领导，综合管理；为解决部门、条块之间相互扯皮、各自为政的情况，建立由所有参与部门组成的"联席会议""合署办公""联合执法"等3项制度，确保综合管理措施的实施。

所谓分级管理，就是按照"职责分明，各司其职"的原则，把全区的工作目标和各项任务分解到区、街、居委会3个层次，把"包"字引入城区管理和服务工作中来，明确区、街、居委会三级管理范围和责任。区一级负责14条主干道和"窗口"地段的市容、绿化、环卫、市政等方面的管理，以及驻区部队、大专院校、国营大厂和省、市机关等大单位的卫生管理工作；街道负责163条街巷和中小单位的卫生管理；居委会负责居民楼群院落的卫生保洁和绿化管理。全区制定《市容卫生分级管理暂行办法》，建成全区有300多人参加的三级卫生保洁网络，各干道、街巷每日两次清扫，繁华地段实行全日保洁。为了把责任落到实处，区相关部门制定了市容环境卫生分级管理办法和马路主任岗位责任制，层层签订承包责任书，明确奖惩细则，定期进行检查和考核。

所谓依法管理，就是在执行国家法令和依据省、市发布的城市管理的有关条例、法规进行管理的同时，区政府制定补充规定和实施细则，建立健全地方性法规，使城区管理和服务的各项工作都做到有章可循、有法可依。几年来，区政府和相关部门结合本区情况，先后制定和实施了《南京站地区综合管理办法》《关于清理违章建筑的若干规定》《门前三包实施细则》《个体摊点综合管理意见》《关于城市管理方面的几个暂行办法》等办法和规定。1986年全区举办了2期居委会主任法制学习班，举办了各种宣传会400多场次，使相关办法和规定内容广为人知，推进城管和服务工作纳入依法治理、长效管理的轨道。

"门前三包"制度的广泛实施，是实行"综、分、法"管理新模式的代表性成果。1985年1月，区政府在新街口商业区和后宰门楼群住宅区进行"门前三包"（包卫生保洁、包环境绿化和和包社会秩序）试点。3月17日区召开"门前三包"和"爱南京、爱玄武、讲文明、讲卫生"动员大会后，"门前三包"工作在全区全面展开。1985年底，全区1 170个单位和6万居民住户分别与街道办事处、居委会签订"门前三包"责任书，分别落实责任人员、承包范围、"三包"费用、评比检查制度。1987年区内沿街4 000多个单位、店面实行"门前三包"责任制，签约率达95%，达标率达90%。1990年，区政府相关部门对全区"门前三包"工作进行检查和补签，主干道沿街单位和楼群签约率达到100%。1991年，"门前三包"从单一自包开始向自包、代包、联包等多种形式发展，不少单位把"门前三包"向"门内三包"推进。1986年至1988年，玄武区获得"金陵市容杯"竞赛3连冠和市创建国家卫生城市有功单位称号，并通过了省、市"无鼠害区"和"烟尘控制区"的达标验收。全区夺得这些荣誉，"门前三包"功不可没。

"综、分、法"管理新模式实施，是改进领导方法和提高领导艺术的一个新的尝试，对克服官僚主义、提高工作效率、发挥各方面的优势是一种促进和推动。几年来的实践表明，这种工作新模式，一是可以提高城管工作的组织程度，将分散在区委、区政府各部门的力量集合起来，把"五指"捏成"拳头"；二是可以把责任落到实处，原先由区委、区政府一个肩膀挑的重担变成层层挑，调动各个层次的积极性；三是可以改"一刀切"为"分块切"，管理措施由原先全区一个样变成各街道、各居委会多个样，使管理措施更加符合实际，提高管理措施的可操作性和有效性；四是可以从"人治"走向法治，克服了"人治"的弊端和短期效应，提高了城管工作措施的可持续性和科学性。玄武区"综、分、法"的管理方法，得到了市领导的重视和肯定，在1987年9月召开的全市城区工作会议上，市政府向全市作了介绍和推广。

二、城建事业单位实施企业化管理

从总体上说，玄武区城区基础设施建设遇到的最大困难是资金不足，其原因是经济发展水平较低和旧管理体制束缚。具有社会公益性职能和行使政府职能的事业单位的经费由国家拨款，国家财力又有限，不能满足需要；而事业单位又没有创收权，只能有多少钱，办多少事，潜力得不到应有发挥，城建基础设施得不到及时更新，"欠账"越积越多。为了缓解这个矛盾，党的十二届三中全会以后，在区委、区政府的支持下，区建设部门根据《中共中央关于经济体制改革的决定》的精神，在园林绿化管理所、市政工程管理所、环境卫生管理所3个单位进行了企业化管理试点。试点内容主要有3项：一是以国家和地方财政拨款为基数，实行经费包干，超支不补，增收节支分成：增收部分60%用于事业发展，弥补国家拨款之不足，其余用于职工奖金、福利以及建立用于事业"再发展"和特殊需要的所长基金。二是打破"大锅饭",实行定额管理,多劳多得,奖惩分明,奖勤罚懒,调动干部、职工的积极性,克服一部分干部、职工中存在的"吃事业饭,缺乏事业心"的消极现象。三是发挥和利用各自的业务技术优势,走向社会,对外承包工程和兴办第三产业,实行以园养园或以副养主、主副结合,获取更好的经济效益和社会效益。企业化管理为3家事业单位松了绑、扩了权,提供了广阔的发展空间,增强了城市服务功能。

区园林绿化管理所利用自己的技术和地域优势,在完成全年任务的同时,积极承接外包工程和兴办三产经济,平均每年创收40万元左右,相当于同年国家拨款的50%以上,弥补了拨款的不足,促进了园林绿化事业蓬勃发展。1986年至1991年,全区恢复和整修15个景点,平均每年植树四五万株,栽绿篱一二万米,植草坪近万平方米;园林绿化从主次干道渗透居民住宅区,1988年建成"十里龙蟠彩带"和后宰门小区景点等绿化工程;全区初步实现了绿化、彩化、香化,获得省政府的嘉奖和中央绿化委员会的好评。区园林绿化管理所连续6年在全市行业评比中获得第一名。

市政道路管理所在实行经费包干责任制后,发挥技术力量、机械设备和施工能力比较雄厚的优势,从依赖拨款、手工劳动、小修小补向依靠自己创收、实施机械化施工、实行设计施工一条龙服务转变。铺设北京东路(北极会堂)人行道彩色路面是市政道路管理所实行企业化管理后承接的第一项工程。工人们积极性高涨,在缺少经验和施工时间紧张的情况下,自己动手设计图案,按期完成了983平方米的全市第一条彩色人行道的铺设任务,单位和职工个人都增加了收入。几年来,管理所利用承包收益中的发展基金添置了真空吸污车等机械设备,提高了施工机械化程度和工作效率,增强了发展后劲。1988年至1990年,维修路面和人行道12万平方米,疏通下水道216千米,全区11.3千米河道治理了4.4千米,16条主干道、30条次干道及近百条小街小巷路面全部实现了沥青化;新建洪武北路、后宰门街等高规格的主次干道10万余平方米。市政设施面貌有了较大改观。

环境卫生管理所承担的任务重、工作条件差、社会要求高。为了发挥各个环卫站的作用,环卫所实行切块承包,制定严格的清扫制度、考核制度和奖罚制度,鼓励各环卫站发展三产,鼓励自己动手提高机械化水平,鼓励少花钱多办事,鼓励增收节支,鼓励多劳多得。从1987年开始,区环卫所在龙蟠路、四牌楼、锁金村、后宰门、小营、汇文里、百子亭、黄家塘、大石桥、如意里等处新建10座垃圾中转站；主干道清扫垃圾逐步由机动工具替代手推工具，由自卸式垃圾车取代小型机车，基本上做到了垃圾日产日清。1988年环卫所被评为市先进单位，道路清扫队被评为省"三八红旗集体"。

1988年，区政府把事业单位企业化管理改革推广到房产经营公司。房产经营公司设立公房管理所、修缮队和器材站，都实行独立核算。依照房产管理的业务特点，房管所实行"四定六包"①，对维修管理费实行"定收定支，包干使用，超支不补，节余分成"，在保证维修质量的前提下，精减了部分行政事业人员，当年节省行政事业费19万元，节省的经费和精减的人员充实到小修养护工作中。针对修缮业务不足的情况，区公司和修缮队组织技术力量到市外开拓业务，在宜兴等地为外商装修房屋，获得了较好的经济效益，壮大了公司的实力，支援了主业。1991年公房管理所超过计划6.6%完成维修计划，租金收缴率超过市下达指标的10.2%，公房管理上了一个新台阶。

1989年，全区22家事业单位同区财政局和主管局签订了承包协议，克服二次分配中的"大锅饭"现象，实现了经济效益和社会效益双丰收。在全面完成任务的前提下，创收650万元，其中450万元用于事业发展和弥补经费不足，上缴财政33万元。区委、区政府在总结建设领域事业单位企业化管理经验的基础上，在1991年制定了《关于继续推行和完善事业单位企业化管理的实施细则》，对事业单位实施企业化管理的条件、审批程序、奖惩办法等作了详细的规定，保证了这一改革的顺利进行。园林绿化管理所、市政道路管理所、环境卫生管理所3个单位在企业化管理试点成功的基础上，又在全区率先实行所长任期目标责任制（所长与主管局签订承包责任书，一定3年不变），进一步探索深化事业单位企业化管理的路子。

三、公益设施实施社会化

公益设施社会化改革是城区改革的一个新领域，也是增强城区综合服务功能的一个重要内容。1984年以来，区委、区政府虽然加快了城区开发和建设，但全区公益设施数量严重不足，设备陈旧落后，不能满足人民群众日益增长的物质文化生活需要的状况一时还难以改变。而驻区大单位由于长期僵化的经济体制所造成的"大而全""小而全"的状况一时也难以改变，他们自办、自建的服务设施不仅利用

---

① "四定"：定范围、定任务、定经费、定人员；"六包"：包养护服务、包修缮任务、包租金收入、包产业管理、包房屋完好、包住用安全。

率不高，服务功能得不到发挥，有的还成为一些单位的负担，靠补贴过日子。区委、区政府经过调查研究后，决定打破"区、地"壁垒，建立多种形式的横向联合，推动驻区大单位的浴室、游泳池、食堂、幼儿园、礼堂、医院、图书室、阅览室等公益设施逐步对社会开放，取人之长补己之短，合作共赢，既解决附近群众生活中的困难，同时为改变企业办社会、实现后勤生活服务社会化、减轻企业负担探索路子。

在市委、市政府的支持下，区政府于1986年5月9日颁发文件，提出了"公益设施社会化"的试点规划，并从6个方面积极开展工作：广泛宣传——区政府领导同志走访20多个驻区大单位，召开了10多次座谈会，广泛宣传公益设施社会化的重要意义，得到了驻区单位的积极响应。制定实施方案——根据公益设施使用季节性强的特点和所属单位的实际情况，本着成熟一个、"社会化"一个的原则，使单位公益设施逐步对外开放，避免引起过大的震荡。千方百计为大单位搞好生活服务——区政府安排相关部门在驻区单位周围开设各种服务网点，主动为大单位职工提供各种家庭服务，防止公益设施社会化后给驻区单位职工生活带来新的不便。区机关带头——在全区率先对社会开放礼堂、食堂、浴室、理发室等设施，为驻区单位树立公益设施社会化榜样。提供优惠政策——经市有关部门同意，对大单位向社会开放的公益设施，不另行领取执照，只需在工商部门备案，实行免征或减征营业税、所得税，允许从增收部分提取一定比例用于服务人员奖励等优惠政策。帮助提供生活设施的驻区单位解决实际困难——由区政府或区相关部门出面，为有困难的驻区单位的公益设施解决燃料、用电、用水以及安全措施等一系列问题，鼓励这些公益设施正常经营，提高服务水平。

到1986年底，凡具备开放条件的驻区单位的游泳池、幼儿园（托儿所）、食堂、浴室等，基本实现了对社会开放。7家游泳池夏季共接纳了70多万人次，解决了区内职工居民夏季游泳难的问题。13家幼儿园（托儿所）9月份开学时接收了1 067名幼儿入园、入托，其中社会幼儿433名，其规模相当于新建2所中等规模的幼儿园。25个单位食堂为附近的30个"三小"单位（小学校、小工厂、小商店）的424名职工"开灶搭伙"，为他们解决了"吃午饭难"。33家单位浴室不同程度地对外开放，为社会增加了4 612个浴位，基本上能使全区21万居民每周洗上一次澡，缓解了多年来没有解决的冬天"洗澡难"的问题。

玄武区机关、企事业单位公益设施向社会开放，在全市乃至全省产生了示范效应，在一定程度上冲击了计划经济体制下因为各自经济利益所造成的壁垒。1986年8月，市委负责同志在全市第三次城区工作会议上肯定了玄武区的做法，向全市作了推介。同年11月，市委、市政府在玄武区召开公益设施社会化试点工作现场会，再次推广玄武区的经验和做法。人民日报、光明日报等中央媒体报道了玄武区这一改革举措。

第三节　改革和发展各项社会事业

一、大力提高基础教育水平

1986年，《中共中央关于教育体制改革的决定》和《中华人民共和国义务教育法》颁布以后，区委、区政府制订了实施义务教育规划，确定了全区教育发展思路，即以实施九年制义务教育为重点，实现基础教育整体优化，构建适应本地区经济和社会发展需要的区域教育新体系。

提高教育投入的实效。"文化大革命"以后，玄武区教育投入大幅度增加，1986年全区预算内教育经费521万元，比1976年增加6.5倍。但由于历史和现实的种种原因，全区中、小学校发展不平衡，存在一批办学条件比较困难的薄弱学校。这些薄弱学校的存在，直接影响着学生全面素质的培养与提高。因此，区政府在继续增加教育投入的同时，在使用上本着"适当锦上添花，主要雪中送炭"的原则，以城建改革为契机，给学校建设和发展诸多优惠政策。鼓励有条件的学校自主建设、有困难的学校联合建设、有旧城改造项目地区的学校依托旧城改造建设，力求使所有学校办学条件都得到改善。经过多年的努力，到1991年底，新建的中、小学校，如富贵山小学、锁金村中学等，占全区学校总数四分之一；老校经过改建后全部出新的中、小学校，如逸仙小学、五十四中等，占全区学校总数的四分之一；经过扩建，旧貌换新颜的中、小学校，如宇花小学、三十四中等，占全区学校总数的四分之一；还有四分之一的老校，正在改造或已列入改造规划。全区中、小学校的数量多了，布局更趋合理，学校之间的差距缩小了，教学设施和教学手段逐步现代化。按国家新颁的办学标准对照，区属9所初中全部达标，小学达标率为

92%,达标比例名列全市第一。

加强教师队伍建设。九年义务教育的全面实施及其目标的实现,在很大程度上取决于教师队伍的素质。针对因小学、初中入学高峰带来的师资不足的问题,以及小学外语、中学劳技等新开学科师资较紧缺的矛盾,玄武区采取了两手措施:一方面多渠道扩大师资来源,以缓解师资之急需;另一方面把培训教师列入重要日程,制订提高教师素质的培训计划,健全培训体制,全面开展学历培训和高一层次学历培训。全区小学教师受训面达96%,语、数、外学科教师受训面达100%;新教师受训率达100%,不经培训不上岗。通过开展教学观摩、教学评比、拜师结对、外出考察、技能竞赛、年会研讨等活动,促进青年教师健康成长,尽快挑起学校教学和管理的重担。全区教师整体素质有了明显提高,基本上形成了一支与素质教育要求相适应的师资队伍。

加强教育全局性改革。为了贯彻国家教委关于"在普及初中教育的地方,小学升初中就近入学"的指示精神,玄武区进行了4项改革。一是改革学制。1984年选择第九中学和长江路小学直接挂钩,试行"五、四"学制,即小学学制五年、初中学制四年,整体优化九年义务教育结构。试行结果,长江路小学毕业生合格率年年在百分之百,九中四年制初中毕业生在全市会考中的合格率、优秀率年年名列前茅。这项改革实验报告获省教育改革成果二等奖。二是改革初中招生办法。1985年和1987年,先后在新建的锁金新村住宅小区和由旧城区改造而成的住宅小区后宰门地区进行试点,将区骨干小学与中学挂钩,小学毕业生全部免考直升中学,均获得成功。1991年区教育局向全区推广,全区6所中学与16所小学按"就近入学"原则,实行挂钩直升,直升覆盖率达60%。1992年3月,中国教育报报道了这一改革成果。三是改革考试制度。对小学毕业生实行全面考核,把平时单项考查与期末综合考试相结合,消除以往"一张试卷定升学"的弊端,增强学校全面提高学生素质的意识。四是探索中小学教学相衔接的路子。经多次研究,锁金村中学与附近3所小学实行思想品德、语文、数学3门学科的衔接,五十四中片区内小学实行英语教学、体育训练的衔接,十三中、九中两个片区的中小学将衔接内容扩大到教学要求、内容、方法、常规管理、习惯培养等诸多方面,为实现小学、初中教学整体优化打基础。

玄武区教育改革的实践,保证了教学质量持续稳定提高。小学毕业合格率始终稳定在99.5%以上,初中毕业会考合格率稳定在95%以上。初中毕业和升学会考总体水平连续 7 年居全市首位,历年高考升学率在全市名列前茅。国家和省、市教委多次发简报推荐玄武区的经验。玄武区先后被确定为"江苏省素质教育实验区""幼儿教育示范区"以及"科技活动及师资培训""校内考试改革"等国家级课题的研究和实验基地。

二、推进医疗机构"联建"

改革开放给玄武区医疗卫生事业带来了生机,但也带来了新的挑战和压力。驻区大医院、部队医院和大学内部医院发挥雄厚的医疗技术和设备优势,占据了医疗市场的大部分,分散在全区各地段的数十家个体私营诊所也因其独特的经营特色在医疗市场占了一席之地,而基础薄弱的区属医院和大多数卫生院因为公费医疗和劳保医疗制度的改革,原定的挂钩单位不复存在,就诊病员逐年减少,处于大病、疑难杂症看不了,小病又"吃不饱"的低效运转状态。区委、区政府通过学习贯彻《中共中央、国务院关于卫生改革与发展的决定》,本着面向社会、服务社会的精神,要求全区卫生部门正视现实,开拓进取,以改革求生存,以特色求发展,以管理求效益,更好地为社会服务。经过一段时间努力,终于闯出了一条得到社会认可的联建办院新模式,取得了比较好的社会效益和经济效益。

"联建"首先在玄武医院取得了突破。1985 年玄武医院与鼓楼医院、市胸科医院、省肿瘤医院、省中医院研究所、军区总医院和南京中医学院等 6 个单位的 13 个科室合作,请进 8 名副教授和副主任医师开设了心血管、肿瘤、妇产、消化、皮肤、外科等 7 个专科门诊。玄武医院提供服务场所和病床,6 个挂钩单位向玄武医院开放脑电图、脑血流图、肾血流图、扇形超声心动图、血气分析等高精尖辅助诊断项目。通过这一办法,扩大了玄武医院的服务范围,大医院的设备得到充分利用,同时也缓和了大医院就诊难、住院难。鼓楼医院的皮肤科、骨科病床紧张,与玄武医院联合开设专科后,玄武医院增设病床 16 张,鼓楼医院专科主任定期来医院查房和指导手术,一年不到就收治病人 201 例。玄武医院全年联合专科门诊量 4 002 人次,病床使用率由 70% 左右上升到 94%,经济收入增加 33 万元,摆脱了困境。

在区政府的推动下,各卫生院都加入了联合办院的行列。同仁街卫生院与省中医研究会联合,聘请专家开设了妇科"不孕症"专科门诊。珠江路卫生院与省激光学会联合开办激光门诊,引进 6 台高功能激光治疗机,聘请鼓楼医院、省中医院的主任医师、主治医师级的卫生技术人员，进行皮肤科、眼科、妇科、理疗科、外科等门诊手术和治疗。大行宫卫生院和市红十字会联合，请来在治疗哮喘病方面有独到技术的医生，开展穴位结扎治疗哮喘病门诊。玄武门卫生院聘请省肿瘤医院退休医生，用冷冻法治疗皮肤病，成本低、收费少、疗效高，受到患者欢迎。到1989年底，全区共建医疗联合体20对，开设专科门诊14个，各家卫生院都成了以一个或数个特色门诊为主的"小而专"和"一专多能"的医疗机构，适应了社会需求，增强了卫生院自我发展能力。

在与本市大医院"联建"的同时，区政府鼓励区属医疗机构发挥自己的技术优势，到市外、省外与当地医疗机构联合开设专科门诊。到1989年为止，玄武医院、大行宫卫生院、同仁街卫生院、区中医院外科门诊部等4个单位向福州、大连、安徽以及省内高淳、江宁、镇江、淮阴等地输出了7项成熟的医疗技术，扩大了知名度和服务范围。

面对由于食品、文化娱乐市场兴起，垃圾和废弃物成倍增加、新"四害"滋生地不断产生的新情况，区卫生监督、防疫、保健等"大卫生"工作部门实行企业化管理，采取健全和加强责任制、改革二次分配等措施，调动干部和职工的积极性。卫生防疫是"大卫生"中工作量最大的一个方面。区防疫站实行企业化管理后，从以往被动应对转为主动为社会服务，建立了防疫管理网络，把防疫责任落实到人，每年完成的食品从业人员体检、食品抽样检查、餐具消毒采样、蚊蝇滋生地消杀以及公共场所和医疗单位的卫生管理监测等等的工作量大幅度增加，全区卫生管理水平显著提高。在1986年南京市创建文明卫生单位的活动中，驻区和区属的8个单位被省爱卫会命名为卫生先进单位，43个单位、34个食堂、30个居委会和2个食堂联防片，分别被评为市级文明卫生先进单位。区卫生防疫站先后3次被评为南京市文明卫生防疫站。

1985年区政府在被评为全国计划生育工作先进单位以后，进一步改革了计划生育的宣传和管理工作。1988年初，区委、区政府在全区范围首次试行计划生育承包管理责任制，以签订协议书的形式，把人口发展计划纳入各级党政工作目标。区政府把人口指标分解落实到各街道，各街道与区内各单位签订达标责任书，各单位同育龄夫妇签订计划生育合同书，车间、班组同未婚青年签订晚婚晚育协议书，从上到下形成了层层衔接、环环相扣的目标执行体系。对以往计划生育工作较为薄弱的个体户、流动人员、"两劳"释放人员等群体，各街道居委会和区相关部门也采取多种措施,加强对他们的计划生育教育。全区人口出生率、人口自然增长率、计划生育率、"四无四好"达标率等主要指标连续 5 年完成市政府下达的指标。1990 年区计划生育委员会和计划生育协会分别被国家计生委和中国计划生育协会评为全国先进集体。

三、建设群众文化工作新体系

1984 年 8 月区第四次党代表大会之前,区委、区政府经过抽样调查,发现原有的文化工作体系已不再适应新形势的需要,必须改变群众文化工作现状,把文化工作的支点放在街道,大力发展街道文化,满足不同年龄层次群众对文化的需求。区第四次党代会为此向各级党组织提出了"要注意搞好文化建设","文化工作要面向群众,为两个文明建设服务"的新要求,尽快形成"群众文化群众办,办好文化为群众"的新格局。

按照区第四次党代会的要求,区委、区政府和各级党政领导把群众文化工作摆上重要议事日程,列入当年的奋斗目标管理。1986 年,四牌楼街道在全区第一个成立了群众文化工作委员会,加强对文化工作的领导,区委、区政府推广了这一做法。到 1986 年底,全区各街道都建立了由党、政、工、青、妇和驻区企事业单位、院校、部队领导人员参加的群众文化工作委员会。全区居委会文化站由 1985 年的 9 个增加到 82 个。区委、区政府成立玄武区群众文化工作委员会,负责组织、协调全区群众文化活动,从组织上保证区、街道、居委会 3 个层级的群众文化活动的开展。

三级文化网络的建立,新的文化工作体系的形成,全区文化事业呈现新的活力。各街道根据自身优势和特点,开展了多种形式、特色鲜明的群众文化活动,全区群众文化活动遍地开花,争芳斗艳,使街道这个"小天地"在群众文化工作上做出了"大文章",形成了"四乐"的生动局面:

老人"老有所乐"。几乎所有街道都从老人的爱好和特点出发,开展歌舞、戏曲、牌棋、书画、球剑拳操等多项文体活动。丹凤街街道组织的"老龄百人合唱团",每周活动一次。他们演出的节目参加了 1986 年南京市春节联欢会,被省电视台录像并向海外播放。这个街道还针对老年人生理特点,自编自排了融体育、娱乐为一体的老年迪斯科舞蹈,轰动全市。区群众文化工作委员会以此为蓝本,按街道组织代表队,举办全区老年迪斯科舞蹈大奖赛,中央电视台录制了"22 节老年迪斯科舞教学片"向全国播放。1988年5月，玄武门街道与江苏电视台联合举办"我们相伴到永远"为主题的金婚、银婚演唱会，19个节目由省电视台现场直播，中央电视台在周末黄金时间进行了转播，10多家新闻单位进行了报道，产生了较大的社会反响。

少年儿童"乐中求学"。各街道利用文化站、文化室作为青少年活动场所，积极开展知识性、趣味性较强的活动，如读书小组、兴趣小组、科普知识讲座和各种游艺等。丹凤街街道开办了有学习书法、美术、舞蹈、乐器等内容的少儿艺校，至1991年，共培训学生3 000多名，有些小学生的作品获全国银牛奖，有的被送往日本参展。每到暑假，全区以街道为主，举办"故乡美夏令营""蓓蕾夏令营"以及少儿书画展览等活动，并建立学校、居委会、家庭"三位一体"联系卡，把少儿暑假的文化活动落到实处。

青年职工"自娱自乐"。针对青年人求新、好动、希望表现自我的特点，区、街道两级群众文化工作委员会依靠社会力量，组织开展"自娱自乐"系列文化活动，如组织全区"越剧之友"联谊会、"周末歌星自娱会"等等。各街道根据群众的需求举办区域性的文艺演出，梅园新村街道的"梅园之春"、锁金村街道的"锁金之夏"、丹凤街街道的"丹凤金秋艺术节"、兰园街道的"兰园艺术杯"竞赛、四牌楼街道的"四牌楼艺术节"、新街口街道的"家家喜"等，都是深受年轻人欢迎的文化活动，每年有2万多人次参加。一些街道组织的群众性的业余文化团体在社会上崭露头角。梅园新村街道由青年职工组成的"轻音乐队"，自1983年以来，除了参加本地区文艺演出外，还到农村、学校、部队巡回演600多场，多次在市区举办的各种器乐比赛中夺魁。1988年，梅园新村街道又成立口琴艺术团，在市工人文化宫举办专场口琴音乐会，省、市电台分别制作专题节目播放，成为活跃全区的文化轻骑兵。

居民家庭"家家乐"。各街道发挥街道文化站与居民群众联系广泛的优势，开展小型分散的家庭文化活动，丹凤街街道的老中少三代诗歌接力赛、梅园新村街道的老少乐大奖赛、玄武门街道的迎春环湖跑、后宰门街道的军民书画展、新街口街道的军民鱼水情大联唱，都吸引了许多居民家庭参加。1986年锁金村街道举办的全市首创的家庭居室布置大奖赛，1 280户家庭参加了比赛，占到整个小区居民户数的三分之一。1988年上海、南京等5个城市组织"卡西欧杯"家庭演唱大赛，经过预赛、复赛，玄武区有3个家庭进入了全市由6个家庭组成的南京赛区代表队，到上海参加决赛；玄武门街道夏福林家庭的竞赛积分居5个城市参赛家庭之首，夺得"卡西欧杯"，成为"家家乐"活动中的佳话。"家家乐"活动丰富了群众家庭文化生活，陶冶了居民情操，融洽了邻里关系。珠江路289号3户居民合用一个阳台，多年来，因使用阳台问题而闹起了矛盾。在"阳台美""楼道美""院落美"等比赛中，3家各自撤除了摆放在阳台上的杂物，消除了隔阂，成了和和谐谐的好邻居。太平桥南59号大院获得"院落美"比赛一等奖，院里居民用所得奖金买了一座石英钟挂在大院共同使用，又买来涂料，一起把院落墙壁粉刷一新，全院居民都为新的环境美感到高兴。

1989年1月1日，在江苏省政府召开的全省群众文化先进集体和先进工作者表彰大会上，梅园新村街道、丹凤街街道获先进集体称号。1990年，区文化局因工作成绩显著而获得区先进集体的称号。1992年，在江苏省首次群众文化先进区县、乡镇街道命名大会上，丹凤街街道被授予"江苏省群众文化先进街道"称号。

四、依托"三大"发展区属科技事业

由于历史原因，玄武区区街企业普遍先天不足，数量多而规模小，技术含量低，全区没有一家高科技企业。直至1987年，玄武区科技工作仍由区科学技术办公室承担，主要职能只是负责工业企业技术基础管理、新产品开发和鉴定、计量工作、职称评定和开展青少年科技活动。为了适应经济和社会发展的新要求，1989年3月，区委、区政府成立了玄武区科学技术委员会，围绕"科学技术要面向经济建设，经济建设要依靠科学技术"的方针，把依靠和利用"三大"（即驻区大专院校、科研院所、大企业）的科技优势作为科技工作的重点，推动全区技术进步，促进经济发展。

依托"三大"，抓好加快科技发展的组织领导。1991年，由区科委联络、组织，区委、区政府成立了驻区"三大"科技人员组成的城市建设、工业科技和商业经济技术3个咨询委员会，作为区委、区政府领导经济建设的重要决策参谋。区科委建立由区工业、商业、城建、校办工业、劳务等5个系统、7个街道和8个重点单位、24名信息员组成的科技信息网，在咨询委员会与企业间、政府部门与企事业单位间传递信息，协助咨询委员会开展工作。咨询委员会的成立，提高了区委、区政府决策民主化、科学化水平，收到了立竿见影的效果。当年通过对珠江路菜场和珠江商场改造等一些项目论证，避免了浪费，提高了项目质量。1990年，经区政府与东南大学协商，调请东南大学的专家金伯清到区担任科技副区长（1992年又调请熊猫电子集团设计所副所长谢正中担任第二任科技副区长），具体负责全区的科技工作。这一玄武区历史上首创的举措，体现了区委、区政府对科技工作的重视，增强和保证了区委、区政府决策的科技含量。

依托"三大"，抓好科技新产品的开发工作。全区以市场需求为切入点，以产品更新换代为突破口，积极引进大学、大所的科研成果，帮助区街企业与大厂联合生产新产品，或由区街企业为大厂大企业生产配套产品，推进区街企业新产品的开发和研制工作。1989年南京建筑机械厂研制的插入式混凝土振动器获南京市优秀产品称号。南京电脑控制仪器厂的经络导平治疗仪、南京激光仪器厂的电子实验仪、南京玉器厂的并蒂莲玉器九龙戏珠，在1990年分别获江苏省先进适用科技成果奖、全国教学仪器优秀成果奖和国家旅游局、轻工部、商业部联合颁发的"天马优秀奖"。1990年全区优质产品率超过14%，比上年提高2个百分点。部分企业形成了与市"电""气""化""特"大企业相配套的生产模式。1990年12月16日，区政府转发区计经委、科委制定的"玄武区新项目、新产品实行申报论证制度"，进一步推进新产品、新项目的开发工作。

依托"三大"，抓好科技扶厂。针对区街企业科技人才匮乏的实际问题，区政府邀请"三大"和区人大代表、政协委员中的教授、高级工程师和企业经营者成立科技扶厂指导小组，有目的地解决区街企业生产和管理中的疑难杂症，提高生产水平。为了使科技扶厂工作落到实处，一些企业、街道配备了科技副厂长和街道科技副主任。科技扶厂活动的开展，为区委、区政府以后实施"科教兴区"战略积累了经验。

依托"三大"，发展民办科技企业，培育新的经济增长点。区街企业中的一些科技人员在"三大"的帮助下，按照自筹资金、自愿组合、自主经营和自负盈亏的原则，创办和经营以技术开发、技术转让、技术咨询、技术服务，以及技术密集型产品的研制生产、销售为主要业务的经济实体。区委、区政府支持和鼓励区街企业科技人员的这一创举。1991年2月，区政府批转了区科委制定的民办科技机构管理的实施意见，并将15家民办科技企业列入区级管理，及时帮助这些企业解决资金、申办手续等方面的具体困难。玄武区民办科技企业起步早、动作快，走在全市前列，初步形成了国家、集体、个人共同兴办科技事业的生动局面。

第七章　在治理整顿中深化改革

经过"文化大革命"后 10 年的拨乱反正和改革开放，经济出现了快速发展局面，为改革深化和国民经济进一步发展奠定了基础。但与此同时，随着经济体制的转轨，一些深层次矛盾也逐步暴露出来，思想政治工作被"淡化""弱化"，经济领域乱象频发，市场物价波动，安定团结的局面受到干扰。区委认真学习党的十三大精神，学习社会主义初级阶段理论，坚持执行"一个中心、两个基本点"基本路线，按照中央的一系列要求，坚持"两手抓""两手都要硬"，继续开展十一届三中全会以来路线、方针、政策教育，进一步贯彻落实"四项基本原则"，改进新形势下的思想政治工作，加强社会主义精神文明建设。按照十三届三中全会的要求，以坚定的态度和有力的措施治理经济环境，严惩经济犯罪，整顿经济秩序，在治理整顿中深化改革，确保了社会稳定和经济健康发展。

第一节　治理整顿经济秩序

一、深入学习贯彻十三大精神

1987 年 10 月 25 日至 11 月 1 日党的十三大通过的赵紫阳的报告及有关文件，系统阐述了社会主义初级阶段的理论，以及党在社会主义初级阶段的基本路线。大会深刻指出我国的社会主义社会还处在初级阶段，我们的工作必须从这个实际出发，不能超越这个阶段。大会从社会主义初级阶段这一新的认识出发，确立了党在社会主义初级阶段的基本路线"一个中心，两个基本点"，即以经济建设为中心，坚持四项基本原则，坚持改革开放。1988 年 1 月 30 日，区委下发了学习十三大精神的意见，要求各级党组织把学习十三大精神列为 1988 年的首要任务，紧密联系玄武区的改革实践深入开展"基本路线在我心中"学习活动，使社会主义初级阶段理论和党的基本路线深入人心，落到实处。

在学习活动中，区委注重积极引导各级党组织和广大党员理论联系实际，联系国情、区情、厂情、街情，联系改革中出现的新情况、新问题，广泛地进行大讨论。通过"议"和"比"，谈过去"左"的路线给社会主义建设带来的损失，谈十一届三中全会路线、方针、政策的正确，领会十三大提出的社会主义初级阶段理论和党在社会主义初级阶段的基本路线是党和国家的生命线、人民的幸福线。区委要求充分发挥业余党政校的作用，运用多种形式进行宣传教育。各级领导干部要带头学好，党员要在学习中起模范作用。学习到一定时候，召开学习社会主义初级阶段和基本路线研讨会，交流学习经验。

为了提高学习效率，区委强调学以致用，对各级干部和广大群众的学习内容和要求不搞"一刀切"。要求区委常委"一班人"和区四套班子中的党员干部学得多一点、深一点，通过学习，要领会三点：一是透彻了解党在社会主义初级阶段的基本路线的立论依据；二是"一个中心，两个基本点"是党的基本路线的精髓；三是"自力更生，艰苦创业"是党的基本路线的重要内容，也是实现十三大任务的保证。边学习、边调查、边实践，通过学习提高理论水平，提高坚持实事求是思想路线自觉性，提高用马克思主义认识论分析、解决问题的能力，提高按照十三大精神扎扎实实推进工作的本领。机关中层干部、街道系统的领导干部要处理好学习和工作的矛盾，在学习中要把握好3个观点：一是我国社会现在处于什么历史阶段；二是党的十一届三中全会以来形成的"一个中心，两个基本点"为什么是党在这一历史阶段的基本路线的核心；三是在今天改革开放的新的历史条件下，为何还强调"自力更生，艰苦创业"。对广大普通党员、干部、职工、居民群众和学生，主要由区基本路线报告团讲3课：第一课讲我国处在社会主义初级阶段是我国生产力发展水平所决定的；第二课讲发展生产力应当成为我们考虑一切问题的出发点和检验一切工作的根本标准；第三课讲建设有中国特色社会主义就要发扬中华民族艰苦奋斗精神。各街道、系统要适时组织广大干部群众谈学习收获，发动群众为改革、为解放生产力献计献策。

全区开展的"基本路线在我心中"学习十三大精神主题教育活动持续了10个多月，于12月底基本告一段落。

二、纠正经济领域乱象

1988年9月中央工作会议和十三届三中全会作出了《治理经济环境、整顿经济秩序、全面深化改革的决定》。10月27日至29日，区委召开五届四次全委扩大会议，传达中央工作会议、三中全会精神和省委八届七次全委扩大会议精神。会议认真学习决定，统一思想认识，提出了抓紧抓好清理整顿工作的意见和措施。为了使广大干部群众加深理解十三届三中全会精神，正确认识治理整顿的要求和与深化改革的关系，弄清政策界限，区委、区政府在不同领域和不同层次，针对不同对象，召开了30多次动员会、学习会、讨论会、报告会，90%的干部群众听取了传达和接受了教育。

早在1985年初，区委就根据中纪委的要求，首先从区级机关开始，清理、纠正经济领域的不正之风。当时，社会上出现了一种"改革就是为了捞好处搞实惠"的思潮，有的动用生产资金甚至贷款发钱发物，严重干扰了改革开放和经济建设的顺利进行。经过清理，在滥发服装方面，1984年底至1985年初全区行政机关和国营企事业单位共发2513套，总金额18.6226万元，其中从奖金中开支2.7929万元，从劳保费中开支1.0928万元，应自交8.8580万元，后全部作了清退或补交相应的费用。在滥发其他钱物方面，1985年全区共发放不合理奖金、实物、补贴82.0555万元，其中超标准发放4730元，应补奖金税3012元，后全部补交；有108人接受了"辛苦费"、"红包"、礼品券以及重复领取奖金共6392元，后基本清退。1987年4月，中纪委发出通报《立即刹住用公款请客送礼、吃请收礼的歪风》，区委根据市委的部署，重点在区级机关进行自查和抽查。检查结果显示，在44个部门中，17个部门存在请客送礼问题，金额为3.67万元，超标准开支500多元。在清理的基础上，区委按照市纪委规定的"八个不准"和"十二条界线"，建立健全了制止这些不正之风的规章制度。

1988年9月，区委、区政府学习十三届三中全会关于整顿经济秩序、治理经济环境的决定以后，把进一步治理经济环境、整顿经济秩序作为1988年第四季度和今后两年的主要工作任务来抓，并确定了"实事求是，搞清问题，扶持企业，发展经济"为整顿的指导思想。区委成立了由区委、区政府负责同志担任组长的税收、财务、物价大检查领导小组，组建了清理固定资产、投资在建项目领导小组以及清理党政机关和党政干部经商办企业的领导小组，在"税收、财务、物价大检查""清理党政机关和党政干部办企业以及清理经营生产资料企业""清理固定资产投资在建项目""清理行政、事业性收费""清理废旧物资回收行业"等5个方面开展工作，本着"边整边改"的精神和"自查从轻、被查从严"的原则，对有关部门和人员进行教育和处理。10月中旬前为各单位、各部门自查、自清、自纠阶段；11月中旬前为抽查、互查阶段；春节前为组织验收、处理和建章立制阶段；以后发现问题，随时从严查处。

据对全区814个省、市企业，各类公司，经济主管部门和有罚没收入的机关单位进行的检查，大多数单位存在不同程度的偷漏税款、擅自购买专控商品、乱发钱物、私设小金库、擅自提价、弄虚作假等问题，查出违纪金额417万元，其中应入库321万元，后实际入库283万元，入库率达87%。在全区经营生产资料的48家企业中，有少数企业超范围经营，转手倒卖，牟取暴利，工商局对这些企业进行了严肃处理，责令整改。在清理整顿企业、公司方面，在全区1834家工商企业中，98家属于清理对象，其中由党政机关直接办的23家，挂靠办的18家，由各种学会、协会、群众团体办的9家。经过清理整顿，撤销43家，降格13家，保留30家，并纠正了10名党政干部在企业兼职的问题。撤销的公司占区工商局管理范围内原有公司的三分之一。至1990年6月，全区清理整顿公司工作基本结束。清理行政、事业性收费也取得成效，除教育、卫生、公安系统由主管部门负责清理以外，全区清理各种收费项目357个，撤销了24个不合理收费项目，合并了一批收费项目，按规定向226个部门和单位发放收费许可证。针对清理中暴露出来的问题，区政府制定政策，建立规章制度，严格规定任何部门不准利用行政手段和各种借口向企业摊派或变相摊派费用、随意收费和擅自提高收费标准。废旧物资回收行业是混乱情况最为严重的行业之一，区政府成立了由公安、工商、审计等部门参加的清理废旧行业领导小组，对全区47个废品收购站、点进行整顿，给符合条件的16个收购站点发放了经营许可证，严格规定其经营范围和买卖渠道。经过几个月的治理整顿，全区初步扭转了经济领域里的混乱现象。

三、防止经济过热

1985年以后，伴随着经济快速发展，经济运行中出现了一系列不稳定和不协调的问题，即所谓的"四过一乱"现象：过旺的社会需求，过快的工业发展速度，过多的信贷和货币投放，过高的物价涨幅和包括生产、建设、流通领域在内的经济秩序混乱。这些问题的出现，与片面追求发展速度、在改革和建设方面存在急于求成的倾向，忽视推进改革所必需的社会环境，忽视正确处理好改革和稳定关系的重要性，以及管理和调控宏观经济能力减弱等因素有密切关系。区委根据十三届三中全会提出的指导方针和省、市委的部署,从1988年第四季度开始,重点抓好压缩固定资产投资规模,压缩集团购买力、控制消费基金过快增长,控制物价过高涨幅等3个方面的工作,大力抑制和消除经济生活中的各种过热现象。

据区委、区政府调查,1986年全区建筑安装业完成工作量710.8万元,比1985年增加7.32%,而1987年完成的工作量达1 459.03万元,比1986年剧增105.27%。1988年区自筹在建项目18个,总建筑面积53 447平方米,总投资1 976万元;区自筹准备项目11个,总建筑面积35 290平方米,总投资1 372万元。自筹在建项目和自筹准备项目总投资相当于1987年区财政收入的78.4%。部、省、市委托区开发公司建设的在建项目5个,总建筑面积71 097平方米,总投资高达3 320万元,相当于全区1988年自筹在建项目总投资的1.68倍(这类项目的清理由委建单位的主管部门负责)。经过清理,区政府决定停建梅园中学体育馆和缓建锁金村小区住宅综合楼两个项目,压缩基建规模3 600平方米,减少投资84万元。虽然压缩的项目和投资额不是很多、规模不是很大,但基本上遏止了在建项目过多、规模过大的势头,尤其重要的是,通过整顿,各级领导班子和广大干部群众认识到了国民经济必须协调发展的重要性。

从1988年初开始,区委、区政府多管齐下,大力压缩社会集团购买力。区委、区政府在对广大党员干部加强艰苦奋斗、勤俭建国优良传统教育,倡导群策群力克服困难的同时,严格专控商品的管理,对擅自购买控购、禁购商品的,一律没收,追究购买和销售单位以及有关领导的责任。严禁机关事业单位和企业滥发实物,精减和压缩各种会议,严禁用公款吃请、送礼和旅游,尽力控制消费基金的过快增长。1988年全区专控商品购买指标45万元,实际使用9万元,压缩80%;集团购买指标239.6万元,实际使用60.89万元,压缩74.59%。全区社会集团整体购买力比1987年下降20%以上。1989年区委、区政府按照国务院的要求,继续实行压缩社会集团购买力的方针,各单位的社会购买力在1988年的基础上再压缩20%。

连续几年经济过热,社会总需求超过总供给过多,商品供应紧缺面扩大,市场物价上涨幅度过大。受宏观经济影响,玄武区出现了新中国成立以后的第3次涨价高峰,社会舆论评说这股涨价之风犹如"商品搞旅游,价格滚雪球"。1987年玄武区的零售物价指数由1986年的106.3上升到112.2,1988年继续攀升至123.3。1988年市场上先后出现了3波抢购风,引起社会恐慌。按照中央、省、市的要求,区委、区政府明确将抑止物价上涨、全面稳定人心作为一项重要政治任务,千方百计加强市场管理，保障市场供应。一方面，全区动员和调动商业、粮食系统广大干部、职工以及其他方面的力量，切实解决好"菜篮子""米袋子"和燃料供应问题，确保粮、油、煤、菜等群众生活必需品的供应。1988年菜场及农贸市场蔬菜上市量3 403.9万公斤，肉禽蛋水产等荤食品上市量871.44万公斤，分别比1987年增长26.84%和3.53%；外采议价粮689.4万公斤、食油149万公斤、小杂粮69.6万公斤，确保计划粮油供应不脱销。另一方面加强检查处罚力度，规范市场价格行为，对放开的重要商品实行提价申报、备案、最高限价制度和差率管理。1988年进行物价检查8 294店（次），查处违反物价纪律行为案件1 038件，罚没款75.33万元；1989年进行物价检查3 771店（次），查处违纪案件行为1 569件，罚没款62.91万元。1990年进行物价检查3 672店（次），查处违纪案件行为940次，罚没款30.47万元。经过连续几年努力，随着全国、全市宏观环境的改善，全区平定了乱涨价、乱加价的风波，1990年的零售物价指数降至104.4，市场价格秩序逐步恢复正常。

四、依法严惩经济犯罪

经济发展过热，经济秩序混乱，给经济犯罪提供了可乘之机，全区经济犯罪活动进入了高发期。1985年全区受理经济案件线索74件74人，立案21件22人，比上一年增加了61.5%，其中大案要案9件13人，增加了2倍。1986年全区立案侦查经济案件24件，比1985年增长14%，立案数为近几年最高。尤为严重的是经济犯罪活动出现了新特点、新花招：一是犯罪分子利用业务员、经理、厂长的合法身份，打着"改革、开放、搞活"的旗号，以联营、承包、签订合同为幌子进行犯罪活动，有极大的欺骗性；二是案情逐年复杂化，涉及面广，牵连人多，内外勾结，跨行业、跨地区作案；三是犯罪的不法表现不明显，使案件形成较长的潜伏期，乃至少数案件长期得不到揭露和追究；四是犯罪分子的反侦查、反起诉能力增强，给侦破增加了一定的困难。

在深入开展依法严厉打击刑事犯罪和经济犯罪的斗争中，区委、区政府针对新形势下经济案件出现的新特点，采取了2项措施：一方面，大张旗鼓宣传经济法规，提高广大干部群众对经济犯罪的识别能力和"免疫力"。区司法行政部门把宣传经济法规作为普法教育的重要内容，本着"干什么学什么"的原则，组织全区324个单位近16万职工和外地来宁的农民工学习《中华人民共和国企业法》《中华人民共和国经济合同法》《中华人民共和国会计法》《中华人民共和国商标法》《工商企业登记管理条例》等经济法规。牵头组织由宣传部门、计经委、工商管理、税务、物价、审计、财政、监察等多个部门参加的"治理整顿法规讲师团"到基层单位巡回宣讲,帮助广大干部群众增强法治观念,擦亮眼睛,掌握发现和打击经济犯罪活动的武器。区检察院通过对区粮食局、南京玉器厂和南京广播器材二厂等3个单位1984年以来签订的对外经济合同的清查,解剖这3个单位正确执行合同的成功经验和容易违纪违法的薄弱环节,给其他单位以遵纪守法的直观教育。区纪委针对在经济活动中是非不清、界限不明等问题,及时转发了市纪委《关于企业在改革、开放、搞活中若干政策界限》,并结合区实际情况制定了经济工作往来的若干规定和细则,让广大经济干部有法可依、有章可循,认清哪些是应该做的、哪些是不可以做的,引导他们既积极投身改革,大胆搞活经济,又认真执行党纪、政纪和经济法规,提高抵御经济犯罪的能力,做到"常在河边走,坚决不湿鞋"。1989年初,区委转发了区委宣传部、司法分局关于贯彻中宣部、司法部在治理整顿中加强法制宣传教育通知的意见,进一步部署全区法制教育,促进治理整顿的顺利进行。

另一方面,大张旗鼓发动群众举报经济犯罪行为。1988年,区检察院在南京市检察系统率先设立举报站,张贴公告1 000多份,制作13个举报箱分设在各街道办事处,并通过《南京日报》《扬子晚报》和南京广播电台公布举报电话。举报站设立当月,就接到群众举报线索13件,立案侦查2件。1988年8月,区监察局成立后,在区政府相关部门和街道聘请了36名政治素质较好、文化水平较高和有一定工作经验的干部担任兼职监察员,建立相应的工作联系制度,为监察局提供信息,配合开展调查、检查,全区初步形成了监察网络。为了鼓励群众举报,监察局对群众举报做到件件有着落,并且通过宣传媒介适时将群众举报的3件重大犯罪案件的相关信息向社会公布,把这些犯罪行为和犯罪分子置于阳光之下,让他们无处逃遁。区法院选择典型案件,有针对性地到工厂、机关、街道公开开庭审判,以案讲法。1988年公开审判97场次,2万多人参加了旁听,鼓舞和教育了群众,震慑了罪犯。

区委、区政府连续数年对经济犯罪保持高压态势,为治理整顿有效进行提供了良好政治环境和社会环境。1988年区检察机关受理经济案件线索69件,比1987年增加245%;立案侦查19件,增加72.72%,其中万元以上的重大、特大案7件,增加133.3%。在所办理的经济案件中,贪污案11件,受贿案3件,偷税案、诈骗案各2件,挪用公款案1件;为国家和集体挽回经济损失96万多元,比1987年增加156.8%。1989年受理各类经济案件107件,比1988年增加55%;立案侦查45件,增加195%,其中重大、特大案14件,增加100%;为国家和集体挽回经济损失205万元,增加116%。

第二节 做好新形势下的思想政治工作

一、继续开展坚持"四项基本原则"教育

经济发展过热,经济秩序混乱,使一些单位淡化了社会主义精神文明建设,而社会主义精神文明建设的淡化,又为各种腐朽思想特别是资产阶级自由化倾向的抬头提供了机会和市场。1986年9月,党的十二届六中全会审议通过的《中共中央关于社会主义精神文明建设指导方针的决议》,从社会主义现代化建设总体布局的高度,阐述了社会主义精神文明建设的地位和根本任务,指出否定社会主义制度、主张资本主义制度的资产阶级自由化是违背人民利益和历史潮流,为广大人民所坚决反对的。"决议"明确规定在精神文明建设中必须加强坚持"四项基本原则"教育,以保证社会主义现代化建设,促进全面改革和对外开放。区委、区政府遵循决议精神,把加强坚持"四项基本原则"、反对资产阶级自由化的教育,提上各级党组织的重要工作日程,在"坚持"上花功夫,下力气。全区采用多种形式进行坚持"四项基本原则"教育:

一是联系实际,深入开展十一届三中全会以来党中央制定的路线、方针、政策教育,进一步引导广大干部、群众明确"四项基本原则"和改革、开放、搞活方针是必须坚持的两个基本点。1987年2月10日,区委决定在全区党员中围绕"坚持四项基本原则"进行为期2个月的学习和讨论。结合这次学习和讨论,区委运用"对比、对话、对照"等形式,在全区范围进行"八年巨变"教育,举办"八年巨变"成果展览会,1260多幅照片、图表形象地展现了全区在政治、经济、文化和社会生活各个方面的巨大变化。许多单位和个人撰写了十一届三中全会以来的8年

变化史。举办"我看这八年"演讲比赛,使"八年巨变"深入人心。在锁金村街道和南京皮件厂试点取得成效的基础上,区委又于1988年下半年在全区开展"基本路线在我心中"的教育活动,引导广大干部群众从看得见、摸得着的事实中,加深对十一届三中全会以来党的路线、方针、政策的理解,加深对坚持"四项基本原则"必要性的理解。

二是通过回顾近代史、学习党史,提高坚持"四项基本原则"的坚定性。区委在全区党员干部中开展阅读《建设有中国特色社会主义》和《坚持四项基本原则,反对资产阶级自由化》两本书的活动。举办"建设有中国特色社会主义"主题演讲会,来自各系统和街道的17名干部群众以自己的亲身经历,歌颂党的领导,歌颂社会主义。在青少年中分别开展"万名青年读书学史"和"红领巾读益书"活动,帮助广大青少年进一步弄懂没有共产党就没有新中国、只有社会主义才能救中国的道理,增强抵制资产阶级自由化倾向浸蚀的能力。

三是进行"改革、开放"形势教育,引导广大干部群众认清改革开放是发展社会生产力、巩固社会主义制度的基本国策。治理整顿经济领域过热和混乱现象以后,一些干部产生了模糊认识,感到改革没有什么好搞的了,不积极进一步巩固、完善已经出台的改革措施了。针对这一思想苗头,区委于1987年组建百人宣讲团,到企业、街道、基层单位巡回讲演改革开放的形势,在机关干部中开展"十年改革得失谈"大讨论,全区推广新街口街道首创的"各行各业千家万户话形势""我看改革十年"的群众自我教育活动。通过多种形式教育,帮助广大干部群众正确认识治理整顿和深化改革的关系,认清改革开放一旦脱离了"四项基本原则",就会有失去正确的政治方向、滑到资产阶级自由化的歧路上去的危险;明白治理整顿不是走"回头路",而是为改革开放创造必不可少的环境,不少治理整顿的措施本身就是改革的实际步骤,进一步坚定改革开放的信心。

四是开展维护安定团结大局、集中精力进行经济建设的教育。引导广大干部群众弄明白坚持"四项基本原则"和安定团结的关系,认识到只有坚持"四项基本原则",才能实现安定团结,而唯有安定团结才能进行社会主义经济建设。每一个公民都必须自觉坚持"四项基本原则",加强法治观念,维护安定团结的政治局面。区委、区政府进一步完善治安综合治理各项措施,形成警民结合、单位内保与地区联防结合的治安防范体系。1988年,在广泛发动群众的基础上,针对社会上出现的影响安定团结的苗头性和倾向性问题,全区开展了5次专项斗争,遏止了治安问题的蔓延。在近几年中治安形势最为严峻的 1989 年，在广大干部群众的支持下，全区组织了反盗窃、"扫黄"等 8 次专项斗争，破获各类案件 168 起，其中重大案件 39 起，挖出了一批重大案犯，保障了一方平安，保卫了改革开放的成果，保证了经济建设的顺利进行，社会稳定经受住了考验。

二、区委坚决制止动乱[①]

1989 年春夏之交，受北京政治风波的影响，南京地区一度发生动乱。

从 5 月 16 日起的 20 多天时间里，南京市多所高校一些学生以及部分单位职工在"高自联"等非法组织的煽动下，上街游行、集会，张贴反动宣传品，在中山路、中山东路、太平北路、珠江路、北京东路等多条主干道设置路障，堵截交通运输车辆，鼓楼、太平门、中山门等地的交通严重受阻。广大群众正常的工作、生活秩序受到破坏。在市委、市政府领导下，区委、区政府发挥各级党组织的作用，采取了一系列制止动乱的措施，积极进行宣传和疏导，坚决防止事态扩大，千方百计稳定南京局势。

5 月 18 日，区委召开机关、街道和市属单位党组织负责人会议，传达省、市委紧急会议精神，要求全区广大干部、职工坚守岗位，维护社会安定。5 月 22 日，区委常委会决定组织全区各级领导干部、党员和广大职工学习《人民日报》社论《旗帜鲜明地反对动乱》和李鹏总理在首都党政军干部大会上的讲话。5 月 29 日，区委召开全区党员干部大会，区委书记李向群代表区委要求全体党员干部学习党中央、国务院领导同志的讲话，认识这场斗争的性质，理解党中央、国务院采取果断措施制止动乱的必要性和重要性，把思想统一到党中央、国务院指示的精神上来；耐心做好本单位干部、群众以及家属、亲友的思想疏导工作；坚守岗位，认真抓好当前各项工作，保证生产、工作"时间过半完成任务过半"。

区委在要求党员干部在政治上、思想上与中央保持一致的同时，切实为基层、为群众排除动乱造成的工作上、生活上的困难。公安部门全体干警日夜巡逻，确保了党、政军首脑机关、广播电台、电视台、报社、电信枢纽等要害部位的安全，确保了社会安宁。区副食品公司在汽车运输受阻的情况下，调集 30 多辆三轮车，走街串巷往返运输食品。区燃料公司利用夜间抢运调拨煤基，即便在 6 月初最困难的

[①] 本部分内容参照中共党史出版社 2014 年出版的《中共江苏历史大事记（1921—2013）》和中共党史出版社、人民出版社 2021 年出版的《中国共产党简史》编写。

几天也没有一家煤店断供。由于市内交通严重受阻,社会上出现了抢购粮油风波。区粮食系统干部职工紧急动员,白天无法运粮夜里运,大路不通走小巷,见缝插针,连续奋战三天三夜,抢运粮油714吨。全区粮站家家库存充足,没有发生一起米、面、油脱销的情况,稳定了市场,稳定了人心。

6月10日,区委召开全区各界知名人士座谈会,学习邓小平同志接见首都戒严部队军以上干部时的讲话和党中央、国务院《告全体共产党员和全国人民书》,拥护党中央的英明决策和果断措施。6月28日,区委制定深入学习十三届四中全会精神的意见,部署全区开展坚持"四项基本原则"、反对资产阶级自由化的教育,坚定"四项基本原则"是强国之本、改革开放是强国之路的信念。

按照市委的统一要求,区委于8月19日开始清理与动乱有关的人和事,基本上查清了全区参与动乱的人员和他们的活动情况,各级组织根据不同情况进行了教育。

三、坚持"两手抓""两手都要硬"

经济领域和政治思想领域的清理整顿,使区委和各级党组织认识到越是改革、开放、搞活,越是思想解放,思想政治工作越要加强,在任何情况下都不能削弱。在总结经验的基础上,区委按照中央1989年下发的文件中关于加强政治思想工作的一系列新要求,调整了思想政治工作的思路,狠抓思想政治工作队伍建设和阵地建设,切实改变"一手硬、一手软"的状况。区委成立思想政治工作研究会,积极探索适合玄武区实际的思想政治工作路子,把思想政治工作提高到一个新的水平。

讲究思想政治工作的针对性和实效性。在加强共性教育的同时,区委分层次、有重点地开展多种形式的思想教育活动。对各级领导干部,区委着重进行马克思列宁主义哲学、领导科学和党建理论的培训,不断提高干部的马克思主义理论素养和组织管理能力。各级党组织充分发挥工会、共青团、妇联的作用,在工商企业职工中,把政治教育同文化、技术培训结合起来,开展丰富多彩的群众性的文化娱乐活动和"雷锋杯"行风竞赛活动,陶冶道德情操,鼓励岗位成才,推进行风建设。在居民群众中继续贯彻《市民守则》,不断深化"五好家庭""文明院落"评比活动,树立社会主义新风尚,创造良好的精神氛围和社会环境。在青少年中开展以"三热爱"为主要内容的革命传统教育,帮助广大青少年树立远大的共产主义理想和正确的世界观、人生观,引导他们努力把自己培养成德、智、体全面发展的"四有"新人。

充实和加强思想政治工作队伍。在全区企事业单位恢复和健全政工机构,普遍建立思想政治工作负责制,搞好企业政工干部专业职称评定工作,调动基层政工干部的积极性。针对基层专职政工干部偏少的状况,区委在1990年3月制定的《关于加强和改进区街企业思想政治工作的意见》中,要求企业搞好3支队伍建设:一是配备专职政工干部。凡是已经建立党支部的企业,根据中央文件的要求,按职工总数1%的比例配备专职政工干部。二是选配兼职指导员。凡是已列入区计经委考核而又无条件单独建立党支部的企业,均要确定由厂级干部担任的兼职指导员,既管生产又管思想政治工作。三是选聘宣传员。各企业选聘具有饱满政治热情、思想品质好、有一定表达能力的干部和工人当宣传员,协助企业开展思想政治工作。到1990年底,全区各街道和系统为企业选配了151名宣传员、指导员,聘请了142名区街报告员,为企业思想政治工作队伍增加了新鲜血液。

办好和用好3个阵地。一是办好职工政治学校。区委在加强区党校建设的同时,在街道和部分企事业单位建立基层党校。从1990年开始,区委在500人以上的企事业单位恢复和建立了职工政校,通过编写教材、集体备课、加强辅导等措施确保教育质量。1991年区委党校和基层党校举办各类培训班和讲座61期,4 455名基层干部和职工接受了培训;职工政校举办培训班86期,培训职工5 600多人。二是发挥社区开展思想政治工作具有区域性、就近性、互动性的优势。经过几年的发展,社区功能得到极大丰富,不仅成了便民服务的基地,也成了对青少年进行思想品德教育的重要阵地。后宰门地区在全市成立第一个教育委员会后,依托社会力量加强对中小学生的校外教育,小区内尊师好学、助人为乐、敬老爱幼的新风尚得到大发扬。国家教委肯定了后宰门地区的做法和经验。受后宰门地区经验的启示,全区7个街道都成立了社区教育委员会,协调和指导学校、社会、家庭进行青少年思想教育工作,共育"四有"新人。三是提升和充实"军民共建点"的共建内容。至1989年底,全区7个街道全部与驻区部队建立了军民共建关系,建立了62个军民共建点、8个联建片、2个群体网络。经过互帮互学,"共建"单位的精神文明建设水平得到了提高。全区80%以上的共建点被评为区级以上的双拥共建先进集体,90%以上的参建单位被评为文明单位,涌现了梅园新村街道、南京火车站、同仁街菜场、太平门居委会等在全省、全国都有影响的先进典型。1990年3月,区委、区政府转发区军民共建领导小组的工作意见，要求拓宽共建工作路子，依靠军队思想政治工作优势和人才优势，把贯彻《市民守则》、开展革命传统教育和"学雷锋、树新风"活动列为军民共建的重要内容。军民共建点已成为加强思想政治工作的重要阵地。

第三节 区委部署经济社会发展新突破

一、振奋精神，增强经济发展后劲

治理整顿为企业的正常运转和经济的持续、稳定发展创造了良好的环境，但是，以压缩社会需求为重点的治理整顿，也带来了一些负面效应，主要是市场销售疲软，企业产品滞销，经济效益下滑。区委、区政府按照中央和省、市委的部署，反复教育和动员广大干部、职工正确认识形势，消除疑虑与消极情绪，既正视困难，又树立克服困难的信心，深入开展"双增双节"活动，改善企业内部管理，挖掘企业内部潜力，提高企业经济效益，增强区街经济发展后劲。

抓好分类指导和政策扶持。区委、区政府在1988年以后的两三年中，根据不同行业、不同系统的特点，分别召开外向型经济工作会议、商业工作会议、劳务生产工作会议，先后制定了鼓励发展外向型经济的13条措施、发展劳务经济的15条措施和加快发展区工业生产的10条措施。区委、区政府实行领导分管责任制，把经济工作分解为25件实事，落实到人，定期考核，确保按期实施。组织区机关有关部门干部深入企业，上门服务，现场办公，帮助企业协调解决生产经营中遇到的实际困难。1989年建立区工业发展基金，对适销对路产品和出口创汇企业在资金、物资等方面实行政策倾斜。在1989年和1990年2年中，区计经委、财政局、劳动局等部门为重点产品和重点企业融通资金5000多万元，扩大厂房面积8000多平方米，提供钢材3805吨，全区形成了20多个年产值100万元、利润超10万元的重点企业。商业方面，大力发展特色经营、批发经营和规模经营，新建了小营菜场、高楼门菜场、环球商场等一批骨干企业。新街口"黄金地段"的骨干商店和特色商店普遍进行了扩建、改建和装潢，扩大了营业面积，增添了冷藏车、岛式玻璃冰柜、电脑发型模拟机等一批先进设施，经营潜力得到了进一步发挥。1990年全区商业营业额达2.99亿元，实现利润1 471万元，分别比1989年增长8.59％和1.45％。1991年更上一层楼，营业额达3.7亿元，利润1 593万元，分别比1990年增长23.7％、8.3％。

依靠驻区大厂和科研单位、高校的技术、人才、信息等优势，开发新产品，发展配套加工项目。区政府制定了《依靠科技进步促进区街经济发展的若干意见》，建立科技信息网络和三级科技发展基金，为8个企业增配14名科技人员。区领导走访金陵石化公司、南京无线电厂、南京林业大学、南京汽车电器厂等驻区单位，为区街企业引进技术和扩大配套生产牵线搭桥。20多位区人大代表和政协委员到5家区街企业开展科技咨询服务和科技扶厂活动。丹凤街、锁金村等街道邀请驻地单位的科技人员为发展街道经济出谋划策。区工业公司开展"一厂一品一技改"活动。1990年全区完成技改项目18个，实现群众性的小改小革200多项。1988年至1990年3年中开发和研制了47个新产品，其中27个通过了市级以上鉴定。企业和产品的技术含量大为提高。

以提高经济效益为重点，积极进行企业结构和产品结构的适应性调整。从玄武区实际出发，区政府在调整企业结构中，大力巩固、提高区属工业和劳务企业，发展校办企业和粮食加工业，调整商办工业和城建工业，拾遗补阙地发展配套加工业和第三产业。对确无发展前途的亏损企业通过联办、合并、兼并等形式，下决心实行关、停、并、转。优化骨干企业生产要素配置，加快发展具有玄武区特色的系列产品，从整体上提高全区经济适应市场的能力和水平。街道劳务企业通过结构调整，发展配套产品，扩大了生产规模。梅园新村街道劳务企业钣金厂1990年投入45万元改造设备，改进生产工艺，成了南京热水器总厂的定点配套厂，当年产值和利润都比上一年增长40％以上。1990年全区劳务企业的综合产值达9 471万元，利润850多万元，成为发展区街经济的一支重要方面军。

经过广大干部职工3年多的共同努力，区街经济在比较困难的宏观条件下仍然实现了稳步发展。从1987年至1989年，工业产值和利润每年分别以14.87％和6.78％的速度增长；商业饮食服务业营业额和利润每年分别递增23.46％和22.18％；全区劳务企业产值（含营业额）和利润，平均每年分别增长22.95％和9.22％；区财政收入平均每年递增21.22％。就全区范围而言，基本上遏止和改变了经济发展的颓势。

二、抓住有利时机完善和深化企业改革

治理整顿，稳定了经济，稳定了社会，为深化改革创造了必不可少的条件。

区委、区政府紧紧抓住有利时机和有利条件，大力推进和完善企业的各项改革，为经济发展注入新的动力。

玄武区从 80 年代中期推开的第一轮各类经济承包责任制，到 1988 年前后陆续到期。在开始实行第二轮承包前，区委、区政府在总结经验时发现，一些企业不同程度地存在着"一年争、二年干、三年到头等等看"的思想，有的企业过多地强调底子薄，要求国家多让利；有的经济效益较好、发展前景明朗企业的经营承包者，产生了"稳步走"的想法，为降低下一轮承包基数打埋伏；有的经济效益较差企业的承包者无心继续承包，较多地考虑"交账"离任；在利益分配上，有的企业承包者想让个人多得一点，集体福利多搞一点，以留个"好名声"而减少企业积累；有的企业非生产性开支过大，对企业发展缺乏长远安排。这些问题不同程度地反映了一部分企事业单位没有摆正国家、集体、职工个人三者之间的关系，需要在深化改革中加以纠正。

按照"深化、调整、补充、完善"的要求，区委、区政府根据第一轮改革的经验和针对存在的问题，于 1989 年 3 月出台了深化企业改革的实施意见，对深化、完善企业改革作了全面部署。在完善承包经营责任制方面，要求无论何种形式的承包，其承包内容除产值（营业额）和利润外，还必须增加如资产增值、技术改造、新产品开发等有利于增强发展后劲的指标；凡是实行"两包一挂"的企业均需建立风险基金，逐步推行全员风险抵押承包；逐步理顺现有企业财产所有权的关系，试行股份合作制，使企业财产的风险、责任和利益与所有者的关系紧密化、明朗化。在实行厂长（经理）负责制方面，推行竞争机制，通过民主选举、聘任或招标，择优选择经营者。没有设立独立党支部的企业，必须签订"三书"（厂长或经理任期目标书、工会和主管部门保证监督书），党支部书记必须兼任分管思想政治工作副厂长，强化厂长在两个文明建设中全面负责的职能和党组织在企业经营方向上的保证作用。在企业内部分配方面，完善已有的、行之有效的各种二次分配形式；企业的各项管理，同二次分配紧密结合，向管理要效益；积极推行计件工资制和定额工资制，把职工的 20% 工资和奖金捆在一起同劳动成果浮动，增强职工的集体观念；本着既积极又稳妥的精神，探索优化劳动组合，在企业内部形成岗位竞争的局面。在

完善事业单位企业化的改革方面，要求这些单位处理好主业和副业的关系，把社会效益放在首要位置，重新制定这些单位领导人的奖惩实施办法，调动他们投身改革的积极性。

为了保证各项改革措施顺利实施，区政府在1989年同时出台了4个文件：一是批转区体改委关于继续推行厂长（经理）负责制的意见，并介绍了南京客车服务公司实行经理负责制的具体做法和经验；二是转发区体改委、计经委、税务局、劳动局等部门联合制定的在集体企业中集资入股试行股份合作制的暂行办法；三是转发相关部门联合制定的企业全员风险抵押承包实施细则；四是转发区相关部门制定的效益工资的计提、发放和管理的意见。1990年10月，区政府针对改革中出现的新情况，又出台了2个文件：一是转发区体改委关于细化完善承包经营责任制、厂长（经理）负责制后，经营者的任期、思想政治工作和奖惩、民主管理、职工工效挂钩等工作的意见，二是批转审计局等部门关于对承包企（事）业单位先审计后兑现的实施意见，防止企业虚盈实亏，帮助企业进一步摆正国家、企业、职工三者的利益关系，确保企业持续稳步发展。

结合完善、深化已有的改革措施，区委、区政府按照"稳定改革，兴利除弊，分类指导，多做贡献"的原则，做好两轮承包的衔接工作。1990年7月，区委、区政府召开体改工作会议，全面总结、交流第一轮承包制实行的情况；1991年11月，区委、区政府制定企业第二轮承包的实施意见，全面部署第二轮承包工作。为了使承包更趋于合理，区委、区政府把第二轮承包与推行厂长（经理）负责制结合起来，由厂长（经理）牵头，实行党、政、工领导集体承包，明确各自职责，完善考核体系，强化约束机制。至1991年底，全区43家企业（公司）、计293个核算点签订了第二轮承包合同书，占区属企业中符合实行第二轮承包企业总数的99%。区委、区政府还通过跟踪调查，指导服务，加快风险抵押承包、股份合作制、企业放开经营、校企职责分离等改革项目的试点，取得了新的经验。1990年，区体改委被评为市先进单位。

三、区第五次党代会提出建设"花园式文明区"目标

1987年8月17日至20日，玄武区召开第五次党代表大会。这次党代会，是在党的十二届六中全会提出以经济建设为中心，坚定不移地进行经济体制改革，坚定不移地进行政治体制改革，坚定不移地加强社会主义精神文明建设的总体布局和执

行"七五"计划的总要求的大局下召开的。会议肯定了玄武区第四次党代会以来广大党员和干部群众锐意改革、开拓前进所取得的成绩：3年来，全区加强了精神文明建设，党风、行风和社会风气进一步好转，广大党员干部群众精神振奋，大干四化的热情高涨。经济建设保持了持续稳步发展的好势头，全区工业总产值、商业营业额和建安工作量平均每年递增22.9%，实现利润递增18.1%，区街企业上交国家税收递增21.2%，区财政收入递增28.1%，职工工资人均收入平均递增17.8%，出口创汇递增59.1%，商业、服务业营业额平均递增23.9%，城市住宅开发建设竣工面积以平均每年翻一番的进度，连续3年创本区最好水平，较好地改善了居民居住条件和改变了全区旧城面貌。

区委副书记李向群代表区第四届委员会向大会作了题为《团结奋斗　求实创新　加快各项改革和两个精神文明建设步伐》的报告。报告认为，玄武区的经济虽然已有较大发展，但总的说来还未摆脱小生产的格局。从这次党代会到下次党代会的3年，是玄武区进一步加快经济体制改革和进行政治体制改革的关键3年，是推进经济建设和社会事业发展的重要阶段，各级党组织要力求在经济效益、生产规模、产品结构、经营方式上有新的突破和发展。根据中央的精神和省、市委的部署，报告要求全区各级党组织切实加强对改革的领导，不仅要坚持改革，而且要加快，还要勇敢一些，围绕"搞活城区"这个主题，以配套、完善为重点，推进各项改革，使区街经济更有活力。在完善已经出台的各项改革方面，各级党组织要按照巩固、提高、拓宽、深化的思路，在认真总结以往改革经验教训的基础上，以搞活区街工业、商业、劳务、城建等企业为中心环节，按照"政企职责分开""所有权与经营权分离"的路子深化企业内部改革。继续推行和完善各种形式的承包责任制、厂长（经理）负责制，逐步试行租赁制和股份制。按照权、责、利一致的原则，继续扩大街道的管理权限，强化服务功能；运用多种形式搞活居委会，采取扶持、鼓励政策支持居委会兴办第三产业，既为人民生活提供方便，又使居委会有财力兴办更多的民政福利和改善居民生活环境的实事。在配套改革方面，各级党组织要按照中央部署，全面落实中央和国务院关于扩大企业自主权的决定，层层落实放权，促使经济管理职能部门逐步从直接管理向间接管理转变。继续探索党政分开、政企分开和人事、机构、干部制度改革，深化科、教、文、卫、体等事业的改革，使各项改革趋向配套，为全区90年代经济振兴和繁荣创造条件，为逐步建立具有玄武区特色和充满生机活力的政治、经济体制奠定基础。

报告要求全区各级党组织在指导思想上十分明确，改革的最终目的是解放生产力，促进经济建设的发展，提高人民群众的生活水平和生活质量。报告认为，作为南京市的一个中心城区，围绕为经济建设、为精神文明建设、为人民群众生活全面服务，不断增强城区综合管理、综合服务功能，是玄武区的一项重要任务。报告第一次向全区各级党组织和广大干部群众提出，在发展区街经济的基础上，建立同城区综合管理、综合服务功能相适应的城区管理体制，逐步把玄武区建设成为"经济繁荣、事业发达、秩序井然、环境优美的花园式文明区"的奋斗目标。

大会经过审议，批准了李向群的报告。

自从区第五次党代会提出"把玄武区建成经济繁荣、事业发达、秩序井然、环境优美的花园式文明区"的长远目标后，区委、区政府多次重申实现这个目标的工作决心，并制定了20世纪末实现这个目标的6项具体标准：一是绿地绿化覆盖率达50%以上；二是规划布局合理，构筑物外观美观，格调和谐；三是道路平坦通畅，环境卫生整洁，公用基础设施基本配套齐全；四是主干道两侧绿树成荫，绿岛内三季有花、四季常青；五是60%以上单位、街巷、小区（院落）环境达到"花园式"；六是现有的旅游资源得到初步开发和利用，区域内"四大风景区"（台城风景区、明故宫风景区、梅园风景区、锁金风景区）的规划、建设初见端倪。经过全区广大党员干部群众的努力，各项工作都取得了较大进展。根据党的十三届七中全会精神和七届全国人大四次会议批准我国经济和社会发展十年规划和"八五"计划精神，区委、区政府经过进一步调查论证，认为经过今后10年的努力，是能够初步建成"花园式文明区"的。1991年6月，区委、区政府制定了《十年初步建成'花园式文明区'的实施意见》。意见规定了初步建成"花园式文明区"的总体步骤，并要求各级党组织和行政领导以此为抓手，推进全区经济社会协调发展。

四、区第六次党代会号召"区街经济上一个新台阶"

1990年8月20日至23日，玄武区召开第六次党代表大会。区委书记李向群受第五届委员会的委托，向大会作了题为《坚持党的基本路线　团结依靠全体人民　夺取玄武区改革与建设的新胜利》的工作报告。报告指出，在广大党员和干部群众的共同努力下，全区经受住了政治上、经济上的严峻考验，度过了艰难的时期，各方面的工作都取得了新发展、新成绩，比较好地完成了第五次党代表大会提出的主要任务。1987年至1989年，工业产值和利润平均每年分别以14.87％和6.78％的速度增长，商业饮食服务业营业额和利润每年分别平均递增23.46％和22.18％，外贸产品出口供货额平均以每年10.72％的速度递增，全区劳务产值（含营业额）和利润平均每年分别增长22.95％和9.22％。区财政收入每年递增22.12％。自1987年开始执行的玄武区经济和社会发展"七五"计划提前2年于1989年底全部完成。

大会认为，当前经济工作正在向好的方向发展，但仍然面临很多困难和问题。遵循1989年11月党的十三届五中全会提出的任何时候都必须从我国的基本国情出发，坚持长期持续、稳定、协调发展的方针，大会要求各级党组织和广大党员在今后的3年中，进一步提高对经济工作的认识，确立全区"一盘棋"思想，自觉地服从于、服务于经济建设这一中心任务；正确理解和处理"经济过热"与适度增长、量力而行与尽力而为的关系。注重经济效益，注重协调发展，注重适应民生需求，进一步振奋精神，齐心协力，开拓进取，扎实工作，推动区街经济上一个新台阶。

根据区第六次党代表大会提出的"区街经济上一个新台阶"的奋斗目标，区委、区政府制定了玄武区经济和社会发展"八五"计划纲要。1991年3月23日区十二届人大二次会议审议通过了这份计划纲要。纲要要求到1995年，工业总产值达10 800万元，比1990年增长40.26％（下列各项经济指标的增幅均是与1990年相比），年均增长7％；工业利润达930万元，增长34.39％，年均增长6％。商业营业额达47 879万元，增长60.24％，年均增长9.8％；商业利润达2 071万元，增长40.79％，年均增长7.1％。建安工作量达2 000万元，增长55.9％，年均增长9.3％；建安利润达100万元，增长33.33％，年均增长6％。出口商品供货额2 710万元，比1990年翻一番，年均增长15％，占全区工业总产值25％。财政收入5 602万元，增长24.37％，年均增长4.5％。

为了达到"八五"经济和社会发展规划的期望目标，区委、区政府强化5个方面工作：一是调整结构，发展规模企业。工业调整产品结构、产业结构和企业组织结构，优化生产要素配置，提高生产组织程度，培育3个年产值在3 000万元以上和一批年产值分别在500万元、300万元以上的企业。商业立足挖潜，加强批发，扩大零售，初步建成4 000平方米的进香河室内农贸市场和玄武区最大的副食品商业中心，增强商业发展后劲。二是借助驻区科技力量，开发、引进新产品、新项目，加快科技进步，提高区属企业的管理水平、技术水平。三是进一步扩大对外开放，加快发展外向型经济。以利用外资为突破口，以自产产品出口为主，调整出口产品的构成和生产布局，扩大出口创汇能力。四是建安业继续在稳中求发展，以"规划点、扩大面、建配套、讲效益"为路径，提高效率。按照"保本微利，搞好服务"的指导思想，搞好综合服务，新建一批住宅小区和在窗口地段建设有一定规模的商业楼。克服困难，解决人均2平方米以下的特困户住房，基本解决人均4平方米以下的困难户住房。五是加强城市基础设施建设，提高城市管理水平，为全市创建国家级卫生城市作贡献。

第八章 加强各级党组织的"三大"建设

在改革、开放、搞活的新形势下,加强执政党的自身建设是一个新的重大课题,也是一项艰巨的任务。党的十二大以后,党中央多次部署对党的思想、作风和组织进行全面整顿,切实加强思想、作风、组织建设。1989年6月下旬,党中央在平息国内政治风波后召开的十三届四中全会上,进一步要求各级党组织在深化改革中不断加强党的领导,密切党与人民群众的联系,聚精会神地抓好党的"三大"建设。玄武区委在省委、市委的领导下,认真进行整党,从加强党性党风党纪教育入手,抓紧惩治腐败,严肃处理违纪党员和不合格党员;深入开展全心全意为人民服务再教育,专项治理群众反映强烈的问题;完善党的日常工作制度,健全党内外监督制度,努力提高广大党员的政治思想素质,提高各级党组织的战斗力,使各级党组织成为推进改革开放和社会主义现代化的坚强领导核心。

第一节 加强党性与严肃党纪

一、持续开展增强党性教育

1984年8月区第四次党代会以后,特别是资产阶级自由化倾向有所抬头以后,区委围绕贯彻执行党的十一届三中全会确定的两个基本点,以抓好党性教育、提高党员的政治素质为重点,通过多种形式的教育活动,要求党员做到"四坚持四模范":坚持"四项基本原则",做遵守政治纪律的模范;坚持改革、开放、搞活,做积极推进改革的模范;坚持艰苦奋斗、勤俭办一切事业,做"双增双节"的模范;坚持"服务群众、服务基层、服务企业",做全心全意为人民服务的模范。区委从3个方面开展活动,对广大党员进行增强党性教育:

中国共产党南京市玄武区历史
（1978-2012）

结合开展"创先争优"（创建先进基层党组织，争做优秀共产党员）和"树形象""为党争光"活动，对广大党员进行党的基本理论、基本路线和基本知识的教育。在1986年和1987年，全区各党支部组织党员收看全国、全市优秀党员事迹报告会录像，重温入党誓词，凭吊雨花台烈士墓，参观中国共产党梅园新村纪念馆，进一步激发党员的革命热情和进取精神。在1988年和1989年，全区各级党组织以治理、整顿、改革、奉献为主题，在全体党员中开展"为国家，为人民，为四化，为南京，为玄武"多作贡献的活动。1989年下半年以后，根据党的十三届四中全会精神，在党员中进行"共产党员要经受住两个考验""新时期共产党员的标准和形象""争做端正党风的带头人"大讨论，针对党员中普遍存在的"三个认识不足"（即：对"和平演变"认识不足，对"阶级斗争一定程度存在"认识不足，对党内腐败问题的危害性认识不足），对党员进行党的性质、党的纲领、党的宗旨和奋斗目标的教育，增强广大党员在政治上的坚定性。经群众推荐和各基层党组织的评选，涌现了一批先进基层党组织、共产党员和党务工作者，对其中表现突出的南京电影机械厂党委、丹凤街街道工委等32个基层党组织和华炳生、郑敬国、丰建宝、马淑敏等92名党员，区委分别授予先进党支部（党委）、优秀共产党员和优秀党务工作者称号，为各级党组织和广大党员树立学习标杆。

结合各项改革和重大活动，进行发挥共产党员先锋模范作用的教育。在坚持"四项基本原则"活动中，区委按照中纪委关于"共产党员要严格遵守党章"通知的精神，重点突出政治纪律教育，强调共产党员必须在政治思想上同党中央保持一致。在"双增双节"活动中，区委在区级机关党员中重点进行争做艰苦奋斗、勤俭节约、反对铺张浪费带头人的教育。1988年8月，中央政治局会议讨论通过了《关于价格改革的初步方案》，决定进行价格改革"闯关"。当时，社会上许多人对物价改革"闯关"还来不及做好心理准备，误以为物价要全面放开，出现了新一轮抢购风潮。在这一关键时刻，区委作出了《关于在物价改革中发挥共产党员先锋模范作用的决定》，要求党员牢记共产党员的历史使命，在这场改革中经得起考验，做好与党共渡难关的思想准备，不允许不顾大局、斤斤计较个人得失，不允许不负责任地乱发议论，不允许带头抢购、套购紧俏商品和敏感商品，不允许做任何有碍于改革的事情，特别不允许区、街机关党员执法人员徇私枉法、弄权舞弊行为的发生。每一个共产党员不仅自己要深刻领会物价改革的重要意义，还要主动做好周围群众（包括家属、亲友）的宣传解释工作，争做改革的积极参与者和支持者，以自己的模范行动为广大群众作出表率。广大党员按照区委"决定"的要求，在思想上、行动上严格自律，守牢党性和党纪底线，不越规，不逾矩。

结合正反两个方面的典型，对党员进行具体化、形象化党性教育。区委充分运用"身边"的先进人物、先进事迹教育党员。区公安分局副局长黄俊时刻以党员的标准要求自己，忠于职守，先后荣立二等功2次、三等功1次、受嘉奖1次，最后因患重病不治而逝世。1988年9月，区委作出了向黄俊同志学习的决定，号召全区党员和区街干部学习黄俊同志忘我工作、克己奉公，献身各项改革和两个文明建设的精神。1989年上半年，区委举办《共产党员先进事迹展览》，展出了全区33名党员的先进事迹，在党员中开展了学先进、树形象、争做优秀共产党员的活动。1990年6月，区委再次举办共产党员先进事迹展览——《奉献在岗位》，在"兢兢业业""心联群众""勇于开拓""余热生辉"4个部分中展出干部群众身边共产党员的先进事迹，5 000多名党员和入党积极分子参观了展览。1991年6月，区委举办了《身边共产党员先进事迹》报告会，进一步表彰和宣传优秀党员先进事迹。在充分发挥优秀党员引领作用的同时，区委还注意解剖反面典型，通报了刘柱基等党员干部在改革、开放、搞活的新形势下，经不住考验，利用职权敲诈勒索、徇私枉法等案件，教育广大党员吸取教训，引以为戒。

二、改革开放形势下的全面整党

随着党和国家工作重点的转移和改革开放的深入，一些党组织和党员干部出现了思想、作风、组织严重不纯和纪律松弛的状况，越来越难以适应改革开放和现代化建设的迫切需要。为了解决党内存在的突出问题，1983年10月，党的十二届二中全会根据十二大的部署，作出了关于整党的决定，开展以统一思想、整顿作风、加强纪律、纯洁组织为基本任务的全面整党，确保党始终成为改革开放和社会主义现代化建设的坚强领导核心。

按照省、市委的部署，从1985年2月区委在区园林所党支部试点开始，到1986年7月止，在为期1年半的时间里，全区19个党委(总支)、191个支部、2 346名党员，分区级机关(包括街道机关)和基层两批，在思想、作风和组织3个方面进行全面整顿。通过学习文件、对照检查、党员登记和检查总结，广大党员普遍受到了一次深刻的马列主义、毛泽东思想教育，党性和党的宗旨教育，坚持"四项基本原则"的教育和改革开放的教育，完成了中央规定的整党基本任务。具体收获表现在 5 个方面：

统一了对坚持"四项基本原则"和改革开放的认识，进一步增强了执行十一届三中全会以来路线、方针、政策的自觉性。广大党员通过系统学习和对比教育，进一步增强了改革意识，明确了新时期党的重心工作转移的必要性和深远意义，进一步清除了"左"的影响和右的干扰，更加自觉地将本部门的工作服从于党的总任务、总目标，为全区上下一致建设有中国特色的社会主义、同心协力振兴玄武提供了可靠的政治保证和思想保证。

增强了党性，端正了党风，密切了党群关系。区委在整党中突出党性教育和理想宗旨教育，广大党员进一步坚定了共产主义信念，想"大"的、干"实"的，精神面貌焕然一新。有的党员奋力扑火负伤仍坚持工作，有的离休党员自费办起文化室，退休不"退党"，继续为两个文明建设作贡献。原先被群众认为表现较差的 53 党员，44 名有了明显进步。区四套班子成员主动对超标住房实行"加租"，清退"红纸包""辛苦费""服装费"，带头纠正新老不正之风。区委经过试点取得经验以后，全区开展"抓党风、促行风、带民风"活动；区街机关开展"职业道德大讨论"；基层单位普遍开展"师德""医德""公德"教育；广大党员争当改进作风和端正行风的排头兵。各级领导和广大党员为群众办实事、解疑难的热情高涨，许多久拖未决的问题得到解决。整党期间，全区各单位党员为民办实事 600 余件，以实际行动密切党群关系，践行共产党员全心全意为人民服务的宗旨。

严肃认真查处违纪违法党员，纯洁了组织。通过彻底否定"文化大革命"的教育，进一步清除了派性的影响，顺利完成了"三种人"的清理工作，做到了"三种人"人员见底、在"文化大革命"中的表现见底的处理结果见底。对违反党纪的党员给予了处分，有 3 名党员受到纪律处分，1 名党员被除名，3 名党员缓登，另有 4 名党员因其他原因不参加登记，保留党籍。

加强了组织建设和对共青团的领导。针对一些领导班子开拓精神不强、发挥新时期党组织的战斗堡垒作用认识不足等问题，区委对各级领导班子进行了调整和充实，优化了党组织结构，改善了班子团结状况，提高了战斗力。区机关党委在整党后期制定了《关于严格机关党组织生活制度》，组织部和纪委牵头落实党委（总支）党风建设责任制。各街道党委努力克服党不管党、党政不分现象，特别是加强对离退休支部的领导，进一步发挥离退休党员的"余热"。各级党组织组织团员青年参加整党学习，发动团员帮助整党，同时加强对共青团的领导，调整团组织领导班子，建立完善团的组织生活制度，加强了党的助手和后备军建设。

推进了改革开放和两个文明建设。区委把整党与改革、开放、搞活，与改进工作作风结合起来，在端正城区工作指导思想、深化街道改革、公益设施社会化、事业单位企业化管理、教育卫生领域改革以及企业实施"改、转、租"改革等方面，都取得了突破性进展。全区经济实现了较大幅度增长，涌现出了一批文明单位和先进个人，计划生育、城市管理等工作创出了玄武特色，获得了国家和省、市的表彰和奖励。

区委经过严格检查和验收，也发现了这次整党中存在的一些问题，主要是：整党的开展和效果不够平衡；在组织处理中存在偏宽、偏松现象；有的单位领导干部批评和自我批评不深不透，团结问题未彻底解决；个别单位被称为"老百姓"党员（指那些没有发挥共产党员先锋、模范作用，把自己等同于老百姓的党员），进步不大。整党结束后，区委及时组织各单位党组织"回头看"，把整党中的不足和存在的问题纳入党的日常工作中加以解决，巩固和发展整党成果。

三、严肃处理不合格党员

在1988年召开的全国整党工作总结会议上，中央领导同志指出，相当一批单位对加强纪律工作不够重视，党纪松弛的现象尚未得到很好的纠正，这种治党不严、纪律松弛、失之于宽、失之于软的情况，必须坚决加以改变。遵循中央从严治党的精神，在整党告一段落之后，区委继续采取有力措施，坚决克服党员领导干部中那种对违背党章和党规党法等歪风邪气现象麻木不仁、听之任之的"好人主义"，患得患失、不敢斗争的个人主义，事不关己、高高挂起的自由主义，以及讲人情不讲党性的庸俗关系，按照党章要求，严格执行党的纪律，严肃处理违纪党员和不合格党员，清除"害群之马"。

从1988年6月开始，区委在市委组织部的直接指导下，在新街口街道工委进行处置不合格党员的试点。区委成立了由区委书记李向群任组长的试点指导小组。9月，区委决定将试点范围扩大至区公安分局党委、南京丝钉网总厂党总支、南京第三十四中学党支部等3个不同层面和类别的党组织。这2批4个试点单位共有58个党支部、681名党员，经过"试点"，处置不合格党员8名，占党员总数的1.2%，其中3名党员被除名，5名党员被要求限期改正缺点和错误。1989年4月，区委在取得经验的基础上，决定用半年时间，结合民主评议党员，在全区各级党组织中分3批进行清除腐败分子和处置不合格党员的工作，进一步改变党员形象，加强党的战斗力。

各级党组织在完成处置不合格党员的工作之后，针对不合格党员暴露出来的问题，继续做党员教育工作和组织整顿工作。首先，抓好廉政教育，制定党政干部廉洁守则，从制度上加强约束力。其次，采取多种形式，公布办事内容和程序，提高工作透明度，为相关党员提高工作效率和为人民服务的水平创造条件。再次，成立监督机构，完善监督机制，把党员和党组织置于群众的监督之下。最后，健全党的组织生活，积极开展批评和自我批评，教育党员必须接受党组织的教育和帮助，增强对非无产阶级思想的免疫力，永葆革命朝气。

区委在案件检查和审理工作中，坚持实行"实事求是，证据确凿，处理恰当，手续完备"的20字方针，特别是注重做好受处分党员的思想工作，坚持治病救人，化消极因素为积极因素。有2名受处分的党员经过组织帮助教育，认真对待自己所犯的错误和正确对待所受的处分，放下包袱，积极工作，得到所在单位群众的谅解和积极评价，其中一位党员还在工作中立了三等功。1988年初，群众来信向区纪委举报一个区属单位的党员领导干部有"经济问题"。区纪委经过调查，没有发现这个党员领导干部违纪，但这个单位的领导班子不团结，经济管理混乱，导致经济严重滑坡。区纪委并没有因为这个党员领导干部没有经济问题而放手不管，而是把这个单位混乱的原因原原本本地告诉群众，发动群众促进领导班子团结，健全了规章制度，完善了承包方案，实行了风险抵押承包责任制。经过干部群众共同努力，这个单位1988年创利17万元，是1987年利润的14倍，一举实现了扭亏为盈。这个单位党组织和党员在群众中的威望也得到了提高。

在1984年8月区第四次党代会至1987年8月区第五次党代会的3年间，全区立案处理违纪案件10起，处理结案8起，其中4名党员被开除党籍，1名党员留党察看，1名党内警告，免于处分和不予处分各1名。在区五次党代会至1990年8月区第六次党代会的3年间，全区查处党员各类违纪案件143件，立案查处30件，对23名党员实施了纪律处分，其中开除党籍4人，留党察5人，撤销党内职务1人，严重警告和警告各6人，免于处分1人，立案查处案件数和处分党员数均是1984年至1987年的3倍。在1987年8月至1990年8月间查处的党员中，党员干部17名，占被查处党员的74%；在立案查处的案件中，涉及经济问题的有16件，占立案查处案件总数的53%，对犯有经济问题的14名党员实施了纪律处分。从区第四次党代会到第六次党代会的 6 年，是改革开放以来，区委清除党员队伍中"害群之马"的决心和力度最大、效果最为明显的 6 年。

第二节 加强党的制度建设

一、完善党的日常工作制度

区委在加强党性教育，不断提高党员队伍政治思想素质的同时，加强制度建设，强化制约机制，严格党的组织生活，以保证党内民主的正常开展，保持党内思想统一，步调一致，适应改革开放新形势、新要求。

1988 年初，根据党政职能分开的要求和党的十三大规定的地方党委的 5 项职责，区委常委会专门拟定了常委工作职责、区委议事规则、表决制度、民主生活会制度、民主协商对话制度、常委会会议制度等制度，加强对常委一班人的监督和制约，坚持和强化党的集体领导，防止"一言堂"。在 1988 年和 1989 年两年中，区委和全区各级党组织根据市委组织部的有关要求以及党组织自身建设的需要，组织力量进行广泛调查研究，在原先制定的"三会一课"制度和党员考评制度等 11 项制度和工作程序基础上，建立和健全了党建工作的责任制度、例会制度、联系点制度、经验交流制度、党员责任区制度、党员活动日制度、外出党员管理制度、党员干部培训制度和党建工作检查考核制度等制度。这些制度基本上涵盖了基层党组织党建工作的各个方面，进一步提高了党建工作的制度化、规范化水平。

为了推进各项制度落到实处，区委编写了《支部书记工作手册》，举办了党支部书记岗位培训班。从 1988 年 11 月到 1989 年 12 月，区委组织部和区委党校联合举办了 3 期、有 99 名基层党支部书记参加的培训班。在每期 2 个月的培训时间里，开设了"中国特色的社会主义概论""党的建设""思想政治工作""领导科学""干部写作知识"等课程和支部工作业务知识讲座，帮助党支部书记提高政治水平、理论水平和实际工作能力，增强落实和执行各项制度的能力。1989 年 12 月，区委召开党建工作制度建设经验交流会，商讨和解决落实制度过程中遇到的问题。1990年 7 月，区委成立了党建研究会，针对改革开放以来党建工作遇到的新情况、新问题进行理论探索和交流实践经验。

1991年，区委根据各项制度的执行情况，修订了《加强企业党组织建设的意见》《加强中小学党组织建设的意见》和《加强机关党组织建设的意见》，指导这3个系统按照各自不同的要求和重点开展党的工作，更好地发挥党组织的战斗堡垒作用。

1991年3月，区委撤销了教育局、城建局、商业局、卫生局4个局的党委和粮食局、工业公司、房产经营公司3个单位的总支委员会，在全区各系统组建了党的工作委员会。在各系统工委组建以后，区委立即制定了系统工委的《工作职责》《议事规则》和《工作制度》。《工作职责》规定，系统工委担负对本系统行政、业务工作中的重大问题进行研究、讨论及决策，抓好本系统的思想政治工作和精神文明建设，抓好本系统基层党组织的政治、思想、组织、作风建设，以及负责对本系统干部的教育、考察、任免、奖惩等10个方面的职责。工委《议事规则》作出了5项规定，规定系统工委会一般每半月召开一次，每次会议必须有半数以上的委员参加；必须坚持民主集中制的原则，决定重大问题时要进行表决；一经作出决议、决定，按照集体领导下分工负责制的原则，认真贯彻执行。工委《工作制度》规定每个系统的工委都必须实行集体领导制度、党建工作目标责任制度、党建工作检查考核制度、党建联系点制度、党建工作经验交流制度和工委会议决定事项的检查落实制度等8项制度。通过3个文件的实施，区委力求在系统工委这个新组建的一级组织开始运转的时候，就实行制度化、规范化操作，保证工作效率和工作质量。

1988年，区委按照市委"积极审慎，平滑过渡，循序渐进"的要求，顺利进行了市、区属企事业单位党组织属地管理的交接工作。1988年5月，区属企事业单位党组织在试点的基础上，除了9所中学、区教师进修学校、玄武医院、绿化所、市政所、环卫所的党组织归区委组织部领导以外，原隶属于7个行政主管部门党组织领导的101个党组织、862名党员分别划归7个街道工委领导（1988年3月已撤销街道党委，成立街道工委），同时撤销了7个行政主管部门的党组织。市属企事业单位党组织属地交接工作于7月开始，分3批进行，到年底原隶属于市工交、城建、财贸、农工部党委（党组）的55个党组织（其中16个党委、10个党总支、29个党支部）的4 201名党员全部划归给区委领导。为了加强对新归属单位党组织的领导，区委组织部成立了组织员办公室和直属工作委员会。1989年，区委组织部又接受了市属企事业单位16个党组织、710名党员，实行属地化管理。1991年2月，按照市委的安排，由市下放到区里管理的70个市属企事业单位的党组织关系交回市里管理。

二、健全党内外监督制度

1987年召开的区第五次党代会强调，为了巩固和发展整党成果，各级党组织必须切实担负起监督的职责。区委认为，在新的历史条件下，我们党正经受着执政和改革开放的双重考验。从总体上说，党是能够经得起种种严峻考验的，但这些年来也确实有少数党员经不起考验，使党的形象受到损害，在群众中造成极坏的影响。为保证各级领导权掌握在忠于马克思主义的人手中，保证党的政治路线的贯彻执行，防止各种违法乱纪现象的发生，使党的组织成为坚强的战斗堡垒，就必须强化党内外监督机制，通过各种途径，使各级党组织和广大党员置于党和群众的监督之下，自觉地与党中央在思想政治上保持一致，自觉遵守党纪国法，密切与广大群众的联系。

区委在要求各级党组织和广大党员接受上级党组织考核、加强领导班子日常工作和民主生活中的互相监督、接受纪检部门的党纪监督和所在支部党员监督的同时，总结和推广了基层党组织和广大干部群众在实践中创造的3种监督机制和监督制度，提高党内外的监督效能：

党员思想工作汇报卡制度。从1987年起，玄武医院党总支为了加强对党员的教育管理，试行党员定期填写"思想工作汇报卡"的做法，规定党员向党组织汇报思想，汇报同群众谈心、为群众办事、听取群众意见的情况，受到党内外的一致好评。南京市委书记获知这一做法后批示："这是一个增强党性观念的好办法，请玄武区首先推广。"区委组织部系统总结了玄武医院的经验。6月9日，区委决定在全区各级组织推广这一制度。区第五次党代会肯定了这项制度。

党员责任区制度。1989年新街口街道工委按所属412名党员所分管的工作范围，划分责任区，要求党员在责任区内做好宣传党的方针、政策，带头完成工作任务，帮助群众解决困难，培养要求入党积极分子等5个方面的工作。街道工委定期对党员的工作情况进行讲评、总结和表彰。责任区制度的推行，为充分发挥党员先锋模范作用搭建了新的平台，加强了党同人民群众的联系，增强了党组织在群众中的凝聚力和吸引力，也更便于党组织和广大群众的监督。1990年4月12日，区委批转区委组织部制定的《关于开展党员责任区活动的意见》，要求全区各基层党组织结合本单位实际制订实施细则，按照党员不同岗位，划分责任区，明确每个党员的职责。4月13日，区委召开全区开展党员责任区活动经验交流大会，这一活动的开创者——新街口街道工委和开展这一活动取得显著成效的南京电影机械厂党组织分别在会上介绍了经验。

民主评议党员制度。从1987年起，区委在城建局、商业局、区机关和玄武门街道4个党委试行民主评议党员并取得经验的基础上，有步骤地在全区推行民主评议党员制度。评议突出3个重点：一是对改革的态度，二是廉政情况，三是坚持党性原则和执行纪律的情况。通过党员自我评价、组织考察和党内外群众评议，肯定成绩，找出差距，制定措施，限期改进。玄武区的做法得到了省委、市委组织部门的肯定。1988年中央下发了《关于建立民主评议党员制度的意见》，要求全党基层组织普遍实行民主评议党员制度。根据意见要求，区委将民主评议党员的做法制度化，规定每年评议一次。1989年全区各级党组织分3批完成对805名党员评议工作，评出优秀党员564名，占70%，不合格党员38名，占0.5%。各单位对不合格党员重点进行了帮助教育，并给予组织处理：除名9人，限期改正29人，取消预备党员资格1人，受党纪处分4人（其中开除党籍1人，严重警告1人，警告2人）。1990年民主评议党员工作进一步推开，全区610个党支部、8 331名党员参加评议（包括市属企事业单位党组织实行属地管理后增加的党员），处置了6名不合格党员，其中除名2名，限期改正3名，劝退1名。1991年，根据市委组织部意见，评议与党员目标管理结合起来，将目标考核列入评议内容。参加评议的党员3 559名，占全区党员数的97%。2 131名党员参加"评格"（离退休党员按规定不参加"评格"），其中评为合格的2 120名，基本合格的4名，不合格的2名，暂不定格的5名。实践说明，一年一次的评议，是加强对党员的监督和管理，促进党员加强党性观念，纯洁党的队伍，保持党组织的先进性，增强党组织的战斗力的有效措施。

三、制定居委会党建制度

居民委员会是城区工作的最基层组织，所承担的社会任务越来越繁重。随着城区改革的不断深化和城市人口老龄化、离退休及退职的党员逐年增多，居委会党支部建设在党的建设中的地位越来越重要。但据区委组织部1990年初对7个街道的调查，近年来居委会党支部建设的"弱化"现象严重，在党组织建设中普遍存在"摆不上位置""配不上干部""任务不明，职责不清"等问题，直接影响了党组织同广大居民的密切联系，影响了党组织在稳定社会和社区两个文明建设中发挥应有的作用，已经不能适应形势发展的客观要求。

根据党的十三届四中全会关于加强党的建设的要求和市委组织部 1986 年提出的"以居委会为单位建立党支部"的工作部署，区委决定加快步伐，在全区"尽早实现党支部建在居委会上"的目标。1990 年 5 月，区委转发了区委组织部《关于加强居委会党支部建设的意见》。意见规定：一是严格执行市委组织部关于退休的工人党员，除本单位留用的以外，其党组织关系均应转到居住地街道的规定，以充实和增强居委会党支部的党员的力量。二是明确居委会党支部的 4 项基本任务，即：组织学习宣传党的路线、方针、政策和国家的宪法、法规；抓好党员的日常管理；指导居委会做好与居民利益有关的公共卫生、计划生育、优抚救济和青少年教育等项工作；指导居委会做好群众的思想政治工作和精神文明建设。三是居委会党支部建立和完善党员活动日、"三会一课（党小组民主生活会、支委会、支部大会和党课）"、民主评议党员、建立党员责任区（党员联系居民户）、党员定期汇报思想和好人好事登记等 10 项工作制度，规范居委会党支部的日常工作。四是街道工委加强对居委会党支部的领导，创造条件在居委会单独建立党支部，在居委会的正副主任中选配一名党员兼任党支部书记，并设法为居委会党支部提供一定的工作条件和提高专职支部书记的物质待遇。

党支部建在居委会制度在全区落实，党在居委会的力量得到了大大加强。到 1990 年底，全区 86 个居委会中，居委会党支部由原来的 55 个增加到 77 个，在新增的 22 个党支部中，单独支部 13 个、联合支部 9 个。各支部围绕居委会的工作制定了便于居民党员活动的规章制度，如《居民党支部组织生活制度》《居民党支部书记与居委会主任例会制度》《党员联系居民（户）制度》和《党支部目标责任制》等等。居委会党支部的活跃，发挥了党组织在社区工作中的战斗堡垒作用，为居委会各项工作的顺利完成提供了保证。全区 30％的离退休党员担任了居委会主任、居民小组长、调解委员等职务，成了居委会的工作骨干。锁金村街道和兰园街道的各个居委会党支部开展"一人一职"活动，每位离退休党员自愿选择一项力所能及的社会工作，在"关心下一代""创建卫生城市""抗洪救灾""社会治安""调解居民家庭矛盾"等工作中贡献"余热"，既帮助居委会服务了群众，又彰显了老党员的精神风貌，赢得了居民的赞扬。

玄武区在全区推行"党支部建在居委会上"制度的做法和经验，得到了上级党组织的肯定。中央组织部办公厅在 1990 年第 61 期《组工信息》上，以"南京玄武区提出加强居委会党支部建设的意见"为题,对玄武区的做法作了专题介绍;同年《组工信息》增刊46期介绍了玄武区街道离退休党员发挥"余热"的情况。太平门居委会党支部发挥党员作用的经验和党员为居民排忧解难的事迹,由南京市委政研室《调研参考》以"桑榆未晚夕阳红"为题,向全市作了介绍。

第三节 加强党的作风建设

一、开展全心全意为人民服务再教育

党的十三届四中全会前后,党中央领导同志多次提出要抓紧惩治腐败,聚精会神地抓党的建设,做几件使人民群众满意的事情。1989年7月28日,中共中央和国务院作出《关于近期做几件群众关心的事的决定》,从党中央和国务院的领导同志做起,在制止腐败和带头廉洁奉公、艰苦奋斗方面做7件事。决定给了区委极大的鼓励和促进。按照省委、市委部署和要求,参照《市委、市政府决定近期做十件群众关心的事》的精神,区委、区政府于8月7日作出了近期做好按中央要求清理、整顿公司,严格禁止用公款请客送礼,区领导和中层干部不得利用职权为子女、亲友在升学、就业、工资调整、职称评定等方面谋求特殊照顾,党政机关和事业单位不得违反规定滥发奖金、补贴和津贴,坚决纠正在住房问题上的不正之风,抓紧查处贪污受贿、弄权勒索、徇私枉法、投机倒把等大案要案等方面群众关心的实事的决定,并要求从领导机关、领导干部做起,作出表率,各级党政"一把手"对"一班人"负责,各级领导班子对本单位干部的廉洁负责,务求做出成效,进一步推进全区廉政建设,以取信于民。

1990年3月,十三届六中全会通过的《中共中央关于加强党同人民群众联系的决定》,要求各级党组织进一步拓宽联系群众的渠道,解决群众反映的突出问题。5月30日,区委下发深入学习六中全会决定的意见。意见指出,加强党同人民群众的联系,是从根本上加强党的建设,对保持国家和社会的稳定具有十分重要的意义。意见要求结合学习毛泽东同志的《共产党员在民族战争中的模范作用》《关心群众生活 注意工作方法》《整顿党的作风》《为人民服务》,《马克思、恩格斯、列

宁、毛泽东、邓小平论群众观点》和邓小平同志的《加强思想政治工作团结一致稳定前进》，以及在第七届全国人民代表大会第三次会议上的政府工作报告《为我国政治经济和社会的进一步稳定发展而奋斗》等文章，深刻领会决定精髓，在全区开展一次马克思主义群众观点和党的群众路线的再学习、再教育。

区委认为，加强党内人民群众的联系，既是一个理论问题，更是一个实践问题，各级干部要把学到的东西运用到实际工作中，落实在自己的行动中。区委向各级党组织和广大党员干部提出4项要求：一是要像焦裕禄那样工作和生活，用自己的行动密切党同人民群众的血肉联系，切实改进领导作风，经常深入到群众中去，倾听群众的意见和呼声，关心群众的疾苦，下决心改掉身上的官僚主义、主观主义、形式主义等不良习气。二是要带头搞好廉政建设，时时处处用党员标准要求自己，用党的纪律约束自己，带头惩腐倡廉。三是要深刻认识到手中的权力是人民给的，必须勤勤恳恳地为人民掌好权、用好权，廉洁奉公，勤政为民，扎扎实实地为群众办实事，真正为群众解决一两个实际问题。当前要特别安排好停产、半停产企业职工的生产和生活，做好待业人员的安置工作，努力把各种矛盾解决在基层，解决在萌芽状态。四是要深入生产第一线，与工厂企业的干部、群众一道，分析经济工作中面临的突出问题，研究对策，落实措施，挖掘潜力，调动各方面的积极性，千方百计把工业生产搞上去。

全区广大党员干部深刻领会六中全会决定精神，提高了为群众办实事的自觉性和责任感，提高了办实事的工作效率。区委和区人大、区政府、区政协四套班子的12名领导干部，带领30多名机关干部，组成8个工作小组，分别到居民小区、工厂、学校、街道、菜场等基层单位蹲点，听取群众意见，抓热点、抓重点、抓难点，帮助基层单位解决实际困难。区委、区政府机关各部门也组织人员分别排查、梳理本部门、本单位在党群关系和干群关系方面存在的问题，列出清单，限时限刻逐一解决。

二、专项治理群众反映强烈的问题

连续几年的城区开发，改善了城区面貌，受到广大干部群众的拥护，但区委、区政府也发现区机关少数单位和一些执法人员在城区开发中以权谋私，有的搞"空挂户口"捞取住房，有的凭手中的职权要挟开发部门给房，有的以小房换大房，损害了党政机关和执法部门的形象，损害了党群关系，妨碍了开发建设的正常进行，在社会上产生了恶劣影响。

区委、区政府在摸清情况的基础上，于1990年9月下发了《关于加强城市开发管理监督的暂行规定》和《关于在城区开发中端正行风 加强廉政建设的通知》，果断地开展专项治理。通知明确规定：区机关、街道工作人员，派出所干警不准利用工作之便，在开发地段空挂本人或亲友的户口。各派出所要严格户口管理制度，任何个人不准利用工作之便私自批报"空挂户"，凡已报上的"空挂户"立即自行纠正。各开发地段内新增的户籍，有关派出所应作重新审核，符合规定的，由房管部门和开发部门办理手续。区、街机关干部和公安干警的住房困难应按正常渠道解决，对确有困难需在开发拆迁中予以照顾的，应由主管部门统一掌握报区住房审核小组批准后才能办理。不得利用拆迁之机多要房。对少数人的不合理要求，开发部门和房管部门应予拒绝。对违反以上规定者，给予批评或党纪、政纪处分。

经过严格清查，全区查出"空挂房"37套，并查出了乘机用公款为领导干部购买住房和装修住房的问题。所有"空挂房"和为领导干部购买、装修的住房，均按政策规定进行处理，相关干部退出公款5 000多元；对其中2名责任人员，分别给予党纪、政纪处分；对谋取"空挂房"问题严重的香铺营街道干部，在全区范围内通报批评，限期纠正错误。

区委、区政府在对城区开发中的以权谋私问题实施专项治理前后，还根据1989年在开门评议机关活动中群众反映比较集中的少数领导干部安插亲属工作、一些单位乱发钱物、公车私用、私设"小金库"等4个"热点"问题，组织力量逐个进行专项清查。对其中问题调查核实以后，坚决予以纠正。一是查清了7个街道、区机关5个部门和劳务公司的136名领导干部安排亲属的问题，对其中10名干部违反规定安排的亲属、子女，全部予以清退；对个别领导干部为亲属获取的不合法收入按规定退回，向群众公布其错误，并将针对此类问题制定的规定通告全区，以杜绝今后。二是由监察、财政、审计等部门对区机关61个行政事业单位的预算外资金（包括"小金库"）进行清查，所乱发的钱物查实后全部收回，并针对问题制定了相应的管理意见。三是清查机关各部门和街道公用轻骑、摩托车的使用情况。有的街道违反财务制度，擅自购买车辆，有的街道负责人把公车变为私用，有的把公车低价转卖给个人。区委、区政府除了责成相关街道主要负责人向区政府作书面检查以外，低价转让给个人的公车一律按原购价补齐车款，共补交车款3 000余元。

区委、区政府坚持不懈地进行专项治理，一项一项地回应群众的诉求，纠正了一些干部的错误行为，重申和制定了相关纪律、规定，教育了少数以权谋私的干部，有效地制止了不正之风，推进了廉政建设，得到了广大干部群众的认同。1989年10月和1990年2月，由全国人大代表组成的廉政建设考察团和江苏省廉政建设检查组先后到玄武区考察和检查后，都对玄武区的廉政建设给予了较好的评价。

三、创建良好的民生"小环境"

区委在新的历史条件下学习贯彻十三届六中全会《关于加强党同人民群众联系的决定》，进一步增强了全心全意为人民服务的观点，更坚定把搞好为人民服务作为一切工作的根本出发点和落脚点。区委要求区、街、居民委员会各级组织在大力发展经济的同时，创造条件，办实事，办好事，在力所能及的范围内，通过"六抓"，为人民群众生活营造良好的"小环境"。

抓市场。1988年以来，市场出现波动，供应工作难度较大。按照中央、省、市的要求，区委、区政府把市场供应工作摆在突出位置。在区委、区政府的领导和部署下，副食品公司、燃料公司和糖、烟、百货公司、粮食系统发挥主渠道作用，大力组织货源，确保了蔬菜、粮食、食盐、食糖、煤基、火柴、肥皂、卫生纸等居民日常生活必需品的正常供应。1989年、1990年，国家出台多种日用生活必需品调价措施以后，区委、区政府大力宣传价格政策，正确疏导社会舆论和市民情绪，密切注意市场动态，一旦发现异常情况，及时采取补救办法，防止抢购和"搭车"乱涨价。1989年12月食盐价格调整，南京市场上出现了抢购苗头并呈蔓延之势，区委、区政府发动商业系统细致安排，依托充足的库存，保证全区34个售盐单位无一脱销。1990年全区查处违价行为和案件940件，入库罚没款52万多元，违价率比上年降低1.79个百分点，维护了群众利益。

抓就业。由于市场疲软，一些企业生产经营困难，就业矛盾重新抬头。区委、区政府加强了对就业工作的领导。经过区劳动部门和各方面的共同努力，把岗前培训、清退计划外用工和安置待业人员等3项工作结合起来，扩大了就业空间。在1989年至1991年的3年中，全区清退3 589人，培训4 077人，安置12 267人。至1991年底，全区持证待业人数为4 786人，其中真正无业的为970人左右，待业率控制在1.5%以下，全区又顺利渡过了一次新的待业高峰。

抓服务。区委、区政府继续发挥区、街、居委会3个层次的积极性，本着少花钱多办事、不花钱也办好事的精神，积极为居民安装管道煤气，解决道路、自来水、厕所和清运垃圾等社会生活设施问题，提供家务劳动和搞好为军人家庭以及老、幼、残人员等方面的服务，进一步消除群众的后顾之忧。1991年，区委、区政府决定在7个街道建立"一个中心"（3年内建立区级社区服务中心，各街道建立街道社区服务中心），抓好"两个阵地"（以已有的福利设施为阵地，抓好升级创优，3年内三分之一达市颁一级标准；以居委会为阵地，普及推广包护服务、监护服务、挂牌服务和互助服务，每个居委会都建立便民服务站，每个街道建立一个居委会实体社区服务站），实行"五个结合"（重点服务与一般服务相结合、集中服务与分散服务相结合、专业服务与互助服务相结合、民政福利设施与驻区单位公益设施相结合、无偿服务和有偿服务相结合），进一步扩展为民服务的范围，提升服务的质量和水平。

抓平安。区委、区政府强化治安管理手段，在城郊接合部、新火车站广场、公园和舞厅、咖啡馆等治安情况比较复杂公共场所，组织由区公安分局治安队、巡警队、派出所划片巡逻和治安联防定点巡逻相结合的防范网络。在交通要道、易发案地区设立11个夜间治安岗亭，通宵盘查可疑人员，治安岗亭民警与各派出所组织的358名联防人员和1199名义务安全员相配合，形成了由线到面的层层防范网。发动和教育群众提高自防能力，丹凤街、玄武门、新街口、兰园、后宰门派出所在居民区开展推广防盗门、防撬锁、防撬卡等技术防范活动，预防刑事犯罪。1989年全区破获刑事案件319起，1990年破获685起，1991年破获1 412起，有效地保卫了社会的安宁。

抓灾后民生。1991年6月，南京市遭受了特大暴雨袭击，全区出现8处较大险情。面对突如其来的自然灾害，区委、区政府一手抓防汛，一手抓生产和供应，确保群众生命、财产安全和正常生产、生活秩序。区四套领导班子成员带领6个工作组深入基层，了解灾情，在现场组织指挥防汛抢险。全区出动抢险人员2万人次，紧急疏散险房居民168户，帮助43户居民搬出城墙危险地段。抗灾期间，蔬菜日供应量保持在3万公斤以上，豆制品比平常增加一倍，煤基日生产量达8万只，12个煤基销售点无一脱销，确保了群众生活需要。

玄武区委带领各级党组织和广大党员干部不等不靠，在大环境一时难以有效改变的情况下，为民生构建良好"小环境"，体现了全心全意为人民服务的主动精神。区第六次党代会肯定了构建"小环境"的做法，并把这种主动精神列为搞好玄武区各项工作、推进经济和社会发展的主要经验之一。

第三编
初步建立社会主义市场经济体制

(1992年3月至2002年10月)

【本编提要】 1992年初邓小平南方谈话以后，同年10月党的十四大作出的"确立邓小平建设有中国特色社会主义理论在全党的指导地位""明确我国经济体制改革的目标是建立社会主义市场经济体制""要求全党抓住机遇，加快发展，集中精力把经济建设搞上去，推动社会全面进步"等3项重大决策，在改革、发展重大问题上为各级党组织和广大干部群众冲破传统观念的束缚和"左"的思想障碍提供了强大的精神武器，全区掀起了改革开放以来第二次思想大解放热潮。区委调整整体工作思路，确立新的建设定位，加速发展区街经济，积极鼓励私营经济进入市场竞争，加快企业经营机制转换和推进产权制度改革，大力培育社会主义市场经济体系，实施"科教兴区、市场兴区、共同发展"三大战略，做大做强区域经济，推进小康社会建设。在提前、超额完成"八五"计划和"九五"计划的基础上，按照党的十五大精神，区委制定了"十五"计划和跨世纪富民强区的奋斗目标。1999年7月召开的区第八次党代会认为，这一时期全区思想观念大解放、经济实力大增强、区域环境大改善、精神文明建设水平大提高、党的建设大加强,是玄武区历史上发展速度最快、经济效益最好、区域环境改善最为显著、特色工作影响最广的时期。

第九章 把握机遇,加快发展

在邓小平南方谈话和党的十四大精神的指引下,区委带领各级党组织和广大干部群众树立了"发展才是硬道理"的观点,把"经济发达、服务一流、现代文明"作为玄武区的建设定位,提出了"顾全大局,求真务实,争创一流"的玄武精神,制定了"四加快四促进"的发展思路。区委加强对经济工作的领导,用足、用活、用好经济政策,营造有利于加快发展的内外环境。调动各方面力量,把发展第三产业和发展外向型经济列为区街经济的新增长点。以"科技是第一生产力,是推动经济社会发展的第一力量"的思想为指导,进一步依托"三大"(即驻区大专院校、科研院所、大企业)推进科技进步,提高区街发展的效益和运营质量。加大市政建设力度,提升城市管理水平,强化社区服务功能,增强市民生活的幸福感。广大干部群众精神振奋,全区经济和各项事业发展进入了快车道,1991年区人大通过的"八五"计划提前2年在1993年底全面完成。

第一节 解放思想,拓宽发展思路

一、学习贯彻邓小平南方谈话和十四大精神

进入20世纪90年代,国际、国内局势发生巨大变化,东欧剧变,苏联解体,国际共产主义运动出现低潮;国内有些人对改革开放产生疑虑,担心搞市场经济、发展非公有制经济会导致资本主义,改革开放面临严峻考验。1992年1月18日至2月21日,邓小平视察武昌、深圳、珠海、上海等地,发表了重要谈话,科学地总结了十一届三中全会以来的实践和基本经验,从理论高度回答了困扰和束缚人们思想的许多重大认识问题。1992年10月12日至18日,党的十四大召开,确立了邓小平建设有中国特色社会主义理论在全党的指导地位,号召广大干部群众夺取有中

国特色社会主义事业的更大胜利。按照市委部署，区委迅速掀起学习贯彻邓小平讲话精神和十四大精神的热潮。

1992年中央二号文件（即邓小平南方谈话）下发以后，区委于3月10日召开全区党员领导干部大会进行传达、学习和讨论。大家认为，邓小平南方谈话吹响了新一轮改革开放的号角，不仅对当前的改革和建设，而且对整个社会主义现代化建设事业都具有十分重大的意义。为了统一广大党员和干部群众的思想认识，区委常委和其他领导干部20多人在抓好自身学习的基础上，到基层宣讲中央二号文件精神。区委宣传部编写了4讲宣讲材料印发给全区200多个基层党支部，组织和促进基层单位学习。区委随后又召开理论研讨会，在全区机关干部中开展为期2个月的"解放思想、加快发展玄武"的大讨论，要求全区各级党组织和党员干部在讨论中边学习、边总结、边理清思路，结合本部门、本单位实际，深入学习、思考，与先进地区比，分析研究玄武区在深化改革、扩大开放和经济发展方面存在的薄弱环节，找出在思想认识、政策措施、运行体制和机制等方面的差距，认清和解决好4个问题：查一查是不是真正牢固树立了以经济建设为中心的思想；是不是真正集中精力抓经济建设；有没有求稳守业、因循守旧、安于现状、消极畏难思想；领导班子有没有形成抓经济工作的合力。大讨论，找差距，推动各级领导班子和广大党员干部进一步解放思想，更新观念，拓宽工作思路。

党的十四大以后，区委通过多种渠道将十四大精神传达到全体党员干部群众。10月30日，区委召开全区党员干部大会，由区委书记赵大平谈学习十四大精神的初步体会。12月21日，区委批转区委宣传部学习贯彻十四大精神的意见，要求从"14年的改革开放实践的基本经验""建设有中国特色社会主义理论""九十年代改革和建设的主要任务""建立社会主义市场经济体制""加强党的建设和改善党的领导"等5个方面深刻领会十四大精神，并在思想认识上"四破四立"：从书本教条和照搬外国模式中摆脱出来，树立实事求是、走有自己特色道路的观念；从计划经济姓"社"、市场经济姓"资"的桎梏中摆脱出来，树立起建立社会主义市场经济体制的观念；从宁"左"毋右的思想束缚中摆脱出来，树立以"三个有利于"作为判断是非得失的观念；从求稳怕快小生产观念中摆脱出来，树立以经济建设为中心，抓住有利时机，加快发展的观念。

通过学习和讨论，全区广大党员和干部群众认识到小平同志的重要谈话和十四大总结和概括的建设有中国特色社会主义的基本实践和基本经验，把多年来一些搞不大清楚的问题讲清了，讲透了。有些干部说，区委这次组织学习和讨论，是大家思想上的一次再解放，基本路线的一次再教育，改革开放的一次再动员，加快经济发展的一次再推进。全区各级组织理清了加快发展的思路，认识到目前正处在深化改革、扩大开放、加快发展的关键时期，是玄武区经济上规模、上水平、提效益的有利时机，增强了加快发展的紧迫感，形成了加快发展的新合力。

二、全区经济"四加快四促进"

1992年5月3日，区委、区政府出台《关于学习贯彻中央二号文件精神 加快我区经济发展的意见》。意见确定，以"三度"（加大改革力度，扩大开放程度，加大发展速度）为目标，重点抓好"四加快四促进"，即：加快重点企业产品结构调整，促进区街工业发展；加快"三外"（外贸、外资、外经）发展步伐，促进外向型经济发展；加快市场建设，促进第三产业发展；加快城市开发，促进综合效益提高。争取到1995年全区经济总量比1990年翻一番，今后三四年再上一个新台阶。

围绕实现新思路和新的目标任务，区委、区政府采取了5项措施：

继续进行思想大发动。从机关到基层各级干部紧扣本系统、本部门、本单位改革开放和经济建设中的实际问题，深入学习中央二号文件，进一步解放思想，促进"四破四立"（破求稳怕乱思想，立敢闯敢创思想；破消极畏难思想，立敢为人先思想；破等待观望思想，立自找压力思想；破怕讲速度思想，立再上新台阶思想），引导广大干部群众牢牢把握玄武区经济发展的新机遇。

加强对经济工作的领导。区四套班子用主要精力抓好区街经济，每位领导干部在抓好分管工作的前提下，都参与重点项目建设。全区26个重点项目，由区四套班子领导分工负责，并从机关各部门抽调122名干部，组成26个小组分别与各重点项目挂钩，及时解决这些重点项目实施过程中的问题。区政府将加快经济发展的各项任务分解到各部门，承担任务的部门制定完成任务的配套措施和实施细则，确保各项任务的完成。

改进领导方法，实行分类指导。对重点项目、重点企业、重点产品，分别在财力、技术、设备、场地等方面适当倾斜。1994年区政府颁发的《关于促进工业企业上规模，实施分类管理意见（试行）》，以8个重点企业为支柱，实施"二四二工程"（力争2个企业产值达1 000万元，4个企业产值达500万元，建成2个出口创汇企业），强化对重点企业的扶持。鼓励街道企业和小型企业与全市"电""汽""化"

"特"企业挂钩,生产配套产品,融入全市发展经济的大战略,开拓企业发展空间。

用足、用活、用好现行政策。为了调动街道和企业加快经济发展的积极性,区委、区政府召开区第七次街道工作会议,着重研究解决街道劳务企业的生产经营、管理体制中存在的问题,增强街道综合管理、综合服务功能,进一步落实区委、区政府1991年制定的搞活企业、提高经济效益的24条措施。开辟人才流动渠道,借用、聘用驻区大专学校、科研单位、大型企业富余科技人员到街道任科技副主任,到工厂任科技副厂长,加快科技成果转化为生产力,变玄武区科技力量雄厚的潜在优势为现实优势。支持和鼓励区相关部门打破条条框框,制定优惠政策,扶持区街企业,加快经济发展。

为企业营造有利于加快发展的内外环境。区委、区政府要求各级党组织和领导班子坚持"两手抓""两手都要硬",加强社会主义精神文明建设,加强新形势下的思想政治工作,加强民主法制建设。区公、检、法、司等部门协同作战,开展打击刑事犯罪专项斗争,维护社会稳定,为经济建设保驾护航。区委、区政府组织72名区机关干部深入基层,深入实际,主动为基层和企业排忧解难。区人大、政协发挥自身优势,围绕发展区街经济开展调查研究,献计献策。

三、提前两年实现"八五"计划

1991年3月区人大第十二届二次会议通过《玄武区经济和社会发展"八五"计划纲要》(简称"八五"计划)以后,区委、区政府以邓小平南方谈话精神和党的十四大精神为指针,带领广大干部群众解放思想,扎实工作,全区经济和各项事业都取得了较大发展。1990年至1993年,全区工业产值和利润平均每年分别递增22.6%和5.7%,商业营业额和利润平均每年分别递增30.6%和22.5%,建安业工作量和利润平均每年分别递增33%和33.6%,劳务经济总量和利润平均每年分别递增23%和4%,区财政收入每年递增19.08%。提前2年40天实现了"八五"计划。

1992年5月,区委、区政府按照新的发展思路,从全区经济和各项事业发展都超过预期的实际出发,决定调整"八五"计划,制定新的发展目标。与1991年的《玄武区经济和社会发展"八五"计划纲要》相比,新调整的"八五"计划的主要经济指标均有大幅度提高。到1995年"八五"期末,新计划要求全区工业总产值由原来的10 800万元提高到2亿元,比1990年的增长幅度由原来的40.26%提高到

1.5倍，年均增幅由原来的7％提高到20％；商业营业额由47 879万元提高到11亿元，比1990年的增长幅度由60.24％提高到1.2倍，年均增长由9.8％提高到17％；建安工作量由2 000万元提高到3 200万元，比1990年增幅由63.93％提高到1.5倍，年均增幅由6％提高到20％；出口商品交货总额达5 400万元，比1990年由原来翻一番提高到翻两番，年均增长率由15％提高到32％。

在新的目标激励下，广大干部群众精神振奋，全区经济和各项工作连年保持较快的发展势头。1995年全区国内生产总值5.22亿元，社会消费零售额14.51亿元。全区财政收入6 760万元（其中从1994年至1999年按规定不含中央分成收入），比同口径的1994年5 329万元增长12.7％。到1995年末，调整后的"八五"计划提出的主要经济指标基本上都得到了实现。

与第七个五年计划相比较，"八五"期间，5年共实现经济总量79亿元，比"七五"增长了5.2倍，其中：工业产值增长1.7倍，年均增幅25％；商饮服务业营业额增长2.5倍，年均增幅43％；建安工作量增长2.9倍，年均增幅45％；外贸供货额增长5.1倍。财政收入增长20.5％。职工人均收入增长2.6倍。城市开发施工面积累计110万平方米，竣工面积累计达62万平方米，分别比"七五"增长93％和21％。"八五"期间，成了新中国成立以来玄武区经济发展最快、城市面貌变化最大的一个时期。

四、区第七次党代会提出"九五"继续翻一番

1994年7月，玄武区召开第七次党员代表大会。赵大平代表玄武区第六届委员会作了题为《学习理论 解放思想 深化改革 加快发展 夺取玄武区两个文明建设新胜利》的报告。报告认为，从现在起到1999年的5年，是全党全国人民在20世纪末实现社会主义现代化第二步战略目标，人民生活达到小康水平，初步建立社会主义市场经济体制的重要时期。新的形势，新的任务，对全区的工作提出了新的更高的要求。

会议确定了今后5年的基本任务：认真学习建设有中国特色社会主义理论，贯彻落实党的十四届三中全会决定，正确处理改革、发展与稳定三者之间的关系，坚持以经济建设为中心，大力发展第三产业和外向型经济，依靠科技进步，优化产业、产品结构，发展规模经济，努力提高经济效益，推动区街经济持续、快速、健康地发展；围绕建立社会主义市场经济体制目标，加快企业产权制度改革，加快企

业经营机制转换,加快政府职能转变,为企业全面进入市场奠定基础;努力促进各项社会事业的协调发展,加快城市建设步伐,加快住宅和基础设施建设,不断提高综合管理、综合服务水平;加强社会主义民主和法制建设,大力推进社会主义精神文明建设,努力提高全区人民的思想道德素质和科学文化水平,为改革开放和经济建设创造一个良好的社会环境。

大会要求全区各级党组织紧紧围绕今后5年的基本任务,在广大党员、干部中牢固树立四个观点。一是牢固树立发展才是硬道理的观点:以高度的历史责任感,牢牢把握经济建设这个中心,抓住一切机遇,加快发展玄武经济。二是牢固树立市场经济的观点:今后5年是建立社会主义市场经济体制的关键时期,各级党组织和广大党员干部要增强政治上的坚定性,积极支持和投身这一伟大实践,进一步增强竞争意识、市场意识、风险意识,树立信心,知难而上,敢于探索,勇于实践,站稳脚跟,有所作为。三是牢固树立服从改革、发展、稳定大局的观点:改革是动力,发展是目的,稳定是保证,不失时机地推进各项改革,切实做好维护社会稳定的工作,保证全区经济的快速发展。四是牢固树立"两手抓,两手都要硬"的观点:抓经济建设是全党的中心任务,但一刻也不能放松精神文明建设,这是在任何时候、任何情况下都必须坚持的方针,只有精神文明建设搞好了,深化改革和加快建设才有扎实的思想基础。

会议期间,代表们认真讨论并原则同意区委关于制定玄武经济和社会发展"九五"计划的建议,认为区委的建议为区政府制定"九五"计划提供了依据。根据这个建议,全区集中精力,加强领导,采取有力措施,争取在4个方面取得突破:鼓励企业走集团化路子,积极兴建一批产值超千万元的规模企业和企业集团;鼓励国营、集体、私营、个体一起上,逐步建成以"一线四路"为主要框架的发展第三产业的基本格局①;以"减股加速"为指导,积极兴办一批技术含量高、经济效益好的合资企业;结合南京市的整体规划要求,全区城市建设向现代化方向发展,抓紧建设一批跨世纪工程,抓好城市道路拓宽改造工程,完成文德里、估衣廊、环湖别墅、黑墨营等小区的开发建设。经过5年努力,年工业总产值达到3.2亿元,商饮

---

① "一线",指开发毗卢寺、梅园新村纪念馆、煦园、九华山、台城、鸡鸣寺到玄武湖的旅游热线;"四路",指珠江路科技一条街向科工贸一体化、产业化发展,把长江路文化旅游一条街建成既有古都风貌又具有现代特色的人文景观新景区,把以新街口商城为龙头的中山路和鼓楼广场建设工程东片一条街建成环形商业圈,把龙蟠路汽配一条街建成较大规模的汽配专业市场。

服务业营业额达到 22 亿元，建安工作量达到 7600 万元，全区经济总量力争在 1995 年的基础上继续实现翻一番。

第二节　加速发展区街经济

一、优先发展第三产业

改革开放以来，玄武区第三产业有了较大发展，成为区财政的一个主要来源。90 年代初，市委、市政府提出要把南京建设成为国际化大都市，对作为南京市主要城区之一的玄武区的第三产业提出了更高要求；而玄武区的教育文化较为发达，干道窗口、名胜景点多，发展第三产业的领域广、潜力大。区委、区政府审时度势，在 1992 年 5 月决定把第三产业列为区街经济的主导产业，加以优先发展。

根据《中共中央、国务院关于加快发展第三产业的意见》和省、市有关要求，区委、区政府在听取部分市、区人大代表和各部门负责人意见和建议的基础上，于 9 月制定了《关于加快发展全区第三产业的意见》。意见确定以房地产开发为先导，建设一批骨干设施，增强第三产业发展后劲；以科技、文化、旅游为重点，发展智力型和新型配套行业，拓展第三产业领域；以市场建设为中心，培育、发展各类市场，扩大第三产业辐射面；以驻区大单位和社区服务网络为依托，加速服务项目社会化。在继续抓好商业、粮食、饮食、服务等传统第三产业的同时，发挥区域优势，实施"退二进三"战略，大力发展新兴的第三产业，实现第三产业高起点、超常规、跨越式发展。

区委、区政府加强对第三产业的领导，成立发展第三产业领导小组，负责全区"第三产业"的规划指导、管理和服务。领导小组实行目标管理，将《关于加快发展全区第三产业的意见》确定的目标，分解为 5 类 31 个重点项目，由区四套班子领导分工负责，责任到人；区机关部门与重点项目挂钩结对子，并把实施成效作为考核工作业绩的一项重要依据，对作出贡献和成绩显著的部门、单位和个人予以重奖。

区委、区政府优先发展第三产业的决策，迅速变为广大干部、群众的实际行动，兴办第三产业热情高涨：一是出现了破墙开店"热"。区委、区政府制定谁投资、谁所有、谁受益的原则，鼓励国家、集体、个人一起上，区、街、辖区单位一起上，高中低档、大中小规模一起上。引导驻区单位提高黄金市口、干道地段的利用率，兴办第三产业。1993年全区开店93家，新增面积10 043平方米。二是商业网点快速增加。充分利用城市改造的有利条件，在复建房交付、道路拓宽时，建设、改造商业网店。1992年全区新增网点188个，各类有门面的网点达2 318个。1993年新增门面网店420个，1994年网点逐月增加，全年新增网点458个，年末全区有门面网点3 196个，拥有营业面积47 299平方米。三是生产加工企业积极"腾笼换鸟"转型上"三产"。1992年前，驻区范围内有许多工业企业坐落在商业地区和沿干道街面，有的产品无销路、效益不好，有的对周边环境有污染。区委、区政府有计划促使企业转型、搬迁。配合珠江路开发，投资近300万元，将勤俭煤基厂搬迁至中山门外，原址经全面改造，建成了电子电脑专业市场"玄武科贸世界"，既解决了10年未解决的污染问题，又增加了科技商品的专营市场，一举两得。至1994年，全区在城郊建立了17块工业生产基地，安置重点企业36家，腾出区内场地5万多平方米，形成了"城外办工厂，城内建市场"的新格局。四是升级改造农贸市场。城区农贸市场一直是露天经营，为适应人民群众的生活新需求，区委、区政府决定将农贸市场"进棚入室"。1992年4月，区内较大的进香河农贸市场开始改造，至年底这家拥有5 000平方米经营面积和先进监控设备的室内农贸市场建成开业，成为南京市城区内的首家室内农贸市场。到1997年，全区建成总面积约5万平方米的室内集市贸易市场17家。1998年上半年在全市率先实现集市贸易市场入室经营的目标，集贸市场建设和管理水平上了新台阶。

玄武区优先发展第三产业，成效显著。在"优先发展"的第一年，即1992年，区属商业饮食服务业营业额由1991年的5.7亿元上升到7.6亿元，1993年增加至10.3亿元，1994年又增至14.3亿元，连续3年增幅都超过30%。1994年实现利润2 004.9万元，比1991年增加26%。营业额和利润的增幅在全区各个行业中处于领先地位。

二、外贸外资外经齐增长

邓小平南方谈话和党的十四大召开以后，区委、区政府把发展外向型经济作为区街经济的新增长点，实施外资、外贸、外经"三外"齐上战略，鼓励企业积极创造条件参与国际市场竞争。

1992年,区委、区政府结合区情,确定了"发展特色,调整结构,突出重点,强化服务,政策扶持,落实责任"加快外向型经济发展的工作思路,并建立了三级责任制,即:区四套班子领导明确分工,实行重点项目责任制;部门、街道实行主要领导目标责任制;区外经委工作人员实行项目责任制,对外商投资项目从联系洽谈、文件起草、上报审批、领取执照,直至开业投产、形成效益,都由一人负责到底。组织、人事部门将项目成功率、资金到位率、开业投产率、出口创汇率、企业利税率等责任目标的完成情况列为考核干部政绩的内容,增强干部发展外向型经济的紧迫感和责任心。

在实施"三外齐上"的发展战略中,区委、区政府把引进外资作为突破口,大力改善投资环境,提高服务水平和工作效率。

广为招商。从1990年开始,南京市每年都在九、十月举办"金秋恳谈会"。区委、区政府抓住这个有利时机,同时举办玄武区商贸洽谈会,每年组成由副区长任组长的领导小组,宣传投资环境,广交朋友,招商引资。1992年区外经委专门编印《玄武投资指南》,1993年由区政府编印《玄武投资概览》,拍摄电视专题片《金陵景中景——改革开放中的玄武》,全面、形象地介绍玄武区的经济社会状况和投资优惠政策。商贸洽谈会上签约的投资项目逐年增加,由90年代初的20多项增加到1997年的68项,每年立项一批、批准一批、开业一批、储备一批,为加快利用外资步伐打下了良好基础。

"筑巢引凤。"区里拿出好的企业、好的市口、好的路段吸引外资。结合城区规划和建设,区政府为全区第一家合资企业玩具厂建造了1 640平方米的新厂房后,又集中财力在后宰门新建了5层5000平方米的新厂房。协助轻工塑料厂在上五旗村开辟了占地12 000平方米、新建5 000平方米厂房的新厂区,为企业招商引资、扩大生产规模创造了条件。

改善投资软环境。1993年初,区委、区政府在南京市率先推出"减股加速"的举措,减持中方在合资企业中占股比例,让外商占大股。在合资企业新宇房地产公司中,中方主动把所占股份降到30%。在新成立的华威房地产公司中,中方股份只占17%。中方主动减股,调动了外商增资扩资的积极性。与此同时,区政府对外商投资企业实行资金到位、人才安排、厂房调剂、物资供应"四优先"政策;区外经委、工商局、环保、消防、防疫站等部门在金秋恳谈期间都带着公章到会,从审批立项到领取执照，半天内办结成立合资企业的所有手续。教育、房产、公安等部门为客商解决子女上学、租房、户口等问题，解除外商生活上的种种后顾之忧。

亚洲金融危机的负面影响显露以后，面对激烈的国际市场竞争，区委、区政府提出了"乘胜前进迈大步，自加压力争一流"的奋斗目标，制定了"重管理，促效益，巩固提高，稳步发展"的应对策略。在招商路径上，主动出击，走出市门，走出国门，变坐商为行商，变守势为攻势，加大招商力度。在招商对象上，既重视外资的吸引，又扩大对内资的开放。在招商目标上，优化招商投资结构，把工作的重点由项目数量转向注重项目的规模和科技含量，一二三产业并重，规模和效益并重。在招商政策上，实行"一转变三鼓励"，从过去只限于兴办区属三资企业转变为大力动员驻区单位、民营科技企业、私营科技企业兴办三资企业或内联企业，区委、区政府做到区内企业和区外来的企业优惠政策一个样，服务质量一个样；鼓励外商兴办独资企业，鼓励外商在办好现有企业的基础上追加投资或滚动兴办新企业，鼓励运行好的三资企业兼并运行差的三资企业或公有制企业。

从1992年下半年开始，全区三资企业进入了快速发展时期。1990年至1992年上半年，全区批准10家三资企业；1992年下半年到1993年底，全区批准87家三资企业87家。"八五"期间，全区共批准三资企业166家，总投资2亿美元，注册资本1.3亿美元，合同外资1.036亿美元，实际利用外资4 390万美元。各项主要指标都超过了预期。

对外贸易和外经工作也取得了较大的进展。对外贸易从1990年单一的自产产品（玩具）出口发展到自产产品、三资企业产品和外贸收购产品并举，初步构成了多层次、多品种、多口岸出口的贸易结构。1995年全区出口商品供货额由1990年的1 355万元增至1.56亿元，其中三资企业出口1.029 8亿元，自产产品出口1 843万元，收购产品出口3 459万元，形成了以三资企业产品为主，自产产品、收购产品稳步增长的新局面；出口商品增加到12个；出口地区遍布亚洲、欧洲、美洲、大洋洲4个大洲15个国家和地区。"三外"中基础最为薄弱的外经工作，开端良好。1992年，丹凤街街道在马达加斯加开办了豆腐加工厂，1993年东方汽车公司在泰国兴办了泰若旅游局，1994年和1995年东方汽车公司又相继在立陶宛和美国兴办了餐馆和汽车修理厂。

三、依靠科技进步加速经济振兴

在前几年区属科技事业依托"三大"（即驻区大专院校、科研院所、大企业）取得较大发展的基础上,区委、区政府认真贯彻落实市委、市政府新出台的《关于依靠科技进步振兴南京经济的若干规定》,以"科技是第一生产力,是推动经济社会发展的第一力量"为思想指导,全面实施"科技兴区"战略,切实把区街经济发展由注重外延扩展转到依靠科技进步和提高劳动者素质的轨道上来。

1992年6月,区委、区政府召开了全区首次科技工作会议,广泛征求社会各界对实施"科技兴区"战略的意见和建议。会后,区委、区政府组织制定科技进步总体规划和分年度实施方案,要求各部门和单位的主要负责同志把科技进步工作放到重要位置,建立严格的工作责任制,把规划和方案落到实处。全区广泛宣传"科学技术是第一生产力"思想,举办专题讲座、报告会、知识竞赛、展览会、科技宣传月和科技咨询服务等活动,用生动事实阐述科技进步的巨大作用,帮助广大干部群众强化科技意识,增强参与科技活动的兴趣,形成尊重知识、尊重人才的社会氛围。

7月30日,区委、区政府制定了《八五期间科技兴区实施方案》《八五期间科技进步振兴玄武经济的若干规定》《玄武区科技进步奖励办法》《玄武区科技发展基金管理办法》,全面部署科技兴区工作。《科技兴区实施方案》进一步明确了"科技兴区"的路径和目标,即:全区以经济建设为中心,依托"三大"和其他驻区单位的科技优势,加快科技进步,促进科技成果向现实生产力转化,把玄武区建设成为经济、科技、教育发达的现代化城区。区委、区政府成立"科技兴区"领导小组,负责全区"科技兴区"工作的规划、实施、检查,及时解决科技进步中的重大问题,协调经济、科技部门之间的分工协作,引导各部门密切配合,形成发展"科技兴区"的合力。

为了充分调动科技人员的积极性,区委、区政府制定了一系列奖励政策。从1992年起,每年对获区科技进步一等奖项目,对引进人才、推广先进适用科技成果和专利技术、发展"四高"新产品和新项目等方面有显著成绩的人员进行奖励。鼓励大专院校、科研院所与区街企业建立科研生产联合体,联合体可在其销售收入中税前提取3%到5%作为技术开发基金。科技人员承包区街亏损企业,在企业扭亏增盈后,3年内减免所得税,承包方可按盈利70%分成。联合攻关、开发的项目,在项目完成以后,除了按合同规定给予报酬以外,还可以从项目投产后一年的新增利润中提取5%奖励科技人员。实施技术开发、转让、咨询、服务所得收入一律免征营业税,全年技术性净收入在市规定的数额内暂免征所得税,并可从转让技术的纯收入中提取20%到30%奖励参与研制、开发、推广项目的科技人员。

区委、区政府多渠道增加科技投入。建立区、系统（街道）、企业三级技术开发基金，严格实行专款专用。区科技三项费用列入财政预算，按上年区财政实际支出的0.5%到1%安排。1992年以后，区科技经费（包括科技发展基金、科技三项费用和科普专项基金）逐年增加，由1992年的19.5万元增加到1995年的30.5万元，增长56.4%。区属企业技术改造、技术措施、新产品开发投入大幅增加，由1992年的800万元增长到1993年的1 550万元。全区开发了电热水器、红外感应器等32个新产品，10个科技项目分别获国家、省、市科技进步奖。

第三节 提高城市综合服务能力

一、市政建设全面提速升级

在加快经济发展过程中，区委、区政府坚持一切从人民利益出发，既注重经济效益，又注重社会效益，凭借日益增强的经济实力，积极为人民群众多办实事，多办好事，加快城市建设，不断增强城市综合管理和综合服务能力。

区委、区政府按照"搞好配套，服务社会，扩大规模，增加效益"的工作方针，集中专业技术力量和施工机械设备，调集资金，在3个方面加大建设力度：

抓住疏通市区交通拥挤的重点，逐个打通交通堵塞"瓶颈"。先后进行了3项工程：一是洪武北路拓宽工程。工程全长620米，路幅30米至45米，总投资4 200万元，拆迁450户居民和27家工企单位，被列为市、区1992年必须实现的奋斗目标之一。二是太平门系统改造工程。这项工程是为了缓解太平门地区道路拥塞状况，带动道路附近的配套建设而设施的。整个工程涉及3条道路，全长1 576米，拆迁260居民户和16家工企单位，被市政府列为全市4大重点工程之一。三是后宰门东段道路拓宽工程。这是市1993年"九桥二路"的重点工程之一。全长684米，路幅30米，拆迁居民145户。这项工程的建成，基本上解决了北安门街与珠江路之间的"卡脖子"问题。3项工程的实施，缓解了市中心的交通压力，为城市发展提供了大交通、大流通量通道。

抓住城乡接合部交通不畅的问题，大力拓展城乡联系交通。筹资拓宽全长3 362米的宁栖路，改善火车站、312国道交通状况和沿线地区的环境面貌，加快了这一地区的开发，也为这个地区的众多单位和居民进出城区提供了快速通道。与此同时，兴建南起新庄广场、北至和燕路迈皋桥、全长3 038米的红山路和横贯整个红山地区的全长3 300米的红山支路，进一步开拓和改善市区北大门交通。

抓住小街小巷道路老化的老难题，加大维修改造力度。区委、区政府筹资垫资400多万元，先后完成火车站东侧广场、洞庭路口、汉府街口等地的绿化景观改造，完成了北京东路鸡鸣寺至城东干道1千米的路面和华飞路、中山陵龙脖子路、石象路、明孝陵路等路面的补强出新，对老虎桥、吉兆营等地区路面和下水道进行全面翻建大修，为锁金村样板小区、香铺营小区、卫岗26号小区和花红园小区等16个小区内道路维修出新，绿化美化道路、街巷、院落。至1999年，区内公共绿地达575.86万平方米（不含公园），其中居住区绿地37.51万平方米，道路绿地14.09万平方米，道路绿化覆盖率为34.78%。全区建设园林式文明城区工作向前跨进了一大步。

壮大开发公司实力，提高住宅建设水平。至1994年底，全区开发公司由1991年的1家增加到10家。较早成立的区城镇建设综合开发公司进一步壮大，新组建了3个分公司，并引进外资1 230万美元，组建了"新宇""兴鸣""华威""千帆"等4家合资开发公司。1993年，区城镇建设综合开发公司被省统计局、省建委、省建工局评为江苏省房地产开发企业综合实力30强之一。全区城市开发实力大增，建设了估衣廊、吉兆营小区的高层住宅和华威大厦、千帆大厦等玄武区当时最高档建筑。小区住宅建设从过去单一的多层建设发展到以高层为主、高层多层结合，开发领域也从过去局限于区内旧城改造，发展到区内区外、城内城外建设并举。从1991年到1994年，全区城市开发面积达70多万平方米，竣工面积达47.8万平方米，安置6 980户被拆迁户和170户特困户，改善了广大居民的居住环境。结合小区开发，建设了老干部活动中心、法院大楼和新宁中学、珠江路小学、如意里幼儿园等居民生活配套设施，以及一批企业用房。广大干部群众比较满意。

二、推进市政管理制度化规范化

市政建设的快速发展和《中华人民共和国行政诉讼法》《中华人民共和国城市规划法》等法规的颁布实施，对城市管理工作提出了新要求。区委、区政府根据市政府《关于加强城市管理工作若干问题的意见》和《关于调整各城区城市管理体制的通知》精神，按照"谁分管、谁执法、谁负责"和"统一领导，条块结合，以块为主，各负其责"的原则，推进城市管理工作迈上法治化、制度化轨道。

针对玄武区"点"多、"线"长、"面"广的特点，区城管部门在调查论证的基础上，将全区按窗口地区、主干道、七个街道划成五点、六线、七个面，对"点""线""面"采取不同形式的管理方式：由各业务主管部门抽调执法人员组成联合执法队伍，对窗口地区实行综合管理；由公安、工商、卫生、文化等专业执法部门各负其责，加强对主干道的管理；由城建、工商部门委托各街道行使有关执法权，清理违章建筑和整顿流动摊贩，把管理工作向小街小巷、居民院落纵深辐射。

新街口地区是市、区主要"窗口"之一。早在80年代初，这个地区就推行"门前三包"责任制；90年代初，这个地区又在全区率先成立了由街道牵头、有关部门和单位参加的"窗口"地区综合管理办公室，重点抓好以"门前三包"为主要内容的综合管理。综合管理办公室制定一系列制度，充实管理队伍，加强宣传教育，市容市貌继续改观。新街口地区市容市貌的巨大变化，为全市提高区域性综合管理水平树立了一面旗帜。

1993年，区政府帮助如意里小区成立整治办公室，对香铺营、网巾市、将军巷等楼区实行封闭式管理，筹集资金50多万元，新铺路面800多平方米，更换下水管道400多米，新建和维修化粪池30多个，新砌窨井74个，拆除违章建筑23处，小区面貌一新。如意里小区的综合整治获得成功，给全区创建文明住宅区和文明楼群院落提供了经验，全区陆续建成了一批质量较高的文明楼群院落、示范达标居委会和街巷，其中锁金村小区跨入了市级文明住宅小区的行列。

1994年春，区委、区政府结合推进依法治区，对城市管理工作进行了调整。一是加强管理力量。区城管办和区爱卫会合署，成立区市容管理委员会，组建市容管理监察大队，各街道分别成立监察分队和组建市容协管队伍，形成了覆盖全区的三级监督管理网络。二是实行目标管理。区政府制定了在3年内创建2个文明小区、2个示范窗口地区和20个文明管理公寓式住宅楼群，改建2条景观路，各个街道都兴建一条景观路的目标。区里将这些目标分成10个子项落实到基层，签订责任书。三是集中力量解决个体摊贩占道经营、交通堵塞、环境脏乱差等群众反映强烈的问题，并积极采取措施防止这些问题"死灰复燃"。四是加强市容管理法制建设。区政府陆续出台了《住宅小区管理规定》《夜市管理暂行规定》和《集贸市场管理规定》等 30 多个规定、实施办法、标准和制度，为市政管理法制化、制度化、规范化提供了依据。

玄武区从基础入手，从源头抓起，围绕目标，立足长效，在全市率先成为"国家卫生城市达标区"，为南京市夺取全国十佳卫生城市"三连冠"作出了贡献。

三、强化社区服务功能

1992 年党的十四大以后，区委、区政府进一步转变政府职能，在抓好经济发展的同时，把为居民群众提供更加周到、更加方便的服务列为提升城市综合管理能力的重要任务。根据 1994 年民政部等部门在上海召开全国社区服务工作会议提出的指导意见，区委、区政府依托街道和居委会，依托社会力量，积极倡导，精心组织，强化社区服务功能。区委、区政府调整、充实了区社区服务领导小组，组建了以区长挂帅、民政部门主管和有关部门、驻区大单位、驻区部队共同参与的组织机构，出台了《关于加快发展玄武区社区服务的意见》《玄武区社区服务发展五年规划》《玄武区创建全国社区服务示范城区的实施方案》等 8 个文件，在全区建立了与经济发展水平相适应，全社会共同参与，多种经济成分并存，管理水平较高、服务效益较好的城市社会福利服务网络，逐步实现了社区老有所养、幼有所托、孤有所扶、残有所助、贫有所济、难有所帮，形成了以老年人、残疾人、优抚人员为服务对象和以便民利民服务为主要内容的社区服务新格局，推动社区服务工作再上新台阶。

全区社区服务硬件设施得到了加强。在 1994 年至 1996 年的 3 年间，通过政府增加投入、福利募捐投入、社会筹集和创立建设社区服务发展基金等多种渠道，全区筹集资金 2 亿多元，建成了 2 500 平方米的社区服务中心、800 平方米的优生优育培训基地、10 000 平方米的老少乐园、200 平方米的婚恋家庭咨询服务中心、100 平方米的残疾人劳务市场、100 平方米的 2 个少儿弱智班。各街道先后建成了 7 所总面积 3 560 平方米的社区服务中心，建成了总面积为 1 600 平方米的 5 所敬老院、1 所老年活动中心和 2 个托老站，建成了总面积 2 000 平方米的托儿所、46 个居民托儿站和 22 个私托站。全区社会服务网点达 205 个，社区服务网点从业人员近 8 000 人，为社区服务工作提档升级奠定了基础。

在区委、区政府的整体协调下，各部门纷纷推出优惠政策，支持和扶持社区服务设施建设。区房产局对区、居委会开办的福利设施、居委会办公用房及社区服站使用的区管公房，按租金基价的 40% 计租。区工商局对残疾人、特殊优抚对象开办的个体经营网点和社区服务单位的服务实体，减免工商管理费。区卫生局对社区服务业中各种康复诊所、优抚诊所等便民保健医疗设施，优先发给医疗许可证，免收管理费。民政部门在全市率先建立了"恋爱婚姻家庭咨询服务中心"，率先举办残疾人劳务市场，率先开展军地共同发展社区服务业工作。区计生委围绕社区育龄人群，开展生产、生活、生育服务。区妇联筹集 10 万元基金，为 29 名下岗妇女找到了新工作。团区委组织团员青年以学校为单位，与"孤""寡""残"人员开展一帮一活动。在各部门积极参与下，全区初步形成了一条"婚、生、教、幼、孤、残、抚、贫、难、老、病、丧"的社区全程服务链。

社区服务工作得到社会各界和广大干部群众的支持，形成了"上至将军、下至百姓"的志愿服务大军。为了把志愿服务者组织起来，充分发挥志愿者的特长，1996 年区民政局对全区 3.5 万名志愿者进行分类组队，成立了志愿者服务总队，下设 10 个分队：由区机关党委牵头的公务员分队，由区委政法委牵头的"天平"分队，由区卫生局牵头的"白衣天使"分队，由区妇联牵头的"娘子军"分队，由区工会牵头的"主力军"分队，由区老龄委牵头的"夕阳红"分队，由区教育局牵头的"红领巾"分队，由市液化气公司牵头的"红帽子"分队，由团区委牵头的青年志愿者服务分队，由南京军区政治部牵头的"子弟兵"分队。在此以后，又成立了共产党员志愿者分队、退伍义务兵分队和下岗职工分队。"子弟兵"分队的代表、南京军区政治部警卫连连长汪俊涛，多年坚持为残疾人服务，受到江泽民总书记的接见；"白衣天使"分队的蒲其芳医师常年为梅园新村社区的老人诊病治病，被评为全国社区服务优秀志愿者，得到中共中央政治局常委、全国政协主席李瑞环的称赞。

1996 年 9 月，民政部在玄武区召开创建全国社区服务示范城区经验交流会。玄武区开展社区服务工作的经验和成果得到了与会者的好评。民政部原副部长阎明复说，这次会议标志全国社区服务由普及向提高转变，玄武区的经验值得全国推广、学习。1997 年，玄武区被命名为"江苏省社区服务示范区"。1998 年 4 月，玄武区被民政部命名为"全国社区服务示范区"，名列全国 46 个示范区之首。

第十章 培育社会主义市场经济体系

1993年11月，党的十四届三中全会通过的《关于建立社会主义市场经济体制若干问题的决定》，确定了加快改革发展的指导方针和行动纲领，明确了建立社会主义市场经济体制的基本任务和要求，构筑了我国经济体制的基本框架。玄武区委认真贯彻全会精神，按照市委、市政府的部署和要求，破除陈旧观念的束缚，制定了"市场兴区"的发展战略，在国家宏观调控下发挥市场对资源配置的基础性作用。在区委的领导下，各级党组织和广大干部群众积极投入培育市场体系建设，大力发展多种经济成分，加快企业经营机制转换，加快建立现代企业制度，加快政府职能转变，同步推进与建立社会主义经济体制相适应的配套改革，不断增强全社会适应经济体制转型的能力。全区呈现改革开放全面推进、各项社会事业蓬勃发展的新景象。

第一节 制定"市场兴区"战略

一、开展建设社会主义市场经济体制教育

1994年1月，区委召开六届八次全委（扩大）会议，重温十四大报告中关于建立社会主义市场经济体制的论述，学习贯彻中央十四届三中全会《关于建立社会主义市场经济体制若干问题的决定》。会后，区委分层次强化各级干部的学习，区四套班子在自学和研读基础上，多次集体讨论，加深对全会精神的理解。2月，区委对172名区管中层干部进行为期6天的脱产培训，后又分4期对253名中青年干部进行专题培训，同时在广大干部群众中开展建设社会主义市场经济体制教育，引导广大干部加深对建立社会主义市场经济体制重要意义的认识，积极参与社会主义市场经济建设。

经过层层学习、宣传、教育，广大干部群众认识到党的十四大报告和十四届三中全会决议确立的建立社会主义市场经济体制目标，是十一届三中全会以来的市场化取向改革发展的必然趋势，也是对十二届三中全会提出的在公有制基础上进行有计划商品经济改革目标的进一步发展和深化。中央的这一决策，标志着党对社会主义理论和改革开放实践认识的一个新飞跃，具有里程碑意义。一些领导干部联系自己认识的发展过程，深有体会地说，"过去我们的思想被一些传统观念束缚，总以为计划经济是社会主义经济的基本特征，而市场经济是资本主义所特有的东西，不敢跨越雷池一步。随着改革的深入，我们逐步摆脱这种观念，尤其是学习了邓小平南方的谈话，使我们认识到建立社会主义市场经济体制，就是要在宏观调控下，运用市场对各种信号反应比较灵敏的特点，通过价格杠杆和竞争机制，把有限资源配置到效益较好的环节中去，给企业以动力和压力，促进优胜劣汰"。广大干部群众从根本上解除了把计划经济和市场经济看作属于社会主义基本制度标志的观念的束缚，认识有了新突破，思想得到大解放。

区委、区政府的指导思想十分明确，认识到建立社会主义市场经济体制是一个长期的过程，是一项复杂的社会系统工程，既要积极又要稳妥，既要有紧迫感又要看到其长期性，既要有统一规划又要根据不同情况，从实际出发，进行长期细致工作和多方面的配套改革。区委、区政府要求各级党组织和广大干部排除各种错误思想的干扰，坚持以邓小平建设有中国特色社会主义理论和党的十四届三中全会决议指导工作。当务之急是切实完成好十四大报告中提出来的"转换企业经营机制""培育市场体系""深化分配制度、社会保障制度的改革"和"转变政府职能"等4个方面的任务，为企业全面进入市场创造条件，打好基础。

二、壮大有形市场体系

为了落实十四大和十四届三中全会精神，发挥市场在国家宏观调控下对资源配置的基础性作用和对经济发展的导向作用，区委、区政府按照市委、市政府"市场兴市"的部署，从培育有形市场入手，组织实施"市场兴区"新战略，把市场体系建设作为全区建立社会主义市场经济的先导和突破口。

1993年，区政府对有形市场进行"普查"。玄武区虽然地处城市中心，人文、历史、地理等优势明显，但现存的市场小而零散，生产资料和其他生产要素市场相对缺少，更有相当多的区街企业尚未进入市场，生产、经营处于封闭状态。区委、区政府决定在发展第三产业工作中,突出建设、培育和发展具有玄武特色、体现中心城区功能的有形市场,以尽快适应建立社会主义市场经济体制的要求。区委、区政府出台扶持政策,鼓励国家、集体、个人一起上,调动各方力量兴办市场。区财政每年安排300万元建立区市场建设专项基金,支持重点项目。对新办独立核算的从事商业、物资、旅游、仓储、居民服务等市场经营单位,减征或免征所得税1年,并返还入区库的增值税或营业税50%。驻区科研院所、高等院校开办智力型市场,对其技术成果转让、技术咨询、技术服务等取得的收入免征所得税;对从事技术开发型、知识型等市场经营的个体工商户、私营企业,第一年免收工商管理费。对达到一定经营规模、效益良好的市场给予经营者表彰和奖励。在区委、区政府扶持政策的推动和鼓励下,全区各类有形市场建设步伐大大加快。

扶持发展传统市场。由于旧城改造,许多商店被拆迁,区商业系统采取积极措施,在原有网点的基础上培育大市场,组建大商业,搞活大流通。由13家小商店合并而成的珠江商场,是区内规模较大的商场之一。从1992年起,珠江商场连续数年投入700万元进行全面改造。到1997年末,销售额达1.2亿元,比合并时的1987年增长11.6倍。艺风摄影器材公司已有60多年历史,在行业中有很高声誉,但经营场地拥挤,后被拆迁。1994年,区政府在北门桥划出400平方米作为该公司的单独门面,公司以此为据点向市内外延伸,逐步成为专业化、系统化、高档化的特色公司,年销售额迅速达到8 000万元,重现了昔日的辉煌。1997年9月,被列为全市奋斗目标之一的玄武大市场在原来的服饰市场基础上扩建开业,经营用房由600间增加到1 000余间,经营品种由过去的单一服饰发展到以服饰为主,包括床上用品、百货、食品等上百个品种,形成了综合批发市场的规模。在经营模式上,区委、区政府鼓励传统市场进行新探索,提高竞争力。从1995年开始,区糖烟酒公司在网巾市、碑亭巷、珠江路等地兴办开架直销店,经营日用百货、食品等,以低于市场10%的价格,快捷便利的服务,宽松舒适的购物环境吸引顾客,销售额成倍增长。区粮食系统开展连锁经营的尝试,实行统一领导,统一经营,统一仓储运输,统一价格,统一核算,集中采购和分散销售结合,通过规范化经营将小规模的、分散的、经营同类商品的零售企业实现高效联合,全区粮油系统的经营得到了新的发展。1995年以后的3年里,区政府投资1.04亿元,新建和改建14个农贸市场,总营业面积达4万多平方米。至1998年底,全区共有商业网点4 560个,比10年前的1988年增加1.57倍。珠江商场、百货公司、艺风摄影器材公司、环球摄影公司被区政府评为"A"类企业。

组建大型专业市场。随着市场经济的发展，管理规范、设施完善、商品齐全、服务周到的专业市场应运而生。1992年区政府首先在珠江路打破行业界限，组建电子、电脑专业市场，至1999年底，全区拥有电子电脑市场12家，营业面积27 390平方米，经营户925户。1997年，丹凤街拓宽改造，区政府大力推动建设电讯器材市场。经过2年多时间的建设，至1999年全区通信产品专营店达289家，营业面积7 600平方米，年营业额13 400万元。从1993年开始，区政府在新庄地区大力发展汽配市场。新庄地区地处龙蟠路、红山路与宁镇公路（312国道）的交汇处，交通十分方便，南来北往客货车川流不息，为汽配市场的发展提供了优越的客观环境。至1999年，这个地区先后建成8大汽车及汽摩配件市场，建筑面积37 000平方米，经营户500多户，采用批发、零售、代购代销、特约经销等多种行销方式，经销日本、美国和欧洲各国生产的汽车配件系列，以及国产重型汽车、微型汽车和各种摩托车配件系列，成为江苏省内规模最大的汽配件市场。与此同时，区政府相关部门还批准兴办旅游服务市场、医疗器械市场、东郊肉类批发市场、装饰材料市场等专业市场，满足社会多方面需要。

积极培育新兴市场。根据社会需求，从1993年开始，玄武区的市场建设由生产生活资料市场逐步向生产要素市场发展。这一年的5月，玄武区在全市率先开办综合人才市场，开展人才、智力交流和进行职业介绍、培训，组织劳务输出，接受政策咨询和人事档案保存，实行人才劳务"一条龙服务"，受到企业和社会各方的欢迎。同年10月，玄武区科技信息市场开业，开展技术咨询、技术转让洽谈、合作、创业等各种服务，为企业发展提供技术、人才支撑。在此以后，区有关部门创办了南京残疾人劳务市场和区房地产交易市场。同其他有形市场一样，新兴的生产要素市场的形成和发展，增强了市场配置资源的能力。

三、发挥"珠江路一条街"的市场效应

1992年6月30日，南京市政府正式确定珠江路为"南京科技一条街"的主段，同年10月成立"珠江路电子街管理委员会"。区委、区政府通过引进内外资金，合资合作，在沿街两侧建成总面积30万平方米、15幢高层科技大厦，"筑巨巢，引群凤"。1993年6月，管委会与电子行业协会联合举办首届"珠江路电子节"，全国各地客商纷纷前来参加科技贸易活动。此后，区委、区政府在中关村、深圳和济南召

开新闻发布会,向全国推出"珠江路科技街",吸引了北大方正、四通电脑、深圳海上世界、创新计算机公司和国际知名的电脑巨人 IBM、COMPAQ、AQB、DECC 等 20 多家技术开发型公司进街落户,建成了豪波电子有限公司、兴达电子技术公司、中外合资京艺电声器材厂等 7 家联营体,把南京、江苏、全国乃至国际上的电子技术优秀企业不断地聚集到珠江路。1992 年进街企业由 1990 的 20 家增加到 98 家,1994 年超过 200 家,电脑经销网点占全市总数的二分之一,营销总额超过 4 亿元。珠江路科技街成为全省最大的、开始闻名全国的电子专业街。

但是,"珠江路一条街"在随后的发展中出现了经营品种分散、档次不高、管理服务不到位、内生动力不足等问题,发展速度明显滞后。区委、区政府深切感受到,这些状况不及时改变,"珠江路一条街"社会影响力将逐步减弱。1996 年 8 月,区委先后召开常委扩大会和书记、区长联席办公会,确定把珠江路一条街建设列为实施"市场兴区"战略的重要举措,在二三年内完成改造升级工作,实现珠江路的"二次腾飞"。

为此,区委、区政府建立健全相应的组织机构,加强领导和协调,将珠江路的管理职能从区科委剥离出来,成立珠江路一条街管理办公室。组建珠江路一条街改造指挥部,由区长任总指挥,分管区长和主管部门明确职责,制定奖惩措施,对准备启动的地块、已经划好红线的地块和尚未划红线的地块,分别提出建设的进度要求,对长期不动的地块作及时调整。支持珠江路调整经营结构,集中发展电脑电子业。沿街工业生产企业限期迁出,腾出地块和厂房主要用来经营电脑和其他电子产品,少量从事服务业;沿街办公用房,也调整为经营用房,1997 年底以前全部腾空。

为了充分发挥珠江路科技一条街的市场效应,区委、区政府从多方面提升珠江路的品牌价值和知名度。1993 年 6 月以后,珠江路连续 6 年举办 6 届电子节,扩大了社会影响。随着 IT 业的发展和国内外著名电脑电子企业的进街,无论在内涵上还是在形式上,电子节都无法适应新形势的需要。区委、区政府借鉴中关村经验,于 1999 年 9 月举办首届珠江路电脑节。与会国内外客商达 300 多人,其中外商 104 人。中国台湾蓝天电脑公司、中国香港新世界集团、美国金海湾国际集团就开发建设珠江路地块,分别与玄武区签订了合资、合作协议。1999 年 9 月,经南京市政府批准,珠江路科技一条街作为南京高新技术产业开发区组成部分,享受与高新区同样的优惠政策,进一步增强对国内外企业的吸引力。2000 年,珠江路管委会办公室与科技局组织 10 余家企业参加第三届北京中关村电脑节,并以南京珠江路的名义参加网络及应用技术展览交易会,与中关村知名企业家联合举办"北有中关村,南有珠江路,加入 WTO 后中国 IT 企业应对策略南北企业家论坛"。同年,珠江路组团参展 2000 年世界科技城市联盟大会(简称 WTA)暨中国·南京高新技术成果展示交易会,13 家知名企业的 27 件高新技术产品参加了展示,接洽项目 60 多个,签订了总投资 2.1 亿元的 6 项协议。当年底,珠江路与北京中关村、沈阳三好街、西安雁塔路等 7 条全国著名科技街共同发起成立中国 IT 社区联盟,迈开了区域合作、强强合作的新步伐,珠江路科技街的知名度也随之不断提高。

为了给进街企业营造良好的外部经营环境,加快"二次腾飞",2000 年 4 月,区委、区政府针对企业发展中遇到的问题制定了工作意见。"意见"规定,彻底废除多头管理、多头收费模式,加大统一归口管理、统一扎口收费的力度,区各个部门一律不得越过珠管办到企业进行检查、收费;依托市、区人力资源市场,成立珠江路科技街人才市场,建立科技专业人才库,拓展服务功能,为企业提供各种中介服务;依托区招商中心,与市科委技术市场办公室联合成立珠江路技术贸易市场;加快科技创新体系建设,与东南大学、省电子厅合作,引进东南大学科技创业园;探索建立高新技术投资基金和风险投资公司,重点支持科技街高新技术企业,逐步完善支撑高新技术发展的风险投资体系;引入竞争机制,成立快餐公司和货运公司,为驻街企业和从业人员搞好配套服务,提供后勤保障。

珠江路经过初步开发和"二次腾飞",经营规模日益扩大,市场吸引力不断增强,已成为电子信息产业较为集中、在全国较有影响的科技街区,展示了蓬勃活力和良好的发展势头。继北大方正、联想、四通、同创等国内著名电脑公司在珠江路设立分部后,美国商用机器公司、微软公司、柯达公司、德国西门子公司、日本东芝公司等一批国际著名电子公司,都在珠江路设立了销售窗口或代理点。至 2000 年底,在全长 2.7 千米的珠江路科技一条街,拥有二十一世纪高科技广场、三宝科技商城、珠江电子城、精英电脑城、雄狮电脑商城等 13 个电脑市场和 5 个通信市场,市场总面积达 20 万平方米。年技工贸销售总额达 50 亿元,比 1993 年增长 11.5 倍;进街企业达 1 400 多家,增长 7.2 倍,其中年销售超千万元企业 68 家。全街从事信息产业的总人数超过 1.8 万人,具有大专以上学历的人员占 90%,其中高级工程师、教授、博士近千人。珠江路成为南京高科技人才的积聚地和华东地区最大的电子电脑产品集散地。

第二节　逐步建立现代企业制度

一、加快企业经营机制转换

党的十四大报告指出,建立社会主义市场经济体制要做好转换企业经营机制、培育市场体系、深化分配制度和社会保障制度改革以及转变政府职能等4个方面的工作。区委、区政府在实践中认识到,培育市场体系是基础,深化分配制度和社会保障制度改革是保证,转变政府职能是关键,而转换企业经营机制则是企业适应社会主义市场经济体制的必要条件。按照这一思路,区委、区政府加大工作力度,在完善经营承包责任制的基础上,加快经营机制转换,逐步使企业成为自主经营、自负盈亏、自我约束、自我发展的商品生产者和经营者。

玄武区区街企业规模小,普遍存在生产场地不足、厂房狭小,资金严重短缺,管理水平不高,人员素质较差,产品结构老化,技术设备落后,企业负担沉重等困难,不少企业增值(产值)不增利(利润)。经过几年的探索,区委、区政府认识到改变这种状况的唯一出路和最有效的办法是通过切换经营机制,引导和推动企业走上市场,激发职工的创造性和积极性,这样才能增添企业活力,提高经济效益。

1992年5月,区委、区政府推出《加快经济发展的意见》,在区街工业企业中推行2项综合改革:一是在企业内部破"三铁"(即"铁交椅""铁饭碗""铁工资"),建立能上能下的干部管理机制,建立工资能高能低的分配机制,建立职工能进能出的劳动用工机制,在分配上适当拉开档次,使工资和奖金分配向生产第一线和技术复杂、责任重大以及苦、脏、累、险、难的岗位倾斜。二是学习重庆等地的经验,政府和主管部门对有一定规模的区属商业、粮食系统企业实行经营、价格、用工、分配"四放开",进一步扩大企业自主权,使企业成为相对独立的经济实体和具有一定权利、义务的法人。区委、区政府给这些"四放开"的企业创造了平等的市场竞争条件,鼓励企业挖掘潜力,灵活经营,利用一切有利条件增强市场竞争能力。

珠江商场和区粮食系统是玄武区首批"四放开"改革试点单位。珠江商场与全体员工签订劳动合同,公开招聘中层管理干部,优化柜组劳动组合,调动了企业和职工的积极性,商场出现了生机勃勃的新气象。1992年商场实现销售额2 700万元,利润55.47万元,分别比上一年增长44.9%和41.8%。粮油价格放开以后,区粮食系统提出"立足(经营)粮食求生存,跳出(经营)粮食求发展"思路,发展多元化经营,通过合资、联营,增加新的经济增长点。至1992年底,全系统兴办了20家前店后坊式的商店、3家粮油食品厂、2家食品店和3家兼营咖啡店、4个小吃部,全年多种经营实现利润266万元,一改往年亏本的颓势,服务质量也有明显提高,取得了企业经济效益和社会效益双丰收。在试点单位取得成功经验的基础上,区委、区政府及时加以总结推广,至1992年底,全区有64家单位完成了"四放开"改革。

区委、区政府采取"一企一策"的办法,鼓励企业从本身的实际情况出发,实行多种形式的经营管理机制和分配制度改革,增强企业对市场经济的适应能力。在1992年以后的几年中,多家企业建立完善了企业风险机制、积累机制、约束机制和激励机制。1992年,区属工业、劳务企业试行"五自立"(机构设置、用人、用工、分配、医疗制度)改革。1993年,区委、区政府在制镜厂等企业进行引进乡镇企业经营机制的试点。在市体改委的直接指导下,选择南京华东机械总厂进行模拟"三资"企业经营机制改革试点,成效明显,与1992年相比,华东机械总厂1993年产值增长75.3%,销售收入增长78.76%,实现利润增长2.61%,职工人均收入增长180%。1995年,区属379家企业改固定工制、临时工制为合同工制,12 169名职工与企业签订劳动合同,实现劳动关系由行政手段向法律手段的变革,将企业用工纳入法制化轨道。1996年部分企业实行经营者年薪制试点,至1999年全区16家企业实行经营者年薪制。

二、积极稳妥实行企业产权制度改革

邓小平在南方讲话中指出"股份制是现代企业的一种资本组织形式,资本主义可以用,社会主义也可以用",进一步促进了广大干部群众的思想解放。1994年区第七次党代会明确提出,要适应建立社会主义市场经济体制的新形势,按照"因企制宜、规范运作、整体推进、利益兼顾"和"分类指导,重点突破"的原则,积极、稳妥地实施企业产权制度改革。

根据企业的不同情况,玄武区企业产权制度改革分别走集团化、股份化和民营

化的"三化"之路:

首先,具有一定规模的企业向集团化方向发展。南京东方汽车发展有限公司是玄武区第一家组建的集团公司。至1994年底,这家前身为三轮车大队的公司,集汽车出租、旅游、饭店、装潢等20多家小型企业于一体,拥有大小客车400余辆,经营第三产业的经济实体20余个,固定资产达7 000余万元,企业规模在江苏省汽车出租行业列第二位。南京轻工业塑料厂与香港百杰登开发有限公司合资兴建南京华杰塑料容器制品有限公司,为中萃食品公司配套生产1.25升饮料瓶,1995年6月投产,当年实现销售收入552万元,成为全区经济效益比较好的企业队伍中的一员。至1999年,全区组建有限责任公司293家。

其次,中小型企业向股份化方向发展。1992年,按照"入股自愿,股权平等,利益共享,风险共担"的原则,锅炉压力附件厂实行股份制试点,改制当年,企业实现利润比上年增长23.5%。党的十四届三中全会之后,股份合作制改革试点在全区由点向面推开。由于股份制改革是一项具有复杂性、系统性、科学性和挑战性的全新工作,区委、区政府对改制企业从制定方案、拟定章程、资产评估、投入运转等环节加强规范。全区股份合作制改革实行3种形式:一是全部出售型,将中小企业进行资产评估并按章作必要扣除后,全部出售给职工,以职工个人持股形式将原企业改制为股份合作制企业。二是部分出售型,即将部分股份出售给企业职工,由国家或集体控股。三是同行业联合型,将售股改制与结构调整结合起来,以股份合作制形式实行强强联合、强弱联合,促进生产要素的优化组合。改制的操作方法灵活多样,可以先出售后改制,可以股、售、租相结合,资产拍卖与改制相结合,划转兼并与收购兼并相结合。康联实业公司在1992年改制为股份合作制企业后,从集体控股发展到职工个人占股,从职工个人占股发展到经营者占大股,企业资产5年间从110万元增值到1 580万元,向国家缴纳的利税从58万元增长到800万元,职工收入更是大幅度增长,昔日一座手工工场,壮大为一个颇具实力的规模企业。到1999年,全区组建或改组为股份合作制企业274家,入股职工近6 000人,新增资本金1.4亿元,其中法人股本金1.037亿元,个人股本金3 687.81万元。

再次,分散零星小型企业向民营化方向发展。区委、区政府以"三个有利于"为标准,在《一九九三年玄武区经济体制改革工作要点》中明确提出,小型企业实行以"包、租、卖"为主要形式的"国有民营"或"公有私营"改革,鼓励走联合、兼并的道路。职工人数在10人以下的微利商业企业大多实行"包、租、卖",

采取将门面房承包、租赁、拍卖给集体或个人经营办法,切断这些小企业与政府部门的依赖关系,使之成为自负盈亏、自我投资、自主经营的主体,以独立的经济实体参与市场竞争。至1994年底,全区523家小型商业企业普遍实行"包、租、卖"三位一体改革,其中承包470家,租赁52家,部分产权拍卖3家。

玄武区从1994年区第七次党代会以后逐步开展的企业产权制度改革,虽然一度出现思想不够解放、部分企业的工作不够细致、职工承受力不够强等问题和困难,但从总体上看,改制的进展是平稳的,有序的,效果是明显的。至1999年上半年,全区企业改制面达70%,绝大多数改制企业取得了不同程度的发展,适应了社会主义市场经济的要求。

三、鼓励民营经济进入市场竞争

民营经济是社会主义市场经济的重要组成部分。社会主义市场经济体制是同社会主义基本经济制度结合在一起的,社会主义市场经济体制的建立,必然催化民营经济的发展。由于民营经济具有投资分散、风险分散、利益直接、经营灵活等国有、集体企业不可比拟的独特优势,在市场经济条件下更具有旺盛的生命力和广阔的发展前景。全区各级领导干部和广大群众通过学习邓小平南方谈话和党的十四大报告、十四届四中全会关于建立社会主义市场经济体制的决定,进一步破除了以"公私划线"的思想障碍,树立了多种经济成分公平竞争、共同发展的新观念。在区委、区政府的部署下,全区民营经济发展进入了"黄金时期",形成了国家、集体、民营经济平等竞争的局面。这种竞争,不仅发挥了民营经济活跃市场、扩大就业、繁荣经济的作用,而且对国有企业、集体企业转换经营机制,加快产权制度改革步伐起到了推动、促进的作用。

1993年6月,区委、区政府专门召开发展私营经济会议,出台《大力发展私营经济的若干意见》,制定了鼓励私营经济发展的20项优惠政策,为加快发展私营经济松绑解套。意见明确规定,把开办私营经济实体的申请登记对象,扩大到机关、企事业单位富余人员、停工待业、停薪留职人员和离退休人员;经营范围放宽到生产、批发、兴办私立中小学、幼儿教育和外向型经济领域;所需的生产经营场地、资金、科研用品等可享受国有、集体企业同等待遇;在税收上可享有不同程度的减免。为了支持和保护私营企业,区委、区政府特别强调禁止向私营企业乱收费、乱摊派、乱罚款,对不合法的收费和超标收费及未经批准的集资,私营企业有权拒付或拒绝接受。

1997年月11月,区委、区政府针对私营经济发展中出现的规模企业少、企业管理水平低、生产的产品科技含量不高、经营环境不够宽松以及私营业主担心的政策变化等新问题,在重申原来优惠政策的同时,研究制定了新的优惠政策。新的优惠政策规定,全区设立100万元的私营企业发展基金,帮助有困难的个体私营企业发展经营和生产。对当年安置本区待业和下岗人员较多的私营企业,其所得税先征后返。对研究、开发经市级以上鉴定的新产品或生产市级以上的名牌产品的企业,由区财政留成部分的所得税和增值税2年内返还。对新办的科技型、技术服务型的企业,减免2年所得税。对从事旅游、居民服务、文教、卫生、体育等事业的企业,减免1年所得税。新建市场和网点优先安排有发展前途的私营企业入场入点,新办区管市场内的个体经营和私营企业免缴3个月的工商管理费,进区工业园的私营企业享受区集体企业同等待遇。投资100万元的私营业主,可申办一个蓝印户口,投资300万元可申办2个,投资500万元可申办3个。

私营经济的快速发展,也暴露了私营经济从业人员政治素质、文化素质和技术素质不相适应的矛盾。区有关部门利用1986年成立的个体工商业业余学校,对个体工商业者分片、分批进行工商法规、职业道德教育和经营管理、业务技术等方面的知识培训。1993年成立的区私营企业协会充分发挥"自我教育、自我管理、自我服务"的作用,在私营企业中开展"重合同、守信用"活动,依法加强对个体私营企业的监督、管理,督促其自觉遵守市场规则,坚持公平竞争、合法经营、照章纳税。1995年,区有关部门制定和实施《关于加强个体、私营企业监督管理的意见》,进一步提高了管理工作规范化、法制化水平,引导个体私营经济健康发展。

玄武区个体私营经济无论发展速度还是发展规模,在全市6城区中都处于领先地位。1993年以来,个体工商户和私营企业以每年500多家的速度增加。私营企业的规模和档次明显提高,一批私营企业开始从粗加工型向深度加工和科技型转变,高科技含量、高附加值的民营科技型企业不断增多,经营范围涉及机械、电子、医药、化工、建筑等行业。至1998年,全区个体工商户6 616户,私营企业838户,经济总量1 000万元以上的私营企业有13家;私营企业年完成商品零售总额占全区的三分之二,完成各类税收占全区的13%左右。全区私营经济从业人员2.1万人。2人分别被选为市人大代表、政协委员,4人分别被选为区人大代表、政协委员,8人分别被推选为省、市工商联理事。个体私营经济开始成为玄武区经济中的一支举足轻重的力量，对全区经济社会的发展作出了巨大贡献。

第三节 推进与市场经济相适应的配套改革

一、实行"分税制"和国资管理新体制

建立社会主义市场经济体制，推进企业切换经营机制和改革产权制度，是一项涉及社会各方利益的复杂的系统工程。党的十四届三中全会以后，党中央、国务院围绕建立社会主义市场经济体制的改革目标，制定了逐步建立社会主义市场经济体制的总体规划，并相应地进行了一系列的配套改革。区委、区政府按照市委、市政府的统一安排，及时而又稳步地实施配套改革，以适应社会各方利益格局的新变化，确保社会主义市场经济体制建设的不断推进和全区经济实力的持续增长。

实行财税体制改革。1993年底和1994年1月，党中央、国务院多次发出文件，对工商税制进行重大改革。根据事权与财权相结合的原则，将税种统一划分为中央税、地方税和中央地方共享税，明确中央与地方财政机构的职责范围，理顺分配关系。1994年11月，玄武区成立国税局玄武分局和南京市地税局玄武分局，实现了从"收入递增包干"到"分税制"新老税制和财政体制的平稳过渡，调动了各类企业、街道创收的积极性。1995年，区财政收入首次突破亿元的目标；1996年区政府大力发展"税源经济"，引导企业改善经营，增加税收，区财政收入达1.8亿元；1997年达2.47亿元，是1993年的3.3倍，5年内年均增幅31.39%。区财政的大幅增长，走出了一条适合区情的促进企业发展生产的新路，在财力上为全区建立社会主义市场经济体制和经济社会事业的发展提供了保证。

实施国有资产管理体制改革，保证国有资产在市场竞争和体制改革中不仅不流失，而且要保值增值。由于企业产权的多样化，迫切需要对国有资产实施相应新的管理办法。区政府自1994年起对全区68家企业和51户行政事业单位进行清产核资，盘清了全区国有资产24 117万元（其中企业国有资产为10 806万元）的家底，界定了产权，理顺了关系。1995年区委、区政府推行国有资产由区政府授权使用和有偿使用为主要内容的国有资产管理体制，与企事业单位签订《国有资产授权经

营责任书》，对实行国有民营、公有私营和股份合作制的企业进行了资产评估、鉴定，并把国有资产的保值、增值率与单位利益和管理者个人利益挂钩，确保国有资产和集体资产的完整和增值。1996年，区委、区政府组建国有资产管理专门机构，成立以区长为主任委员的区国有资产管理委员会，下设国有资产投资管理办公室及国有资产经营中心，形成了区国有资产管理机构、国有资产经营机构和生产企业"三级网络管理"体制，保证了国有资产在实行产权改革后进入保值、增值的良性循环的轨道。

二、加快社会保障体系建设

在企业转换经营机制和实行产权改革初期，由于企业的适应能力不足，亏损面较大，退休金支付延迟，职工情绪起了波动。为了解除职工对企业转换经营机制的"后顾之忧"，区委、区政府从解决企业员工养老问题入手建设社会保障体系。

1994年区政府建立养老保险基金，对参保单位和人员实行统筹收入支付，计发退休金。在实施养老保险的第一年，全区参加基本养老保险单位203家(户)，职工4 314人(其中离、退休人员1 620人)，保险基金年收入252万元、支出346万元，收不抵支。1995年，区属企业进行社会统筹与个人账户相结合的基本养老制度试点，在取得成效的基础上，逐步向私营、个体经营户及三资企业拓展。从1996年起，养老保险基金收支相抵有盈余，退休职工和退职职工退休金的最低保证数，由1993年的62.5元分别提高到166.8元、141.8元；1997年又分别提高到211.35元和172.6元。至1999年，全区参加养老保险统筹的单位增加到849家(户)，参保职工5 258人(其中离、退休人员1093人)，基金年收入610万元、支出393万元，全区养老保险基金积累698万元。

加快住房制度改革。改革福利分房制度，实行住房商品化，涉及每一位职工利益，关系到企业的稳定和发展。虽然改革开放以来，进行了公房出售、民建公助、提租补贴等试点，但实践中困难重重。党的十四大后，住房改革开始加快。1994年国务院下发了《关于深化城镇住房制度改革的决定》，1995年12月《南京市深化住房制度改革方案》出台，区房改随之实施。全区租、包、售并举，建设、管理并重，完善了住房公积金制度，积极推行租金改革，稳步出售公有住房，试行住房包干使用，实行住房社会化管理。至1997年，全区累计销售直管公房4 093套、22万平方米，占公房总面积的40％；累计包干使用5 968套、21万平方米。全区466

个单位、14 532 人交了住房公积金，金额达 98.75 万元。1997 年，全区正式告别了福利分房制度。房改，改善了广大职工的居住条件，减轻了企业的负担，使企业能够轻装上阵参与市场竞争。

在此之后，全区相继实施医疗、工伤、生育保险，社会保障体系基本形成，逐步解决了计划经济体制遗留下来的"老""大""难"问题，给广大职工特别是离、退休人员吃了"定心丸"，减少了企业经营机制转换和产权制度改革的阻力和困难。

三、做好下岗失业人员再就业工作

在企业经营机制的转变和产权制度的变革过程中，下岗失业人员骤增是不可避免的，"再就业"成了关乎社会稳定和直接影响企业深化改革的热点问题。区委、区政府把再就业工作列入重要议事日程，以高度的政治责任感和紧迫感，运用改革的思路、市场运作的手段，全力做好再就业工作。

加强组织领导。1996 年，区委、区政府建立再就业工作领导小组，研究全区再就业形势，制定政策和实施办法。街道（系统）成立了 15 个再就业服务中心和 127 个居委会再就业工作站，形成区、街、居三级负责制。街道、居委会和财政、劳动、民政、税务等部门联合建立了再就业协商会议制度和优惠政策检查落实制度。区有关部门及时发布空岗信息，多次举办再就业劳动力交流活动，为企业和下岗职工牵线搭桥，对区域内职工承诺"只要不挑不拣，24 小时内安排就业岗位"，鼓励职工转变就业观念，加快再就业工作的落实。

出台扶持措施和优惠政策。区政府采取财政划拨、有关部门自筹和社会募捐等办法，建立 100 万元的再就业解困资金，用于进入各再就业指导中心的下岗职工中的留职定补和托管就业人员。企业兴办三产、安置下岗人员超过一定比例，可减免所得税。企业正式录用下岗人员，区政府给企业拨付每人 1 000 元的安置费。区政府在广辟就业渠道、增加就业岗位的同时，鼓励下岗职工自谋职业，并规定自谋职业的下岗人员，劳动关系由原单位保留 2 年；对自愿与企业脱钩的职工，企业一次性给予 24 个月的生活补贴。及时表扬了一批自强自立、自谋职业的先进典型，如自办幼儿园的杨桂兰、带头做家务钟点工的严镇英、自办花店的王妍等等，在全区树立了自谋职业的榜样。

加强就业培训。1992 年区劳动局筹资 500 万元，购买了 1 450 平方米商品房，建起培训教育大楼，购置了录像机、电脑等多种电化教学设备，按照用人单位和劳动者的需求，进行微机操作、制冷与空调、会计、缝纫、司炉、美容美发、市场营销等专业技能培训，在全市中型企业、星级饭店设立了13个固定实习点，培训结业率和推荐就业率均在97%以上。对47名年龄较大、技能单一的下岗女职工，区劳动局专门开设了营业员培训班。她们结业后，全部到华联商厦就业。1996年以后，区劳动局根据就业新要求，免费为下岗人员进行转业、转岗培训，仅1997年就办了职能技术培训班58期，培训职工2 967人。1998年，区劳动局又与东南大学联合开办就业培训中心，开设了"市场营销""企业创办者（小老板）"培训班，这是全市第一家由高校与地方联合开办的再就业培训中心，为下岗职工学习和掌握更高档次的技能创造了条件。1995年至1999年，区职业技术培训中心举办培训班294期，培训人数10 772人（次），其中属于就业前培训的3 302人（次），属于提高型的在职培训和转岗培训的6 075人（次）。

利用社区服务优势促进再就业。玄武区的社区服务工作基础较好，区委、区政府把不断拓展社区服务领域作为再就业的主要"泄洪渠道"。锁金村等街道兴办假日市场，丹凤街等街道抓住城市开发改造机遇开办灯光夜市，靠近郊区的街道利用新建小区道路宽敞的条件创办再就业一条街，许多街道兴办服务实体，开辟家政服务、净菜配送、家庭装潢、病人护理、小孩接送、家庭饭桌、小区绿化、环境保洁等岗位。全区建起社区服务经济组织达2 400多个，为下岗职工提供了面广量大的就业岗位。

区委、区政府通过宣传、组织、引导，再就业工作出现了4个转变：安置主渠道由国有、集体企业向个体、私营企业转变，个体私营企业吸纳下岗人员数约占全区再就业总人数的75%。安置服务机构由单一官办机构向官办与民办相结合的方向转变，既有政府劳动部门主办的职业介绍所和劳动力市场、工会组织开办的再就业指导服务中心，又有私营的职介所。下岗职工再就业的观念由一味追求固定职业、捧"铁饭碗"向家政服务、钟点工、季节工、临时工等"也是就业"的观念转变。安置方式由区相关部门单一推荐介绍就业向政府通过发展经济增加就业岗位的方向转变，全区通过建设龙蟠路汽配商城、玄武门大市场、东箭道集贸市场、珠江路电子商城等一批市场，安置职工1 000多人，占市场从业人数的70%。经过全区上下共同努力，在1994年以后的几年中，每年通过各种渠道、各种方式安置就业人数四五千人，较为平稳地扛住了经营体制转变和产权制度改革后出现的一股下岗职工再就业"冲击波"。

四、转变政府职能，改进机关作风

由于长期实行计划经济、产品经济的管理体制，形成了企业依赖政府、政府包揽企业工作的弊端，严重阻碍了企业走向市场。区委、区政府按照十四大精神，不失时机地着手政府机构改革、转变政府职能和加强机关作风建设，以适应企业转变经营机制和改革产权制度的新要求。

1992年，区委、区政府明确提出，从传统的思想中解放出来，克服老习惯、老作风，坚定不移地推行政企职能分开，政府、企业各自定位。政府部门着重抓好统筹规划的制定和掌握政策、组织协调、提供服务，实行宏观调控，帮助企业用好、用足、用活政策，不干涉或少干涉企业的生产经营和日常工作，减少企业对政府的依赖，推动企业独立自主地走进市场，尽快适应市场。区政府对自身的管理权限进行了检查，对此前颁发的4 000余件政府编号中的81个规范性文件，逐一清理，最终经区人大确认继续具有约束力的保留13件，取消68件；对区属部门、单位自定的14项行政性收费项目逐一清理，取消了11项，减轻和规范了企业负担。1997年，区委、区政府按照中央关于清理法规、规范性文件的规定，又对1985年至1995年10年间由区政府制定的规范性文件进行清理，同时对各部门、街道办事处的内设机构、政府批准设立的非常设机构、依法行使行政管理职能的事业单位制定的各项规定、办法、措施等进行清理，废止了28件因适用期限已过，或被新的文件替代而失效，或与现行法律、法规和国家政策相抵触的文件，给企业和基层"松绑"。区委、区政府制定了《关于进一步向街道简政放权的十二条意见》和《关于进一步搞活街道的几点配套改革的意见》，继续在人权、财权、管理权等3个方面放权于街道，形成了区、街两级新的职责管理体系。

1996年12月，根据"理顺关系、精编简政、提高效率"的原则，区委、区政府进行区级党政机构的新一轮改革。通过改革，精简了党政机构，确定了部门内设科室，核定了人员编制和领导职数，按"四化"方针配备了科室干部，推进政府职能转变。党政机构从38个(其中区委机构7个、区政府机构31个)精简到31个，减少了7个，精简幅度为18.4%；市委、市政府核定玄武区行政编制695名，比原来的803名减少108名，精简幅度为13.4%。一批机关干部充实了基层，充实了企业。针对区机关各部门之间、部门内设机构之间存在的职能交叉、管理复杂等问题，区委、区政府于1999年继续进行机构改革，区级机关党政机构精简为30个，机关人员编制减少为 565 名，把不应由政府包办的职能转移给企业、市场和社会中介机构，转变企事业单位主管部门职能、管理体制和运作机制，进一步实行政事分开、政企分开。1999 年 12 月，区委印发了《关于在全区党政机关全面推行政务公开的实施意见》，明确规定政务公开的范围、内容、形式、考核标准、保障措施，增强政务活动的透明度，提高办事效率，更好地为企业服务，更好地接受群众和社会各界的监督，进一步密切党政机关与人民群众的联系。

政府职能的转变，对机关的思想作风建设提出了更高的要求。从 1996 年起，区委、区政府每年在年初召开区机关思想作风建设大会，一年一个主题，解决一个问题，推动作风建设上一个新台阶。1996 年，针对一些干部精神不振作，对决定了的事情推诿扯皮、敷衍了事的现象，区委要求每一位机关工作人员必须发扬"顾全大局、求真务实、争创一流"的玄武精神，认认真真做好本职岗位工作。1997 年，区委针对一些领导干部存在的"小富即安、小进即满"思想，提出"再接再厉迈大步，自加压力争一流"的口号，凝聚人心，鼓舞士气，确保全区工作在去年基础上再上一个台阶。1998 年，针对一些部门在为基层服务上不讲实效，"内容"与"形式"分离的现象，区委明确提出每个干部要做到"四淡化、四强化"（淡化成绩、强化务实；淡化个人、强化集体；淡化名利、强化奉献；淡化现状、强化发展），把工作扎扎实实搞上去。1999 年，针对一些部门服务经济建设意识淡薄，过分强调部门利益和本身业务工作，不认真为基层服务，"三乱"（乱检查、乱收费、乱罚款）有所抬头的现象，区委要求全体干部围绕"三到、三实、三不"[①]，在服务基层、服务群众、提高办事效率上狠下功夫。2002 年，区委开展"转变作风年"活动，把机关思想作风建设渗透到每一个部门、每一项工作和每一位干部身上，实现思想作风建设经常化、制度化。

---

① "三到、三实、三不"：政策、人员、解决矛盾到基层；作风扎实、责任落实、工作务实；不搞形式主义、不搞花架子、不搞表面文章。

第十一章 提高社会主义精神文明建设水平

1996年10月,党的十四届六中全会通过的《中共中央关于加强社会主义精神文明建设若干重要问题的决议》,要求全党以马克思列宁主义、毛泽东思想和邓小平建设有中国特色社会主义理论为指导,坚持党的基本路线和基本方针,加强思想道德建设,培育"四有"新人,把我国建设成为富强、民主、文明的社会主义现代化国家。玄武区委认真学习贯彻决议精神,在前几年初步确立符合区情实际的精神文明建设的指导思想、具有玄武特色的活动格局、同步配套的经费投入机制,精神文明建设取得一定成绩的基础上,制定精神文明建设规划纲要,有针对性地探索和创新管理模式和活动形式,强化社会主义思想道德教育、法制教育,进一步提高精神文明建设水平,在全区形成物质文明建设与精神文明建设协调发展的良好局面。

第一节 创新精神文明建设活动形式

一、坚持两个文明建设同步发展

1996年10月15日,区委召开常委扩大会议,学习贯彻《中共中央关于加强社会主义精神文明建设若干重要问题的决议》。会议回顾了全区近年来精神文明建设情况,研究今后加强精神文明建设的任务和措施。会议认为,近年来全区精神文明建设虽然取得很大成绩,但对照六中全会决议,还存在着一些不容忽视的问题,抓物质生产的一手比较硬、抓精神文明建设的一手比较软的情况还没有从根本上改变,在社会精神生活方面更存在一些相当严重的问题。看不到多年来精神文明建设的成果和主流,就会丧失建设精神文明的信心,是错误的;而看不到存在问题的严重性,就会丧失警惕,是很危险的。区委制定了《玄武区委关于学习贯彻十四届六中全会精神的通知》，要求各级党组织把学习、宣传、贯彻十四届六中全会精神作为当前和今后一段时间的重点工作，摆上重要位置抓紧抓好，努力形成全社会重视精神文明建设的良好氛围，在扩大开放和深化改革的新形势下促进两个文明建设同步发展。

11月初，区委举办了2期有97名市、区管领导干部参加的贯彻落实六中全会决议精神的专题研讨班。区委书记任淮作学习动员，邀请市委常委、宣传部长陈安吉作辅导报告。研讨班"务虚"和"抓实"相结合，使参加学习的干部从理论和实践的结合上进一步理解两手抓、两手都要硬的道理，认识到社会主义社会是全面发展、全面进步的社会，社会主义现代化事业是物质文明和精神文明协调发展、相辅相成的事业，缺少任何一个方面，都不成为有中国特色社会主义；两个文明建设互为条件、互为目的，相互促进、相互转化，物质文明是基础，需要一如既往地牢牢把握经济建设这个中心，但精神文明搞不好，物质文明就会遭到破坏。决议解决了在发展社会主义市场经济体制和对外开放的条件下如何建设社会主义精神文明的重大问题，是对科学社会主义理论的重大贡献。

11月8日，区委召开七届六次全委（扩大）会议，传达和学习省、市委扩大会议贯彻六中全会决议的精神，对新形势下全区精神文明建设进行了部署。全委会从历史的、全局的高度认识六中全会决议的战略地位，决定当前要迅速组织学习、宣传和贯彻，把六中全会精神落实好，统一广大干部群众的思想和行动。会议确定今后一段时间全区精神文明建设要以人为主体，以社区资源为载体，以提高人的素质和改善地区环境为重点，以创建文明城区为目标，全面提高精神文明总体水平，努力把玄武区建设成为服务一流、经济发达、现代文明的城区。

11月13日，由区委组织部和区委党校联合举办的区第三期青年干部培训班结业。在结业典礼上，区委副书记徐祖培代表区委要求来自区机关和各街镇、各系统的39名中青年干部，遵循邓小平建设有中国特色社会主义理论和党的十四大以及十四大三中、六中全会等会议精神，严格要求自己，做好"六种人"[①]，从自身做起，在两个文明建设中发挥表率作用和带头作用。

---

① 做"六种人"，指：一是做坚持正确方向的明白人，认真学习，不断提高思想政治素质，增强政治敏锐性和政治鉴别力；二是做勇于开拓创新的带头人，进一步解放思想，大胆探索，不断创造新成绩；三是做善于经营管理的精明人；四是做清正廉洁的正派人，自重、自醒、自励，过好"权力关""金钱关""美女关"；五是做关心群众的热心人；六是做乐于奉献的老实人，工作中兢兢业业，生活上艰苦朴素，不计较个人名利得失。

通过多层次、多形式的学习和宣传，各级领导干部增强了抓好精神文明建设的自觉性和责任感，深刻认识到只有经济、政治、文化协调发展，只有两个文明都搞好，才是有中国特色社会主义。在认识提高的基础上，区委建立和完善了精神文明建设的领导体制、运行机制和投入机制，坚持党政"一把手"抓两手，分管领导全力抓，其他领导结合分管工作抓。人大、政协和党政各部门和工会、共青团、妇联等团体"齐抓共管"。区委成立精神文明建设指导委员会，具体负责全区精神文明建设的指导、协调和检查工作。各街镇、各系统以及各基层单位成立由一把手领导的协调机构。多渠道增加对精神文明建设的投入，在每年财政支出中用于精神文明建设的比例的增幅，高于财政收入增幅1～2个百分点，鼓励社会各界、企事业单位对精神文明建设给予财力、物力等方面的支持，做到开发一片城区、建设一批精神文明硬件设施，为更加有效地开展精神文明建设提供保障。

二、制定精神文明建设规划纲要

党的十四届六中全会以后，区委把精神文明建设纳入全区经济社会发展总体规划，强化目标管理。区委总结前几年精神文明建设的实践，分别制定全区较长时期的、年度的和重要的单个具体项目的精神文明建设规划、目标，在做好宏观的和长远的布局的同时，又注重解决当前迫切需要解决的问题，增强精神文明建设的可操作性和实效性，不断取得阶段性成果，把精神文明建设推向纵深。

1996年11月区委召开第七届六次全委扩大会议。会议根据中央六中全会决议和省、市精神文明建设"九五"发展纲要，以及玄武区经济和社会发展"九五"计划，讨论通过了《玄武区社会主义精神文明建设"九五"规划纲要》。这是玄武区委制定的第一个中长期精神文明建设规划。纲要要求，"九五"期间在全区人民中进一步树立建设有中国特色社会主义的共同理想，进一步树立坚持党的基本路线不动摇的坚定信念，开展"爱我玄武、建设玄武、美化玄武、繁荣玄武"活动，进一步树立爱人民、爱家乡、爱国家的社会公德，努力塑造具有良好的思想道德修养、丰富的科学文化知识、较强的民主法制观念，且行为举止文明、身心体魄健康的市民新形象，为推进全区改革开放和现代化建设提供坚强有力的思想保证、精神动力和智力支持。纲要对"九五"期间全区在思想道德、科学教育、文化建设、民主法制教育、地区环境改善、文明创建活动等方面的工作进行了部署，提出了具体要求和工作目标。

针对全区精神文明建设的实际情况，区委、区政府每年确定一个精神文明建设奋斗目标。这一举措始于 1987 年。1996 年党的十届六中全会以后，区委、区政府加以规范化和制度化。每年年初制定"奋斗目标"，一年强调一个重点。1997 年确定 40 项目标，突出加强和改善党对精神文明建设的领导。1998 年确定 44 项目标，突出全面落实党的十五大提出的各项任务，举办区管领导学习十五大文件研讨班，领导干部中心组学习全年不少于 20 次，每个中心组成员结合自身工作撰写一篇调研报告；成立区讲师团，对党员干部轮训一遍，轮训率达到 95％；举办 1993 年至 1997 年两个文明图片展，召开一次全区精神文明建设经验交流会。1999 年确定 33 项目标，突出创建文明城区，广泛开展群众性精神文明创建活动。2000 年确定 39 项目标，突出提高人的素质和优化环境，开展以创建文明社区为重点的各项精神文明建设活动。区委、区政府这样每年列出精神文明建设目标清单，并尽可能对每一项目标加以量化，简单扼要，重点明确，直观性强，各相关单位和广大干部群众容易掌握，便于操作和检查。

对重要的精神文明单个建设项目，区委、区政府还制定了明确的责任要求。建设文明城区，是十四届六中全会后玄武区涉及全局性的一项活动。1998 年 3 月，区委、区政府专门制定建设文明城区活动实施方案。该方案在明确建设活动的指导思想、活动内容、进度要求的同时，分门别类，细化分解，部署实施凝聚工程、发展工程、双拥工程、窗口工程、环境工程、文化工程、素质工程、稳定工程、温暖工程和再就业工程等 10 项工程，规定每一项工程的目标和任务，列出每一项工程的负责人、牵头单位和责任单位，张榜公布，把整个文明城区建设活动置于区委、区政府和广大干部群众的监督之下。

为了把精神文明建设规划纲要中的各项目标落到实处，区委、区政府坚持两个文明统一规划、统一部署、统一实施、统一考核。强化激励机制，建立科学评估精神文明建设成果的指标体系，完善和推广政绩荣誉档案制度，把精神文明建设作为衡量领导干部能力和政绩的重要内容，与干部的晋升、奖惩挂钩。

三、开展覆盖各类群体的精神文明创建活动

群众性的精神文明创建活动，是人民群众移风易俗、改造社会的创举，有助于两个文明建设的有机结合，把精神文明建设落实到基层。区委、区政府遵循精神文明建设"重在建设"的方针，在总结以往成功经验的基础上，继续组织和推进旨在

覆盖全区各类群体的多层次、全方位的精神文明创建活动，形成了参与面广、吸引力强、效果明显的生动局面，在全市、全省乃至全国产生了较大影响。

全区主要开展了5项创建活动：

开展创建文明单位、文明社区系列活动。1997年3月玄武区被民政部确定为创建全国文明城区示范单位。4月，区委、区政府采取"完善配套设施""部门包干"等措施，加快建设锁金村、公教一村、樱驼村、月苑、红庙等5个小区的"精品小区"进程。7月，区委、区政府在锁金村、香铺营、忠林坊召开创建文明小区现场会，总结交流教育与引导并举、硬件建设与软件建设并举、专业管理与居民自治并举、管理与服务并举等建设文明小区的经验。在此基础上，区委、区政府制定了《玄武区创建文明小区实施意见》，要求以社区为依托，以治理脏、乱、差为突破口，营造社会安定、环境整洁、秩序良好、生活方便的社会环境，推动全区两个文明建设协调发展，力争到20世纪末全区80%以上的小区建成区级文明小区，其中30%以上达到市级文明小区标准，一至二个小区达到省级和全国文明小区的标准。根据区委、区政府要求，各街道办事处建立实施机构，因地制宜，加大投入。至1998年底，锁金村小区、花园路小区被命名为江苏省首批文明小区；富贵山、香铺营等5个小区通过市级文明小区验收；唱经楼、红庙等8个小区被评为区级文明小区。

开展以"双拥"为主要内容的军民联建精神文明活动。区委、区政府总结以往"双拥"经验，积极探索在发展社会主义市场经济条件下"双拥"工作的规律和特点，把关注社会热点、解决军人家属和居民生活难点作为推进"双拥"工作的突破点。一是实施"科技拥军""科技联建"，全区6个街道和4所学校开设电脑、法律等多种技能培训班，为驻区部队培养实用型人才。玄武中专等单位为即将退伍的老兵传授电脑、空调维修技术，帮助他们掌握一技之长。二是办好"双拥"经济实体，做好下岗人员、随军家属和退伍军人的安置工作。到1998年，全区拥有"双拥"经济实体30家，累计创产值4亿多元，利润2 000多万元。三是发挥部队优势，为社区聘请政治辅导员，把部队爱国主义教育、革命传统教育和国防教育的好经验传送给社区。四是设立"双拥"奖励基金，由社区建立百亩菜园和鱼塘，组织"大棚车"到53个共建部队慰问，增进军民感情，密切军地关系。从1996年到1998年，玄武区连续3年荣获省、市"双拥"模范区的称号，8个街道被评为市"双拥"模范街道。

开展以"三满意"(满意在玄武、满意在岗位、满意在窗口)为标志的创建文明窗口活动。商业、房产、市政园林、医疗卫生、文化娱乐等"窗口"单位制定行业服务规范,建立健全行业内部精神文明建设管理制度和约束机制,开展服务达标竞赛活动。法院、司法、建设、教育、卫生等部门实行"首问责任制",要求接待人员在接待群众时做到"来有迎声,问有答声,走有送声",及时解决属于职责范围内的问题,对于一时处理不了的问题,也必须与群众约定时间负责落实,提高群众的满意度。丹凤街派出所、东方汽车发展有限公司分别被评为全国、省级文明窗口。

开展与社区服务相结合的精神文明建设活动。区委、区政府以社区为载体,组织各方面力量,通过多种形式,倡导邻里和睦、助人为乐新风尚。按照为党分忧、为民解难的要求,在全市率先建立市民求助中心,为广大居民开展100多项服务。建设全区文化、体育、娱乐、生活等综合性社区服务基地,吸纳200多家服务实体为居民群众提供专业服务和特色服务。经过两三年的努力,以社会效益为主、以居民自我服务为主的实体组织遍布社区,调动了群众参与的积极性,形成了新型人际关系和新的社会风气。民政部充分肯定了玄武区发展社区服务、促进精神文明建设的做法。1998年8月,市委办公厅转发了市委宣传部总结的玄武区社区服务经验,向全市推广。

开展以"远学孔繁森、近学身边人"为代表的学先进系列活动。区反贪局局长闵抗在12年的检察工作中坚持党性,恪尽职守,先后侦破300余起贪污贿赂案件,为国家挽回经济损失5 000余万元。1997年他身患重病后以惊人的毅力与病魔作斗争,体现了一个共产党员和人民检察官的高尚情操。1998年8月,区纪委和区委组织部、宣传部联合发起在全区党员干部中开展向闵抗学习活动。2001年11月12日,家住后宰门街道太平门社区的下岗职工周光裕在与抢劫歹徒搏斗时牺牲,在全社会引起了震动和反响。12月,区委召开学习周光裕烈士大会,号召全区广大干部群众特别是党员干部学习周光裕英勇事迹,以周光裕为镜子,保持清正廉洁,一身正气,把为人民服务的宗旨化为为人民服务的实际行动。

第二节 强化社会主义思想道德教育

一、开展生动活泼的爱国主义教育

党的十四大提出,要把爱国主义教育作为加强社会主义精神文明建设的基础工程来抓。1994年8月,中央颁发了《爱国主义教育实施纲领》。区委认真贯彻执行中央和省、市委的要求,在以弘扬爱国主义、集体主义、社会主义为主旋律的精神文明建设系列活动中,进行中国现代史、中共党史和中国国情的宣传教育,中华民族优秀传统和革命传统的宣传教育,民族团结和祖国统一、国防和国家安全的宣传教育,现代化建设成就和宏伟目标的宣传教育,玄武区两个文明建设成就和区史的宣传教育,把人民群众激发出来的爱国热情、报国之志,引导到建设祖国、建设南京、建设玄武上来,加快两个文明建设。

区委、区政府充分利用玄武区爱国主义教育资源丰富的优势,发挥中国共产党梅园新村纪念馆、南京博物院、中山陵等爱国主义教育基地的作用,组织干部群众特别是中小学生参观学习。鼓励和组织中小学校和企事业单位在爱国主义教育基地举行入团、入队、新生入学和成人仪式,努力在青少年成长的重要时刻把爱国主义情怀植入他们心中。区委宣传部、教育局、文化局、人武部等部门和相关单位联手,开辟了由武警一支队驻地、抗日航空烈士墓、中山纪念馆、徐庄千亩现代化农业基地等社会实践参观点组成的"玄武区中小学生参观学习热线",融革命传统教育、改革开放成果教育、科技兴国教育为一体,把增强对历史的认知同强化现代化建设意识结合起来。从1996年开始,按照市里的统一规定,玄武区把爱国主义教育列为中小学生的"必修课",每个中学每学期必须安排学生进行一到两次参观活动,并把参观学习情况记录在《中学生参观爱国主义教育基地记录册》上,作为考查学校爱国主义教育实效和考评学生思想品德的重要依据之一。学生在毕业时,凭学习成绩册和记录册领取毕业证书。1996年5月3日,是中共代表团进驻南京梅园新村50周年纪念日,全区开展了以继承周恩来等老一辈无产阶级革命家遗志为核心的爱国主义主题教育活动。梅园新村纪念馆将周总理的生平事迹编成讲稿,制作成幻灯片,在工厂、商店、医院和中小学校巡回讲解和放映,让更多的职工和中小学生触摸历史脉搏,感悟伟人情怀。纪念馆还走"馆校共建"之路,在梅园中学设立"周恩来奖学基金"、南京九中开设"邓颖超班"和设立"邓颖超奖学金"的基础上,先后组织共建学校的师生赴北京、上海、天津等地周恩来总理生前工作过的地方参观考察,向全区中小学生发出了"学习伟人风范、争做四有新人"的倡议。

区委、区政府充分利用驻区部队多、大单位多的优势,在前几年"三热爱"教育和"爱我中华"主题活动中,在聘请老八路、老干部、老党员、老工人组成讲师团巡回演讲的基础上,进一步组织和引导全区中小学校与企事业单位、机关、街道、驻军结成对子,请"四老"到全区中小学、各街道给青少年讲近现代中华民族反侵略反殖民史、中共党史、抗日战争史、新中国成长史和社会主义建设史,进行系统的革命传统教育。1999年,各街道和教育系统建有关心下一代工作委员会70个、小组188个。全区聘请老教授、老干部、老专家300多人,组成思想道德、科技创新、法制宣传等3支辅导员队伍,活跃在学校、社区和居民住宅楼幢,与300多名青少年结成200多对"老少对子",开展帮学习、帮生活、帮后进活动。1997年和1999年,区"关工委"被评为江苏省关心下一代工作先进集体。

区委、区政府每年抓住革命纪念日、重大历史事件纪念日,开展多种形式的爱国主义教育活动。结合庆祝建党75周年、红军长征胜利60周年,在全区开展"忆历史、讲传统、学英雄、树正气"活动。1997年7月1日,是我国政府恢复对香港行使主权的重大日子。从香港回归倒计时100天开始,全区开展"万众迎回归"系列活动,区委与南京日报社、梅园新村纪念馆联合举办《百年沧桑话回归》征文活动,由老干部、老教师组成的百人讲师团到全区61所中小学宣讲"香港的昨天、今天和明天",区相关部门举办万名职工"登钟山、迎回归""迎回归全民健身展示""百花齐放百家争鸣万众迎回归书法大展和献词"等文化体育活动。"迎回归"系列活动既突出了喜迎香港回归、共创美好未来的思想性,又体现了万众参与的广泛性,全区有近9万人次参与了这次活动,是近年来玄武区组织规模和影响最大的一次群众性爱国主义教育活动。1999年,区委、区政府结合纪念南京解放50周年,开展了"爱我南京,爱我玄武,我为玄武作奉献""回顾50年,奔向新世纪"活动。4月18日,在总统府门前广场举办大型电视晚会《钟山放歌》,1949年首播南京解放新闻的电台播音员蔡英娴、率领战士占领总统府的解放军营长褚宝兴等历史见证人和3 000多名群众一起庆祝南京解放50周年。八一建军节前,区委、区政府首次举办颂英雄、学英雄"爱心献功臣"系列活动，区四套班子领导、市双拥办领导及驻区陆海空官兵代表一起，慰问全区为新中国诞生和成长立下汗马功劳的伤残军人等有功人员，颂扬他们的业绩和为国家、为人民不惜牺牲的高尚情操，向全区10个街道的93名伤残军人等优抚对象赠送彩电、洗衣机、电风扇等家用电器，并于2000年1月26日表彰"爱心献功臣"行动中涌现出来的先进集体和先进个人。9月29日，与省委宣传部、省作协联合在鼓楼市民广场举办"放歌五十年"诗歌朗诵音乐会，3 500多名专业演员和群众演员参加演出。热爱新中国、热爱共产党、热爱社会主义的教育高潮一个接着一个，全区形成了浓厚的"三热爱"氛围。

二、开展"三德"教育

按照《中共中央关于加强社会主义精神文明建设若干重要问题的决议》，区委、区政府从玄武区实际出发，深入持久地开展社会公德、职业道德和家庭美德教育，引导各行各业职工和各年龄层次群众进一步确立正确的世界观、人生观、价值观。

以创建全国先进城区示范单位为抓手，讲文明，树新风，开展践行社会公德教育，倡导以遵守社会公德为荣、不遵守社会公德为耻的新风尚。1997年8月7日，区委、区政府制定了《玄武区"讲文明、树新风"活动实施意见》，部署建设珠江路文明科技一条街，广泛宣扬文明用语、文明忌语和文明市民形象，建设新街口、鼓楼、火车站等3个"七不"①重点区域，开创浮桥、鸡鸣寺、安仁街、太平北路、长江路口等5个无闯红灯示范点等10项工程，明确各项工程的牵头部门和责任单位，重点解决环境卫生、交通秩序、文明言行、优质服务方面的突出问题。按照区委、区政府的部署，全区组织了4次规模较大的义务劳动和便民服务活动。区机关干部以身作则，在1997年第四季度每月2次利用休息日到街道参加创建卫生城市义务劳动。青年志愿者每周安排1小时到社区开展各种为民服务活动。

积极组织各行各业根据自身特点开展职业道德教育，把职业道德教育内容和要求具体化，落实到单位、班组和个人。全区以服务人民、奉献社会为宗旨，以与群众生活关系密切的"窗口"行业为重点，规范服务标准，明确承诺内容，制定服务措施，"树行业新风，创文明行业"，着力解决群众反映强烈的热点、难点问题。区政府创造性地把上层建筑领域纳入职业道德教育范畴。1988年1月，区委部署区机

---

① "七不"：不随地吐痰，不说粗话、脏话，不在公共场所吸烟，不乱扔垃圾，不损坏花草树木，不损坏公共设施，不闯红灯。

关各部门开展文明办公竞赛，对违反治安综合治理和计划生育规定的机关工作人员在评先进时实行"一票否决"，促进和监督机关干部转变作风，带头遵守市民守则，带头遵守社会公德，树立"高效、务实、廉洁、文明"新形象。1999年4月，全区司法机关和行政执法部门开展"公正执法、文明执法、服务基层、服务群众"的评议活动，推进公正执法和文明执法。区检察院被区委、区政府评为1999年度"双执法双服务"先进集体，被江苏省检察院授予"人民满意检察院"称号。区公安分局把推行政务公开、实行"阳光作业"作为"双执法、双服务"的着力点，争创"人民满意户籍室""人民满意户籍警""人民满意110""人民满意刑警中队""人民满意出入境窗口"，将公安工作和民警执法行为置于群众监督之下，赢得了群众的好评。区公安分局继1997年和1998年之后，1999年又获"全国优秀公安局分局"称号。区法院以"代表广大人民群众根本利益"为指针，推出了一系列便民"硬"措施，2000年刑事案件和行政案件的结案率100%，获全国"人民满意的好法院"称号。

充分发挥工会、共青团、妇联等群众组织的作用，与争创"五好家庭""五好楼幢""五好院落"活动相结合，吸引更多群众参加到"三德"教育活动中来。区总工会在区直属企业、各系统、街道企业和民营企业中开展"创企业精神，树主人翁形象"活动，鼓励广大职工发扬开拓进取精神，提高思想业务素质，全区万名职工掀起了技术练兵和提合理化建议热潮。团区委组织和引导广大团员青年积极投入社会文明建设，全区6个街道建立了青年志愿者服务站，拥有各类青年队伍60多支，其中"青年文明号"专业服务队人员达344人。锁金村、丹凤街两个街道的5个"青年文明号"与5个居委会挂钩，定期开展服务活动。1997年在锁金村街道举办"青年文明号服务助万家"活动，来自全区的50多支"青年文明号"为居民提供家电维修、医疗就诊、房屋维修、美容美发等服务，深受居民群众的欢迎。为了适应广大妇女在新形势下求知、求新、求美、求乐的需要，各街道和社区都开展了适应现代城市生活特点，思想性、知识性、娱乐性相融的群众喜闻乐见的家庭文化活动，促使更多家庭成为既有中华传统美德又有时代风貌的新型家庭。1997年以来，区妇联与相关部门联袂，先后举办了"庆七一，迎回归，百家争鸣、百花齐放"展、家庭学法竞赛、"居室美""阳台美""厨房巧设计"竞赛、家庭烹饪展、家庭花卉盆景展和家庭趣味运动会，发动家庭主妇缝制了4 000多双绣有"军民同心""军民鱼水情"等字样的拥军鞋垫，组织向灾区姐妹捐款送衣送被，丰富了传统美德教育内涵,给以发扬传统美德为主题的争创"五好家庭""五好楼幢""五好院落"活动注入了新的活力。到1998年底,全区涌现了2幢市五星级文明楼幢、20幢区五星级楼幢和100幢区三星级文明楼幢。

三、开展"二五""三五"普法教育

玄武区在被评为1991年至1995年"二五"普法工作先进区以后,区委、区政府继续开展"三五"普法教育,努力推进依法治区,把各项工作纳入法治轨道,为改革、开放、稳定,实现"九五"发展规划和2010年远景目标创造良好的法治环境。

1996年6月12日,区委、区政府批转政法委的"三五"普法规划,决定在1996年至2000年在全区公民中开展第3个五年普法教育活动。"三五"普法教育的对象是全区一切有接受能力的公民,重点是县处级以上的领导干部、司法人员、行政执法人员、企业管理人员、青少年和暂住人口等不同方面不同职业的人员。按照规划,主要进行4个方面的教育:一是学习民主法制理论,努力提高各级干部的法制理论水平,提高依法决策、依法行政和依法管理的能力。二是继续开展宪法知识宣传和与公民的工作、生活密切相关的基本法律知识教育,特别是强化有关搞好社会治安综合治理和维护社会稳定的法律知识教育,增强公民的国家意识和公民权利义务观念,提高依法维护自身合法权益的能力和运用法律武器同违法犯罪行为作斗争的自觉性。区检察院、法院、公安分局和法律服务所在公教一村联合设立法律服务站,根据社区居民需求,同居民面对面普及法律常识,全方位提供法律服务。三是着重抓好社会主义市场经济法律知识的普及,围绕规范市场主体、维护市场秩序、加强和改善宏观调控、建立社会保障、发展外向型经济等工作,有针对性地普及有关法律知识,提高各级干部和经营管理者运用法律调节各种经济关系的本领。四是教育各单位各级领导班子和领导干部坚持学法用法相结合,依法治理各项事业。全区选定在1101厂、南京商厦、玄武门街道等7个单位进行"三五"普法教育试点,取得经验后在全区推广。

增强青少年的法治观念,是普法教育的重中之重。为了做好青少年的法制教育工作,区政法系统特地将经验丰富、工作能力强、身体健康的老法官、老检察官、老公安、老司法(即"四老")组织起来,充实政法系统"关工委"工作班子。几年来,这个班子进行了一系列的工作:一是依托阳光教育基地、少年法庭、派出所、

司法所，开展形式多样、生动活泼的法制教育活动；二是成立社区青少年法制学校，利用假期组织法律知识竞赛、法律知识演讲、法律征文比赛，举办少儿法制画展，寓教于乐，增强法制教育的生动性和吸引力；三是从政法系统各部门选派业务骨干担任全区 37 所中小学校的法制副校长，加强在校青少年的法制教育，并在各校设立法制副校长信箱和法律咨询热线，解答困惑中小学生的法律问题；四是对全区服刑人员子女进行调查摸底，组织"四老"同其中的未成年人"结对"，进行帮扶、帮教，解决他们的实际困难。区委加强对青少年的法制教育活动，得到了全社会的拥护和支持。

"三五"普法教育期间，全区普及了 100 多项法律、法规知识。政法系统根据玄武区实际情况自编普法资料，向基层发放 6 万余册，举办法律（共同法）知识培训 1 500 余次，普法考试 536 场，接受法律咨询 1 632 次，举办宣传法律的文娱演出 23 场，出版黑板报 8 519 块，总结交流普法经验文章 91 篇，基本上做到了对各类人群普法教育全覆盖，不留"漏洞"和"死角"。全区普法对象 18 万人，接受普法教育的约 15 万人，普及率 83%。经区政法部门的协调，500 多家企事业单位聘请律师担任法律顾问，办理各类案件 1 万余件、各类公证 2.6 万件。公民法律素质明显提高，法治观念增强，126 起"见义勇为"行动受到省、市、区各级相关部门的表彰。2001 年 7 月，区委、区政府联合表彰了中山陵园管理局等 15 个"三五"普法有功单位、丹凤街街道办事处等 66 个先进集体和 103 名先进个人。玄武区被评为全国"三五"普法教育先进区。

第三节 协调发展各项社会事业

一、实施教育现代化工程

进入 90 年代，经济社会事业高速发展，积极推进教育现代化成了经济社会发展、人民生活水平提高后的迫切需求。1995 年 5 月，区委、区政府把"启动教育现代化工程，办好骨干示范学校"列为贯彻《中国教育改革和发展纲要》重要举措，硬件、软件一起抓，不断提高教育现代化的水平。

中国共产党南京市玄武区历史
（1978-2012）

  教育现代化，首先是"软件"现代化，没有传统教育观念向现代教育新观念的转化，就没有教育的现代化。区委、区政府从3个方面推进教育观念的转变：一是变革陈旧的教育思想。1997年9月2日，区委常委会专题研究中、小学素质教育，部署"一研、二抓、三优化"①。到1998年，全区所有小学对学生的评价由以往单纯以考试分数为依据改为《小学生素质报告书》，推动由应试教育向素质教育转轨。二是加强对教师运用现代化教学手段的培训，提高教师掌握和运用现代教学技术的能力，全区600多名（次）教师接受了计算机专业培训。为积极应对和超前准备知识经济时代的到来，举办由全区数十名中青年骨干教师参加的研究生层次的培训班，探索教育现代化的新途径、新办法，促进教师从"教书匠"向学者型、教育专家型转变。三是解放思想，增强教育的开放意识。全区10多所中小学与国外建立了联系，百余名中小学师生分期分批出国考察，拓宽了视野，增长了知识，推动了校风的升华。五十四中、十三中与科技企业联合，创造了符合现代教育理念的"科教结合"办学新模式。

  在"八五""九五"期间，区政府教育经费支出每年以25%左右的幅度增长，同时通过向中小学学生家长借资，动员驻区单位、社会团体和个人捐资，加上各校自筹，全区有近千万元资金专门用于改善办学条件。重点建设了现代化设施设备齐全、档次较高的人民中学7 500平方米综合教学楼，九中3 700平方米文艺中心楼，以及屋顶上有天文台、各楼层有活动室的北京东路小学和南师附小的多功能教学大楼。全区中学全部配备了计算机室，基本普及计算机教育。大多数小学把电脑运用于课堂教学，大多数中学实现电脑联网，有的中学开始采用校园双向视听信息演播控制系统，教学"硬件"水平处于全市领先位置。玄武湖中心小学原是一所农村庙宇小学，80年代改造成花园式中心小学后，区政府在"九五"期间又继续投资，易地建设了教学大楼和田径运动场，"硬件"建设连跨三大步，成为设施齐全的具有现代化气派的小学校。

  在办好每一所中小学的基础上，区政府采取"选择一批，推进整体"的工作策略，创办了一批名、特、优示范学校。全区申办成功2所省重点中学，1所市重点中学，3所省实验小学，1所市实验小学，7所示范小学，3所省级实验幼儿园，16

---

  ① "一研、二抓、三优化"：认真组织学校和教师研究教材和教法、学法，依据大纲、教材和学情实行启发式教学，指导学生掌握学习规律和学习方法；抓好学生学习兴趣的培养、抓好良好学习习惯的养成；努力实现课堂目标优化、教学过程优化、教学管理优化。

所优质幼儿园，19所中小学体育传统学校。多所中小学的"文艺中心""少年科学院""娃娃电视台""少年记者"和高水平体育代表队享誉市内外教育界。由国家命名的"周恩来班""邓颖超班"，使梅园中学和九中在德育和校风建设上独树一帜。长江路小学、北京东路小学、南师附小、成贤街小学、九中、十三中、人民中学等学校成为参与国际交往的名牌学校。名、特、优学校的创办，提高了硬件的投入效益，也提高了学校的教学水平、科研水平和教师的综合素质。

在加强教师队伍建设方面，玄武区通过观摩教学、教学评比、拜师结对、外出考察、技能竞赛、年会研讨、进修深造等多种形式和多种渠道，全面提高教师素质。到1988年底，全区中小学教师的学历达标率均超过97.5%，有30%的小学教师完成或正在进行高一层次的大专学历培训，226名中学教师接受了"专升本"的学历培训。全区形成了一支数量充足、结构合理的教师队伍，一批优秀青年教师脱颖而出。全区拥有市学科带头人21名、区学科带头人123名、市优秀青年教师53名。南师附小数学教师阎勤是全市最年轻的特级教师，九中钱逸瑞老师被评为南京市"中青年拔尖人才"。

玄武区强化教学研究，优化教学管理，坚持实施教育现代化工程，全区教育整体水平上了新台阶，教学质量持续稳定、大面积提高。小学毕业合格率稳定在99.5%以上，初中毕业会考合格率稳定在95%以上；初中毕业和升学会考总体水平在实现九连冠的基础上，1998年第10次居全市首位；历年高考升学率在市区名列前茅。区教育局继1990年获市委、市政府授予的"建设社会主义新南京有功单位"称号之后，1993年又获市委、市政府授予的"建设社会主义新南京先进集体"称号。

二、开展群众喜闻乐见的文化活动

适应社会主义市场经济发展的要求，遵循精神文明建设的规律，区委、区政府把文化建设提上了重要议事日程。在1994年7月召开的区第七次党代大会上，区委明确提出文化工作要结合新形势，积极开展群众喜闻乐见的文化活动，活跃群众文化生活，以有中国特色社会主义文化凝聚人心，激励广大人民群众不断夺取经济社会建设新胜利。

全区通过多渠道筹资，加快群众文化活动设施建设。从1998年10月起，区政府先后投资140万元，改建区文化活动中心，至1999年底，建成排练厅、展览厅、培训室、卡拉 OK 歌厅、书报阅览室、书画摄影工作室、老少活动室等一批娱乐设施，建筑面积约 2 000 平方米，成为全区对群众开放的主要文化活动场所。至 1999 年底，全区有 7 个街道建成社区文化中心，其中规模较大的有 4 家：1992 年底建成的玄武门街道文化中心，占地面积 200 平方米；1995 年建成的锁金村社区文化体育中心，总投资 500 余万元，建筑总面积 2 250 平方米；投资 60 多万元，于 1998 年建成的孝陵卫文化服务活动中心，建筑面积约 800 平方米；1996 年建成的红山社区文化中心，街道投资 20 余万元，中心活动用房建筑面积约 1 500 平方米。1995 年区域调整后，区政府加强了行政村文化活动室的建设。1997 年区政府投资 85 万元，新建或完善了 12 个行政村文化活动室，这些活动室建筑面积都在 100 平方米以上，藏书平均达 200 余册。至 1999 年，全区各居委会和行政村共有文化室 90 多个。

大力提倡广场文化娱乐活动。从 1987 年开始，每年举办一次玄武区《新春乐》文化系列活动，至 1996 年连续举办了 10 届。1997 年区政府将《新春乐》改名为《玄武之春》，并于 1 月 26 日在和平公园举办首届《玄武之春》文化系列活动。在历时 1 个月的时间里，《玄武之春》演出了 10 多个歌舞、曲艺等节目，各街道、学校、驻区单位举办各类文艺、游戏活动和摄影、图片展览 60 多场次，参与人数超过 10 万人次。多家基层单位分别举办"梅园之春""锁金之夏""丹凤金秋"等社区文化活动。从 1991 年至 1999 年，区相关部门结合重大节日和重要工作，举办了 18 次大型文艺活动，平均每年举办 2 次。

鼓励创作"三贴近"（贴近实际、贴近生活、贴近群众）文艺作品。从 1996 年至 2000 年的 5 年间，玄武区 50 多件文艺作品获得市级以上的奖励。其中：1996 年李朝润创作的《1997 年欢乐颂》《桃李献辞》《在这片东方热土上》《我们与春天同行》等音乐作品分获文化部、广电部、中国音协颁发的一、二、三等奖。1997 年区文化馆花小青创作的小品《救人之后》在全国第七届戏剧曲艺小品大赛中获文化部颁发的"群星奖"银奖。1998 年，区文化馆干部李国增创作的弹拨五重奏《江南随想》获文化部群众文化新作品征集三等奖，歌词《祝福谣》获省"五个一工程"奖。1999 年由街道创作的 5 个节目，在南京市群众创作调演中分获优秀创作奖和表演奖，越剧折子戏《十八相送》获江苏省越剧选拔赛一等奖，《湖滨惜别》获全国越剧节大赛铜奖。2000 年，小品《这就是孩子》获全国首届少儿文艺"蒲公英"创作、表演铜奖。

坚持一手抓繁荣一手抓管理，确保文化市场在健康规范的轨道上运行。1990

年以来，全区歌舞厅、网吧、音乐茶座、电子游戏厅、音像制品经营户激增到数百家。由于这些行业处于相关管理部门管理的边缘地带，个别娱乐场所涉黄、涉赌、涉毒，出现了传播不良信息等问题，严重影响社会风气和青少年成长。区委、区政府认真贯彻落实市里颁布的一系列管理规定，"扫黄打非"不松劲。1996年至2000年，文化、公安、工商、市容等部门每年联手执法20多次，收缴非法录音带、录像带、电脑软盘、黄色书刊和其他非法出版物，5年内先后取缔、查抄非法经营户50多户。在区相关部门的严密监管下，全区文化市场在满足群众文化需求的同时，没有发生一起影响社会稳定的突出事件，保持了平稳发展的态势。

玄武区作为开展体育运动的传统强区，在精神文明创建活动中，区委、区政府加强对群众性的体育活动的组织引导，不断提高体育工作的水平。1995年，国家颁布《中华人民共和国体育法》之后，全区中、小学开展了体育锻炼达标活动，年平均达标率为95％左右，人民中学、南师附小被评为南京市先进集体。1996年九中、十三中、梅园中学、人民中学、长江路小学和北京东路小学被评为省级体育传统学校。全民健身运动广泛开展。1995年，区委、区政府抓住江苏省第三届城市运动会在南京举办的机遇，举办了"迎城运万人千队健身演练"活动，出现了老少上阵、举家参赛的欢乐场面。1996年，举办了有3 000多人参加的广场运动会，在碑亭巷文化大院、红山街道居民区等地举行了10场群众性体育表演。根据《全民健身计划纲要》要求，1998年区体委组织了三级社会体育指导员培训，195名街道、社区从事文体工作的干部和体育爱好者取得了证书，为开展全民健身体育运动打下了基础。各街道纷纷开展健身舞、登山、木兰扇及各项球类活动。1998年，锁金村和丹凤街两个街道进入全国首批城市体育先进社区行列，梅园新村、红山、玄武门、后宰门等街道被授予江苏省首批体育先进社区称号。竞技体育方面，玄武区为省、国家运动队输送了一批人才，并在区内外的重大体育赛事中取得良好成绩，在第十三届亚运会和省第十四届运动会上获各类奖牌55枚。

三、加快实现"人人享有卫生保健"的目标

加强"大卫生"和提高社区卫生服务水平，满足广大人民群众对改善卫生服务和提高生活质量的需要，是社会进步与文明的重要内容和重要标志，也是国际卫生事业发展的共同趋势。区委、区政府顺应这一发展趋势，调整卫生工作的重点，深化卫生改革，建立社区卫生服务管理新机制，不断拓展服务途径和服务领域，完善

各项卫生服务功能，提高人民的健康水平和生活质量。

1997年12月，区委、区政府根据《中共中央、国务院关于卫生改革与发展的决定》，制定了以社区居民为对象，以社区家庭为单位，以老人、妇女、儿童、残疾人为重点，以健康教育为先导，向个人和家庭提供集预防、保健、医疗、康复为一体的社区卫生服务的工作思路，确立了"2000年人人享有卫生保健"的战略目标。为了确保目标的实现，从区到各街道成立领导小组，负责组织领导、筹措资金和落实具体措施。区各相关部门明确职责，分头推进，按照城市总体规划和区域卫生规划，每二至三个居委会建立一个面积80平方米至100平方米的社区医疗保健站、每5万至10万人口建立一所卫生院的要求，搞好配套设施建设，培训医务人员，规范社区卫生服务。

从1997年开始，在锁金村、梅园新村、新街口等3个街道试点成功和取得经验以后，全区社区卫生服务机构陆续向社区居民家庭和个人提供预防、医疗、保健、康复、健康教育、计划生育技术服务等"六位一体"的综合卫生服务，开展上门体检、出诊、送药、注射、化验、推拿、针灸、理疗、咨询、BP呼叫服务、慢性病防治、周期性健康检查、妇女"五期"保健等多项服务。按照连续、便捷、优质、经济的原则，针对不同的服务对象实行不同的服务形式：对广大居民以上门服务为主，设立家庭病床，医生定期上门巡诊治疗；对企业家、高级知识分子，由医疗保健中心提供"一条龙"式的服务；对育龄妇女、儿童，由区妇幼保健所提供《母婴特需服务卡》，利用计生组织的网络优势和技术优势开展一系列卫生技术服务；对老人和残疾人，免费建立健康档案，定期上门服务；对下岗困难户实施"绿卡工程"，减免诊疗费用；对民政重点优抚对象，免费进入社区保健网，享受减免诊疗费等优惠。

至1999年底，区政府采取政府领导、街道搭台、依托社区、卫生系统具体负责实施的办法，全区相继成立了卫生服务医疗中心、中医医疗指导中心、疾病控制中心、妇幼保健指导中心、口腔病防治中心等5个区级卫生服务指导中心，逐步形成了以区医院为中心、以街道卫生院为主体、以社区医疗保健站为基础的"区""街""站"一体化管理的社区卫生服务网络。1997年至1999年的2年间，各社区卫生服务站建立健康档案4 000多份，门诊27 011人次，设立家庭病床1 169张，成功抢救危重病人324次，开展健康教育435场次、受教育者34 227人次，免费服务11 300人次。1999年10月，《南京市玄武区社区医疗卫生服务示范工程》通过省级科技成果鉴定。

玄武区社区卫生服务的开展，为提高全民健康水平发挥了作用。全区人口死亡率由1981年人口普查时的6.07‰下降到1997年的4.73‰；全区人口平均寿命由1981年的71.18岁上升到1997年的75.38岁；1978年全区婴儿死亡率为21.34‰，妇女宫颈癌发病率为2.12‰，至20年后的1997年，婴儿死亡率下降到15.03‰，妇女宫颈癌发病率为0。

第十二章 发挥党组织的政治领导核心作用

1992年邓小平南方谈话开启了中国改革开放的新时期,对党的建设提出了新要求。1994年9月,党的十四届四中全会作出了《中共中央关于加强党的建设几个重大问题的决定》,把加强党的建设提到"新的伟大工程"的高度,明确了新形势下党的建设的总目标和总任务。玄武区委积极探索加强和改善党的领导的新办法、新途径,以提高各级党组织的领导水平和执政水平,增强拒腐防变和抵御风险的能力。区委创新党的工作的运行机制,推行在实践中总结出来的"党建经济一体化目标管理"、创建"党建工作先进区"等经验,加强在薄弱领域的基层党组织建设。在领导班子中开展"讲学习、讲政治、讲正气"党风党性教育,完善廉政建设责任制,强化领导干部廉洁自律,坚持不懈地反腐倡廉,切切实实"把共产党内部搞好"。全区党的思想、组织、作风建设取得新进展,充分发挥各级党组织的政治领导核心作用,从组织上保证经济和社会的发展,加快实现"富民强区"新目标的步伐。

第一节 提高党员队伍的政治素质

一、以邓小平理论武装党员干部

按照党的十四大提出的"认真学习建设有中国特色社会主义理论,增强贯彻执行党的基本路线自觉性和坚定性"的任务和要求,区委加强了对党员干部特别是领导干部的思想政治教育,开展了多种形式的理论学习活动。至1999年区第八次党代会,全区开展了3次规模较大的学习活动。

1995年至1997年的"学理论、学党章"活动。1995年,根据中宣部要求,玄武区实施"学理论、学党章"3年规划,将"双学"活动纳入各单位、各系统的党建工作和精神文明建设奋斗目标。区委宣传部列出了"邓小平建设有中国特色社会主义理论的历史地位和科学体系""解放思想、实事求是是建设有中国特色社会主义理论的精髓""建设有中国特色社会主义理论的主题——什么是社会主义、怎样建设社会主义""坚持党的领导、加强党的建设""以邓小平理论为指导,树立科学的世界观和正确的人生观、价值观"等5个学习专题,由宣传部、组织部干部和党校教师组成的理论教育业余讲师团分路分专题讲解,组织指导全区"双学"活动的开展。区委中心组每周学习一次,全区中层干部分两批轮训,要求广大党员干部通过学习,提高自身政治素质,增强分清是非的能力,正确处理局部与整体、个人与集体的关系,保证各项建设事业的顺利进行。1997年上半年,区委宣传部进行"补缺",组织因公外出的党员、生病漏训的党员、区划调整新转入的党员和长期流动在外的党员学理论、学党章。在这次"双学"活动中,全区3 971人次党员参加"双学"培训,占全区党员应培训总数的102%(部分党员参加了2次学习活动)。1997年7月,区委召开"双学"经验交流会,区法院、城建局和兰园街道介绍了经验,并为2 181名完成"双学"培训、通过考核的党员颁发了"双学"合格证书。1997年10月,在江苏省委宣传部、组织部和省纪委召开的全省"学理论、学党章"表彰大会上,玄武区被授予"学理论、学党章"活动先进区称号。

1997年至1998年的学习十五大精神活动。1997年10月,区委下发了《关于在全区认真学习贯彻党的十五大精神的通知》,要求到第二年春节前,全区各级党组织把组织学习党的十五大精神作为首要工作,抓紧抓好,落到实处。区四套班子领导干部结合区情深入学习十五大报告,以十五大精神指导实践。区委学习中心组被省委宣传部和组织部联合命名为"全省县以上党委(组)理论学习先进集体"。与此同时,区委组织了4期学习贯彻党的十五大精神轮训班,轮训区管领导干部;11个街道、7个系统举办了53期学习贯彻党的十五大精神专题培训班,轮训基层党员干部,参训率达98%。为了增强学习效果,区委组织全区党员开展学习党的十五大精神知识竞赛,以后又组队参加南京市学习党的十五大精神知识竞赛,获得团体决赛二等奖和优秀组织奖。

1998年至1999年的专题学习邓小平关于建设中国特色社会主义理论活动。玄武区按照党中央《关于在全党深入学习邓小平理论的通知》精神,分6个层次组织开展学习活动:一是区委学习中心组带头学习,按市里统一要求为中心组每位成员专门配备了《领导干部自学理论笔记本》和《领导干部自学理论书目汇编》，举办相应的辅导讲座。二是组织街道、系统党政负责人学习，结合本单位在改革发展中遇到的新情况、新问题进行研讨，增强理论指导实际的效果。三是由区委党校举办有364名区管中层干部参加的学习邓小平理论专题轮训班，提高理论水平和实际工作能力。四是开展后备青年干部（党员）培训，突出理论学习，加强党性锻炼。五是举办基层党支部书记培训班，利用基层党（政）校和电化教育等形式进行理论教育，增强基层组织的战斗力。六是举办企业领导干部培训班，围绕所有制结构调整和经济体制改革等内容，学习公有制经济的内涵、主体地位、实现形式等方面的理论，指导企业深化改革。为了促进各级党员干部的学习，区委在每个学习阶段都调阅领导干部学习理论读书笔记，组织交流学习心得。

二、区委领导班子加强自身建设

党的十四届四中全会通过的《关于加强党的建设几个重大问题的决定》，要求各级党组织解决好领导班子坚持和健全民主集中制，特别要注重制度建设等问题。根据这一要求，玄武区委举办了2期"思想作风建设"研讨班，集中系统、街道和机关部门的55名党政正职领导干部研讨民主集中制和领导班子团结问题。区领导班子为学习贯彻决定作出表率。通过学习，区委常委会、区政府党组坚持实行民主生活会制度，每半年召开一次民主生活会，有针对性地解决班子中的突出问题。依据省、市相关文件精神，区委于1995年初制定了常委会议事规则，对常委会的职权、会议制度、决议的执行和监督、文件审批等方面作了明确规定，规定研究重大问题不搞临时动议，对一些牵涉人和事的敏感问题，如使用车辆和通信工具、住房、家属子女工作安排和调动等，须集体研究决定，并在一定范围内公布。1995年11月，区委对贯彻民主集中制情况进行了专门研究，针对存在的民主和集中都不够、民主集中制的相关制度覆盖不全等问题，制定了相应的制度。

1996年4月，中央制定了《中国共产党地方委员会工作条例（试行）》。这是坚持和健全民主集中制、发挥地方党委在两个文明建设中的领导核心作用的一项重要制度。为了使条例落到实处，加强领导班子的整体合力，区委采取了多项措施。主要有：

在领导干部中开展"双谈"活动。区委决定，自1996年4月起，在区管领导干部中普遍开展谈心活动，区四套班子主要领导干部分别找区管一把手谈心，区委、区政府其他领导干部按分工分别找其他区管干部谈心。主要谈两方面的内容：一谈思想，谈个人和本单位的主要思想动态、思想主流和带倾向性的思想问题；二谈建议，主要谈对全区两个文明建设的建议和本单位工作中遇到的需要区委、区政府帮助解决的问题。各街道、乡镇、机关各部门的区管党政领导干部，也按照区委的做法，对所属的科级干部和一般干部普遍进行一次谈心。对谈心活动中反映的问题和建议，由区委组织部汇总后向区委报告，区委召开专题会议，采取具体改进措施。在到7月为止的3个多月中，区委、区政府15位领导干部分别与290多名区管领导干部谈心，收到了沟通思想、增进团结、促进领导干部思想政治建设、提高工作水平和工作效率的良好效果。区委由此决定，每年7月为全区领导干部的"双谈月"。

建立"五个一联系点"制度。从1997年起，区委决定建立区委常委会"五个一联系点"制度，即每名常委联系一个街镇、一个企业、一个行政村、一所中学和一名统战对象，面对面地倾听群众的呼声和要求，及时发现实际工作的问题。根据形势的发展和实际工作的进展，每年对常委的联系点进行适当调整，使每个常委更好地了解和掌握全面情况。"联系点"制度的实施，推进了常委的作风建设，加强了与基层单位和广大干部群众的联系，为区委正确决策提供了第一手材料。

改进工作方法，实行"一抓四、四抓一"的工作方法。1998年3月，区委七届十次常委扩大会议决定在区四套领导班子成员中实行"一抓四、四抓一"的工作方法。"一抓四"：每位领导成员在做好本职工作的前提下，各承担一个重点经济建设项目，办成一件有利于全局发展的实事，组织开展一项精神文明建设活动，完成一项操作性较强的调研课题。"四抓一"：将全区的工作分成经济、精神文明建设、街道工作、农村工作等4个方面，成立4个指导协调小组，由原分工的领导负责研究确定相应的工作重点和奋斗目标，制定措施和办法，协调解决遇到的困难和问题，协助区委、区政府调动全区资源和各方面的力量推进所分工的工作，从4个方面把全区的整体工作提高到新的水平。1999年3月，区委召开常委扩大会议，对一年来实行"一抓四、四抓一"的工作情况进行研究总结。会议认为，这一工作方法是在区委集体领导下四套班子领导发挥各自作用，实现齐抓共管、形成合力的探索，增强了每一位领导成员的全局意识、导向意识、群众意识、决策意识，有利于明确完成市区目标和重点工作的责任，有利于整体工作水平的提高。今后要建立责任制度和保证措施，使这一工作方法更加完善，更加高效。

1999年3月至4月初，南京市委组织部对区委和各位常委进行为时一周的届末考察。市委组织部部长陈家宝在向区反馈考察结果时称，本届区委、区政府政治坚定，工作思路清楚，工作扎实，勇于出新，协调团结，廉洁自律，是一个有亮点、总体形象好的班子。不足的是，中层干部队伍建设和城市管理等基础工作需要进一步加强。

三、领导干部开展"三讲"教育

1995年党的十四届五中全会上，中央领导同志针对部分干部在改革开放和加快发展经济的新形势下不注重学习和自我改造，在日益复杂的斗争中迷失方向，走上腐化堕落道路等问题，强调要对干部进行讲学习、讲政治、讲正气的教育。1998年11月，中央下发了《关于在县级以上党政领导班子、领导干部中深入开展以"讲学习、讲政治、讲正气"为主要内容的党性党风教育的意见》。2000年3月，南京市委决定将玄武区列为全市第一批"三讲"教育单位。区委高度重视，把"三讲"教育确定为当年全区重点工作之一，当作党建工作的头等大事来抓。3月16日，区委成立了以区委书记为组长的"三讲"教育领导小组。16日至19日，区四套班子和区纪委、组织部、宣传部、法院、检察院召开了几十个座谈会，听取了564人次的意见，收集了各类意见和建议1 014条，为开展"三讲"教育作好了准备。

按照市委的统一部署，这次"三讲"教育分4个阶段进行：第一阶段为"思想发动，学习提高"，第二阶段为"自我剖析，吸取意见"，第三阶段为"交流思想，开展批评"，第四阶段为"认真整改，巩固成果"。2000年3月28日，"三讲"教育开始后，区委要求参加"三讲"教育的区委、人大、政府、政协四套班子中的党员干部和区纪委、组织部、区委宣传部、区法院、区检察院的领导班子和领导干部，在"三讲"教育中做到"五要五不要"：要学深学透，不要浅尝辄止；要把握方向，不要偏离原则；要深刻剖析，不要简单应付；要发扬民主，不要心存疑虑；"三讲"和工作要统筹兼顾，不要顾此失彼。要求以"三讲"为动力，做好各方面的工作。

"三讲"教育进入"自我剖析、听取意见"阶段后，区委召开民主评议和民主测评大会。为了高标准做好"自我剖析"，区领导班子和领导干部结合省委、市委巡视组的反馈意见，广泛征求干部、群众意见，反复修改剖析材料，交送省、市委巡视组和市委"三讲"办公室审阅，然后根据巡视组和"三讲"办公室的意见再修改剖析材料。在"自我剖析"测评会上，区四套班子发放民主评议和民主测评表167套，回收率100%，对领导班子剖析的满意和基本满意率为97.8%，对领导班子成员的满意和基本满意率为94.4%，对所有"三讲"对象的满意和基本满意率在80%以上。

5月上旬，参加"三讲"教育的领导班子分别召开专题民主生活会，开展严肃认真的批评与自我批评。各班子主要负责同志带头进行触及灵魂的自我批评，同时从团结愿望出发对班子成员提出批评意见，开展相互批评。通过民主生活会，班子成员在一些重大问题上统一了思想，增进了共识，达到了弄清思想、提高认识、增进团结、共同进步的目的。民主生活会后，各领导班子分别召开会议，在一定范围内通报民主生活会的情况，听取干部群众的意见。

5月31日，区委召开"三讲"教育总结大会。在总结大会上，省委巡视组对玄武区的"三讲"教育给予了充分肯定，认为在区委的精心组织下，在广大干部群众的大力支持下，玄武区的"三讲"教育进展比较健康，比较顺利，取得了明显的成效。一是通过"三讲"教育，各领导班子成员普遍受到了一次深刻的马克思主义自我教育，对讲学习、讲政治、讲正气有了更加深刻、全面的理解，进一步增强了贯彻执行党的基本路线的自觉性和坚定性。二是在坚持以整风精神开门搞"三讲"，充分听取群众意见的基础上，经过认真的查摆分析，找出、找准了领导班子和领导干部在党性党风方面存在的突出问题，从世界观、人生观、价值观的高度进行了比较深刻的剖析，制定了相应的整改措施，明确了今后的努力方向，得到了广大干部群众的赞同。三是通过广泛深入的谈心交心活动，认真开展了批评与自我批评，在恢复党的优良传统方面有了明显进步。四是领导班子增强了解决自身问题的能力，领导干部增强了讲政治的意识、接受群众监督的意识、民主集中制的意识和廉洁自律的意识。全区"三讲"集中教育任务完成后，区委针对查摆出来的问题和群众提出的意见，部署各领导班子认真研究，制定整改方案，班子成员从自身实际出发，制定整改措施。对一些重点和难点问题，区委逐一列出题目，制定整改实施方案，要求在年内见到较大成效。

2000年11月，区委按照中央的要求和省、市委的部署进行"三讲"教育"回头看"。参加"三讲"教育的领导班子和领导干部再次学习中央和省、市委的有关文件，特别是江泽民总书记关于"三个代表"的重要论述，通过座谈会和个别走访的形式，广泛征求各方面对领导班子落实整改措施的意见，通过民主生活会自查自纠。区委对照"三个代表"的要求，看到了在加快发展、加强思想政治工作和精神文明建设、牢固树立全心全意为人民服务的宗旨等方面还存在一定的差距，今后要按照代表先进生产力的发展要求，坚持以经济建设为中心，加快全区发展；按照代表先进文化前进方向的要求，坚持"两手抓、两手都要硬"的方针，大力加强思想政治工作和精神文明建设；按照代表最广大人民群众的根本利益的要求，坚持全心全意为人民服务的宗旨，力戒形式主义和官僚主义，加大为民办实事的力度。本着边整边改的精神，区四套班子制定了105条整改措施。

第二节 创新党的工作运行机制

一、实行党建经济一体化目标管理

邓小平南方谈话发表以后，玄武区委围绕经济建设这个中心，积极探索新形势下创新党的工作运行机制。区委经过调查，总结了区卫生系统等一些基层党组织实行党建、业务和经济一体化目标管理，促进党建工作和经济工作有机结合的经验。1992年在城建系统、后宰门街道等6个单位试点推广卫生系统的经验并取得成效以后，1994年全区各行业党组织全面实行经济建设、精神文明建设、党的建设三位"一体化"的目标管理运行新机制。

党建经济一体化目标体系，由党建工作目标、经济(行政)工作目标和党员个人目标组成。各级党组织在每年初制定党建工作、经济工作和精神文明建设3个部分全年工作目标，每部分设立若干子项，明确每个项目的目标内容、实施责任单位(人)、完成时间、考核标准，然后由党员和职工讨论通过，报上级组织审批后，再以党政主要领导与上级共同签订目标责任书的形式确定。党员个人目标一般与年终总结评比、民主评议党员、"创先争优"活动结合起来制定。为了提高达标率，各党工委组织基层党政领导集中交流经验，研究解决目标管理工作中的问题，提高基层党政领导班子一手抓党建、一手抓经济工作的能力。

为了适应党建经济一体化目标管理的需要，区委按照"革命化、年轻化、知识化、专业化"的标准，积极培养、选拔懂经济、会管理的德才兼备的干部进入各级领导班子。1992年以后，区委采取了3方面措施加强对干部的教育和培养：一是区委组织部、宣传部、党校等多个单位举办多种类型的培训班，组织各级领导干部深入学习建设有中国特色社会主义理论，学习相关法律、法规，学习外向型经济、城市开发、市场经济理论等方面的知识。选送优秀中青年干部参加大专和本科学习，多次组织领导干部到外地考察学习，以拓宽视野，增长知识。二是下派基层，在实践中锻炼和提高。区委先后组织机关干部到生产第一线，帮助完成重点工程、重要工作项目和突击性任务；抽调机关干部组成工作组，到亏损企业蹲点，限期扭亏增盈；下派机关干部到基层挂职锻炼，自1996年起，区委选调区级机关干部中德才表现好、身体健康、年龄在45岁以下的机关干部到12个行政村担任村党支部副书记或村民委员会副主任，在实践中增长才干。区委明确规定，今后提拔使用的干部，必须要有在基层锻炼的经历。三是调整交流。结合区委换届，为有关系统、街道党工委领导班子配备熟悉经济工作的干部，如将街道分管经济的副主任增补进工委班子。1995年，区委制定了《玄武区培养选拔优秀年轻干部三年规划》，按照建立社会主义市场经济体制的要求，以及本区各级领导班子和干部队伍建设的需要，到1997年底，区管领导干部中35岁左右的年轻干部要占三分之一，三分之二的区管领导班子中至少有1名35岁左右的干部；区管各级领导干部大专以上学历的要占80%以上，其中有大学本科学历的达到20%。通过多种形式的培养和锻炼，自下而上的推荐和自上而下的考察，区委建立了拥有200名人才的区管干部人才库，随时根据党建经济一体化管理的需要充实各级党政领导班子。

　　区委规定，各系统、各单位的党、政、团组织年初一起制定目标，平时一起督促检查，年底一起考核评比，一起兑现奖惩。各党工委年底重点考核基层党支部经济指标完成情况、党的建设和入党积极分子培养、班子的团结等几个主要项目，实行一票否决：经济指标未完成、班子不团结的单位不能评为先进，完成目标好的给予适当奖励。从1995年开始，区委建立了基层党支部"双百分考核"制度，考核内容分为党建、精神文明建设与经济、行政工作两个部分，各为100分，由党（工）委、总支为主组织考核验收。考核结果，两个部分均在90分以上的为一类支部；80分至89分的为二类支部；70分至79分的为三类支部；70分以下的为不达标支部。区委对不达标的支部限期整改或整顿，支部负责人和单位不能被评为综合先进。各居民党支部实行党员责任区制度，每个党员都有自己的责任区、责任楼，并制定和实施相应的督查、考核、奖惩办法。

二、创建"党建工作先进区"

从 1998 年开始,区委按照南京市委部署,积极开展创建"党建工作先进区"和"党建工作先进党工委"活动。这是区委为贯彻党的十五大精神,提高基层组织自身建设的自觉性,更好地发挥基层党组织的政治领导核心作用、战斗堡垒作用和共产党员先锋模范作用而实行的一项新措施。

1998 年 9 月,区委制定了《开展创建先进区的实施意见》,提出 6 项创建目标:抓基层党建工作责任明确,党建工作摆上了区委和各党工委工作的重要位置,形成以书记亲自抓、分管书记具体抓、党工委"一班人"齐抓共管的党建工作局面;党建工作的思路清晰,有明确的工作目标和健全的工作制度,党的建设与两个文明建设纳入一体化目标管理;区委和党工委班子自身建设搞得好,政治坚定,思想解放,团结协调,清正廉洁,务实高效,开拓创新,坚持民主集中制,密切联系群众;基层党组织的政治领导核心和战斗堡垒作用、党员的先锋模范作用得到充分发挥,树立了一批先进典型;党务工作者队伍整体素质高,战斗力强,党委职能部门职责明确、工作协调,较好地发挥了作用;党建工作有效地保证和促进了改革开放、经济建设和精神文明建设。区委组织部根据《南京市党建工作先进区县考核细则》,分别制定了《玄武区创建党建工作先进区考核目标分解表》和《玄武区党建工作先进党(工)委考核细则》,将各项目标分解到区有关部门和党工委,明确了各项目标的责任人。

为了将创建活动落到实处,区委于 6 月成立了由区委书记任组长、区委副书记和组织部长任副组长的创建工作领导小组,在区委组织部设立创建工作领导小组办公室,负责创建的具体工作。各党工委、直属党总支也成立了创建工作领导小组,由一位领导分管本街道或本系统的创建工作,主要领导是第一责任人。各街道、系统党工委制定了创建活动实施细则,报区委组织部审核和备查。各党工委每半年进行一次自查,区创建工作领导小组每年进行一次检查考核,区委每两年进行一次评比表彰。

1999 年 8 月,区创建工作小组对创建工作进行了检查,针对城乡存在的问题采取了 2 项措施:一是加强了农村基层的民主建设,召开了 2 次交流促进会,对全区 12 个行政村的村务公开栏进行了规范,进一步搞好群众监督;二是举办居民党支部书记培训班,进一步提高基层党务工作者的政治素质和工作能力。

2000年6月，南京市委对玄武区创建工作进行了检查，并给予玄武区高度评价。市委认为玄武区委以创建党建先进区为抓手，深化党支部"达标升级"和"创先争优"活动，推进了全区党的思想、组织和作风"三大建设"，基层党组织得到了加强。区委制定和实施了《区委管党责任制》和《党工委管党责任制》，坚持实行区委常委、各党（工）委党建工作联系点制度，发挥了党组织在社区工作中的领导核心作用，积极在新经济组织、新社会组织中开展党的工作，加强对离退休人员中的党员、下岗职工中的党员和流动党员的管理教育，工、青、妇等群团组织不断向社区延伸，区管领导班子在年轻化、廉政建设等方面的工作都取得了较好成绩。6月27日，区委获南京市首批"党建工作先进区"称号。2001年上半年，区委组织部联合区纪委、宣传部、党校，对19个党工委、直属总支创建"党建工作先进党工委"工作进行检查，评选出锁金村街道党工委等13个先进党工委。6月，锁金村街道党工委获省级先进基层党组织称号。

三、建立"政绩荣誉档案"考核制度

根据党的十四届四中、五中、六中全会关于加强党的基层组织建设和社会主义精神文明建设一系列决定的精神，为进一步落实南京市委、市政府提出的"一年初见成效，三年面貌大变"的目标要求，区委从1996年起以政治经济为一体、鼓励鞭策相结合、先进后进同提高为指导思想，在行政村和街道党组织实行"政绩荣誉档案"考核制度，以新的活动机制加强基层党组织建设，提升两个文明建设水平，促进社会全面进步。

玄武区委实行"政绩荣誉档案"考核，农村行政村党支部先行一步。1996年7月，区委、区政府给全区12个行政村党支部颁发了"荣誉档案"和印发了《玄武区实行行政村政绩荣誉档案考核意见》，将党建、经济、精神文明建设成果和荣誉作为主要考核内容。区委向各行政村党支部提出"支部建设争五好[①]、经济发展上台阶[②]、带领群众奔小康"的总体要求，实行500分考核制，其中村办企业经济为200分，农业经济为100分，党建工作为100分，精神文明建设为100分。区财政、

[①] 五好：建设一个好领导班子，培养锻炼一支好队伍，选择一条发展经济的好路子，完善一个好的经营机制，健全一套好的管理制度。

[②] 经济发展上台阶：一是结合实际，发挥优势，能工则工、能农则农、能商则商，找准发展本村经济的路子；二是大力发展专业户、专业村；三是为大企业配套，多方建立联营关系，发展规模经济；四是超前规划，发展第三产业。

各街道和各行政村筹集15万元作为奖励基金,对考核成绩列前8名的行政村进行奖励。

从1997年初起,区委在全区10个街道党组织实行"政绩荣誉档案"考核制度。考核办法是行政村考核办法的延伸和发展,考核内容同样是党建、经济和精神文明建设3大项,区委、区政府年初统一下达各项指标和工作要求,年终组织有关部门对街道进行联合考评。考评实行600分考核制,其中街道经济为300分,党建工作和精神文明建设各为150分,党建和精神文明建设考核分的比重由行政村的40%上升到50%。每年的考核结果作为任用街道党政负责人的重要依据。1997年底,区委、区政府组织有关部门对10个街道对于"政绩荣誉档案"考核制度的执行情况进行了全面考核,根据得分高低排出名次,并向社会公布。玄武湖、丹凤街、锁金村、孝陵卫、兰园、梅园新村等街道分获前6名,获得了区委、区政府的奖励。

1999年6月,区委、区政府根据农村和街道几年来执行"政绩荣誉档案"考核制度的情况,对考核制度进一步完善,增加了"一票否决"的条款,规定凡基层组织违反计划生育政策、计划生育工作不达标的,发生重大经济案件或重大治安、刑事案件在当地影响较大的,出现与文明单位称号极不相称的事件或行为造成恶劣社会影响的,均取消参加评选先进的资格,使考核制度更加全面,更加严格,更加便于操作,更加有效地引导基层组织开展各项工作。

1999年,区委对实行3年多的行政村"政绩荣誉档案"考核制度的执行情况进行综合考评。考评结果表明,12个行政村两个文明建设取得了显著成绩。一是村级集体经济保持良好的发展态势。各行政村新办企业18家,新增利税350万元;固定资产和技改投入近2 000万元,完成总产值12.3亿元;有6个行政村收入达亿元。二是农副业经济稳步发展。制定和实行新品种、新农药、新技术优先使用的政策,农业科技含量进一步提高;沧波门综合养殖场、徐庄村的特种养殖场、岔路口村100亩花卉生产基地都取得了较好的经济效益和社会效益。三是基层党组织和基层民主建设进一步加强,干部队伍结构更加合理,两委会领导班子中35岁以下的年轻干部和女干部分别占12.8%和33%,大专以上文化程度的干部增加;村务公开得到较好落实,党员的教育管理得到加强,党支部"达标升级""结对共建"等活动成效明显。四是精神文明建设水平有新的提高,村容村貌有了较大的改观,文化站、图书室等活动阵地逐步完善,医疗卫生条件进一步改善,"五好户""文明户"的活动深入开展,村民素质不断提高。区委认为,虽然各行政村贯彻执行"政绩荣誉档案"考核制度的进展不平衡,村与村之间经济实力出现了较大差距,但实践说明这项考核制度是全面提升农村两个文明建设水平的有力抓手。

在 1999 年 7 月召开的区第八次党代表大会上,行政村和街道实行"政绩荣誉档案"考核制度被列为区委不断增强基层党组织战斗力的主要经验之一而加以肯定。

四、加强党建薄弱领域的基层党组织建设

随着经济社会的发展,改革、开放、搞活方针的落实,广大党员的流动性加剧,许多地区、单位党员的分布、数量和结构发生了很大变化,出现了一些党员相对较少甚至空白的单位以及党组织领导相对薄弱的单位和领域,影响了党的方针、政策的贯彻执行,削弱了基层党组织的战斗力、影响力和号召力。针对社会主义市场经济发展的新形势和党建工作遇到的新情况、新问题,区委重点在非公有制经济组织、行政村、社区等这些党的力量相对薄弱的单位和领域,围绕加强党的政治核心领导力,探索党建工作新路,加强对党员的教育和管理,加强党支部的组织建设。

进入 20 世纪 90 年代,全区外商投资企业发展迅速,成为全区经济发展的一支生力军,但党的建设相对滞后。区委在调查研究的基础上,针对外商投资企业党建工作的难点,制定了《加强区街外商投资企业党建工作的意见》,明确外商投资企业党组织的职责任务;之后,成立了工商局工委,在区私营企业协会建立党支部,加强对私营企业里的党员、个体户党员的教育管理,改变了私营企业里的党员、个体户党员没有党组织和参加不了组织生活的状况。2001 年 4 月,区委又印发了《关于加强非公经济组织党建工作的意见》,要求全区各党(工)委、直属总支和区机关各部门充分认识加强非公经济组织党建工作的重要性和紧迫性,进一步明确规定有 3 名以上正式党员的单位成立独立党支部,党员不足 3 名的单位在街道和区个体劳协、私营企业协会联合建立党支部,对无党员的单位派出党的工作指导员,每个指导员联系 3 至 5 个非公有制经济组织,对这些单位的职工开展思想政治工作,培养入党积极分子,指导工会、共青团等群众团体开展工作。到 2001 年底,区委向非公经济组织派出了 15 名指导员。区委还在非公企业党员中开展励志教育活动,企业党支部通过每周"10 分钟"党课、每月"网上评议党员"等方式,引导党员树立正确的人生观和价值观,自觉抵制各种不良诱惑,在思想上保持先进性,为企业谋划"率先"发展之策,帮助解决企业关注的热点、员工反映的难点问题,提升企业

的凝聚力和竞争力。

按照中央关于加强农村基层组织建设的一系列指示精神,区委在1995年建立了与12个行政村党支部的联系制度。1996年3月,区委印发了《关于进一步加强行政村党支部建设工作的意见》,规定了村党支部的基本任务、工作制度、议事规则。按照意见要求,分批整顿党支部,强化各行政村党支部3方面的工作：突出经济建设这个中心,围绕经济抓党建,抓好党建促经济;坚持两手抓、两手硬的方针,抓好经济建设促进精神文明建设,抓好精神文明建设保证经济健康发展;加强领导班子和干部队伍建设,发挥党组织的战斗堡垒作用和共产党员的先锋模范作用,带出一批新型的现代化农民,推进"创五好,达小康,全面实现农村现代化"。为了加强对农村党员的教育,区委召开全区农村党支部党员教育经验交流会,并在1998年全区各行政村党支部全部建立了党员电化教育播放点,确保"一村一点""一月一片（教育片）",及时宣扬文明新事,组织农村党员学习党的方针政策和传播农村"致富经",引导大家思想观念和文化科技知识与时俱进,跟上经济社会发展步伐。区委、区政府设立奖励基金,奖励先进帮后进、携手奔小康的先进党支部。

1998年,区委制定了《加强社区党建工作的意见》,明确新时期社区党建工作的指导思想、工作目标、组织机构和活动方式。当年10月,全区10个街道和珠江路科技街分别成立由驻区的部、省、市属200多个单位党组织参加的社区党建联席会。1999年4月,区委牵头,驻区部队、院校、科研院所和大中型企业等20多家单位的党组织成立了社区党建工作指导委员会,协调和指导各社区的党建工作。至1999年底,全区126家社区居委会全部成立党支部,配齐党支部书记,健全了党支部的工作制度。根据中组部要求,各社区加强了党员教育管理工作,建立流动党员活动证制度,做到了"党员有组织,组织有归属";有条件的社区成立了社区党校,对离退休党员、企业下岗党员、外来工中的流动党员、非公有制经济组织中的党员和入党积极分子进行党的基本理论、基本路线和市场经济知识的教育。珠江路科技一条街、锁金村街道、孝陵卫街道开展了下岗职工党员在两个文明建设中"一人一职"、流动党员"七个一"① 以及争做"合格党员"等活动,开展了创建党员文明户、文明楼、文明小区活动和党员志愿者服务活动,为党员积极参与社区建设搭建了多种平台。社区党建工作的加强,充分发挥了党组织的政治优势,改善了党员的

---

① "七个一",指：向社区推荐一个项目,引进一项技术,传递一个信息,提出一条建议,奉献一份爱心,写出一份汇报,带好一片群众。

形象，凝聚了社区力量，推动了社区的建设和发展。2000年5月，中组部党员思想状况调查组肯定了玄武区加强社区党建工作的经验。

|第三节| 加强反腐倡廉制度建设

一、强化党员领导干部廉洁自律

1993年8月，党中央作出开展反腐败斗争的重大决策，连续制定了《关于反腐败斗争近期抓好几项工作的决定》《关于党政机关县（处）级以上领导干部廉洁自律"五条规定"的实施意见》等一系列重要文件。区委多次组织各级干部学习中央文件和中央领导同志有关讲话，收看党风党纪教育录像，引导提高对反腐倡廉重要性、必要性的认识。各级领导干部认识到开展反腐败斗争是一项具有深远意义的政治任务，反腐败斗争必须一要坚决、二要持久，在整个改革开放过程中都要反对腐败，而领导干部的廉洁自律则是反腐倡廉的关键。区委要求各级领导干部做到自重、自省、自警、自励，自觉遵纪守法，带头执行中央关于领导干部廉洁自律的各项规定，要求别人做到的自己首先做到，禁止别人做的自己坚决不做，管好自己，管好亲属，管好身边工作人员，不断增强抵御腐败的"免疫力"。

在提高认识的基础上，区纪委会同组织部门数次召开座谈会，听取街道、系统的党政领导、离退休干部、人大代表、政协委员、各民主党派负责人及基层单位干部群众对区领导干部在反腐倡廉方面的意见和建议，并在适当范围内加以通报。区级领导干部召开了2次专题民主生活会，进行对照检查，采取改正措施。区委根据对照检查情况，制定了《关于进一步加强区级党员领导干部廉洁自律的意见》，对区级领导的廉洁自律进行了规范要求。1993年11月，区委又制定了《关于进一步加强区街党员领导干部廉洁自律的意见》，把廉洁自律的要求推进到区管中层干部的层面。意见要求区街党员领导干部做到"六个坚持"：坚持学习制度，不断提高思想理论和工作水平；坚持民主集中制原则，提高重大问题决策的科学性；坚持勤政为民，树立进取、务实的良好作风；坚持严于律己，保持良好的领导形象；坚持监督制度，把自己置于党组织和群众的监督之下；坚持报告制度，增强领导干部的组织纪律观念,为广大干部廉洁自律做表率。

区委在加强思想教育,增强各级领导干部廉洁自律自觉性的同时,加强制度建设,强化监督机制。区委先后建立、健全了领导干部民主生活会制度,区管领导干部向所在单位全体人员、下属单位及党风廉政监督员"述廉"制度,重申了区管领导干部个人事项报告制度,对新提拔区管领导干部实行上岗前廉政谈话制度,对有轻微违纪行为的人员实行提醒谈话制度。每年进行一次由区委、区政府领导带队的全区党风廉政建设大检查,为全区300多名区管领导干部建立"一人一档"的廉政档案,把区管领导干部置于组织监督的视野之内,警钟长鸣。1993年6月,根据中央《关于严禁党政机关及其工作人员在公务活动中接受和赠送礼金、有价证券的通知》精神,区委在调查摸底以后,制定了《关于区街机关进一步搞好廉政建设的规定》,规定各部门、街道不得以任何名义或变相形式接受下属单位赠送的礼金、礼券等,不准在下属单位以个人或亲属名义领取工资、奖金、补贴等,不得用公款出国旅游,不得用公款购买代币购物券,不准向下属企业、事业单位乱摊派,不得私分国家财产。这些制度和规定,为各级领导干部廉洁自律划出了一条不得逾越的"底线"。

在1999年召开的区第八次党代表大会上,区纪委报告了1994年以来领导干部在公务活动中廉洁自律的执行情况。报告认为,党政机关大多数工作人员自觉执行公务活动的有关规定,外出执行公务一律住招待所或内部宾馆,下基层一律在单位食堂就餐。行政执法和司法机关积极推行禁酒令并取得成效。大多数企事业单位较好地执行了招待费向职代会报告制度,全区党政机关及国有企业、事业单位的接待费用普遍减少。区委、区政府取消了原准备举办的"玄武中心大厦"等10多项重点建设项目的开工、竣工仪式,仅这一项全区就节约庆典费用30多万元。

2000年8月,区委根据各级领导班子和领导干部"三讲"教育中发现的新情况和有关整改的要求,又制定了《关于廉政建设的若干意见》。意见要求各级党组织坚持做好领导干部任期经济责任审计制度、提拔任用干部公示制度、执行费用"三定一单列"制度、领导干部收入申报制度和礼金上交制度、对廉洁自律中存在问题的区管干部实行诫勉谈话制度和责任追究制度等多项制度。意见的贯彻执行,形成了上级对下级、下级对上级、同级与同级、部门与部门之间的相互监督、相互帮促的局面,进一步完善和加强对领导干部廉洁从政的监督和制约。

二、实行廉政建设责任制

1998年11月,党中央颁布了《关于实行党风廉政建设责任制的规定》。区委认真学习后认识到这是深入推进反腐倡廉建设的一项基础性制度,对加强和发挥党的政治领导核心作用具有深刻的现实意义和历史意义,必须坚决贯彻落实。区委及时组织全区党员干部学习规定,并根据规定的精神,在1999年初对全年党风廉政建设和反腐败工作任务进行了责任分解,由区委和区政府领导牵头落实。区委、区政府主要领导分别与10个街道、6个系统、4个直属党总支签订《党风廉政建设责任书》,明确责任主体和责任人,将党风廉政建设纳入目标管理。从这一年开始,区委、区政府主要领导在每年年初都与街道、系统和直属党总支签订党风廉政建设责任书,并将其作为党风廉政建设工作中的一项重要制度固定下来。

1999年8月,区纪委监察局、区委组织部联合对全区各街道、系统落实党风廉政建设责任制情况进行了检查。根据检查情况,区委于1999年12月制定《南京市玄武区党风廉政建设责任制实施意见》。实施意见对责任主体和其承担的领导责任的考核办法,以及对领导干部违背廉洁从政行为的处理,都作了明确规定。

关于责任主体和其承担的领导责任。实施意见规定,区委领导班子对全区的党风廉政建设负全面领导责任。区委书记对职责范围内的党风廉政建设负总责,对区委领导班子及其成员和区人大、政府、政协、纪委、审判机关、检察机关的正职,以及区属党工委领导班子正职的党风廉政建设负直接领导责任;区委领导班子其他成员对职责范围内以及分管部门主要负责人的党风廉政建设负直接领导责任。区人大、政府、政协、纪委的领导班子,审判机关、检察机关以及党政各职能部门的领导班子分别对职责范围内的党风廉政建设负全面领导责任,其正职对职责范围内的党风廉政建设负总责,对领导班子及其成员的党风廉政建设负直接领导责任;领导班子其他成员根据分工,对职责范围内以及分管部门主要负责人的党风廉政建设负直接领导责任。各级党政领导班子和领导干部对职责范围内的党风廉政建设必须承担7个方面的领导责任:一是贯彻落实上级领导机关关于党风廉政建设的部署和要求,根据本单位的实际,研究制定党风廉政建设工作计划,并纳入两个文明建设的目标管理,与经济建设和其他业务工作一起部署,一起落实,一起检查,一起考核。二是开展党性党风党纪和廉政教育,组织党员干部学习党风廉政建设的法规、制度,强化党员干部廉洁从政和遵纪守法的观念。三是根据党和国家关于党风廉政建设的法规、制度，制定适应本单位实际情况的党风廉政制度并认真组织实施。四是结合业务工作，完善管理、监督机制，坚持标本兼治，综合治理，从源头上预防和治理腐败。五是履行监督职责，对责任范围内的党风廉政建设情况特别是领导班子和领导干部廉洁从政情况进行监督、检查和考核。六是严格执行干部选拔任用的有关规定，防止和纠正用人上的不正之风。七是领导、组织和支持执法执纪机关依法履行职责，重大问题必须按规定如实向上级领导机关报告。

关于对领导干部违背廉洁从政行为的处理。实施意见规定，领导干部对直接管辖范围内发生的明令禁止的不正之风不制止、不查处的，或者对上级领导机关交办的党风廉政责任范围内的事项拒不办理的，或者对严重违法违纪问题隐瞒不报、压制不查的；其所直接管辖范围内发生重大案件，致使国家、集体资财和人民群众生命财产遭受重大损失或者造成恶劣影响的；违反《党政领导干部选拔任用工作暂行条例》的规定选拔任用干部，造成恶劣影响的，或者提拔任用明显有违法违纪行为的；授意、指使、强令下属人员违反财政、金融、税务、审计、统计法规，弄虚作假的；授意、指使、纵容下属人员阻挠、干扰、对抗监督检查或案件查处，或者对办案人、检举控告人、证明人打击报复的；对配偶、子女、身边工作人员严重违法违纪知情不管、包庇、纵容的——都须要追究党纪责任，并比照所给予的党纪处分给予相应的行政处分，涉嫌犯罪的，移交司法机关追究刑事责任。

关于考核。实施意见规定，党风廉政建设责任制考核的结果作为领导班子任期业绩评定和领导干部奖励惩处、提拔任用的重要依据。不认真执行党风廉政建设责任制，群众对党风廉政建设不满意的单位，不得参加"两个文明建设先进单位""两个文明建设有功单位"和"文明单位"的评选，其党政负责人也不得参加"两个文明建设先进个人"和"两个文明建设有功个人"的评选。

区委、区政府每半年组织一次由区委、区政府领导成员带队，区纪委、组织部、宣传部、区委办、政府办、财政局、审计局等有关部门领导成员参加的党风廉政大检查，对各街道、系统落实党风廉政建设责任制的情况作出综合评价，发现问题，督促整改。在2000年的检查中，对擅自贷款担保造成1700余万元国有资产损失的2名中层领导干部追究了党纪政纪责任，对2名违反党风廉政建设责任制规定的领导干部进行了通报批评。

2000年8月，区委在《关于加强党风廉政建设若干意见》中，再次强调抓好党风廉政建设责任制的落实，不仅要落实到党政"一把手"，而且要落实到领导班子每一位成员,切实做到"谁主管,谁负责",真正形成"党委统一领导、党政齐抓共管、纪委和组织部协调、部门各负其责、依靠群众支持和参与"的工作局面。2002年8月,成立了以区委书记为组长的区落实党风廉政建设责任制领导小组,制定了《玄武区党风廉政建设责任制责任追究实施办法》,进一步推进党风廉政建设责任制的落实。

三、专项清理和查办"三违"案件

从1993年开始,玄武区对公费出国出境旅游、行政事业性收费"三乱"(乱收费、乱罚款、乱摊派)和党政机关经商办企业等3个方面开展了专项清理。至1994年7月区第七次党代会前夕,持旅游护照公费出国、出境旅游全部制止,部分外出人员按规定应退还的伙食补贴、服装费、零用钱都全部收回;区内党政机关31个部门举办的35家经济实体,按规定完成了撤销、划转、脱钩工作。1994年9月至10月,根据中央、省委的统一部署要求,区委对党政机关及其工作人员利用职权无偿占用企业的钱物进行了清理,同时清理了个人拖欠公款、违反政策搞户口"农转非"、违反规定乱发着装等问题,并提出了具体整改意见。

这些专项清理的问题,都是发生在群众身边的腐败行为,社会意见集中,反应强烈,每成功治理一项,查办一件违规、违纪、违法案件,都能推动干部廉洁从政,赢得民心。此后,专项清理作为区委反腐倡廉的重要内容和有力措施坚持了下来。

1994年至1998年,区委、区政府在全区开展清理通信工具工作。通过清理,将106部住宅电话全部折价过户给个人,收回初装费16万元,对其他符合使用公款安装的住宅电话严格实行话费限额,超额部分由使用电话的领导干部自负;清理违规使用手机40部,收回购置费近5万元,取消手机的挂账付费办法,对核定配置的手机实行"两账一证"管理制度,堵住手机使用管理中的漏洞。全区党政机关领导干部住宅电话、手机的费用补贴标准,均按省、市有关规定严格执行。

2000年,全区开始进行清房工作。区委、区政府成立领导小组和清房工作班子,对全区干部配偶住房情况及公款购买住房情况进行调查登记,核实117名军转干部军地两处住房申报内容。经初步复核,全区参加住房申报登记的3 011人中,超过住房控制标准的有181人,其中区管领导干部63人、科级干部83人、一般干部35人。对区开发系统违规突击分房进行了查处,收回已经分配的20套住房和给未分房人员发放的16万元补贴款。为防止新的违反房改政策现象发生，当年9月，区政府出台了《关于规范干部住房管理工作的规定》，严格要求各单位停止实物分房，对违反规定的部门、单位和个人，除追究有关人员的责任外，还要追究党风廉政建设第一责任人的责任。全区干部住房清理工作持续到2004年全面结束。

2001年，区政府修订了《玄武区机关小汽车配备和使用管理暂行规定》，清理公务用车，对75辆小汽车实行规范化管理，严格按照省、市有关规定控制区机关部门小汽车的数量与档次。

2002年4月，区政府针对新出现的"节日腐败""娱乐腐败""休闲腐败"进行专项治理。严格规定各单位在节日期间严禁公车私用；领导干部（含配偶子女）不得利用职权接收单位和个人资助旅游，领导干部自费外出旅游，也要按规定事前向组织报告；领导干部不得用公款或者由与其行使职权有关系的单位和个人支付费用，去营业性歌厅、舞厅、休闲中心及其他场所进行高消费娱乐活动；领导干部不得接受单位和个人的吃请、赠送的钱物和有价证券。如发现有违反规定的行为，除追究当事人纪律责任外，还要追究主管领导的连带责任。

在进行专项清理的同时，区委、区政府以党政领导机关、行政执法机关、司法机关、经济管理部门的干部和县（处）级以上领导干部为重点，认真查处贪污、贿赂、挪用公款、失职渎职、贪赃枉法、腐化堕落等方面的犯罪案件。从1990年至1994年第六届区委领导期间，查处党员、干部案件118件，其中立案查处34件，违纪数额万元以上的大案6件，涉及党政机关、司法机关、执法执纪部门的重点案件23件，处分党员干部32人。从1994年至1998年底，第七届区委纪律委员会受理群众来信来访和电话举报700余件（次），立案查处违纪案件33件，32名党员、干部受到党纪、政纪处分，其中开除党籍10人，受处分的党员干部中县（处）级干部5人，为国家、集体挽回经济损失694.29万元。从1994年到1998年底的4年中，查处了4件"有影响"的重大案件：一是紫金山中学原校长王某的违反财经纪律案；二是区拆迁办动迁科原科长朱某的受贿案；三是玄武区车站地区综合管理办公室原负责人汤晓伟严重失职案，造成企业经济损失近2 000万元，汤受到开除党籍和撤销行政职务的处分；四是由市纪委牵头查处的农业银行非法集资案，该案涉案人员36人，涉案金额5 870万元，追缴贴水541.15万元——这一非法集资案的查处，社会反响强烈，区纪委的工作受到市领导和市专案组的肯定。此外，区纪委在这期间还对群众有反映但尚不够纪律处分的50多名区管中层干部进行了诫勉谈话，促进他们纠正自身存在的问题，及时地把他们从犯罪的悬崖边上拉了回来。

区委、区政府通过专项清理和查办违法违纪案件，惩处了违纪者，清除了腐败分子，维护了党纪国法的严肃性，教育了广大干部，增强了全社会对廉政建设的信心。一些发案单位也接受了教训，整顿了领导班子，针对存在的问题建章立制，完善了管理。

第十三章 带着两个文明建设丰硕成果进入新世纪

1997年9月召开的党的十五次代表大会，对改革开放和社会主义现代化建设跨世纪发展作出了全面部署。玄武区委、区政府根据十五大提出的新的"三步走"发展战略，进一步解放思想，更新观念，对全区经济社会的跨世纪发展进行了规划，制定了建设"经济发达，现代文明，服务一流"，人民群众的小康生活更加宽裕的发展目标。在区委的带领下，各级党组织和广大党员干部弘扬"顾全大局，求真务实，争创一流"的玄武精神，按照社会主义市场经济要求，继续实施科技兴区、市场兴区、共同发展"三大战略"，积极推进区属经济向区域经济转变、单一的公有制经济向多种所有制混合型经济转变、数量型经济向质量税收型经济转变的"三大转变"，调整经济结构，调整发展布局，调整工作重心，加快"民富""区强"进程，以与时俱进的姿态开启21世纪新征程。

第一节 确立跨世纪发展目标

一、学习贯彻党的十五大精神

党的十五大后，区委召开区委中心学习组会议和全区党员负责干部大会，学习江泽民同志《高举邓小平理论伟大旗帜，把建设有中国特色社会主义事业全面推向二十一世纪》的报告，下发了《关于在全区认真学习贯彻党的十五大精神的通知》。通知指出，江泽民同志的报告是中国共产党迈向21世纪的政治宣言，是中华民族迈向新世纪再创新辉煌的行动纲领，号召全区党员和广大干部群众掌握邓小平理论的科学体系、基本观点和精神实质，冲破在所有制结构、公有制实现形式问题上的思想束缚，树立适应社会主义市场经济新观念，开创改革开放和现代化建设新局面。全区掀起了学习贯彻党的十五大精神热潮。10月24日，区委召开七届九次全委（扩大）会议，再一次动员全区广大党员干部群众深入学习党的十五大精神，推进改革开放以来的第三次思想大解放，为跨世纪发展奠定思想基础。

以党的十五大精神为指导，区委在区四套班子和广大干部群众中开展了主要内容为"五破五树"为主要内容的思想大解放活动：一是破除小富即安、小进即止、小农经济、小打小敲"四小"思想障碍，树立抢抓机遇、加快发展、敢于争先争创一流的新观念。在进行纵向比较总结经验教训的同时，更多地从横向比较中发现问题，找出差距，自加压力，在原有基础上实现更快发展。二是破除"区域封闭、行业封闭、资源封闭"的思想障碍，树立跨地区、跨行业、跨系统、跨所有制发展的新观念。从"资产流动就是资产流失""资产重组就是丧权""企业兼并、拍卖、破产就是败家子"的思想束缚中摆脱出来，把玄武区的人口优势、面积优势、科教优势、环境优势转化为经济优势，发挥精神文明建设优势、社会进步优势，促进区域经济发展。三是破除以"公有制划线、内外划线、主副划线"的思想障碍，树立多种经济成分共同发展、公平竞争，在"三个有利于"面前一视同仁的新观念。四是破除只有单一的按劳分配才是社会主义的思想障碍，树立按劳分配与按生产要素分配相结合，逐步让劳动者同时成为投资者的新观念。积极鼓励和提倡职工持股、经营者持大股，充分调动各类人员的积极性和创造性。五是破除"人才即全才"、论资排辈、求全责备的思想障碍，树立在德才兼备前提下注重开拓精神和实际业绩，让真正会搞市场经济的人才脱颖而出的新观念。广大党员和干部群众通过这次思想解放活动，经济发展指导思想与时俱进，为在调整、完善所有制结构上取得新突破、在经济总量和质量上取得新突破统一了思想认识。

党的十五大对跨世纪发展作出了全面部署，描绘了下个世纪头10年、20年、50年现代化建设"三步走"的蓝图，区委在思想解放的基础上，根据党的十五大以及省、市委提出的率先基本实现现代化奋斗目标的要求，确定了以建设"服务一流、经济发达、现代文明"的省会城市中心城区为发展定位。区委认为，1998年是贯彻党的十五大精神的第一年，是"九五"计划承前启后的关键年，是南京市实现"三年面貌大变"的决战年，实现1998年经济和社会新发展至关重要。区委发动各部门、各街道、各系统和广大干部群众把学习党的十五大精神与实现玄武区的发展定位结合起来，与完成1997年和1998年的目标任务结合起来，发扬实干精神，奋战1997年四季度，奋战1998年。经过全区广大干部群众奋战，

1997年全区实现国内生产总值7.7亿元，比1996年增长18%；1998年实现国内生产总值9.46亿元，比1997年增长22.8%。连续两年的大幅度增长，为贯彻党的十五大精神取得了良好的开端，为带着两个文明建设的优异成绩进入21世纪奠定了基础。

二、区第八次党代会制定跨世纪发展目标

1999年7月，玄武区举行第八次党代表大会。任淮代表第七届区委作了《面向新世纪 迎接新挑战 努力开创玄武区两个文明建设新局面》的报告。区委认为，区第七次党代会以来，区委以邓小平理论为指导，以经济建设为中心，解放思想，开拓进取，团结奋斗，真抓实干，全区两个文明建设协调发展，整体工作水平又上新台阶。从总体来说，这一时期是玄武区历史上发展速度最快、经济效益最好、区域环境改善最大、特色工作影响最广的时期，呈现五"大"特点：一是思想观念大解放。区委用改革的思路和办法研究新情况，解决新问题，团结带领全区各级党组织、广大党员和群众，努力跳出区属、财力、权限、任期"四个框框"，跨越隶属、条条、级别、所有制"四个界限"，把"三个有利于"作为衡量一切工作得失的根本标准，以思想的解放推动改革与发展的进程。二是经济实力大增强。1998年，全区完成国内生产总值9.46亿元，比1993年增长94.92%，财政收入以年均32.1%的速度递增，1998年达3.0048亿元，比1993年增长302.25%，区级财政由"赤字型"发展到"吃饭建设型"，为民办实事的能力明显增强，职工和农民生活水平显著提高。三是区域环境大改善。旧城改造和新区建设步伐加快，建成鼓楼市民广场、太平花园小区等一批有较大影响的示范性工程，完成宁栖路等一批道路拓宽工程，建成玄武中心大厦等标志性建筑，全区绿化覆盖率达57%，城市综合管理水平不断提高。四是精神文明建设水平大提高。社区服务进一步拓展，被省、市委确定为重大先进典型，民政部在玄武区召开现场会向全国推广。五是党的建设大加强。区委加强党的思想、组织、作风建设，弘扬玄武精神，逐步培养了一支政治素质高、业务能力强、勤奋敬业的干部队伍。五大变化推动全区经济社会发展上了一个新台阶。

大会提出了今后5年的主要奋斗目标：国内生产总值年均递增12%左右，财政收入年均递增10%左右，进一步调整一、二、三产业结构比例，增强第三产业在全区经济中的主导作用，基本形成以科技信息业、文化旅游业、房地产开发管理业和

社区服务业等新兴产业为主的区域经济；加快改革开放步伐，加大中小企业改革力度，基本形成适应市场经济内在要求的企业运行机制、比较完善的社会保障体系和对外开放的经济体制；加快东部地区开发，基本形成与区位特征相吻合的基础设施框架、较高水平的城区管理体系和人与自然较为和谐的区域环境；坚持"两手抓、两手都要硬"，人的素质、文化生活质量和地区文明程度显著提高。大会号召全区各级党组织、广大党员、干部和群众，同心同德，开拓进取，面向新世纪，迎接新挑战。

三、完成"九五"计划和实施"十五"计划

在邓小平理论和党的十五大精神指引下，区委带领广大干部群众坚持以经济建设为中心，开拓创新，真抓实干，较好地完成了"九五"（1996年至2000年）确定的目标和任务。2000年全区完成国内生产总值12.06亿元，是1995年的2.31倍，5年年均增长率为18.20%。财政收入4.25亿元，是1995年的3.79倍，年均递增30.5%。社会消费品零售总额30.34亿元，年均递增15.90%。全区固定资产投资累计达51亿元。按照"一专二基多市场"的发展思路，建成徐庄、余粮等一批标准化农业生产基地。小卫街等11个村实力大增，进入全市百强行列。一、二、三产业结构比例由1995年的4：40：56调整到3：36：61，基本上实现以三产为主导的三、二、一产业结构的经济格局。在小区出新、开发建设、河道整治、桥梁拓宽、集市贸易市场入室进棚等方面办了一批有影响的实事。5年来，全区累计开发竣工面积140万平方米，比"八五"期间增长128%。玄武区先后被评为国家卫生城市达标区、国家园林绿化先进区，全区10个街道全部跨入市创建卫生城市达标街道行列。

区委、区政府认为，"九五"时期全区综合实力提高快，区域面貌变化大，群众得到的实惠多，同时也认为全区进一步发展面临不少困难和问题：一是工作思路不够开阔，思想解放仍然不够；二是经济运行质量和效益不高，新的经济增长点的培育工作仍显不足；三是解决市场经济发展过程中深层次矛盾的办法不多；四是城区工作社区化的领域有待进一步拓展。未来5年是玄武区在高起点上加快发展的5年，按照市委的要求，要"把玄武区建设成为南京在跨世纪发展中的样板城区和展示南京新形象的主要窗口"。

区委、区政府分析进入新世纪后的国际、国内、全省和全市环境，认为对玄武

区未来发展提供的机遇多于挑战,玄武区要顺应国内外环境的变化,抓住机遇,视挑战为动力,充分发挥区位和教育、科技力量雄厚的优势,形成新的竞争优势,促进全区经济和社会发展再上新台阶。按照区第八次党代会提出面向新世纪、迎接新挑战的要求,根据2000年全区经济社会发展水平,2001年1月,由区委、区政府提出,经区人大十四届四次会议审议批准,确定了《玄武区经济和社会发展"十五"计划纲要》。按照这个计划纲要,玄武区继续实施"三大战略":

继续实施"科教兴区"战略。依托和发挥玄武区较强的科技、教育综合实力,加强与大专院校合作,加大对高新技术引进和开发的力度,多渠道吸纳科技人才,建立集高新技术基础教育研究、试验、开发、应用于一体的科技产业化体系、科技服务社会化体系和科技成果交易化体系,使玄武区真正成为电子产品、计算机、通信产品和软件产品的研发、交易中心,科技创业人才的聚集和科技成果转化中心。期望经过5年的建设,高新技术产业增加值占工业增加值的比重达35%左右,科技进步对经济增长的贡献率提高到55%左右,科技成果的转化率提高到30%左右。进一步增加教育投入,办好每一所学校,建设高素质教师队伍,加大"名校、名校长、名教师"的培育力度。到2005年,全区教育发展整体水平位居全省前列。

继续实施"市场兴区"战略。通过电子商务、买断经营等现代营销方式以及代理、连锁、配送等新兴流通业态,建立多层次的贸易市场、多元化的贸易中心、多方位的流通格局和多功能的市场体系,重点培育销售额达亿元的市场20家,形成年销售额超百亿元的通信市场群、文化旅游市场群、汽车商贸市场群、生活消费市场群和集市贸易市场群等5大市场群。

继续实施"共同发展"战略。把区属经济的产权制度改革和加快发展非公有制经济结合起来,把发展区属经济的外向度与增强区属经济的内聚力结合起来,进一步拓展区域经济的发展空间。以黑墨营小区、城东长巷和仙鹤门新区为依托,调整商业布局,发展第三产业和技术含量高的都市型工业,形成一批有较高配套水平和生产能力的规模企业,构筑城乡经济共同发展的新框架。加快混合型经济发展,建立和完善扶持非公有制经济的服务体系,到2005年,全区民营经济对财政收入的贡献率提升到30%左右。

按照区"十五"计划纲要描绘的蓝图,在新世纪的头5年,全区将形成6个新格局:基本形成以4大新兴产业为主的区域经济发展新格局,基本形成东部新区现代化城区的新格局,基本形成符合市场经济要求和科技发展规律的运营管理机制和对外开放的新格局,基本形成与现代化中心城区相吻合的基础设施和比较完善的社会保障体系、人居最佳城区的新格局,基本形成较高水平的城区管理体系和人与自然较为和谐的区域环境新格局,基本形成人的素质、文化生活质量和地区文明程度显著提高的精神文明建设新格局。预期"十五"期间国内生产总值年均增长10%左右,财政收入年均增长11%左右,全社会固定资产投资5年累计40亿元左右,社会消费品零售总额年均增长10%左右,居民人均可支配收入和农民人均纯收入扣除物价因素年均提高8%以上,失业率控制在6%至8%以内。预计到2010年,全区国内生产总值在2000年的基础上增长1倍以上。

第二节 做大做强区域经济

一、积极推进"三大转变"

社会主义市场经济的发展,思想解放的深化,开始打破传统管理体制、所有制关系、隶属关系的制约以及地区、行业的相互隔离,促使玄武区域内外的资本、技术、人才、场地等生产要素合理流动、优化重组,形成新的经济增长点。区委在1997年12月召开的七届十次全委(扩大)会议上,明确提出经济实体"不求所有,但求所在",在思想观念和工作措施上实现"三大转变",加快发展各种类型的经济实体,以适应实现跨世纪发展目标的要求。

由区属经济向区域经济转变。在巩固发展区属经济的同时,注重强化发挥中心城区功能的区域经济。以市场为龙头,以资本、人才、产品为纽带,通过"请进来"(结合区属产权制度改革,鼓励、吸引区外企业入股)、"走出去"(通过入股、参股等方法,鼓励和支持区属企业积极参与大企业的配套生产,引导区属经济与区域经济融为一体),打破区属经济的封闭性。经过思想引导和实践探索以后,1999年4月,区委、区政府召开全区发展区域经济动员大会,研究和制定一系列符合区情的功能定位、发展战略和工作路数的政策措施,盘活区域资源,加快全区经济规模化、社会化、现代化步伐,实现跨越式发展。区委、区政府成立了由区长曾宪翔任组长的区域经济领导小组,根据发展区域经济的总体框架,对全区8个系统、10

个街道的资源情况进行摸底调查,收集省、市和区有关部门的有关政策,按照区域、区属,民营、公有,第二产业、第三产业,税收、融资等不同类别进行指导。各街道、系统相应成立发展区域经济的工作班子,做好兴办市场和招商引资工作。1997年5月,47位区人大代表和由玄武区选举产生的部分市人大代表成立了区域经济联谊会,为发展区域经济出谋划策。

由单一的公有制经济向多种所有制经济共同发展的混合型经济转变。经过前几年的成功实践,区委、区政府在推行以股份合作制为主导形式的产权制度改革的同时,放手发展非公有制经济;大力发展个体、私营科技企业,引导民营经济上档升级;进一步加大外向型经济的发展,提高利用外资的规模和质量。1998年,区政府在前几年发展个体和私营经济的基础上,根据社会主义市场经济发展的新要求,制定了《加快发展个体私营经济的八条意见》,以优惠政策和服务质量鼓励个体私营经济的发展。2001年5月,区委、区政府又出台了《关于进一步加快发展私营个体经济的若干意见》,促进各种所有制在公平竞争中更好地发展,全区非公有制经济发展进入了快车道。1999年个体私营企业增加2 236家,全区累计个体私营企业注册资金5.73亿元。2000年新增个体、私营、民营企业近3 000家,累计注册资金总额6.7亿元,民营企业技工贸收入达50亿元,比1999年增加9倍。2001年区域内非公有制企业完成国内生产总值8.89亿元,占全区总量的62.84%。

由数量型经济向质量税收型经济转变。不断增加全区经济总量和提高运行质量,实现较高效益和较快速度的统一。对企业的考核从单一的产值指标考核逐步转变为双轨考核,即淡化产值指标考核,强化税利指标考核。1996年11月,区委、区政府召开发展税源经济研讨会,发现区内纳税大户不多,财税后劲不足,制约了城区经济和社会事业的发展,区财政收入与中心城区的地位不相适应等问题。1998年3月,区委、区政府召开全区发展税源经济动员大会,制定了《关于大力发展税源经济的意见》,要求各个系统、部门和街道着力管好5个方面的税源:狠抓重点税源,挖掘潜力税源,扶持特色税源,控管异常税源,培育个体小税源。全区开展了以引进税源为主要内容的招商活动,推广以吸纳公司总部进驻为目标的发展"楼宇经济"活动,对纳税大户进行了表彰和奖励。全区财政收入出现了大幅增长的局面。2000年,全区财政总收入4.25亿元,比1999年同口径增长22.77%。2001年,全区财政收入6.22亿元,第一次突破6亿元大关,比2000年增长50.50%。2002年超9亿元,比2001年增长45%,进一步巩固了"吃饭型财政"向"吃饭建设型财政"转变的良好态势,为实施"十五"计划和实现跨世纪奋斗目标提供了财力支撑。

二、加快发展新兴产业

玄武区科研院所多,科技开发力量强;文化底蕴深厚,集山水城林于一体,旅游资源丰富;随着南京市建设重心东移,紫金山将成为城中之山,开发建设空间进一步扩大;社区服务潜力巨大,正向着产业化方向发展。这些都为玄武区进一步调整和优化经济结构提供了条件。1999年7月,玄武区第八次党代表大会决定立足和发挥这些优势,确定把科技信息业、文化旅游业、房地产开发管理业和社区服务业作为新兴产业,加以优先发展。区"十五"计划进一步明确以这4大新兴产业为核心,构筑新兴产业发展的新框架,实现经济增长方式、产业素质和发展模式的较大转变。

科技信息业。科技信息产业是发展四大新兴产业的龙头产业。区委、区政府依托和利用珠江路科技街的现有基础,拓展丹凤街通信产品发展空间,重点建设"一站、两基、三园、四中心"[①],形成全国一流的科技人才和信息产品的聚集地,实现由贸易型向科贸并举型转化。2000年4月,区委、区政府制定《关于进一步加快珠江路科技街发展的工作意见》,加速硬环境改造和软环境优化。2001年4月,江苏软件园正式开业,软件园改造了714厂的8000平方米厂房,首批50家软件企业入园,开启了创业孵化区的建设,被国家计委和信息产业部批准为全国十大"国家软件产业基地"之一。2002年1月,占地230多公顷的珠江路软件产业园建设启动,被省政府列入全省七大信息产业基地。至2002年底,珠江路软件园完成孵化区2.35万平方米、成长区2.2万平方米的研发用房改造,350家企业入园经营,入驻企业规模约30亿元,聚集人才资源7 420人,其中软件专业技术人员4 892人。预期至2005年全区科工贸经营总额将达500亿元。

文化旅游业。围绕六朝文化和民国文化两个主题,突出建设玄武风光带,积极推动文化旅游产业发展。早在1997年底,珍珠饭店和东方汽车发展公司、玄武旅行社联合组建玄武旅游集团公司,打破了区旅游业条块分割、各自为战的局面,实

[①] "一站、两基、三园、四中心":珠江路科技街国际互联网站;全市电子信息产业创新基地和研发基地;江苏省科技软件园、大学生创业园和留学生创业园;知识产品和软件产品研究开发中心、计算机产品和通信产品交易中心、高科技产品和企业孵化中心、科技创业人员聚集中心。

现了跨行业、跨所有制、跨隶属关系联合，加快了旅游经济的规模化和产业化，形成了资源共享、优势互补的旅游经济发展新格局。按照市政府关于玄武区要加快旅游街建设、尽快形成规模的要求，区政府抓住中国近代史遗址博物院、南京图书馆等省、市重点项目建设的机遇，加快长江路文化街和长江后街旅游街的规划和建设。2000年9月，玄奘三藏院在九华山建成，成为玄武风光带中的新景点，使玄武风光带依托九华山、明城墙、鸡鸣寺、玄武湖、紫金山等景点形成了集山、水、城、林于一体的新兴旅游景区。旅游景区的建设，促进了旅游经济的不断发展。1999年，全区接待国内外游客达12万人次，文化旅游总收入1.5亿元。2000年和2001年，全区文化旅游总收入分别增至1.62亿元、2.07亿元，预期2005年达3.5亿元左右。

　　房地产开发管理业。围绕住房改革，区委、区政府针对不同层次的需求，建立经济适用房和商品房开发经营体系，新建一批有较大规模、上档次的现代文明小区；积极培育房地产二、三级市场，广泛开展各类中介服务；探索房产管理新模式，推进物业管理产业化、规模化。以完善黑墨营居住区、建设长巷新区和规划仙鹤门地区为重点，把小区建设、商品房开发、经济适用房建设和空置房消化结合起来，推动房地产开发管理业发展。2000年，区政府大力实施"西片"开发和"东进"工程，开工建设长巷新区，建成长江花园等档次较高的小区。全年新开工面积25万平方米，竣工23万平方米。2001年突破传统思维定式，加快开发企业的改革步伐，引进江苏华能等大型开发企业，开工建设华能城市花园、华威新世界中心、钟麓花园和红山路商住房，全年新开工面积30.23万平方米，竣工22.49万平方米。预期到2005年全区累计完成城市开发开工面积100万平方米，竣工80万平方米，住房成套率达90%以上，创建一批小康居住示范工程和省、市优秀小区，建立适应个人消费水平提高的住房供求体系。

　　社区服务业。作为全国社区服务示范城区，玄武区社区服务设施较为完善，从区、街道到社区都积累了发展社区服务业的丰富经验。区委、区政府坚持"以人为本"，以增强社会综合服务功能为重点，以社区服务产业化为方向，利用和优化社区服务资源，建设了一批社区服务精品工程，拓展了服务领域，提高了服务质量。社区服务运营方式从福利服务为主向经营服务为主转变，服务方式由分散、粗放型向集约、规范型转变，服务内容由提供生活资料服务向提供生产资料服务拓展，服务对象由为自然人服务向为法人服务拓展，逐步实现社区服务实体化、社会化，形成具有一定规模、多种所有制形式、多种经营方式并存的产业。预期"十五"期间，全区社区服务业产值（经营额）年均增长14%以上，到2005年社区服务产值（经营额）达2.5亿元。

三、提高东部区域城市化水平

1995年4月，全市区划调整，将原属栖霞区管理的玄武湖镇和除苜蓿园、后庄村以外的孝陵卫镇，以及小营、藤子、红山3个行政村划入玄武区。玄武区东部地区面积增至34平方千米，占全区面积的42%。区委、区政府认为，东部地区是全区经济发展的潜力所在，加快提高东部地区的城市化水平，是实现区域经济腾飞的重要举措。根据市委、市政府关于"郊区按城市化标准建设"的要求，区委、区政府确定实施发展重点向东部转移和工作重心向基层转移的战略。2000年8月，区委、区政府召开会议，专门研究东部地区发展事宜；11月，区委、区政府召开东部地区发展研讨会，制定《加快东部地区发展的意见》。2001年7月，区委、区政府召开加快东部地区发展座谈会，区四套领导班子和东部4个街道、区各系统、区机关有关部门负责人再次共商东部地区发展大计，确立了"一主业、两结合、三突破"的发展方向（即发展科技信息业，把珠江路科技街建设与东部发展结合起来，在基础设施建设、产业基地建设和社会事业建设方面寻求突破）。座谈会后，区委、区政府采取了4项措施：成立由区委主要负责人担任组长的加快东部发展领导小组，负责制定东部地区发展规划和组织、协调工作；把东部新区工业基地建设纳入珠江路科技街的整体发展规划，为东部地区争取与珠江路科技街同样的优惠政策；区财政每年拨款800万元，作为东部地区和珠江路科技街发展基金；全方位、多层次宣传东部地区，扩大其在全市、全省的影响力和知名度。

按照统一规划、分步实施的思路，从2000年起，东部地区建设全面展开。在基础设施建设方面：在已有的横跨新区的沪宁高速公路、绕城公路和312国道的基础上，依托南京长江大桥二桥、地铁等大型基础设施建设，加快红山地区主干道与312国道的连接，建设仙鹤门地域与仙西新市区的主干道和孝陵卫地区与长巷新区的道路，构筑东部新区交通设施的总体框架。在工业基地建设方面：制定投资导向和优惠政策，坚持"内外结合、以内为主"的原则，逐步实现区街工业企业向徐庄和顾家营两个工业基地集中，吸引国内外科技型企业到这两个工业基地落户，把这两个工业基地建设成为以高科技含量、高附加值、无污染的都市型工业为主的现代化工业园区。在发展服务业方面：建设一批集观光、休闲为一体的都市化休闲度假区，扩大沧波门休闲中心和岔路口花卉种植园等项目，扩大312国道各类汽车、汽配市场群的建设和孝陵卫韦陀巷地区消费零售市场的建设。在都市型农业发展方面：以市场为导向，发展名、特、优、新、稀的蔬菜、水果、花卉以及畜牧、水产品生产基地，推广、引进优良品种和先进的种植养殖技术，不断提高农副产品精加工生产能力和农业产品的综合效益。在社会事业发展方面：健全街道、社委会、行政村社区服务网，结合黑墨营、长巷和仙鹤门居住区建设，做好社区服务产业化设施建设。预期到2005年，东部新区基本形成城市化框架，2010年基本实现城市现代化目标。

在提高城市化水平的同时，区委、区政府经过调查研究，确定发挥东部4个街道合力形成的区域经济平台的作用，举全区之力，重点打造"三园一区"：借助珠江路地区雄厚的人才技术优势，投资15亿元，在紫金山东麓建设占地3975亩，集软件研发、生产及出口于一体的江苏软件园珠江路产业园(2002年9月23日，该园举行了奠基仪式)；本着保护自然生态环境的原则，结合地形地貌，合理布局，投资13亿元，在紫金山北侧岔路口地区的聚宝山南侧，建设占地面积66万平方米、建筑面积约10万平方米的聚宝山高档层次的花园别墅区；以迎接2005年第十届全运会在南京召开为契机，按照市统一规划，与市体育局等相关部门合作，投资15亿元，在紫金山东北麓建设总用地面积288万平方米的钟山国际体育公园及配套设施；在紫金山南麓规划建设占地430多公顷的南京现代农业科技园核心区。

玄武区发展东部地区，得到省、市政府和相关领导部门的支持，各方面建设进展顺利。至2001年底，在东部新区落户的各类企业达350家，其中投资超过500万元的13家，超过1000万元的4家，1家超过1亿元。在2002年6月省经贸洽谈会上，7家公司以及先声药业、南大苏富特、福中电脑集团等企业签订了入园建设协议，注入可利用资金近亿元。9月6日，香港世纪汇鑫集团出资90%，与玄武区东部地区建设办公室暨珠江路科技发展有限公司签订协议，合资组建珠江路软件产业园有限公司。9月23日，珠江路软件产业园有限公司举行奠基仪式，并开始动工建设。国内外知名软件公司纷纷进入，拉开了东部地区建设的新序幕。

第三节　确保人民群众分享改革开放成果

一、多措并举增加城乡居民收入

经过连续多年的快速发展，玄武区两个文明建设已经处于较高的平台，经济实力增强，为广大人民群众进一步提高生活水平奠定了基础。区委、区政府坚持做好民生工作，落实各项政策，确保广大人民群众分享改革开放和经济发展的成果，逐步实现小康。1999年7月区委第八次代表大会把"提高全区人民生活的质量，促进可持续发展"列为跨世纪的7项任务之一。区委、区政府在"十五"规划中提出了居民人均可支配收入和农民人均纯收入扣除物价因素年均实际提高8%以上的预期。2001年省、市党代会先后提出"富民强省""富民强市"的战略目标以后，区委在八届七次全委（扩大）会议确定以"富民强区、加快发展"总揽全局，实现市委提出的"把玄武区建设成南京现代化的形象区和样板区"的要求。

随着工资制度改革的深化，全区逐步建立了正常的增资机制。从1996年开始，国家推行"工资指导线"，由市下达方案，区劳动部门根据企业效益情况分别按照"基准线""下线"和"预警线"进行宏观调控，指导企业内部按岗位工资、技能工资等多种形式分配，使工资向第一线工人和苦、脏、累等岗位倾斜。1999年全区职工年平均工资10 039.25元，比1998年增加6%；2000年人均年工资为12 386元，比1999年增加23.37%；2001年人均年工资14 318.2元，比2000年增长15.6%，与1995年相比，5年间增加1.58倍。随着农村经济结构性调整，多种经营和特色产业发展迅速，加之各级政府采取一系列政策减轻农民不合理负担，农民收入稳步增长。1999年全区农民人均年收入6 968元，2000年增至7 200元，比1995年的2 304元增加2倍多。

扩大就业是民生之本，是"富民强区"的具体体现。区委、区政府针对就业新形势，一如既往地把扩大就业作为确保居民家庭增加收入、提高生活水平的关键性措施来抓。1999年5月，区委、区政府成立再就业和社会保障工作领导小组，运用行政手段和市场机制，引导全区就业和再就业工作向市场化发展，鼓励和推动社会各方面多渠道、多形式实施再就业工程，为下岗职工再就业铺路搭桥。2001年，区委、区政府针对下岗职工走出再就业中心、实现市场就业的需要，强化人力资源市场建设和劳动力市场交流活动，稳步推进下岗就业与失业保障并轨，加快建立健全以市场为导向的就业机制。全区建立多渠道信息网络，快速获取和传递有效的空岗信息；加大人才市场硬件建设，提高软件配置水平，为用工单位前来招工提供方便；每年多次举办下岗失业职工就业指导活动，帮助下岗失业人员调整择业观念，提高工作技能，增强就业能力；深化社区服务，充分发挥社区服务中心作用，开辟渠道安置下岗失业人员。2001年11月，区财政出资300万元，购买了500个社区保安岗位，重点安置大龄下岗困难职工。从2000年至2002年，全区分流安置下岗职工26 631人次。2001年区内失业登记率由2000年的2.78%降为2.64%，创市区最好水平；2002年有所反弹，升至3.45%，但仍然控制在省、市要求的3.5%的目标以内。

社会保障是民生之基。在不断增加职工收入的同时，区委、区政府认真落实国家关于城镇职工最低工资标准和城镇居民最低生活保障线政策。从1995年起，玄武区为低于最低生活保障线的职工发放生活保障金，当年为每月人均生活费210元，1996年升至260元，1999年上升到320元。1999年7月，全区下岗人员基本生活费增加了30%，提高了1 056名城镇居民的最低生活保障标准，并在全市率先把保障范围扩大到再就业职工和下岗职工等所有低收入家庭。为了落实"保障线"政策，2000年区财政筹措资金984万元，确保退休养老金和再就业中心下岗职工基本生活费按时足额发放率达到100%。2001年，突出做好失业人员的管理和救济工作，发放失业救济金71 367人次、2 124万元。2002年为93 858人次发放失业救济金2 563万元，为1 863户城镇困难家庭发放最低生活保障金413万元。广泛开展结对帮扶活动，区机关49个部门300多名副处级以上党员干部每人帮扶困难家庭2～3户，其他党员干部根据自己能力每人帮扶1～2户，全区共募集党员干部结对帮扶款58万元，资助帮扶对象45万元，帮助131名困难职工走出困境。"结对帮扶"既促进了干部增强群众观念，密切了干群关系，又为防止拉大贫富差距，实现共同富裕助了一臂之力。

二、精心营造优良的区域环境

按照区第八次党代会提出的"加强城市建设和综合管理，不断优化区域环境"

的要求，区委、区政府坚持统筹规划，科学开发，区四套班子领导分工负责，并要求各级党政领导和各部门树立"一盘棋"思想，主动配合，层层负责，实现区域环境建设"一年初见成效，三年面貌大变"。

改善群众居住条件。1999年，全区住房竣工面积41.62万平方米，其中建成百仕园、丹凤新寓、月新公寓等高层住宅楼8幢、13.270 7万平方米，竣工面积和所建高层住宅都创玄武区新高。至年底，全区有居住用房687万平方米，人均居住面积9.62平方米，比1985年的7.36平方米增加30％。成片住宅楼逐步替代简居、棚屋，配套建筑日趋完善，成套住宅占居住用房的84.35％。2000年至2002年的3年间，全区住房竣工面积分别为23万平方米、22.49万平方米和19万平方米，群众居住条件得到进一步改善。结合旧城改造，区委、区政府投资数千万元，连续4年对全区约300万平方米的40个小区分步实施出新工程。出新后的小区，基本达到"管理规范有序，设备设施完好，卫生干净清洁，居住安全舒适"的要求，受益居民五六万人。公教一村、吉兆花园、锁金五村、锁金六村、石象路、清溪村、北苑二村、西大影壁、后宰门东村等17个小区被评为市级优秀小区。

出行难，是地处城市中心区的玄武区城区经济发展到一定水平后出现的新问题。区委、区政府把解决居民出行问题列为改善居民生活的重要内容之一。继在1993年进行洪武路北段和后宰门东段拓宽以及太平门系统改造工程，打通交通堵塞"瓶颈"之后，区委、区政府从1999年开始，投资3 000多万元改造"三路两桥"：拓宽全长172米的清溪路，路幅拓宽至20米；拓宽全长860米的龙蟠路，路幅由原来的21米拓宽到45米至55米；拓宽改造全长577米的北京东路；改建通贤桥，拆除4米宽的旧桥，建设宽16米、跨径13米的新桥；改建文德桥，拆除4米宽的旧桥，建宽18米、跨径15米的新桥。"三路两桥"工程的完成，打通了制约全区交通的节点，对改善区内的交通状况和环境面貌发挥了重要作用。在此后的3年间，区委、区政府接着改造了北安门街、黄埔路、珠江路东段、长江后街、汉府街等15条干道，拓建了9座桥梁，出新了一批街巷道路。区域交通网络更趋完善，更加方便群众出行。

保护生态环境。实现经济社会全面发展，必须充分考虑资源、环境、人口等多种因素与经济发展相适应。党的十五大以后，国务院颁布了《全国生态环境建设规划》，逐年加大了生态环境保护工作的力度。玄武区环境保护工作起步于20世纪80年代初，并且取得了较好的成绩，被评为全市第一个"无黑烟控制区"。但是从90

年代起，随着"退二进三"战略的实施，工业企业排放基本达标以后，建筑、服务等行业的污染明显上升。区委、区政府及时调整环保工作重心，强化重点行业治理。90年代初，玄武区曾发生居民难以忍受噪声侵扰而用汽枪射击工地致使建筑工人受伤的恶性事件。在区委、区政府的支持下，区环保局在全省率先制定建筑施工管理规定，实行夜间建筑施工审批制度，并规定高考期间一律停止夜间施工，受到社会广泛好评。1998年国家环境保护总局发出通知，要求全国各大中城市在高考期间禁止进行超标排放和建筑施工作业，保证考生有一个安静的学习和休息环境。对污染企业，区政府在采取教育批评和罚款等行政、经济措施以外，从90年代中期起，开始通过法律途径督促企业治理污染。1995年，全区624家餐饮企业中只有598家按期进行排污申报登记，区政府支持区环保局对26家没有申报的企业实施行政处罚。25家企业接受了处罚。宝业餐厅不服处罚状告至法院，区环保局积极应诉。经法院审理，环保局胜诉。这是南京市第一件环保行政官司，玄武区开创了运用法律手段解决污染问题的先河。1997年，区环保局依法对17家施工单位进行了处罚。1998年处罚违法施工单位31家。2001年，区环保局执法检查中立案120件，结案117件，其中申请法院强制执行的4件。多年工作成果的积累，遏止了污染扰民的势头，保护和改善了生活环境、生态环境。1996年后，连续多年获市政府授予的环境保护先进集体(单位)称号。

美化、绿化、亮化街区。2001年，区委、区政府以迎接第六届世界华商大会在南京召开为契机，投入9.96亿元，加大环境综合改造力度，拆除13.80万平方米危旧房屋和2700处2.90万平方米的各类违法违章建筑，完成53项城市建设和景观开发任务。2002年在落实市老城改造的"7721"工程中，区委、区政府投入2.8亿多元，打造中山东路(北侧)、清溪路、北安门街、洪武北路—进香河路等19条景观大道，建成大行宫市民广场、神策门公园和珠江路浮桥数字广场，亮化54幢高层楼宇，建设北极阁风景区。通过显山透绿，破墙现绿，拆违见绿，大力实施"绿色工程"，建设了九华山、中山门等公园和一批街边小游园、小绿地，进一步显现区域环境特色，提高了生活舒适度。

三、全力维护社会安定和谐

维护社会安定，是经济社会各项事业健康发展、人民群众安居乐业的必要条件。在向小康迈进的过程中，区委、区政府把稳定工作摆在特殊重要的位置，全区以"严打"整治为龙头，以增强防控能力为目标，以提供优质高效的司法为保障，以抓好安全生产为重点，确保无重大事故发生，实现全区社会治安持续稳定。

落实维护稳定的工作责任制。区委教育和提醒各级领导干部，为广大人民群众创造一个安定和谐的生活环境，是共产党人应尽的职责。构建和谐城区，营造和保护人民群众的幸福生活，才能无愧于我们的职责，无愧于党和人民的重托。从1999年起，区委、区政府每年都将全区社会治安综合治理工作纳入全区两个文明建设的工作目标。每年初，由区长代表区委、区政府与全区各街道、系统主要负责人签订本年度社会治安综合治理领导责任书，明确党、政主要领导人为本地区、本系统社会治安综合治理第一责任人，把综合治理工作纳入其任期目标，实行目标管理。各街道、各系统与所辖区单位和社区居委会再签订责任书，加以层层落实，与经济工作同布置、同考核、同奖励，促进综合治理领导责任制落到实处。全区一、二级责任书签订率年年达100%，三级责任书签订率在95%以上。经年终考核，2000年评出180个社会治安综合治理先进集体、690名先进个人；2001年评出165个先进集体和628名先进个人。2001年8月，区委在新街口街道召开稳定工作现场经验交流会，总结和推广了新街口街道、区公安分局、人武部、劳动局、锁金村街道等5家稳定工作先进典型的经验。

加大"严打"力度，深入开展专项治理。围绕"发案少、秩序好、社会稳定、群众满意"的工作目标，不断提高"严打"整治工作水平。针对社会治安新情况，1999年和2000年，全区先后组织开展"打盗窃""打盗车""打拐""禁毒""经侦追逃""打黑除恶"等专项斗争和"夏季攻势""百日破案竞赛"等专项活动，震慑了犯罪分子，有效控制了刑事犯罪高发势头。2001年，区成立了严打整治工作领导小组，制定全区统一的工作方案，统一执法思想，协调各方加强配合，加大打击力度，提高办案质量。全区妥善处置了多件群体性事件和不安定事端，做好"法轮功"练习者的教育转化工作，重拳出击刑事犯罪活动，及时破获了一批在社会上有影响的大案。全年共破现行案件1 618起，其中"八类刑事案件"破案率高于全市平均水平；打掉犯罪团伙12个，抓获各类违法犯罪分子504人。根据玄武区治安特点和人民群众呼声，对珠江路科技一条街、丹凤街通讯市场一条街、校园周边地区、仙鹤门徐庄地区、和平公园、板仓配载市场等重点地区进行重点整治，使这些地区的治安形势明显好转。

推进人口管理制度建设，规范治安管理措施。2000年4月2日，亚星奔驰副总经理、德国人普方一家四口在金陵御花园一所公寓内被害,玄武区在配合市里做好善后工作的同时,及时总结教训,进一步健全和完善"公寓管理制""散居联保制""楼长负责制""集体用工单位员工登记制"和"公安直管制",加强对区域内流动人口和外来务工人员的管理。4月10日,区委、区政府发出通知,明确规定对"三无"(无身份证、无暂住证、无务工证)人员坚决实行收容和遣返,对"三证"不全的限期办理。对本地下岗失业人员的教育和管理也提出了相应的要求。按照政府牵头、公安部门为主、各方参与的原则,全区组建了165人的流动人口协管员队伍和信息员队伍,实时掌握人口管理动态。全市流动人口最为集中的红山街道成立了全市第一个社区民兵连和流动人口党团员管理站,及时了解和帮助解决流动人口遇到的困难,帮助他们安心生活和工作。为了加强人口管理、收集信息、治安防控和便民服务,区公安分局警务系统实行新的运行机制,根据社区规模、地域大小、治安状况配置警力,平均每千户居民配置一名民警,全区社区警力增加了17.5%。

强化群防群治,打牢长治久安的社会基础。2000年初,区委、区政府在企事业单位中开展安全达标竞赛活动,广泛发动和依靠群众参加安全治理,提高安全水平。2001年3月,新街口街道北门桥社区在全区率先启动"稳定进社区"工作,公安部门在社区设立警务室,管段民警兼任社区党支部副书记,负责日常治安;区信访局和街道有关领导每月在固定时间接待居民来访,做好民事调解工作,把不安定因素消除在萌芽状态;政法部门在社区设立维权信箱,每月到社区接受法律咨询;消防部门帮助社区配备消防器材,举办消防演习,传播消防知识,居民不出社区就可以得到多项服务。2001年7月,丹凤街派出所开通全省首家社区警务呼应联动网,形成可以群呼和定位的出警网络,提高了社区安全管理的工作效率,增强了市民生活的安全感。

第四编
继往开来,加快社会主义现代化建设

(2002年11月至2007年9月)

【本编提要】 2002年11月召开的党的十六大,确立"三个代表"重要思想为党的指导思想,提出了全面建设小康社会的奋斗目标。区委认真学习贯彻执行十六大精神,坚持以邓小平理论和"三个代表"重要思想为指导,按照"发展要有新思路,改革要有新突破,开放要有新局面,工作要有新举措"的要求,确立了以发展为第一要务,以实现富民强区和在全市率先基本实现现代化为目标为全区工作的总体思路。根据中央的决策,区委深入展开保持共产党员先进性教育活动,加强党的执政能力建设,倡廉常抓不懈,反腐警钟长鸣,切实转变干部作风,在全面建设小康社会中充分发挥党组织的战斗堡垒作用和共产党员的先锋模范作用。区委从实际出发,充分利用优质资源,构建"一园两带三区"发展新框架,加快民营经济发展和东部地区建设,培育新的经济增长点。全区继往开来,综合实力大为增强,经济社会发展步入了加速上升的通道。

第十四章 以"三个代表"重要思想指导实践

党的十六大以后,区委通过多种形式引导各级党组织和广大党员干部深刻领会十六大精神精髓,在思想上、行动上牢固确立"三个代表"重要思想的指导地位,以十六大提出的全面建设小康社会为全区新的奋斗目标,努力把十六大总结的经验运用于新的实践,破除不利于经济社会发展的思想束缚、体制束缚、权限束缚和自我束缚,立足当前,立足本职,在更高层次上谋划新的举措,推进富民强区,加快经济社会发展进程。面对突如其来的"非典"疫情,区委举全区之力严防坚守,在较短时间里取得了阶段性成果,保证了十六大精神的学习和贯彻。全区经济社会发展持续高歌猛进,连年迈上新台阶。

第一节 全面学习贯彻党的十六大精神

一、在思想行动上确立"三个代表"的指导地位

2002年11月27日,玄武区委根据《中共中央关于认真学习贯彻党的十六大精神的通知》和省委、市委的要求,制定了《关于深入学习贯彻党的十六大精神的意见》,带领各级党组织和广大干部群众以十六大精神统一思想,指导实践,推进全区改革开放和现代化建设。

"意见"要求各级党组织和广大党员充分认识学习贯彻十六大精神的重大意义,迅速兴起学习贯彻热潮。"意见"指出,党的十六大把"三个代表"重要思想同马列主义、毛泽东思想、邓小平理论一道确定为党的指导思想,提出了新世纪新阶段党和国家的奋斗目标,选举产生了新一届中央领导集体,这对推进党和国家事业的发展具有重要历史意义。十六大总结了十三届四中全会以来的战斗历程和基本经

验，明确提出了全面建设小康社会的目标任务，深刻回答了关系党和国家未来发展的一系列重大理论和实践问题，对建设中国特色社会主义经济、政治、文化和加强党的建设等各项工作进行了全面部署，为全区经济社会的发展指明了道路和目标。意见进一步指出，十六大精神是党团结和带领全国人民在新世纪新阶段奋勇前进的政治宣言和行动纲领，学习好、宣传好、贯彻好十六大精神，是当前和今后一个时期的首要任务。全区各级党组织务必增强政治意识、责任意识，加强领导，精心组织，结合各自实际，迅速对本单位本部门十六大精神的学习贯彻工作作出具体安排，把广大干部的思想和行动统一到十六大精神上来，把智慧和力量凝聚到实现十六大提出的目标任务上来，在更高的起点上为实现富民强区、加快发展而努力奋斗。

"意见"要求全面理解、深刻领会十六大的精神实质。区委提出了5个方面的学习重点，即：在思想上、行动上牢固确立"三个代表"重要思想的指导地位；进一步明确全面建设小康社会的奋斗目标；坚持解放思想、实事求是、与时俱进的思想路线；坚持把十六大总结的经验运用于新的实践中去；坚持全面推进党的建设。"意见"要求以十六大精神为思想武器，掀起新一轮思想大解放的热潮。通过思想解放，以十六大精神为新动力，破除富民阻力，扫除强区障碍，开辟新路，团结和调动一切积极因素，争先进位，在争取全市、全省"第一"的征途上迈新步。

根据区委的安排，全区学习、宣传、贯彻十六大精神分3步进行。第一步，开展"学理论、议成就、争创业"主题教育活动，有重点地学习"三个代表"重要思想，学习《江泽民论有中国特色社会主义（专题摘编）》和江泽民在十六大的讲话精神。第二步，分列专题学习，把学习通读与研讨结合起来，把分散自学与集中辅导结合起来，把理论学习与专题调研结合起来，丰富学习形式，互相交流学习心得，提高学习效果。第三步，充分利用基层党（政）校、支部党课、橱窗报栏等教育阵地，组织社会各界座谈等多种形式，使十六大精神家喻户晓，深入人心。

2003年6月24日，针对学习、贯彻十六大精神中出现的新情况，区委发出通知，要求学习"三个代表"重要思想必须在"三个紧扣"和"二个坚决"上下功夫。"三个紧扣"：紧扣建设中国特色社会主义这条主线，紧扣改革开放稳定、三个文明协调发展和巩固执政基础、提高执政能力这一大局，紧扣融入沿江开发、建设"一园两带三区"这个全区发展经济的既定方针。"二个坚决"：坚决破除一切不利于发展的思想束缚、体制束缚、权限束缚和自我束缚，坚决防止官僚主义、形式主义,深入推进反腐倡廉工作,密切党和人民的血肉联系。区委再次强调,要通过充分发挥各级党政校、党员教育点、玄武讲坛以及各种宣传阵地和讲师团的作用,确保全区党员群众学习面达95%以上。

二、多形式多渠道培训基层干部

按照区委部署,学习十六大精神和"三个代表"重要思想在全区全面展开以后,区委党校、机关工委举办了多种形式培训班,把学习活动引向深入。这次培训,重点培训基层干部。4月17日至19日,区机关工委在汤山镇举办了有40多名机关党(总)支部书记参加的培训班,集中上课,由市委党校教授王玉珍、管怀伦分别讲授十六大精神和全面实现小康社会奋斗目标的意义,进行新党章的学习辅导。区委党校会同有关部门在2003年联合举办了3期分别有330名区管干部、196名入党积极分子参加的《"三个代表"重要思想学习纲要》轮训班,以及有38名区团干部参加的一期"三个代表"重要思想讲习班。通过培训,许多基层干部成为学习、宣讲十六大精神的骨干,为广大群众学习十六大精神"释疑解惑"的"先生",推进十六大精神在群众中深深扎根。

区委制定了《全区党员干部和职工教育意见》。根据这个意见的安排,各级党组织充分发挥了市十六大精神宣讲团和基层党政校的作用,利用区、街、社区各级各类讲坛和创建学习型城区的有利时机,形成了学习、宣传十六大精神的网络。区委宣传部和工会、妇联等部门和街道分别推出"周末课堂""玄武讲台",开通"玄武学习"网站,举办"读书报告会""读书心得交流会""文化走廊",引导广大党员干部深入理解"三个代表"重要思想内涵及其历史意义和现实意义,增强广大党员干部实践"三个代表"重要思想的自觉性和坚定性,促进思想上的新解放,实践上的新突破,保持与时俱进良好精神状态。

三、区委领导带头学习,率先垂范

学习贯彻十六大精神,关键在于领导干部。区委明确要求各级领导干部学习十六大精神要先一步、深一层,学以致用,率先垂范。11月8日,区委、区人大、区政府、区政协四套班子主要领导、区委学习中心组全体成员集中收看了十六大开幕式和江泽民总书记报告的电视实况转播。11月13日,区委邀请省委党校刘长江教授为区委中心组成员宣讲十六大精神。20日,区委学习中心组听取了市委十六大报告宣讲团来玄武区所作的"三个代表"重要思想巡回报告。27日，区委召开八届九次全委（扩大）会议，区四套班子领导、区中层主要负责人集中学习十六大精神。区委书记曾宪翔代表区委常委会作了《深入学习贯彻党的十六大精神，努力开创富民强区、加快发展的新局面》的报告，要求全区广大干部、群众认真学习领会十六大精神，解放思想，与时俱进，开拓创新，真抓实干，为富民强区，为南京全面建设小康社会、率先基本实现现代化作贡献。

为了提高学习效果，区中心学习组还从3个方面优化学习制度，探索行之有效的学习形式：一是在抓紧自学的同时，采取看、听、谈、写、讲、走访多种形式，营造浓厚学习气氛。二是严格考学制度，发放领导干部"学习卡"，在"玄武学习网"建立学习园地，公布学习要点、学习动态和学习成果。三是开展"五个一"活动——组织一次专题学习研讨会、过一次主题组织生活会、召开一次党员干部座谈会、撰写一篇学习心得、深入社区和基层单位作一场十六大精神专题辅导报告——推动理论联系实际，把领导干部的学习与广大干部、职工、居民的学习挂起钩来，促进学习成果用于实践，指导实际工作。

2003年6月25日，区委召开常委（扩大）会，再次专题学习"三个代表"重要思想。区四套班子全体领导、法检两院及人武部负责同志参加了学习。在与会人员发言后，区委书记曾宪翔说：用"三个代表"重要思想武装全体干部特别是领导干部，是一项长期而艰巨的任务，要围绕中国特色社会主义这条主线，抓住解放思想、实事求是、与时俱进这个精髓，深刻理解和把握"三个代表"重要思想的时代背景、实践基础、科学内涵、精神实质和历史地位，进一步深化对共产党执政规律、社会主义建设规律和人类社会发展规律的认识，不断提高科学判断形势的能力、驾驭市场经济的能力、应对复杂局面的能力和总揽全局的能力等4个能力。把"三个代表"重要思想的学习贯彻体现在全区经济社会发展上，体现在切实解决群众生产生活中遇到的实际问题和困难上，体现在及时解决改革、发展、稳定中存在的矛盾和问题上，体现在党的建设上。领导干部要端正学风，坚持理论联系实际，把"三个代表"重要思想贯彻到全区各项工作中去，为实现"两个率先"不懈努力。

第二节 以新思路新举措实现新发展

一、制定率先实现基本现代化奋斗新目标

2002年12月10日，区委召开务虚会，结合学习贯彻十六大精神，敞开思想，议论全区经济社会发展。区委书记曾宪翔代表区委常委会提出了全区2003年工作思路和重点任务的设想。区四套领导班子和有关部门领导同志经过讨论，初步确定了全区工作的总体思路：坚持以邓小平理论和"三个代表"重要思想为指导，全面贯彻落实党的十六大精神，按照"发展要有新思路，改革要有新突破，开放要有新局面，工作要有新举措"的要求，坚持以发展作为第一要务，以实现"富民强区和在全市率先基本实现现代化"为目标，全面实施新一届政府提出的5年发展规划，实现在新的发展平台上赢得更快发展。

继2001年省、市党代会先后提出"富民强省""富民强市"的战略目标以后，区委在八届七次全委（扩大）会议确定以"富民强区、加快发展"总揽全局，实现市委提出的"把玄武区建设成南京现代化的形象区和样板区"的要求。务虚会与会人员认为，"富民强区"体现了"三个代表"重要思想，是贯彻落实十六大精神的具体化。与会人员围绕"富民强区"这个议题，就2003年全区经济社会发展奋斗目标、精神文明建设奋斗目标和党建工作进行了广泛讨论，并初步形成共识。

2002年12月14日，中共玄武区委召开八届十次全委（扩大）会议。会议讨论通过了区委书记曾宪翔代表区委常委会作的题为《与时俱进，开拓创新，为建设现代文明的新玄武而努力奋斗》的工作报告。报告号召全区上下按照弘扬新精神、抢抓新机遇、谋求新跨越、建设新玄武的总体要求，做好5项工作：一是坚持以党的十六大精神为指导，不断解放思想，开辟加快发展的新境界。进一步规范政府行为，积极建设服务型政府，每个部门、每个干部都要以与时俱进的精神，自觉地做优化发展的促进派。二是坚持以发展为第一要务，以规划为先导，以招商为龙头，以创新机制为保证，全力推进"一园两带三区"建设，拉开加快发展新框架。三是坚持三个文明齐发展，充分发挥全区上下的积极性创造性，不断提高市民素质和地区文

明程度,弘扬以创业为核心的新时期市民精神,增添加快发展新动力。四是坚持以民为本,不断提高广大人民群众的生活质量。正确处理好做优城市形象与群众得到实惠的关系,让广大群众实实在在享受到改革开放的新成果。五是坚持按照"三个代表"重要思想的要求,全面加强和改进党的建设,增强各级党组织和广大党员干部实践"三个代表"重要思想的自觉性和坚定性,为加快发展提供坚强有力的政治保证。

2003年2月17日,区委、区政府正式公布了2003年全区经济和社会发展奋斗目标。全区经济和社会发展的主要预期指标为:国内生产总值按可比价增长15%,财政收入增长16%,社会消费品零售总额增长13%,社会固定资产投资18亿元,完成合同利用外资7 000万美元,外商直接投资4 000万美元,城镇居民人均可支配收入增长9%,农民人均纯收入增长7%,安置就业1.2万人次(其中:政府购买公益性岗位安置就业1 000人),登记失业率控制在4%以内,攀登"富民强区"新台阶。

为了进一步落实十六大提出的全面建设小康社会的要求,区委、区政府在制定经济社会发展新目标的同时,进一步落实"以民为本"执政理念,注重解决群众生活中的难点问题。2003年2月,经过广泛的民意调查,区委、区政府公布了当年为民做好10件实事,即协调各方力量,解决好下岗人员再就业及生活保障、加快经济适用住房建设、进一步打破交通"瓶颈"、建设社区老年福利服务设施、取消老城区垃圾中转站以及建设室内农贸市场等群众关心的问题。9月5日,区委、区政府又决定用2年左右,解决好农村最低生活保障、大病统筹、改造危房和桥梁道路、减轻农民负担等8个方面的问题,为农民办实事,增强全区人民的幸福感和获得感。

二、夯实"富民强区"基石

2003年,由于受区划调整和"非典"灾害等政策性、突发性减收增支因素影响,玄武区财政收入遇到了"前所少有"的困难。"穷",直接制约了经济社会的发展,制约了"富民强区"和小康社会的建设进程。确保财政收入,成了区委、区政府工作中的焦点。

培植、巩固和发展税源,是实现财政情况好转的根本之举。继1988年狠抓税源经济之后,区委、区政府又一次采取有力措施发展税源经济。

经区委常委会研究，2003年4月3日制定了《关于进一步巩固重点税源的实施意见》，汇聚各方力量，巩固重点税源，充分发挥税源企业对区财政的支撑作用。一是建立重点税源企业联系服务制度。明确重点企业联系服务责任单位、责任领导和责任人，定期组织四套班子领导走访了解企业生产经营状况，以及税种变化、税收入库进度、对外投资和改制重组等重大事项，发现问题及时帮助解决。二是建立重点税源企业定期分析制度。每季度召开四套班子联系会、区长办公会安排一次重点税源专题分析会，听取有关部门汇报重点企业收支状况、发展动态和税收指标完成情况，针对新情况，采取新措施。三是建立重点税源企业保护制度。向230多家重点企业颁发"重点税源企业"证书，严格执行"四个不得"，即：任何人不得干涉企业正常的生产经营活动，不得接受企业礼品和宴请，不得在企业安排子女和家属就业、推销产品，不得泄露在走访中获得的企业经营策略、研发信息，保护企业的经营活动和利益。在区委、区政府的支持下，区财税部门充分运用财税杠杆，发挥财政政策导向和财政资金"四两拨千斤"的作用，打破所有制界限，安排贷款贴息、贴租、参股和专项补贴资金6 800万元，扶持优势产业，帮助企业做大做强，增加经营收入。

根据南京市政府提出的市区财政体系改革的总体意见，区委常委会研究决定，对原有的区街财政体制进行改革，自2003年1月1日起，实行新的区街财政体制。新体制主要内容为"属地征收、分税分成、保留基数、增量共享"，在市区财政体制改革的总体框架下基本保证街道原有利益，采取"收入与财力挂钩、超收分成"的办法，区本级除了保留部分重点税源企业以外，对其余企业均在11个街道实行属地管理，鼓励增收，鼓励引进税源，充分调动区、街两个积极性，实现区街同增收同发展。

5月22日，区政府召开全区财税形势专题分析会。经过调查，区政府看到，自采取一系列增收措施以来，全区护税协税热潮渐起，财政收入增长随之加速，但也发现由于"非典"造成的影响和老城改造的加快，财政收入的增长还存在诸多不确定因素。会议确定了2条应对措施：一方面积极培育新的增长点，做大财政蛋糕，严格监控税收，做到应收尽收；另一方面严格执行预算，优化支出结构，增强增收节支观念，实行确保重点、兼顾一般的原则，减少不必要的支出，确保全区全面完成全年的税收任务，确保全区财政收支平衡，争取略有结余。

全区上下经过一年的艰苦工作，到2003年底，新增税源企业3 000余户，其中注册资金超过100万元的有256家。主体税种保持增长的态势：增值税完成51 200万元，比上一年增长10%；营业税完成38 800万元，增长1%；企业所得税完成25 000万元，增长123%；个人所得税完成16 500万元，增长38%；房产税完成4 400万元，增长21%。重点税源企业继续发挥支撑作用，250个重点税源企业入库税收约9亿元，占税收收入的64%。非公有制经济提档加速，全年上缴税金49 000万元，增长24%。开放型经济取得新发展，全年上缴税金14 000万元，增长12%。全区实现财政总收入14.11亿元，同口径增长22.00%，其中区级地方收入4.15亿元，同口径增长18.90%。

财税形势的好转，为全区经济社会发展提供了强有力的物质保证。

三、经济社会发展连年迈上新台阶

在"三个代表"重要思想指引下，区委带领全区干部群众奋力拼搏，经济社会发展取得了新成果。2003年圆满完成市下达的22项经济和社会发展奋斗目标，较好地完成了年初区十五届人大一次会议通过的2003年4大类、106项经济和社会发展奋斗目标，完成率97.20%。其中，完成国内生产总值20.02亿元，按可比价比2002年增长18.60%；完成全社会固定资产投资36.66亿元，增长121.60%；完成社会消费品零售总额45.73亿元，增长16.80%；完成规模工业总产值17.08亿元，增长42.10%。

在2003年经济社会顺利发展的基础上，区委、区政府提出了"争先进位，统筹发展"的新要求，动员全区干部群众齐努力，各部门、各街道强化经济工作组织力度，千方百计破解经济发展新难题。2004年全区经济社会发展继续呈现良好的发展态势。年初区十五届人大二次会议所通过的4大类、113条经济和社会发展奋斗目标，剔除因客观原因需结转和取消的目标，到年底完成率为98.23%。实现地区生产总值24.76亿元，按可比价增长19.4%；财政总收入17.06亿元，同口径增长28.2%，其中区级地方一般预算收入5.07亿元，同口径增长29.2%；城市居民人均可支配收入11 902.44元，农民纯收入9 490元，分别增长13%和9%。2005年全区经济社会发展继续高歌猛进，财税收入尤为突出，财政收入达到20.5亿元，地方一般性预算收入为6.2亿元，分别增长20.4%和21%，保持了高增长的态势。

"十五"（2001—2005）计划，是玄武区在新世纪实施的第一个五年计划，全区经济社会发展保持了快速发展的态势，为"十一五"发展奠定了坚实基础。按原口径计算,"十五"期间,全区国民生产总值166亿元,年均增长16.3%,超过原计划6.3个百分点;全社会固定资产投资累计达200亿元,相当于原计划的5倍。全区综合实力大为增强,拉开了大招商、大建设、大发展的框架。

第三节 举全区之力打赢"非典"阻击战

一、紧急动员,严防坚守

正当全区干部群众深入学习贯彻十六大精神,顺利推进改革开放和社会主义现代化建设各项事业的时候,一场突如其来的非典型肺炎(简称"非典")疫病灾害暴发了。2003年2月中旬,"非典"疫情在广东局部地区流行,随后迅速蔓延,至4月下旬,波及了全国26个省、自治区和直辖市,玄武区也没有幸免。

区委、区政府贯彻落实党中央、国务院指示及全国、省、市"非典"防治工作会议精神,采取非常措施,坚决预防和控制"非典"在玄武区的传播。4月22日,区委发出紧急通知,明确要求:各单位以最快的速度建立领导责任制,主要领导亲自抓、负总责,迅速建立工作机构和协调机制,确保防治工作落到实处;严格控制各类会议、活动和外出,非开不可的会议必须控制规模和时间,不得组织集体外出学习考察;各单位拿出专款,统一购买和分发预防用药和卫生用品,窗口单位、繁华地区、各社区、行政村都要以预防为重点,开展爱国卫生运动,按照"四早"(早发现、早报告、早隔离、早治疗)、"两畅通"(信息渠道全天候畅通、病员治疗通道全天候畅通)的要求,建立疫情报告制度,一旦发现疑似病例,在40分钟内向区级有关部门报告,并及时送往医院治疗。

4月30日,为进一步加强"非典"防控工作的组织领导,根据省、市通知精神,区委、区政府将在疫情暴发初期成立的玄武地区"非典"防治工作领导小组"升格"为防治工作指挥部,由曾宪翔书记任政委、陆冰区长任总指挥、吴金珠等6位区领导任副总指挥。在此以前,区委、区政府成立的由11个街道、卫生防疫系统和驻区26家医疗机构派员参加的防治应急分队,根据新情况新要求制定工作预案,狠抓各项措施落实,并通过传染病防治知识培训等形式,加大对"非典"防治知识的宣传和普及力度，增强全社会的防疫意识和防疫能力。明确玄武中医院、长江路卫生院和锁金村医院等3家医院为"哨点"医院，实行24小时值班制度，做好应急处理准备工作。辖区卫生行业各领导人员认真贯彻执行上级党委、政府指示，及时、果断地妥善处理了发生在玄武区的南京市首例"非典"疑似病例。

5月6日，针对日益严峻的"非典"疫情，区委、区政府加大人力物力财力投入，支持基层单位开展防疫工作。紧急拨付500万元设立"非典"防治基金，对急需的车辆、办公设备实行特事特办，简化采购手续，保证物资及时输送到位。从全区各部门抽调87名干部，按照机关党支部共建对象充实到社委会和行政村担任助理，保证每个社委会都有一名机关干部专职从事防治"非典"工作。驻区单位及区级机关干部踊跃捐款捐物，总价值超过100万元，体现了"万众一心、众志成城"的信心和决心。

5月17日，区委召开常委(扩大)会议，对防治"非典"工作作出了新部署。到5月中旬，玄武区已发现"非典"疑似病例6例。由于五、六月份正值呼吸道疾病多发季节，作为人流密集的中心城区的玄武区，一旦疏于防范，极易造成疫情扩散。区委再次强调坚决严防死守，各单位和广大干部群众务必保持清醒头脑，以对群众负责、对家人负责、对自己负责的态度，立足"防大疫、抗反复"，发扬连续作战精神，全面构筑坚固防线，周密防堵可能出现的"管涌"，决不允许出现"决堤"。

经过广大干部群众2个多月的同心努力，抗击"非典"取得了阶段性成果。到6月中旬为止，全区实施集中隔离506人、居家隔离969人，消毒面积398万平方米。开设发热门诊23个，诊治发热病人4 845例，没有漏诊1例疑似病例。建立留观医院，收治患者69例，其中疑似病人1例。6月28日，区委召开总结"非典"表彰大会，授予玄武地区"非典"防治指挥部办公室等99家单位"玄武地区非典型肺炎防治工作先进集体"称号，授予尹世友等180人"玄武地区非典型肺炎防治工作先进个人"称号。曾宪翔书记希望全区广大干群以良好的精神状态和扎实的工作措施，巩固已有成果，打好持久战，确保非典型肺炎防治取得最后胜利。

二、一手抓防治，一手抓发展

5月中旬，在抗击"非典"的重要时刻，区委、区政府向全区干部群众发出了两个"咬紧"动员令："咬紧"不夺取抗疫斗争的全胜，决不收兵；"咬紧"完成年初定下的税收和GDP年度指标等经济社会发展目标，加快发展。

根据区委、区政府的部署,在实现"咬紧经济社会发展目标"方面,重点做好2项工作:一是"咬紧"建设"一园两带三区"重点项目不放松。按照区委、区政府既定计划,按期完成钟山国际体育公园进场拆迁和邓府巷、大行宫等地块挂牌出让,按期启动仙鹤门经济适用房二期工程、珠江路中段拆迁工作,按期竣工首批经济适用房和全面完成老城改造项目,确保北极阁风貌区和老宁杭路按期开放和通车。二是区委、区政府要求相关部门和单位"用好两个机遇"——用好"非典"期间市场结构调整的机遇和"非典"后经济恢复性反弹机遇,抓住汽车消费、电子商务等商机,发挥全区各市场群的作用,及早考虑"非典"后餐饮、娱乐、旅游、商贸的发展。通过"用好两个机遇",夺回因"非典"造成的损失,为实现全区经济发展目标作贡献。

2003年5月20日,区政府制定了《扶持部分受"非典"影响企业发展的实施意见》。区政府经过研究,决定在5月到7月的3个月内,对餐饮娱乐业、交通运输业、旅游业等行业的部分重点税源企业实施财税扶持:一是实行短期贷款贴息和定额补助。二是减免部分行政事业性收费。减免的行政事业性收费包括卫生监测费、卫生质量检验费、预防性体检费、环境监测服务费、户外广告费、占道费、劳动合同鉴证费、劳动争议仲裁费、房屋租赁手续费等9项。三是根据国家、省、市有关精神,对部分经济实体和个体经营者减免部分税收:凡实行定期定额征收税款且未停业的,依定额实行减半征收;对因"非典"造成经营困难,当期资金在扣除应付职工工资、社会保险费之后不足以缴纳税款的,或因发生防治"非典"专项支出后资金紧张不足以缴纳税款的,可延期缴纳税款;对在"非典"期间全面关闭经营的纳税人,暂缓征收其所涉及的应缴各项地方税收。对餐饮娱乐业、交通运输业和旅游业的个体经营者,月营业额低于2 000元的,暂免征营业税;对受疫情影响暂停营业的个体经营者,停业期间免征营业税、城建税、教育附加和个人所得税;对个体出租汽车经营者以及出租汽车运营企业所属驾驶员,免征个人所得税。对通过区政府指定的部门捐赠防治"非典"现金和物资的企事业单位,在当期计算缴纳所得税时予以全额扣除。这项意见的出台,使相当多的企业、个体工商户得到了实惠,增强了发展的信心,增强了发展的后劲。

三、从突击防治到长效管理

在取得防治"非典"的阶段性成果以后,区委及时地将抗击"非典"的工作重心从突击防治转移到长效管理。区委、区政府先后发出《关于对"非典"防治工作实行长效管理的通知》《关于建立社区领导"非典"防治工作联系制度的通知》和制定《2003年玄武地区今冬明春非典型肺炎防治工作预案》《玄武区突发公共卫生事件应急处理预案》《玄武区公共卫生体系三年建设规划》等实施长效管理的文件。

大力推进社区卫生服务是满足人民群众卫生服务需求和提高健康水平的重要保障,也是公共卫生医疗服务体系和社区建设的重要组成部分。为了从根本上提高卫生服务水平,区委、区政府把它列为促进"三个文明"协调发展的重要工作以及社会发展奋斗目标,并把它作为为民办实事的"民心、民德工程"。2003年6月17日,区政府召开常务办公会,针对防治"非典"暴露的问题研究加强公共卫生体系建设,决定在为群众提供公共服务和产品方面加大投入。区政府采取了4项措施:

一是加强对公共卫生体系建设的组织和领导。区四套班子各有一名领导分管社区卫生服务工作,并由区长牵头,建立由区相关部门和各街道负责人参加的联席会议制度。各街道成立由主要领导、社区卫生服务中心负责人、驻区单位负责人参加的健康促进委员会,领导和推进社区卫生服务的发展。

二是给予政策上的扶持。先后出台了《玄武区社区卫生服务发展规划》《玄武区创建社区卫生服务示范区实施方案》等文件,设立每年200万元的建设基金,将社区卫生服务的基础设施建设纳入社区建设整体规划,并对经费、用房、医务人员工资福利待遇政策等作了明确规定。对于新建的社区卫生服务机构,每建一个,区政府就给予5万元启动经费。

三是推进资源整合,合理布局。打破行政隶属关系和所有制界限,鼓励社会力量兴办社区卫生服务机构,形成政府、社区和驻区单位共同推进社区公共卫生服务建设的局面。在全区所办的15家社区卫生服务机构中,驻区企事业单位开办了5家,区级医疗机构开办了9家,市级医疗机构开办了1家。在全区公共卫生服务机构的布局上,区一级层面有区公共卫生应急处置中心和民政医院;街道、社区层面按地域和人口先后建立了9个社区卫生服务中心和6个服务站,使全区95%以上的居民步行10~15分钟即可就医,形成了合理的社区卫生服务网。

四是实行标准化管理,提升服务水平。按照正规医院的科学管理程序和社区特点,先后制定了社区医疗机构工作制度、考核制度和社会监督制度,做到机构名称、标识、展板、规章制度、台账、工作流程等6个"统一"。区卫生部门选派了61名业务精、有经验的医生到社区卫生服务机构挂牌坐诊,并在居民中普遍开展健康状况抽样调查，建立居民健康档案。组织社区居民开展评选"十佳社区医生"、点评"责任医生"、公推"明星护士"等活动，让社区卫生服务在居民的监督下健康地发展。

玄武区的这些做法，得到了当时正在南京的国家社区卫生服务示范区复核评估组的充分肯定。

随着区财政实力的增强，区委、区政府决定在为群众提供公共服务和产品方面实行"政府兜底"的新政策。2007年7月5日，区长王海宏向新闻媒体宣布，今后在公共卫生上的投入由政府全额支付，对区疾控中心、卫生监督所、妇保所3家公共卫生龙头单位，实行财政全额拨款，保证人员工资待遇和业务活动所需经费；对全区卫生监测采样实行政府购买服务；对新建的8家公共卫生分中心工作人员按年人均5万元实行财政全额拨款；各卫生院按1万～1.5万人口比例设立公共卫生监督科，其办公用房、设备、经费等，由区卫生局提出方案，逐步解决。这一新政，给全区基本医疗服务机构"减压"，为不断提高卫生医疗水平创造了更为优越的环境。

第十五章　走又好又快发展经济之路

党的十六届六中全会提出了"促进经济又好又快发展"的新要求。"新要求"好字当头,好中求快,注重优化结构,努力提高质量和效益,体现了科学发展的本质特性。玄武区委紧扣实际,在以"一园两带三区"为发展新框架、支持民营经济发展和加快东部地区建设等3个方面贯彻"又好又快"发展经济的方针。"一园两带三区"是玄武区最优质的资源,充分利用这份资源,是又好又快发展的必然选择;扶持民营经济,丰富所有制结构,将给全区经济带来新的活力;加快东部地区的发展,则可以使全区经济布局更加合理,为全区增加新的经济增长点。实践表明,又好又快方针的贯彻,使玄武区经济活力和实力大为增强,呈现了可持续发展的强劲势头。

第一节　构建发展新框架

一、区委召开第九次党代会

2004年11月28日至11月30日,区委召开了第九次党代会。这是玄武区在新世纪召开的第一次党代会,是实现全区经济社会发展承前启后、与时俱进、继往开来的一次重要会议。

区委书记陆冰在向大会所作的题为《全面贯彻落实科学发展观　切实提高党的执政能力　为建设富裕文明的现代化玄武而努力奋斗》的报告中说,今后5年直至2020年,是玄武区必须抓住的并且可以大有作为的重要战略机遇期。报告号召,全区各级党组织和广大党员高举邓小平理论和"三个代表"重要思想伟大旗帜,全面落实科学发展观,围绕"两个率先",以增强党的活力和提高执政能力为保证,以增强区域竞争能力和打造"三个文明"协调发展特色城区为核心,以提升城市品位和群众生活质量为着力点,加快建设"数字玄武、文化玄武、绿色玄武",为早日实现富裕文明的现代玄武而努力奋斗。

区第九次党代会认为,发展是时代的最强音。今后几年要致力于玄武区形成优势突出、竞争力较强的产业结构、经济规模和综合实力,形成华东领先、全国一流的城市科技园区,形成设施齐全、布局合理、功能完善的现代综合服务体系,形成以人为本、以山水城林为标志、人与自然和谐的可持续发展的格局。大会向各级党组织和广大党员部署了未来 5 年必须切实抓紧的 5 个方面的工作:一是整合优势资源,优化经济布局,构建新型经济载体,培育新的经济增长点,增强区域竞争力和综合实力。二是以敢为人先的勇气、善于创新的智慧,不断破除影响发展的一切体制、机制障碍,使玄武发展始终充满活力和生机。三是按照先进文化的前进方向,大力发展各项社会事业,不断满足群众日益增长的精神文化需求,把精神文明建设落到地区文明进步和人的全面发展的实处。四是把坚持党的领导、人民当家作主和依法治区结合起来,不断加强社会主义民主法制建设,构建社会主义和谐社会。五是坚持富民优先,不断提高全区人民群众生活水平和质量,切实做到权为民所用,情为民所系,利为民所谋,使玄武人民共建共享富裕文明的新成果。大会强调,建设富裕文明的现代玄武,关键在于落实"三个代表"重要思想,以与时俱进的精神和改革创新的举措,全面加强党的建设。全区各级党组织要深入学习党的十六届四中全会精神,坚持以执政能力建设为重点,以制度建设为突破口,不断推进党的思想、组织、作风建设,使全区各级党组织和广大党员始终充满创造力、战斗力,成为玄武区改革开放和现代化建设事业最坚定的力量、最可靠的保证。

这次党代会正式确定了"一园两带三区"(以珠江路"一街三园"为主体的城市科技工业园;以北极阁至九华山为主体的山水城林风光带和以长江路为主体的历史文化景观带;以新街口糖坊桥为主体的现代商贸区、以东杨坊地区为主体的休闲居住区和以南京现代农业科技园为主体的生态产业区)为全区发展新框架。区委认为,"一园两带三区"集中了全区最优秀的资源,是全区发展最具优势的经济载体。坚持合理布局,紧紧依托重点项目,引进和培育一批总部经济、园区经济和楼宇经济,"一区两带三园"必将成为强力带动区域经济发展的龙头,成为玄武区新世纪产业新高地。根据"一园两带三区"已有的建设基础和以后的发展前景,区委对它们提出了不同的发展要求并制定了相应的扶持政策措施。

二、做精做强珠江路"一街三园"

在区第九次党代会确定建设的"一园两带三区"中,珠江路的"一街三园"建设的基础最好,发展速度最快,成效最为显著。

1992年珠江路从一条普通的商业街成型为电子一条街后,经过10多年的建设,已成为全国有影响力的街区,推动全市高科技发展的引擎。至2003年底,"珠江路一条街"已形成了珠江路科技街、江苏软件园、东南大学国家大学科技园、珠江路软件产业园为一体的"一街三园"发展格局,呈现了4个鲜明特点:

市场集中。珠江路市场总面积约35万平方米,是华东地区最大的电子电脑产品集散地和IT商家必争之地,日客流量近5万人次,日销货额达5000万元;园区年技工贸额300亿元中三分之二来自南京之外的区域购买力,稳居华东IT市场第一的位置。

产业集聚。江苏软件园吸引入园企业450家,年销售总收入40.5亿元;东大科技园入园企业80家,总注册资本达3.29亿元,年销售收入3.4亿元。台湾华邦软件、华为、用友等公司的研发中心相继进街发展。

企业集群。已经认定的软件企业85家,占全市的51.9%、全省的32.2%;经认定的软件产品226件,占全市的28.9%、全省的20.2%;注册资金超千万元的14家,金鹰软件的银行中间业和平台系统V1.0、大汉网络的大汉灵敏通V6.0等产品被中国软件行业协会评为2002年度推荐优秀产品,欣网视讯等4家企业进入市软件企业20强行列,三宝科技等16家企业被评为市软件骨干企业,擎天科技等15家企业的产品获2002年度市优秀软件奖。

人才集合。珠江路从业者近3万,有大专以上学历的占70%。硕士、博士、MBA等高学历者达3000多人。经多年市场洗礼,一批掌握前沿技术、熟悉现代管理、深谙市场营销的复合型人才和职业经理人脱颖而出,成为珠江路发展的重要力量。2004年珠江路科技园区年贸工技总额达405亿元,同比猛增20%,第一次跨过了400亿元大关。

为了进一步发挥"珠江路一条街"的优势,经区九次党代会和九届二次(扩大)会两次研究,决定加快珠江路二次开发的步伐,整治环境,拓宽道路,建造现代化高层楼宇,拉长产业链,积极构建3C模式,吸引技术先进、效益突出、集约化程度较高的科技型企业,提高园区单位面积的产出率和投资回报率,把珠江路"一街三园"做得更精更强。区委计划到2005年珠江路全街拥有25幢计159万平方米以上的现代化楼宇，实现技工贸总额近400亿元（此项指标留有较大余地，在2004年就已突破）。

三、完善"两带"建设规划

区第九次党代表大会后，北极阁、九华山风光带和长江路历史文化景观带的建设按照区委、区政府的新要求在原有基础上迈出了新步伐。

早在2004年1月16日，玄武区举行北极阁风貌区落成大典，市、区四套班子主要领导体察了北极阁新景。北极阁风貌区是北极阁至九华山风光带的重点工程项目，它的建成标志着这一风光带建设跨出了实质性的一步。北极阁至九华山一带，体现了全市山水城林特色的精华。相关部门进一步认证，如果东延至中山陵，西沿明城墙至神策门，即构成了世界级的城市公园中的"巨无霸"，对带动全市经济的发展特别是旅游业的发展具有举足轻重的意义。

长江路历史文化景观带的主体工程——长江路改造工程，于2003年9月30日竣工通车。这一全市重点建设工程西起中山路，东至汉府雅苑小区，全长1.97千米。区政府的"经营城市、市场运作"建设理念吸引了大批社会资本参与建设，总融资额达60亿元左右。改造后长江路全程路幅扩至40～45米，沿线分布总统府、毗卢寺、中国共产党梅园新村纪念馆、中山广场、江苏美术馆、人民大会堂、金陵图书馆（后搬迁到河西地区）、文化艺术中心和正在规划建设中的南京图书馆、江宁织造府等著名场所，并建成了显现六朝文化、民国文化的1 500米文化艺术长廊，长江路文化旅游街的建设初具规模。

2004年4月27日，由南京大学编制的《长江路文化旅游街发展规划》通过了市旅游规划建设专业委员会专家评审。根据规划，长江路东段将突出"历史与文化"主题，强化官衙府邸、民国保护建筑和宗教景区的观赏、游览价值。以总统府为核心的历史文化景区，结合梅园新村纪念馆等景点，将作为吸引外地旅游者的游览功能区。西段作为休闲娱乐功能区，这里有文化艺术中心、书画院等，将突出"民俗与艺术"主题，以休闲、购物为主要特色。通过文化旅游资源的发掘和整合，长江路将成为集中体现民国文化特色的文化旅游精品街区，成为人们走近中国近现代历史文化的首选之地。

2006年2月24日，长江路历史文化景观带的一个重要项目"江宁织造府"奠基动工。这个项目位于大行宫地区，占地2.2万平方米，是清朝江宁织造府遗址的一部分、曹雪芹宅地西花园所在地。根据设计大师吴良镛的设计，这个江宁织造府将以原西花园为背景，建设一个融古典建筑和现代建筑于一体的综合性博物馆，包括曹雪芹故居纪念馆、全国最大的红楼梦文学馆和云锦艺术博物馆，西池、楝亭和萱瑞堂等在江宁织造府史料记载中出现的著名景点将在馆内一一再现。

四、"三区"建设快速启动

区第九次党代表大会给已经全面启动的"三区"（东杨坊休闲居住区、糖坊桥现代商业区和农业科技园生态区）建设进一步加温，充实了新内容，采取了加快建设的新措施。

以东杨坊地区为主体的休闲居住区建设开局顺利。到2003年底，完成聚宝山花园的拆迁工作，钟山国际体育公园开工建设；建成仙鹤门经济适用房一期15.6万平方米，2003年底前交付使用，安置被拆居民1 100多户。区第九次党代表大会以后，启动了第二期工程。

在被称为"黄金圈"的以新街口糖坊桥地区为主体的现代商贸区，糖坊桥商城、长盛大厦、凯润金城等大型商贸设施于2004年底开工建设。根据规划，区委、区政府将以"高端商务、高品质商贸"的定位，以建设南京现代服务业发展的新典范为目标，以"抓住特色、融入商圈、强文重商、错位发展"为思路，进一步优化产业结构，着力推动珠江路科技产业板块、长江路文化产业板块、新街口综合商务商贸板块"三大板块"的资源衔接、优势互补、经营融通、消费连体，提升产业升级的支撑力、经济增长的贡献率、就业富民的带动力，实现政府与企业携手共建"21世纪新街口"的建设蓝图。已经建成开业的新街口广场东北角的德基广场的知名度日增，成为南京乃至全省"两高"（高端商务、高品质商贸）的重要标志。

南京农业科技园区项目是玄武区和南京市经济社会发展战略中的"重头戏"。2003年6月17日，区委常委会专题讨论了这个项目，并原则通过建设方案。根据建设方案，南京现代农业科技园分为核心区、专业园、辐射区3个层次。核心区位于孝陵卫地区，占地约6 500亩，将建设农业高新技术创新园、农业高新技术产业园、农业科技贸易园、都市农业示范园、专家公寓和休闲农庄、农业科普培训中心等6个园区，具有研发创新、孵化转化、技术交易、科普展示、培训教育等5大功能，集中展示南京农业科技水平和创新能力。至2003年底，项目建设逐步推开，基本完成核心区农民劳力、土地使用等基本状况调查,初步形成核心区的规划轮廓。2004年8月13日,市长蒋宏坤主持市长办公会,专题研究南京现代农业科技园建设方案。会议认为,南京市农业科技力量雄厚,优势明显,以南京现代化农业科技园区的建设为平台,整合南京农业科技资源,加快科技成果转化,变科技优势为农业综合竞争优势,对促进农民增收,加快全市农业现代化进程,实现"两个率先"有积极的推动作用。会议原则同意玄武区提出的南京现代农业科技园建设方案,同意关于"一区多园"中核心园区选址规划、功能规划设想,同意成立由副市长陈家宝任组长,盛金隆、许慧玲任副组长,以农业部门为主、科技部门配合的园区建设协调领导小组,做好园区的建设工作。

第二节 加快民营经济发展

一、加强对民营经济的领导

2003年4月24日,为开创玄武区区域经济快速壮大新局面,区委、区政府召开专门会议,对加快民营经济发展作出了新部署,确定以发展经济、扩大就业和维护社会稳定为目标,以营造良好发展环境为基础,以培育壮大民营规模企业为重点,以协调、服务、引导、扶持为手段,解放思想,与时俱进,努力提升民营经济运行质量,提升私营个体企业的素质,全面推进全区民营经济持续、快速、健康发展。计划在2003年全区新发展民营企业1 600户(其中从事第二产业企业290户),新发展个体工商户1 900户,新增注册资本10亿元,这3项指标比2002年都有较大的跨越。为确保目标的实现,区政府加强了组织领导,调整充实了区发展民营经济领导小组,常务副区长任组长、分管副区长任副组长,政府有关部门及街道一把手为组员,层层分解目标,落实到位。

7月18日,区政府又召开了全区"个私经济工作会议",会上决定采取促进民营经济发展的4条措施:一是设立1 000万元民营企业技术创新基金,对新上马的民营重点项目、名牌新品进行扶持。二是优化发展环境,实施珠江路拓展工程,增加民营企业营业面积;在郊区"上下五旗"征地2 400多亩,建立新技术研发基地,帮助民营企业提高技术水平和产品档次。三是鼓励银企联合，扩大银行对民营企业的放贷规模，吸引有实力的IT民营企业参与筹建珠江路软件有限公司，通过资本扩张，增强民营经济发展后劲。四是对天技、艺科等民营企业的拳头产品实施市场用户满意度调查，推动名牌申报，扩大市场影响力。此外，区委、区政府要求相关部门提升服务质量，优化政务服务，提供创业服务，制止"三乱"行为，保护民营经济的发展和民营企业的合法权益。

按照"消灭空白，提高覆盖面，增强实效性"的要求，区委各部门、系统、街道各级党组织积极在民营经济体中建立党组织和发展党员。2005年4月，区委决定设立社区党建工作基金（基金的起始数为100万元，其中60万元从区管党费中拨付，其余40万元由区财政拨付），对民营经济实体的党建工作加大投入力度，充分发挥党组织的战斗堡垒作用和共产党员的先锋模范作用，支持民营企业发展。区委组织部针对多数民营企业党建工作薄弱、党务干部专业水平不高、党组织作用难以发挥等实际情况，选择与民营企业发展紧密联系、与党员成长密切相关的话题开展"菜单式"培训活动，激发民营企业中党组织的活力。

根据区政府的要求，各相关单位纷纷出手，帮助民营企业排忧解难。区总工会先后帮助90%的百人以上的民营企业建立职代会，维护企业和职工的合法权益，并与区工商联、区劳动和社会保障局共同建立劳动权益三方保障机制，帮助化解各种矛盾，促进企业健康发展。区政法部门协助成立区民营企业法律咨询维权中心，由律师事务所定时派律师为民营企业提供法律咨询服务，协助企业草拟或审查、修改合同及其他重要文书，接受企业合法权益受损投诉、调解纠纷、宣传新法规，帮助企业理顺财产关系和法律诉讼。区工商联针对中小民营企业贷款难的问题，牵头南京鑫信投资担保有限公司为中小企业融资担保，6家民营企业和银行分别签订了贷款和授信协议。2007年6月19日，区工商联和雄狮商场股份有限公司、南京鑫信投资担保有限公司联合举办"雄狮商场银企对接交流会"，促进12家民营企业现场与银行达成合作意向，成功签约3家，授信贷款300万元。至2007年末，区工商联先后分4批次给区中小会员企业贷款2 090万元、授信2 300万元，为民营企业的发展提供资金支持。经区委统战部和区工商联推荐，先声药业有限公司、宏图三胞有限公司被市政府评为2003年度"南京市民营十强工业企业"，先声药业有限公司、南京金阳光乳品有限公司荣获南京市优秀民营企业称号；福中集团、中科集团、东来信息产业集团、新华海科技产业集团和南京谷阳房地产等5家民营企业的老总获 2006 年度"光彩事业之星"称号；先声药业董事长任晋生、新华海科技产业集团董事长段红飙、东来信息产业集团董事长黄建良、福中集团董事长杨宗义荣获"南京市优秀中国社会主义事业建设者"称号，极大地提高了民营企业家的社会声望。

二、降低发展民营经济的"门槛"

2004 年 4 月 7 日，区委、区政府分别发布了玄委字(2004)58 号《关于进一步加快民营经济发展的意见》和玄府字(2004)59 号《2004 年玄武区私营个体经济工作考核意见》两个文件。在一天之内发布的这两个文件，是当时玄武区扶持民营经济发展的政策措施最为全面、最为具体、力度最大的文件。文件要求区相关部门进一步推行简政、放权、让利改革，实行经营范围、从业人员资格、注册资本要求、登记条件"四放宽"，继续加大对民营经济培育，使民营经济尽快成为全区新的经济增长点。文件明确规定：

放开市场准入。放开投资者身份限制，除国家法律、法规明确禁止的个人，均可凭本人身份证从事个体经营，开办私营企业或入股投资。放开经营范围限制，除国家法律、法规明确禁止的行业和项目外，都视同允许私营企业和个体工商户经营。凡注册资本在 500 万元及以上的公司企业，除已列明的主要经营项目外，还可根据企业要求，附加其他无需报经审批的一切合法项目。放宽注册资本限制，允许新设立注册资本 50 万元以下公司企业，实行注册资本分期到位，首期认缴的资本金达到认缴额的 10% 以上(不低于 3 万元)，1 年内实缴注册资本追加到 50% 以上，其余部分可在 3 年内到位。50 万元以上的公司企业成立时，允许投资人缴付法律法规规定的最低注册资本数额，其余部分一次性缴付的，可在 1 年内缴清；分 2 期缴付的，第一期可在企业设立之日起 6 个月内缴付未缴部分的 50%，第二期可在企业设立之日起 3 年内缴清。高新成果经专门评估和认定后，其占企业注册资本比例可不受限制，人力资本和智力成果作价入股，最高可占注册资本的 20%。放宽登记条件限制，除国家法律、法规明令禁止的行业外，对企业登记涉及的行政专项前置审批实行"并联审批制"和试行"告知承诺制"。"并联审批制"即工商受理、抄告相关(部门或单位)、限时办结、超时默认、效能稽查。"告知承诺制"即审批机关告知投资人提供书面承诺后，登记机关可依据承诺或凭政府相应批准文件核发营业执照。

扶持投资创业。鼓励民营企业进入珠江路"一街三园"创业。支持发展外向型经济，鼓励出口创汇、引进先进技术和管理、申报出口经营权和跨国发展。鼓励在东部地区发展加工业和服务业，收购国有、集体企业，支持个体私营企业采用多形式、低成本、高效率扩张。鼓励以高新技术成果、管理和人力资本等作价入股。经省、市科技主管部门认定的民营高新技术企业和软件企业，从认定当月起，增值税、营业税的地方留成部分，前3年区财政全额扶持，第4、5年减半扶持；企业所得税地方留成部分，前2年区财政全额扶持，后3年减半扶持，第6年起入区库部分，给予15%的扶持。凡入驻市、区政府认定的科技孵化器的企业，从认定当月起，增值税、营业税的地方留成部分，前2年区财政全额扶持，第3、4、5年减半扶持。鼓励各类人员创业，从事个体经营的"低保对象"，按规定减收或免收各种费用。领有《再就业优惠证》的个体经营者，3年内可免交工商管理、注册登记、市场管理、年检、查询等规定的多种费用。高校毕业生从事个体经营，1年内免交个体工商户登记费、个体工商户管理费、集贸市场管理费、经济合同鉴证费、经济合同示范文本工本费。退伍军人从事个体经营的，3年内免收各项行政性收费。

加强协调服务。允许、支持私营企业、个体工商户以其合法房产、土地使用证、有价证券作抵押、质押取得贷款。政府牵线搭桥，加强银企合作。实行服务公示制，实行"一门式"服务。对诚信企业"不告不查""首违不罚"。严格收费管理，实行付费登记卡制度。按照《中华人民共和国行政许可法》要求，规范政府行政行为。积极开展事前辅导、培训、教育工作，由事后查处向事前引导警示转变。

制定奖励政策。凡新注册登记的民营企业，在本区纳税，税收留区库部分按15%给予扶持；当年纳税总额超过10万元，增量部分再增加5%扶持。区委、区政府年终对纳税大户表彰奖励。引进注册资本超亿元的民营企业，区委、区政府"一事一议"，给予引进者和企业特殊奖励。区委、区政府加强对街道发展民营经济工作的考核，对工作成绩突出的街道和个人，给予表彰奖励。

在降低发展门槛和扶持奖励的新政策指引下，玄武区民营经济连续实现跨越式发展。2002年，新增个体工商户1 767户，新增私营企业1 784户，新增注册资金13.5亿元。2003年至2007年的5年中，平均每年新增个体工商户3 162户、私营企业2 476户、注册资金21.2亿元，年年处在发展高位。这一时期成了全区民营经济蓬勃扩张期。

三、助力民营科技企业发展

2004年10月11日,在区民营科技企业发展座谈会上,分管民营经济工作的副区长张蓬说,高科技是最具竞争力的产业,而民营企业是最富活力的企业形态,一旦竞争力与活力相结合就会产生巨大爆发力。谋求这个爆发力,是区委、区政府发展民营科技企业的发展观和奠基石。党的十六大以来,区委、区政府在4个方面促进民营科技企业的发展:

一是走府院合作的道路。民营企业在玄武区,而高科技深藏在高校和科研院所,谋求爆发力就是谋求这两者的有机结合。区委、区政府开始时走"校企牵手"之路,至2004年初,全区40%的民营企业与全国10个大城市的20多所大专院校和科研院所挂钩合作,促成了不少好项目。例如民营企业江苏万成设备自动化控制设备有限公司委托东南大学研发的税控收款机,预计经过5至8年的发展,产值可达50亿元。2005年起,玄武区走上了"府院合作"之路,区政府聘请中科院软件研究院研究室副主任为代职科技副区长,并与中科院软件研究院签订了全面合作协议,内容涉及区软件发展规划的编制和江苏软件园与中科院软件研究院联合开发科技项目等多个方面,预计可增加10亿元软件产值,对提高全区的软件水平起到了导航作用。

二是常规服务与专业服务结合。民营科技企业的发展需要常规服务,更需要专业服务。根据民营企业的特殊需求,区政府认真落实"三个一律"的措施:除法律法规有特别规定的以外,对属于国家、省鼓励和允许的民间投资项目,一律实行登记备案制度;对所有涉及符合国家科技人员、大学生创办民营科技企业的收费优惠政策,一律按规定执行;破除体制性障碍,坚持"非禁即入"原则,鼓励民营企业进入法律法规没有明文禁止的领域,对符合条件的许可申请,一律当场办结。对东大科技园、徐庄软件产业基地建设中遇到的难题,即约即办,涉及企业的重大发展项目、维权等重大事项,特事特办,办就要办成,就要办好。区有关部门引导民营科技企业申报国家火炬计划,筹措中小企业科技发展基金,争取省市各类科技改革项目的效果明显。仅2003年,全区就帮助企业申报各级、各类科技项目31个,争取到了一批观的扶持资金。

三是打造互动平台,拓宽民营科技企业发展空间。经过民营科技企业与政府相关部门的互动,在产业布局、项目推介、资本联姻、营造良好的经营环境等方面,都取得了成效。通过区工商分局与银行的"银政合作",帮助南京远志、紫金万成、同庆科技等企业获得银行贷款和授信750万元。加强与风险投资机构的合作,南京聚合数码科技公司等多家中小民营科技企业都获得了风险融资投资。

四是加强知识产权保护。区发改局、工商局等部门联合制定了《关于推进自主创新、实施名牌战略工作意见》,明确民营科技企业的发展定位和目标,积极完善市级著名、省级著名和国家驰名商标的三级名牌的梯次认定培育体系,做好专利的保护和发展工作。

经过几年的扶持,全区民营科技企业实力大增,已成为全区高新技术产业的主力军,成为全区经济又好又快发展的新生力量。南京三宝、一德、新华海、福中、维优、宏图三胞、天技、高通、侨宏、东来、先声药业、神州数码、欣网视讯、圣和药业等14家企业,2003年的技工贸收入都超过亿元。2006年全区民营科技信息业实现销售收入393.5亿元,占全市的25.6%。民营科技企业,不仅是玄武区经济发展的支撑,也成了全市科技信息业的支撑。

第三节 全面加快东部地区建设

一、"四大板块"全面开盘

玄武区东部地区面积34平方千米,占全区面积的42%,是全区经济发展的潜力所在。加快提高东部地区的城市化水平,打造城市东大门形象,是实现玄武区区域经济腾飞必不可少的重要举措。根据东部地区现有基础,区委、区政府于2002年搭建发展东部区域经济平台后,逐步形成了发展的基本框架:一是聚宝山花园别墅项目——位于市区东北郊紫金山北侧岔路口地区的聚宝山南侧,占地面积66万平方米,建筑面积约10万平方米,总投资13亿元。二是江苏软件园珠江路产业园——位于紫金山东麓,系国家10大软件产业基地之一,江苏省"十五"期间重点实施的8大信息化示范工程之一,占地265公顷,总建筑面积70万平方米,总投资约15亿元。三是钟山国际体育公园——位于紫金山东北麓,系2005年全国十运会项目,将建成4个国际标准网球场、2个18洞高尔夫球场,总用地面积288万平方米,总投资约15亿元。四是南京现代农业科技园核心区——位于紫金山南麓,规划占地面积433多公顷,将建设农业高新技术创新园、农业高新技术产业园、农业科技贸易园、都市农业示范园、专家公寓和休闲农庄、农业科普培训中心等6个园区。

按照区委、区政府确定的"东进发展,做出成绩"的工作方针,继2002年聚宝山花园别墅项目、钟山国际体育公园2个项目相继启动后,江苏软件园珠江路产业基地项目于2003年底进入全面实施阶段,现代农业科技园核心区经过考察、设计,其发展规划的编制也接近尾声。为了打通融资渠道,区政府采取了财政投入与市场化运作相结合的融资方式,扩大东部地区经济发展的资金来源,确保"四大板块"的启动资金和续贷资金陆续到位。其中珠江路软件产业基地项目投入资金的额度比较大,经由区政府东部地区发展工作领导小组办公室暨珠江路科技发展有限公司与香港世纪汇鑫集团签订合作协议,组建了南京珠江路软件产业园有限公司(投资比例港方为90%,玄武区方为10%),一举解决了开发建设这个项目的前期资金问题。

2003年10月10日,发展东部经济重要的配套工程——东部地区交通卡脖子路段——老宁杭公路(玄武段)拓宽改造工程全线竣工通车。这一路段从卫岗至顾家营全长2.7千米,为南京东大门的入口处,日车流量达上万车次。原公路路面窄、坡度大,来往的车辆经常受堵。2002年8月29日,市长罗志军来此检查这一改造工程时指出,这是南京的重要工程,是"面子"工程,一定要建成精品,造福于民。经过5个月的建设,这一路段的坡高比以前降低1米,路幅由原来的10米双向2车道拓宽至48米的双向8车道,路面为沥青混凝土铺就,道路中间是3米宽的安全岛,电力、电信、有线电视、煤气管道等各种管杆线全部入地,绿化总面积达1万多平方米。这一路段竣工通车,大大缓解了东部地区的交通压力。

2004年8月,区东部地区发展办公室对上半年的工作总结显示,4个重点项目进展良好。江苏软件园徐庄产业基地招商工作已全面展开,基地主干道建设开始施工招标,先声药业研发基地在缴纳规费后即可开工建设。钟山国际体育公园已完成一期工程,完成投资8亿多元,开工建设3 000亩。聚宝山花园一期工程进入桩基施工阶段。农业科技园建成农业工程技术及装备中心(一期),中华农业文明展览馆已开馆,接待观众参观。

二、抓好关键一着——拆迁

拆迁,是加快东部地区建设碰到的第一个难点。拆迁的工作量之大和拆迁对象之复杂，大大超过玄武区以往任何一年、任何一块地块。区委、区政府在总结历年拆迁的经验教训中认识到，加快发展的最大目的，是提高群众生活水平和生活质量。建设，需要发展速度，但是不要影响群众生活的发展速度。只有处理好群众利益与发展速度的关系，才能真正加快发展。前几年，由于对可能发生的矛盾估计不足，造成了部分群众上访，不仅拖延了工程，也影响了部分群众的生活。

2003年8月22日，在邓府巷地块拆迁时，被拆迁人因对拆迁补偿不满，携汽油闯入拆迁指挥部，不顾劝阻点燃汽油自焚，抢救无效死亡，6名工作人员同时被烧伤。9月27日区政府专题研究了加强拆迁建设工地管理的问题。会议达成了共识：在东部地区已启动建设项目的拆迁工作中，必须从维护安定团结和社会稳定大局出发，坚持"依法、以情、以德"的精神进行拆迁。首先是严格拆迁纪律，杜绝出现未达成补偿协议就强行拆除建筑物的现象发生。发布"监察公告"，所有拆迁人员都必须接受被拆迁人的监督，"依法行政"。其次是坚持拆迁政策、拆迁纪律、补偿评估"三公开"。各实施单位发放"致被拆迁人一封信"和市政府关于拆迁通告近2 000份，各动迁组都将拆迁政策和拆迁程序张贴上墙，让被拆迁家庭"家喻户晓"，确保群众利益不受损害。三是注重换位思考，摒弃"以权压人""以法镇人"的恶劣行为，站在被拆迁家庭的角度考虑问题，实实在在为居民解决因拆迁遇到的各种困难，充分体现人性化，以情感人。四是实行分级负责制。每位担负工程项目的区级领导，在动拆前就得摸清情况，解决矛盾；在拆迁过程中随时解决新矛盾，彻底改变矛盾激化后才去解决矛盾的被动状况。对因不负责任而造成责任事故的，由拆迁实施单位领导承担全部责任；情节严重的，追究领导行政责任；触犯法律的，依法追究刑事责任。

区委、区政府的有力措施，保证了东部地区建设拆迁工作的顺利进行。2003年，即"四大板块"全面开盘的第一年，共完成2 715户农户的拆迁和148家工企单位的搬迁，以及23万平方米各类建筑物的拆除工作。据事后比较，东部地区2003年的拆迁工作量，相当于2005年全区全年的应拆工作量，相当于全市50%的拆迁量。

三、多管齐下招商引资

随着基础设施建设的加快推进，东部地区由边建设、边推介、边引进的"建设期"逐步转向建设与招商并重期。为了适应大规模开展招商引资的需要，区委、区政府2次举办招商人员专题培训班。在2006年5月22日举办的第一次培训班上，

100多名招商人员听取了区招商局局长王东关于招商理念、招商意识、整合招商力量、健全招商机制等4个方面的招商要领的讲解，听取了区财政局局长陈瑞关于各级政府税收分成、招商与税源如何对接、玄武区财税优惠政策的介绍，听取了区工商分局注册科张建蓉科长关于工商注册操作流程方面的有关规定。在2007年由区委组织部和区招商局联合举办的第二次培训班上，区委书记单景南向学员提出了4点要求：一是要有强烈的责任感、热爱招商事业的献身精神，要有坚韧不拔、不怕挫折的钉子精神。二是要成为通才，对区情了如指掌，熟悉和掌握玄武区的产业定位。三是要有高超的谈判艺术。四是要强化服务意识，了解不同业主的需求，全方位地适应对方，缩小双方的距离。通过培训，为东部地区的招商引资培养了一批骨干力量。

在东部地区"四大板块"中，徐庄软件产业基地招商引资的工作量最大，任务最为繁重，是整个东部地区招商引资的缩影。

徐庄软件产业基地管理委员会按照"加速基础设施建设，加速招商引资和项目落地"的总体要求，确定了"招大商、选名企、引总部"的思路，对工程建设、招商引资等工作的管理办法、操作流程进行了规范化调整。对重点项目，严格按时间节点倒排制订工作方案，明确责任领导和责任人，确保招商引资有序、有效地进行。几年来徐庄基地采取了3种办法进行招商引资：

积极参加国家、省、市举办的各类洽谈会、恳谈会、博览会。2005年9月，徐庄软件产业基地参加了"IT产业知识产权实务与战略发展论坛""台湾财团法人资讯工业策进会玄武对接说明会""相聚长三角海外高新技术交流合作玄武区对接说明会"等8场经济科技盛会，了解了客商的信息和要求，签约和商谈了项目。在2006年中国南京重点项目投资洽谈会上，徐庄软件产业基地的重点招商项目引起了上海宇君投资管理公司、浙江江星湖控股公司等多家公司的浓厚兴趣，并进行了初步洽谈。在2007年第三届中国（南京）国际软件博览会上，徐庄软件产业基地引进了12个重大软件项目，签约投资总额超过4亿元。

自主举办招商活动。2006年7月28日，徐庄软件产业基地在北京国际饭店举办了招商推介会。60多家国内外知名软件企业参会。会议期间，基地与美国红帽（中国）公司、上海宝信软件股份有限公司、哈工大首创科技股份有限公司、清华紫光投资有限公司、上海申联电气有限公司、北京杰明照明有限公司等6家企业签订了入驻基地的意向协议书。2007年5月，徐庄软件产业基地管委会在基地举办了徐庄专场推介会，参会的国内外客商达 80 多家。2007 年，徐庄基地先后与 150 多家软件企业洽谈，江苏先联医、英特尔福中—MINILAB 项目、卡内基梅隆大学 CMMI 认证中心、北美 EIDAM 医疗器械研发中心、东大智能、南京能创、银山网络、江苏省软件测试中心、南京智能达康等企业正式入园。

合作办园。2007 年，南京集成电路设计产业园落户徐庄，其规模为 2 万到 5 万平方米，有 39 家至 50 家产业化前景良好的集成电路设计企业入驻，年销售收入将达 15 亿元至 29 亿元。全球 500 强企业、知名软件企业甲骨文在徐庄基地建立全国电话营销中心；中国电信集团江苏分公司以"江苏鸿兴系统集成有限公司"项目为核心，在徐庄基地投资建设研发中心和公司总部；国内芯片设计龙头企业中星微电子在徐庄建设集成电路研发设计和产业化基地；福基投资、江苏正大天晴药业股份等一批国内著名企业都决定在徐庄设立总部，参与合作办园。

截至 2007 年底，徐庄软件产业基地与 63 家企业签订了入园协议。2007 年当年合同利用外资 6 788 万美元，实际利用 4 250 万美元。徐庄基地的招商引资工作远远走在东部地区乃至全区的前面，在全市亦有一定的代表性，其招商理念和办法，纷纷被其他单位和项目借鉴引用，促进了东部地区、玄武全区乃至全市的招商引资。

第十六章 加强党的执政能力建设

执政能力建设,是党执政后的一项根本建设。党的十六大提出"加强党的执政能力建设",是全面推进党的建设的新的伟大工程。玄武区委通过学习中央文件,回顾新中国成立以来的执政历史,深刻认识在新形势下加强党的执政能力建设的重大意义,剖析改革开放以来提高执政能力积累的经验和存在的突出问题,把加强和改善党的领导,加强各级领导班子和干部队伍建设,加强基层党组织建设和作风建设,密切与群众的血肉联系作为提高执政能力的工作重点,针对性地采取了一系列措施,形成了相应的制度。全区各级党组织增强了驾驭市场经济的能力、发展民主政治的能力、发展先进文化的能力、构建和谐社会的能力,成为政治坚定、求真务实、开拓创新、勤政廉政、团结协调,带领全区人民尽快实现富裕文明现代化玄武目标的领导核心。

第一节 贯彻中央加强党执政能力建设的决定

一、深刻认识加强执政能力建设的重大意义

2004年12月,区委一班人联系玄武区实际,学习党的十六届四中全会通过的《中共中央关于加强党的执政能力建设的决定》。党的十六届四中全会是党在改革发展的关键阶段召开的一次会议,全会坚持以邓小平理论和"三个代表"重要思想为指导,以树立和落实科学发展观为主线,对加强党的执政能力建设作出了全面部署。全会通过的决定阐述了加强党的执政能力建设的时代背景、历史经验、指导思想和目标任务,是加强党的执政能力建设的纲领性文件。区委要求全区各级党组织和广大党员干部认真学习,深刻领会,坚决贯彻。

改革开放特别是党的十六大以来,区委坚持以邓小平理论和"三个代表"重要

思想为指导,把中央和省委、市委精神与玄武区实际紧密结合起来,创造性地开展工作,不断加强党的建设,创造和积累了许多宝贵经验。但在提高执政能力方面,还存在一些与改革发展不相适应的突出问题,表现在:在党的领导方式和执政方式、领导体制和工作机制等方面不够完善;部分党员干部的素质和能力跟不上新形势新任务的要求,一些领导干部和领导班子的思想理论水平有待进一步提高,思想作风、工作作风有待进一步转变;部分基层党组织建设比较薄弱,少数党员未能发挥好先锋模范作用;极少数干部勤政廉政意识还不够强。区委认为,当前玄武区改革发展进入了关键时期,既面临难得的发展机遇,又面临能否实现加快发展、率先发展、协调发展的挑战。面对这些挑战和问题,全区各级党组织和党员干部必须充分认识加强执政能力建设的重要性和紧迫性,认识到加强执政能力建设是贯彻落实"三个代表"重要思想、树立和落实科学发展观的根本要求,是建设富裕文明的现代化玄武的关键所在,是全面推进党的建设新的伟大工程的必然选择。

二、明确加强执政能力建设的目标:"四围绕四增强"

2004年12月18日,区委提出了《关于贯彻中共中央关于加强党的执政能力建设的决定的意见》,"意见"进一步明确了加强党的执政能力建设的总体目标:通过全面加强党的执政能力建设,使全区广大共产党员坚定理想信念,牢记党的宗旨,始终保持共产党员先进性,在三个文明建设中发挥先锋模范作用;使全区各级党组织成为具有创造力、充满凝聚力、富有战斗力的领导集体,成为带领全区人民加快建设"数字玄武、文化玄武、绿色玄武",早日实现富裕文明的现代化玄武目标的坚强领导核心。

"意见"进一步明确在当前和今后一个时期,玄武区加强党的执政能力建设的主要任务:按照中央决定提出的提高党的执政能力建设的总体要求,以建设富裕文明的现代化玄武为目标,做到"四围绕、四增强",即:围绕经济实力跃居主城区首位的目标,增强驾驭市场经济的能力;围绕建设社会主义政治文明的任务,增强发展民主政治的能力;围绕建设文化强区的要求,增强发展先进文化的能力;围绕执政为民的本质要求,增强构建和谐社会的能力。为此,区委要求全面加强和改进党的建设,使执政意识更加强化,执政方式更加科学,执政机制更加完善,执政环境更加优化,执政基础更加巩固。

三、制定加强执政能力建设的保证措施

区委在《关于贯彻中共中央关于加强党的执政能力建设的决定的意见》中，要求以制度建设为突破口，广泛开展党员先进性教育，不断推进党的思想、组织和作风建设，使全区各级党组织和广大党员成为玄武改革开放和现代化建设事业最坚定的力量、最可靠的保证。为此，区委从玄武区的实际出发，采取了4项保证措施：

加强理论武装和培训工作。区委决定，每年抽调五分之一的在职干部参加各类培训，在5年内对全区各级在职干部轮训一遍。通过培训，用"三个代表"重要思想和科学发展观武装干部，使广大党员进一步坚定共产主义理想信念，牢记执政为民、当好排头兵的责任；树立求真务实、开拓进取、艰苦奋斗、干净干事的良好形象；丰富干部业务知识储备，增强为群众服务、带领群众加快发展的能力。

加强领导班子和干部队伍建设。以提高素质、优化结构、改进作风和增强团结为重点，把全区各级领导班子建设成为政治坚定、求真务实、开拓创新、勤政廉政、团结协作的坚强领导集体。深化干部人事制度改革，完善科学的干部政绩考核体系，形成正确的用人导向和用人制度。高度重视选拔培养年轻干部，调动各个年龄段干部的积极性，认真做好女干部和党外干部的工作，不断优化干部队伍结构，增强干部队伍的生机和活力。

加强和改进基层党建工作。聚合党的政治、组织和服务资源，改进社区党组织发挥作用的途径和形式，健全社区党建运行机制，实行社区党建与群众工作有机结合，在做好群众工作中发挥党员的先锋模范作用。积极探索与现代企业制度相适应的企业党建工作新机制，充分发挥企业党组织的政治核心作用。适应各类新经济组织、新社会组织，特别是非公有制经济领域和中介组织的特点，调整党组织的设置形式，创新活动内容、活动方式和工作方法，不断扩大党的工作的覆盖面，增强党的工作的吸引力、渗透力和有效性。增强党的阶级基础，扩大党的群众基础，提高党的社会影响力。

加强和改进党的作风建设。改进工作方式和工作作风，进一步密切党群关系、干群关系。坚持"两个务必"，大兴求真务实之风，教育和引导干部提高处理新形势下人民内部矛盾的能力。以解决群众反映的突出问题为重点，坚决纠正损害群众利益的不正之风。全面落实"两个条例"（《中国共产党党内监督条例》《中国共产党纪律处分条例》），严格执行，严格监督检查。以查处发生在领导机关和领导干部

中滥用权力、谋取私利的违纪违法案件为重点，严惩腐败分子。坚持标本兼治、综合治理、惩防并举、注重预防，尽快建立健全教育、制度、监督并重的预防和惩治腐败体系。

第二节 开展保持共产党员先进性教育活动

一、区委制定教育活动的目标要求

党的先进性，是党的生命所系，力量所在，事关党的执政地位的巩固和执政使命的完成。党的十六大决定在全党开展保持共产党员先进性教育活动，是党中央着眼于改革开放和发展社会主义市场经济条件下始终保持党的先进性而作出的重大战略决策。党的十六大以后，党中央采取了一系列重大举措，推动"三个代表"重要思想的深入学习和贯彻。2004年11月中共中央印发《关于在全党开展以实践"三个代表"重要思想为主要内容的保持共产党员先进性教育活动的意见》，2005年1月5日中共中央召开保持共产党员先进性教育电视电话会议后，以学习、贯彻"三个代表"重要思想的先进性教育活动在全国展开。

玄武区委严格按照中央和省委、市委的部署和要求，在全区13 000多名党员中分批进行保持先进性教育活动。2005年1月25日，区委召开保持共产党员先进性教育动员大会。区委书记陆冰代表区委作了动员报告，宣布区委开展先进性教育活动的指导思想、指导原则和目标要求。指导思想是：以邓小平理论和"三个代表"重要思想为指导，认真贯彻党的十六大和十六届三中、四中全会精神，坚持立党为公、执政为民，坚持党要管党、从严治党，提高党员素质，加强基层组织，服务人民群众，促进各项工作，紧密联系实际开展先进性教育的各项活动。基本原则是"5个坚持"：坚持理论联系实际，务求实效；坚持全面教育为主，认真开展批评与自我批评；坚持发扬党内民主，走群众路线；坚持领导干部带头，发挥表率作用；坚持区别情况，分类指导。目标要求是：提高党员素质，发挥先锋模范作用；加强基层组织，大力巩固执政基础；服务人民群众，密切党群干群关系；促进各项工作，加快实现"两个率先"。

区委成立了开展保持共产党员先进性教育活动领导小组,区委书记陆冰任组长,傅成、陆必坤、张萍、梁广宏、宋晓辉、杨晓阳为副组长,区委办、区纪委、区机关工委、宣传、组织等部门负责人为领导小组成员。杨晓阳任领导小组办公室主任,下设秘书、组织、宣传、督导4个工作组。同时,建立了先进性教育活动党员领导干部联系点制度。

根据中央和省委、市委的要求,区委确定全区748个基层党组织分为3批开展先进性教育活动。第一批,区党政机关(含少部分企事业单位),包括人大、政协机关,法院、检察院和人民团体机关,党的组织关系在玄武区的市级机关所属单位;第二批,街道、系统和企事业单位,包括街道、社区和各企事业单位;第三批,农村(包括行政村)和承担先进性教育活动的组织、指导工作的区有关部门。3批教育的时间分别为2005年上半年、下半年和2006年的上半年。对于流动党员,在本市内的一般回原单位党组织参加活动;流动出市的按照中央和省委、市委意见参加活动;流动进入本区的外地党员,参加本区的先进性教育活动。区委明确规定,每批集中学习教育的时间不得少于3个月。每批教育活动分3个阶段进行,一是学习动员阶段,二是分析评议阶段,三是整改提高阶段。每个阶段时间为1个月左右。

二、严格验收 务求实效

在保持共产党员先进性教育活动全面展开以后,区委从玄武区实际出发,对学习动员、分析评议、整改提高3个阶段中每个阶段的活动进行细化,突出重点,在达到目标并经过验收合格,再进入下一阶段。区委要求,在保持先进性教育的各个阶段,都要组织群众进行监督、测评,决不允许"走过场",搞"花架子",做"表面文章"。

在学习阶段,区委主要要求党员学习"三个代表"思想、新党章及党中央和省、市关于先进性教育的文件。一是以自学为主,在为期1个月的学习阶段中,每位党员人均完成了50小时的学习时间,共撰写读书笔记9 564篇、学习心得6 148篇,人均6篇以上。二是加强辅导,收看中央党校叶笃初教授的讲座,听取市委党校管怀伦、张宝林2位教授和省委党校刘长江教授的专题辅导,听取市委罗志军书记报告和区委陆冰书记的党课。三是交流体会,区四套班子领导召开了2次学习交流会,机关各党支部也组织了1次专题学习交流会。

在分析评议阶段,区委重点抓了3个关键环节:一是全力破除不愿暴露真实思想的心理。部分党员担心"讲了问题要进档案,光报成绩又过意不去",一度犹豫,不够主动敞开心扉。区委针对这一情况再次说明先进性教育重在教育的原则,强调实事求是地"自我画像",使这部分党员丢掉了思想包袱。二是广开征求意见的渠道。在广大人民群众对先进性教育的关心和帮助下,征集到近5 000条意见和建议。三是把好评议质量关。对每一位党员自述的分析材料实行党支部负责人、单位主要负责人、领导班子成员参加的逐级审阅制;召开由督导组参加的专题组织生活会,开展批评和自我批评;最后由党支部按党员自身寻找的差距和征询其他党员意见的基础上,提出评议意见和书面反馈意见,使每个党员都能明确自身存在问题和努力方向。

在整改提高阶段,区委要求各级领导班子、领导干部和全体党员,认真制定整改方案和整改措施,确定整改期限和责任人。6月17日,区委遵照党中央关于先进性教育通知的规定,向全区通报第一批先进性教育单位的整改情况。通报说,经区先进性教育领导小组检查,群众提出的每一条意见都有整改措施,并作了情况反馈。区委在肯定整改成绩的同时,强调全区上下都要集中精力按限期完成整改任务,真抓实干,保持先进性教育的成果迅速转化为振兴玄武的动力,推动全区党的建设和三个文明建设不断发展。

三、区委领导班子做出样子

在2005年1月25日区委召开的保持共产党员先进性教育活动动员大会上,区委书记陆冰在报告中表示,要坚持领导带头,在教育活动中发挥表率作用。3月26日和30日,区委书记陆冰、市督导组组长黄树森、区委组织部部长杨晓阳和区委领导班子其他成员分别召集各街道工委负责人和驻区大型企业、科研院所有关领导参加的会议,就保持共产党员先进性问题征求意见,分析、研究和确定改进工作的重点

4月20日,区委常委会按照先进性教育分析评议阶段的安排,召开了民主生活会。省市先进性教育督查组、市纪委、市委组织部有关领导出席了会议,区人大、政协、法检两院和部分部门领导列席了会议。常委民主生活会,是区委在整个先进性教育活动中的重要环节。为了开好这次常委民主生活会,会前,各常委认真学习了规定文件,发放了768份征求意见表;书记、常委与分管单位领导之间谈心273人次;分别走访了76名党员和群众,征得各类意见259条,其中对常委个人意见

和建议58条。在民主生活会上,各位常委以3 000字的剖析材料作了书面发言,根据发言材料,常委之间开展了批评和自我批评。会上常委自我批评意见47条,相互批评意见136条,这些意见涉及常委和常委班子在学习、科学发展、政治文明建设、精神文明建设、构建和谐社会、党建工作和自身建设等7个方面存在的问题,涵盖区委的日常工作内容。与会人员在听取10名常委的自我剖析后,按督导组发放的表格进行了现场测评,测评结果的综合评分为93.1分的高分。

5月11日,区委书记陆冰向市委督导组成员、区委委员、候补委员,政府党组全体成员,区人大、政协领导、区法院院长、检察院检察长、区机关各部门主要负责人,街道、系统党政主要领导和区县级正职离退休老同志,驻区单位、纳税大户、民主党派人士、基层干部、群众共150余人,通报了区委召开常委专题民主生活会的情况。区长傅成通报了区政府党组专题民主生活会的情况。

区委常委会对存在的问题制定了整改方案。在先进性教育活动中,区委常委会共征集到意见和建议201条,经梳理,区委将整改意见归纳为"强化常委自身学习、贯彻落实科学发展观、加强精神文明建设、推进政治文明建设、执行民主集中制、关心群众生活、切实维护社会稳定、推进干部人事制度改革、提高党的执政能力、贯彻从严治党方针"等10个方面,并确定了整改责任领导、责任部门和44家整改责任单位。至5月10日,已整改了11条,占5.5%;一年内能够整改的有167条,占83%;列入计划整改的有11条,占5.5%;须作解释说明的有12条,占6%。针对上述情况,区委常委会要求对已经整改的11条意见和须作解释说明的12条意见和建议,由各有关责任单位将整改情况和具体解释汇总整理后,用书面材料上报至区委先进性教育办公室,以书面形式向有关人员反馈。对可在一年内整改的意见和建议167条,要求有关责任单位认真研究,尽快整改,并做到整改责任人、整改措施、整改时间、整改情况反馈、整改督察人员"五个落实"。对计划整改的11条意见,要求有关责任单位提早谋划,认真做好调研、论证工作,制订整改计划,为实现尽快整改创造条件,3年内完成整改工作。

2005年6月17日,区委遵照党中央关于先进性教育通知的规定,向全区通报了参加第一批先进性教育单位的整改情况。通报说,各部门、各级领导干部和全体党员针对征集到的4 948条意见,分别采取措施立即整改,到6月中旬,已经整改2 672条,占54%;正在整改的有2 276条,占46%;在整改中,建立了21项长效管理制度,其中区一级和部门一级分别有10项和11项。经区先进性教育领导小组检查，群众提出的每一条意见都有了整改措施，确定了责任领导和责任部门，并作了情况反馈。

6月29日开始的第二批教育也顺利展开，于12月底正式结束，达到了预期效果。

四、探索保持先进性教育成果的长效机制

经过保持先进性教育，全区党组织、党员面貌焕然一新，尤其是4 000多名党员义工发挥先锋模范作用，获得了广大群众的交口称赞。2005年保持共产党员先进性教育活动开展以后，区委加大了党员义工活动的推进力度。建立了3级服务网络。在区级层面，成立了由区委组织部牵头、区教育局和民政局等相关部门组成的联席会，负责协调、推进、落实全区的义工活动；在街道层面，建立了党员义工服务中心，负责管理和培养党员义工，宣传与交流党员义工服务工作，为社区党员义工服务站提供保障；在社区层面，建立了党员义工服务站，负责招募和登记党员义工，成立了党员义工服务队，受理社区群众对党员义工服务的需求登记；等等。加强党员义工活动的规范化建设。规定了加入义工队伍的基本条件、程序；根据居民需求，分别建立了宣教、帮扶、维修、维权、环保、维稳、保健、就业以及其他社会公益性活动等9大类服务项目；实行认证制、分组制和登记制等制度，保证服务质量。制定了二星、三星、四星和五星等4个等级，根据义工服务时间和服务质量、群众的反馈，分别按级进行表扬和奖励，加强对义工的激励。全区的义工队伍不断壮大。据不完全统计，到2006年，全区共登记个人义工4 000多人、单位义工300多个，其中学校、医院和律师事务所等专业化程度较高的单位义工有近40个；结成"一对一""多对一"帮扶对子500多对，在全区各个社区形成了互帮互助的浓厚氛围。

如何保持先进教育的成果，成为全区各级党组织认真思考的问题。后宰门街道走在前面，他们分析了先进性教育活动告一段落之后出现的新情况、新问题，有针对性地采取措施，探索建立保持党员先进性的长效机制。

后宰门街道的做法主要有3条：一是坚持不断地抓好党组织自身建设，为保持党员的先进性提供坚强的组织保证。街道建立社区领导班子成员每月例会制度、每季党建联席会制度、每周党支部书记例会制度、楼幢党支部学习中心户制度和社区党员集体过"政治生日"制度，相互交流思想，形成共识，统一行动。二是抓好党

员议事会,为党员保持先进性提供工作平台。社区党总支每半年、楼幢党支部每月召开一次议事会。除社区党员参加议事会外,还吸收社区群众、社区各界人士联谊会成员参加。议事会以群众最关心、最迫切需要解决的问题为议点,对涉及社区的重大问题,交由社区成员代表大会决策。议事会把党组织的意图通过民主途径转变为社区群众的共同意愿,推进社区民主自治。三是抓党员义工服务,为广大党员创造条件,密切与群众联系。街道先后开展结对帮扶、岗位认领、邻里守望等多种形式的服务活动,既解决了居民的实际困难,又培育了社会主义精神文明。

2007年10月1日,市委通过《金陵瞭望》杂志,向全市各级党组织推荐了后宰门街道建立保持社区党员先进性教育活动的长效机制的做法。

第三节 练好提高执政能力的"看家本领"

一、加强对干部作风建设的组织领导

党的十六大提出,要改善和完善党的执政能力,把思想建设、组织建设和作风建设有机结合起来,增强党的工作活力,加快推进社会主义现代化,全面建设小康社会。区委认为,改进干部作风、密切联系群众是提高执政能力的"看家本领"和"永恒主题"。早在1996年,区委就在继承和总结以往作风建设经验的基础上,年年召开作风建设动员大会,实事求是地肯定成绩、寻找差距,提高干部作风建设的水平。党的十六大以后,区委继续这一好传统,对干部的作风建设常抓不懈。

2003年2月11日,区委召开全区机关思想作风建设暨重点项目建设动员大会。区委书记曾宪翔分析干部作风现状,指出经过历年反对官僚主义、形式主义、本位主义、自由主义的教育,机关办事效率明显提高,服务意识大为增强,但是从2002年评议机关情况来看,基层群众对45个部门提出了342条意见,批评类达196条,占总数的57.3%;建议类66条,占19.3%;表扬类仅80条。问题和不足主要表现为一些机关干部中心意识不强、大局意识不强、学习意识不强和服务意识不强。区委决定在新的一年里,机关作风建设要着眼于营造优良的发展环境,干实事的工作环境;倡导顾全大局、埋头苦干、勇于创新的精神;紧紧围绕区委、区政府的中心

工作，"以发展论英雄"；打破部门权限和利益的联系，局部利益服从整体利益，树立"众人合一"的思想观念，多谋事，少谋人，发扬盯劲、钻劲、韧劲精神，敢于啃硬骨头，以改革创新的精神，推动全区三个文明建设的全面开展。

2004年2月1日，在区委召开的全区机关作风动员大会上，区委书记曾宪翔在充分肯定2003年机关作风建设的成绩后，指出了存在的突出问题：一是有的干部思想境界不高，竞争意识、争先进位的意识不强，工作起色不大；二是有的干部大局观念淡薄，工作不灵活，服务不主动，成了加快发展的"中梗阻""截流渠"；三是有的干部缺乏群众观念，对群众疾苦视而不见，甚至不依法办事，方法简单，态度粗暴，伤害了群众的利益和感情；四是有的干部不能深入基层，对情况掌握得不深不透，帮助基层解决实际问题少，还把部门工作推向基层，给基层增添了负担；五是有的干部干事不讲效率，能拖则拖，能推则推，不负责任，没有一种干事业的精神；六是有的干部不求上进，上班时间上网聊天、打游戏，对本职工作不求甚解，难以独当一面开展工作；七是少数人吃喝之风较盛，在群众中造成了很不好的影响。

对照新的形势新的任务要求，针对上述问题，区委决定了2004年机关作风建设的新目标，即围绕"争先进位、跨越发展"的总体要求，突出"三开阔三服务"：开阔眼界、开阔思路、开阔胸襟。开阔眼界，每一位干部必须加强学习，完善知识结构，丰富个人阅历，更好地把握业务工作和领导工作的主动权，始终保持一股向上的激情和勇攀高峰的锐气，不断解放思想，提升工作标杆。开阔思路，每位干部需要在各自的工作中大胆创新，创出亮点，形成特色；开阔胸襟，每位干部要顾全大局，团结实干，开明地支持改革者，鼓励创新者，宽容失误者，创造一个更加宽容的氛围。服务发展、服务群众、服务基层。服务发展，当务之急是优化发展环境，确保政令畅通，提高办事效率；服务群众，当务之急是为群众办实事，充分考虑群众的实际承受能力，实施体现利民富民的实在举措；服务基层，当务之急是加强基层建设，充实基层力量，切实为基层减负，建章立制，进一步理清条块分工，明确街道、社区职责，使街道、社区腾出更多精力服务发展、服务群众。

2005年和2006年的区机关作风建设大会，是分别与重点项目拆迁动员大会和重点项目建设推进会同时召开的，体现了区委机关作风建设必须服务于区委、区政府的重点工作、服务于经济发展、服务于基层的指导思想。2005年2月17日召开的机关作风建设大会，要求各机关围绕三个文明建设，围绕构建和谐社会建设服务型机关,增强人民群众的密切联系。2006年2月7日召开的机关作风建设大会要求各机关把推进重点项目建设作为作风建设的重要抓手,把为重点项目服务作为考核、奖惩的重要依据,把重点项目作为育才选才的重要舞台。

在2007年2月26日召开的全区机关作风建设大会上,区委书记单景南分析了2006年基层群众评议机关的比较满意率36.4%和不满意率0.29%后说,比较满意率和不满意率折射出了群众和基层对机关作风的不满意。当前机关作风存在3个突出问题:一是危机感、责任感不强。2006年区委分析了玄武区发展面临的严峻形势,提出"解放思想,超常规发展"的要求,但各部门反应和敏感度很不一样,有的部门只讲客观原因,只从资源、政策、区位方面找问题,创新办法少,看不利因素多,畏难发愁的有,固守自封的有,逾期打不开局面的也有。二是"三服务"仍然不到位。三是务实、清廉作风坚持不够。有些部门"一把手"落实区委、区政府的部署很不得力,虚招多于实招,不推不动、不督不办,得过且过,极少数干部甚至违法乱纪。单景南说,加强作风建设,目标是为群众,标尺是促发展,核心是对基层对群众负责。每一个干部都要解放思想,立大志,干实事,自觉改进作风,不负党的重望。

区委连年召开全区机关作风建设动员大会,尖锐地摆出存在的不足和问题,提出作风建设的新目标,是对每一个机关干部的鼓励、期待和警示,有利于广大干部树立正确权力观、利益观、得失观,诚心诚意为人民群众谋利益,是一副提高党的执政能力的"重药",是一个值得提倡的提高机关作风建设水平的"传统"节目。区委加强干部作风建设的这一举措受到了上级重视、基层和群众的欢迎。

二、倡导领导干部"从我做起,对我监督"

区委认为,从人员数量说,领导干部在干部队伍中是少数,但他们是干部队伍作风建设的关键。在历年的机关作风建设的动员会上,区委反复强调区主要领导要给四套班子带头,四套班子要给区管干部带头,区管干部要给全体机关干部带头。只有坚持领导带头,自上而下,一级抓一级,层层抓落实,作风建设才能有力度,才能抓出威信,抓出成效。曾宪翔书记代表区委常委会要求全区各级领导干部从6个方面做起:一要带头认真学习、解放思想,做到开明、开放;二要带头搬文山、填会海;三要带头深入基层、加强调研;四要带头联系群众、服务群众;五要带头坚持原则、维护大局、团结统一、履行职责;六要带头清正廉洁、反对腐败,管好自己、亲属和身边工作人员。要理直气壮地在全体机关干部中喊响"从我做起、向我看齐、对我监督"的口号。

为了督促各级领导干部当好作风建设的带头人,区委采取了多项措施:

根据《中国共产党章程》和《中国共产党党内监督条例(试行)》,区委制定了《玄武区委议事规则》和《关于区委部门向全委会报告工作和党(工)委书记向全委会述职的实施意见(试行)》,明确规定了全委会、常委会和街道、系统党(工)委的职责范围、议事规则,从制度上保证和提高了各级党组织决策的民主性和科学性。

未雨绸缪,进一步完善谈话制度。坚持实行区纪委负责人同下级党政主要领导干部谈话制度、领导干部任前谈话制度以及诫勉谈话、信访监督谈话等制度,及时发现问题,一旦出现问题,把问题解决在萌芽状态。2006年,区纪委对16名新提拔的区管干部进行任前廉政谈话,对4名有轻微违纪行为但还不足以追究纪律责任的区管党政主要领导干部进行了诫勉谈话。对群众来信举报的一些干部的工作作风、工作方法问题,监察机关采用向这些干部发"信访摘录书"的办法,责令其在15日内说明情况,或责成其在单位领导班子专题民主生活会上进行自我批评,并将整改结果报区纪委,以备考核检查。

层层落实责任。将机关作风建设纳入预防和惩治腐败工作体系,增强机关作风建设的权威性。实行机关作风建设连带责任制,任何干部出了问题,部门"一把手"和分管领导都得负连带责任,对出现重大违纪违法案件的单位的领导班子和相关干部追究责任;将作风建设与部门利益和个人利益挂钩,在日常督察和年终评议中实行作风建设"一票否决制",并且把考核结果作为领导干部业绩评定、奖励惩处、选拔任用的重要依据。

完善制约机制,规范领导干部权力。不当的公务支出,是基层和群众反响最为强烈、损害领导干部形象的问题之一。2004年初,区委采取了2项措施:一是实行财会集中核算制度,取消各单位银行账户和会计、出纳,将各行政单位的财务账据纳入区核算中心集中管理。各单位资金实行综合预算,预算内收入直接上缴国库,预算外收入全额上缴区财政专户,从源头上切断滥用公款的"财源"。二是认真执行公务接待"定标准、定地点、定审批程序和财务单独列支"的"三定一单列"制度,领导干部外出自觉住招待所或内部宾馆,下基层一律在基层单位的食堂就餐。基层企事业单位实行招待费向职代会报告制度,强化群众监督,防止出现为取得上级领导的"好感"而在招待中玩弄"猫腻"。2项措施实行的结果,严格控制了不当的公务支出,保护了各级领导干部的形象,密切了与群众的关系。

三、用良好的服务把党的政策变为群众的掌声

区委年年召开作风建设动员大会,形成了加强作风建设的浓厚舆论氛围,激发了广大机关干部改进作风、密切联系群众的迫切心和责任感。在2003年底举行的区第九次党代会上,区委提出了"用我们的服务将党的政策变为群众的掌声"的行动口号。在各级领导干部带动下,各部门和干部纷纷行动,拿出实招,机关作风出现了前所未有的新面貌。

按照区委的部署,区机关各部门和广大干部开展了服务基层和服务群众的活动。机关各部门对所分管的工作进行梳理,改进为基层服务、为群众服务的措施和规定。区公安局制定了《进一步加强公安机关作风建设暨党风廉政建设的实施意见》和《队伍建设和群众满意度考核标准》,改变了以往作风建设和部门工作"两张皮"现象,全系统开展"万人看公安活动",引导群众了解公安、支持公安、帮助改进公安工作,密切了警民关系。区计生局取消了一些不合理的收费项目,受到群众的欢迎。区质监分局实行了"两通三办"(符合程序的尽快畅通办、出现"梗阻"的及时疏通办、有事快办急事急办特事特办)办事原则,提高了为民办事的效率。区市容局开展了"请群众提金点子"活动,既有效解决了群众关心的市容管理中的难题,又密切了干群关系,一举两得。

在办好分管工作的同时,各机关纷纷与社区党支部结对帮扶。区机关85%以上的党员在社区都有确定的服务岗位。按照"上级党组织为基层党组织服务、党组织为党员服务、党员为群众服务、党建工作为经济和社会事业服务"的总体要求,区委组织部大力推进服务型党组织建设,全区11个街道党(工)委全部建立了党员服务中心,在社区普遍建立党员服务站,并通过党员义工服务、设立党员爱心基金等方式,开展了夜间巡逻、照料老人、各类修理等36个项目,为社会和群众提供了更多更贴心的服务。

为基层服务、为群众服务活动的开展,收到了"给干部以教育,让群众得实惠"的效果。仅到2004年4月的近半年多时间里,全区有4 800多名党员干部参加了这项活动,同629户困难家庭结对帮扶,为困难户提供慰问款物价值300多万元,解决生产生活中的实际困难1万多件,并帮助1 368名下岗职工再就业,使520个困难家庭找到了脱贫门路,486个家庭初步摆脱了贫困。

2008年3月19日，区委、区政府又决定从2008年起，各街道、各系统和机关干部轮流进社区工作，担任"和谐社区建设工作员"或"劳动和社会保障工作员"，每批工作时间为1年。3月底，首批127名干部分别到了64个社区开展工作。8月2日到10日，区委组织部开展了"万名干部进万家，了解民意办实事"活动。区委常委邱小凡、易兵、杨乐华，区机关36个部门的"一把手"带头进家入户。区机关共有874名党员、干部累计1 979人次进入55个社区，走访977家企业，收集到群众意见建议4 392条，其中市容管理、社会事务和社会保障方面的问题占意见建议总数的87.74%，例如机关干部下基层为群众排忧解难不经常、各类调查太多、党组织活动不规范等等。区委要求对群众反映的意见和建议进行梳理、分析后，反馈给有关部门和单位，落实解决的时间和措施，限期整改。

第四节 严格干部监督管理

一、从"鼓励"和"禁止"两端规范公务员行为

区委、区政府认为，提高各级干部的执政水平，是一项长期的、全面的工程。区委、区政府在规范干部行为时，既旗帜鲜明地提出应当鼓励的行为，同时又旗帜鲜明地列出应当禁止的行为，让广大干部明白，哪些行为应当做，必须做，哪些行为不能做，必须拒绝做，提高自律、自制、自处的能力。

2004年8月6日，区监察局和人事局根据《国家公务员暂行条例》《国家公务员考核暂行规定》《国家公务员行为规范》和《南京市国家行政机关及其公务员公共服务行为规范试行规定》，制定了《玄武区国家行政机关及其公务员公共服务行为规范试行规定》。规定明确提出了各街道、各系统、区政府各部门及其公务员在公共服务中5种应当鼓励的行为、5种应当履行的行为和不得出现的8项行为。

应当鼓励的5种行为：关心群众，深入基层，主动调查了解工作中群众反映强烈和不满意的问题，并及时予以解决或处理；适应新形势的要求，不断推进本职工作创新，采用新技术、新办法，简化办事程序、手续，缩短办事时间，提高服务效率；依照职责积极预防事故的发生，在事故发生后采取积极的补救措施，使国家和

人民群众的利益免受损失或将损失降到最低程度；积极为基层、为群众办实事，办好事，努力树立公务员的良好形象；积极做好法律、法规、规章和区政府倡导或予以奖励的其他行为。

各街道、各系统、区政府各部门及其公务员在公共服务中应当履行的5种行为：严格按照法律、法规、规章和区政府有关规定办理行政许可事项；严格按照所在单位公开办事事项的条件、程序、时限等为群众提供服务；将群众咨询事项中属于本职工作范围有关办理程序、方法及相关手续等一次性告知咨询人；严格按照规定程序、规范的工作用语和工作礼仪进行行政执法；对于群众反映的困难和问题，努力做到事事有回音，在不违反法律、法规和有关政策且在职权范围内的前提下，努力做到件件有落实。

"规定"第一次提出各街道、各系统、区政府各部门及其公务员在公共服务中不得出现8项行为：不按照法律、法规、规章和区政府有关规定办理行政许可事项；不按照所在单位公开办事事项的条件、程序、时限等为群众提供服务；不按照规范的服务用语和服务礼仪接待来访群众、接听咨询电话；不一次性将群众办理行政许可事项和咨询事项中属于本职工作范围的有关办理程序、方法及相关手续等告知办理人和咨询人；不按照规定程序和规范的工作用语及工作礼仪执行公务；不履行证明、给付、裁决、公开、公平、公正、便民、救济、保护、监督等法定原则，在办理过程中无法定事由而借故拖延、推诿，或人为设置障碍，歧视刁难服务对象；不在规定期限内调查核实并书面答复以真实姓名、工作单位投诉的当事人；其他与国家行政机关地位或公务员身份不相称的行为或表现。

"规定"明确了奖惩措施。其中，违反上述行为的，受到有效投诉或被检查发现1次的，本人年度考核不能评为优秀；受到有效投诉或被检查发现2次的，本人年度考核不能评为称职以上等次；受到有效投诉或被检查发现3次的，本人年度考核评为不称职，予以换岗或降职；换岗或降职后又受到有效投诉或者被检查发现3次以上的，予以辞退。公务员因上述行为造成较大影响和严重后果的，由区级监察机关提出监察建议或作出监察决定，并按《玄武区行政过错责任追究暂行办法》追究责任。

二、抓大不放小，推进反腐倡廉工作全面落实

随着全区拉开建设新框架，全区建设项目大幅度增加。区委在总结前几年反腐

斗争的经验教训中发现建设工程领域是腐败现象屡屡发生的主要领域。党的十六大以后，区委重拳出击，遏止建设工程领域腐败案件频发的势头，确保工程建设不出败笔。

2003年3月11日，北极阁风光带建设单位向区纪检、监察部门立下了"工程优质、干部优秀"军令状。6月21日，区纪检、监察部门通过新闻媒体向社会宣布，凡在玄武区建筑领域招投标过程中玩弄贿赂手段的单位和个人，除依法追究责任以外，还要列入玄武区工程建设"黑名单"，3年内不得参与玄武区工程招投标。2005年，区纪检、监察部门又对重点工程实行全程监督和评估，在大行宫市民广场、仙鹤门经济适用房和太平北路整治出新等一批工程建设中，要求工程建设的甲乙双方在签订施工合同时，必须签订廉政合同，不签订廉政合同不准开工。随后，区纪委、监察局又牵头协调有关部门，出台了《工程建设招投标操作程序》，"程序"明确规定，限额以下工程项目、材料供应、设备安装和工程总承包，必须进行招投标；建设单位必须成立有主要领导参加的工程建设项目领导小组，加强对基建项目领导，指定项目负责人具体办理招投标等有关事项；对招投标过程中互相串标或用欺诈、行贿等手段获取标的企业和人员，除宣布中标无效以外，还要追究相应的法律现任。2005年对全区83项工程建设的招投标实施了全程监督，节约资金670多万元，其中区体育中心建设工程就节约资金360多万元。

区委认为，反腐倡廉是一项长期的细致的工作，必须常抓不懈，既要坚决查处影响改革发展、社会稳定的，严重损害国家利益和人民群众利益的腐败案件，又要从小处着手，防微杜渐，潜移默化，把反腐倡廉渗透到社会生活的方方面面，重教育，重预警，成为广大党员干部的自觉行动。

为此，区委决定切实发挥教育在反腐倡廉中的基础性作用。把党风廉政教育纳入各级党委理论学习中心组学习计划和各类党员干部学习培训教学计划。建立领导廉政谈话制度，既注重任前、任中、离任时的谈话，更加强经常性的谈话，使党风廉政谈话工作经常化和制度化。各街道、系统及机关部门每半年对全体工作人员进行一次廉洁自律和预防职务犯罪教育。每年树立一批廉洁奉公、勤政为民的先进典型，同时采取组织党员干部到法院旁听庭审、典型案例剖析和案件情况通报等形式，开展形式多样的警示教育，营造"廉洁光荣、腐败可耻"的社会氛围。教育的重点是党政机关、执纪执法机关、行政管理部门、重点岗位的领导干部和党政主要领导，针对这些干部在思想作风、工作作风和生活作风等方面存在的突出问题，及时进行提醒和教育,做到早发现,早打招呼,早防范。

针对长假期间容易出现的"公车私用""公款出游"等"假日腐败"行为,2005年4月30日,区纪委向全区300多名区管中层干部发出了"五一节廉政短信",严令各部门加强公车管理、严禁公车私用。如果在公车私用中发生事故,除个人承担一切损失外,还要追究使用人和车辆所在单位领导人的责任。无论哪一级领导干部及其配偶和子女,都严禁用公款进行国内外旅游,一旦发现,严肃处理。以后每逢长假,区各级纪律监督部门都要做好2件事:一是发"节日廉政短信",劝诫干部节日多和家人在一起;二是开展一项检查,由纪委、监察局在节日期间分组分片包干,加大监督检查力度,防止出现违规问题。

2005年5月20日,区纪委、区监察局发布"禁酒令",严禁全区各级机关工作人员在工作日午间饮酒,严禁在值班时饮酒,严禁穿着制服在社会公共场所饮酒,严禁在任何时间、任何场合酗酒。区纪委和区监察局指出,发布"禁酒令",是进一步加强党风廉政建设的需要,有利于促进机关作风建设,发扬勤俭节约风尚,倡导文明接待礼仪,节省财政经费开支,提高工作效率,密切党群、干群关系。区委同时明确规定,违反"禁酒令"规定情形之一的,经查实后,视情节轻重,给予相应处罚。第1次违反规定者,予以诫勉谈话,责令写出检查,取消当年评先进资格,扣发1个月目标奖;第2次违反规定者,予以通报批评,扣发6个月目标奖;对1年内累计3次违反规定者,扣发全年目标奖,当年公务员年度考核为不称职;连续2年不称职的,按照《国家公务员暂行条例》有关规定,予以辞退。对责任单位,一年内发生3次以上违规行为的,追究责任单位主要领导和分管领导的责任,并分别扣发半年目标奖。

6月13日,区妇联启动"清廉之风进家庭"活动。区妇联向全区各级领导干部家庭发出"当好廉内助,树立好家风"倡议,要求领导干部家属看好自家门、管好自家人,当好"家庭纪委书记",不让贪欲毁掉家庭幸福;要求领导干部与配偶作一次倡廉交心谈话,有问题主动改正,无问题则自觉反腐。区妇联于年底通过组织考察等方式,评选一批廉洁家庭,树立廉洁家庭榜样。这一活动获得了良好的社会效果,受到上级纪检、监察部门的肯定。

三、严肃查处干部职务犯罪

党的十六大以后,区委一直高度重视干部的职务犯罪问题,严肃查办,严惩不贷。2002年立案侦查贪污行贿受贿等职务犯罪案件23件、渎职侵权案3件，总案值971.64万元。在所查办的23人中，国家公务人员及行政执法机关工作人员13人，占立案数的56%，其中处级以上干部14人，包括玄武区计划与经济发展局副局长朱传堂、人口管理学院副院长朱秀云、江苏省民政厅副厅长程韶韵、江苏省农垦房地产开发公司总经理姜鸿冰、南京市市级机关后勤产业开发服务中心经理陈峰等身居要职、手握实权的领导干部。2003年立案侦查贪污、行贿受贿案12件、12人，均为大案、要案，挽回经济损失500余万元。所查办的南京市经委原副主任兼劳动安全监察局局长包智安受贿、玩忽职守案，省农垦集团淮海农场原场长叶秀河特大受贿案、南京市公交总公司原总经理助理兼财务处长葛惠霞受贿案，在社会各界引起强烈震动。2004年全区立案侦查职务犯罪15件、15人，挽回经济损失80余万元。2005年立案查处贪污贿赂案件18件、18人，渎职案件1件、1人，其中查处处级以上干部犯罪案件6件，涉案总值约1000万元，挽回直接经济损失533.4万元。2006年立案查处14件、14人，挽回经济损失200余万元。在查处的案件中，有红山街道原副主任在征地拆迁中弄虚作假、骗取拆迁资金案，孝陵卫街道沧波门、余粮村违法出租集体土地案等。

在区委领导下，纪委、监察、检察、审计等部门密切配合，连年严惩职务犯罪，不仅严肃了党纪国法，震慑了犯罪分子，挽回了经济损失，更重要的是教育挽救了一批干部，纯洁了干部队伍，重树了党的威信，为增强党的执政能力去除了"杂音"，排除了干扰，受到了广大干部群众的拥护和支持。从2002年到2006年全区职务犯罪情况看，犯罪总数少了，犯罪规模小了，犯罪干部层次低了。区委认为，严查、严惩职务犯罪，是廉政建设中的长期任务，虽然这几年呈现了一些积极性的变化，但决不能因为取得成效而有所松懈，必须警钟长鸣，坚持对干部职务犯罪保持高压态势，发现一起，查办一起，决不姑息。

第五编
夺取全面建设小康社会新胜利

(2007年10月至2012年12月)

【本编提要】 党的十七大在新的历史起点上对全面建设小康社会作出了新部署。玄武区委以十七大精神谋划新一轮发展，组织党员干部学习实践科学发展观，开展解放思想大讨论，从转变观念入手，推动先进理念战胜落后观念，开放思维冲破封闭思维束缚，以现代模式取代传统模式，制定经济社会发展新方略，调整发展路径和目标，坚定不移地走创新驱动内生增长绿色发展之路。全面推进以民生为重点的社会事业，加快推进和谐社区建设，实现科教文卫全面发展，综合实力显著提升，经济社会发展的协调性大为增强。区委按照党的十七届四中全会精神的要求，以改革创新的精神，围绕党建工作的总体目标，以科学理论指导党的建设，以科学制度保障党的建设，以科学方法推进党的建设，不断提高党的建设的科学化水平，保证全区各级党组织始终走在时代前列，带领广大干部群众开创经济社会发展的新局面。全区政通人和，提高了抵御各类风险的能力，成功应对世界金融危机带来的影响，保证了各项工作持续向好发展。

第十七章 以科学发展观谋划新一轮发展

党的十七大对全面建设小康社会提出了更高的要求，区委在引领各级党组织全面准确领会十七大精神，学习和运用十六大以来取得的经验的基础上，在全区党员干部中开展学习实践科学发展观活动，进一步开展解放思想大讨论，查找思想观念上"不适应、不符合、不利于"科学发展的问题和视野不宽、思路不广、定位不高的问题，引导每个干部的眼光、胆识与建设现代化国际性人文绿都标志区的要求相称，魄力、手笔与标志区的地位相配，在"鼓干劲，提标杆，强措施，出成效"，把握玄武区发展的阶段特征、禀赋特色与结构特点，形成建设"发展型""创新型""民生型"和"生态型"经济社会和深入推进和谐社区建设的共识。区委调整了经济社会的发展路径和目标，全区经济社会发展保持着强劲的发展势头，在富民强区的道路上向前迈出了一大步。

第一节 学习贯彻党的十七大精神

一、掀起学习贯彻十七大精神热潮

2007年10月15日至21日召开的党的十七大，是在我国改革发展的关键阶段召开的一次十分重要的大会。区委要求各级党组织按照中央、省委和市委的部署，认真学习、广泛宣传、全面贯彻十七大精神，推进社会主义经济建设、政治建设、文化建设和社会建设。

2007年11月19日，区委下发关于学习宣传贯彻党的十七大精神的通知，要求广大党员干部和人民群众充分认识学习宣传贯彻党的十七大精神的重大意义，迅速兴起学习宣传贯彻的热潮。区委在通知中指出，学习贯彻党的十七大精神，首要的是认真研读党的十七大文件，原原本本学习党的十七大报告和党章，在"十七大的主题""党的十六大以来所取得的成绩""改革开放的伟大历史进程和宝贵经验""中国特色社会主义道路和中国特色社会主义理论体系""科学发展观的科学内涵和精神实质""全面建设小康社会奋斗目标的新要求""党中央在经济建设、政治建设、文化建设、社会建设等方面的重大部署""以改革创新精神全面推进党的建设"等8个方面，全面准确地领会十七大精神。

2007年11月23日，区委召开九届十六次全委（扩大）会议，区委书记单景南代表区委常委会作了题为《深入贯彻落实党的十七大精神，努力开创现代化国际性人文绿都标志区建设的新局面》的工作报告。报告说，建设现代化国际性人文绿都标志区，是玄武区较长一段时期的发展定位和目标。一年来的实践表明，这一目标定位符合科学发展观的要求，顺应发展潮流和群众期待，切合区情实际。根据党的十七大精神和省委对南京发展提出的新要求，围绕全市建设现代化国际性人文绿都"五高五前列"的新标准，立足玄武区发展的阶段特点和趋势，全区各级党组织和广大党员干部要更加自觉地走科学发展之路，奋力开拓更为广阔的发展前景。

报告从科学发展观的高度分析了建设现代化国际性人文绿都标志区的4个基本特征：一是经济发达——经济结构更加合理，资源利用更加集约，集聚力和辐射力增强，经济更加开放，发展更具活力，主导产业的运行质量和综合效益居全市前列。5年内实现全区人均GDP翻番，主导产业税收总量占全区财政总收入的70%以上。二是环境优美——城区功能更加完善，城市现代化建设和管理水平更高，绿色优势更加突出，生态文明观念有效树立，城市魅力充分展现，区域品质居全国同类城区前列。三是社会和谐——依法执政水平进一步提高，基层民主更加完善，各类组织、各个阶层的作用得到更好发挥，社会管理更加有序，利益关系更加和谐，法治建设和平安建设水平居全国同类城区前列。四是群众幸福——公共服务体系和社会保障体系更加完善，居民收入水平普遍提高，文明素质显著提升，社区建设和社会事业发展水平居全国同类城区前列。

2008年，区委又召开3次全委（扩大）会议，针对建设现代化国际性人文绿都标志区过程中遇到的新情况、新问题，提出了新要求，采取了新措施。4月11日区委召开九届十八次全委（扩大）会议，要求全区以新一轮思想大解放激发走在前列的强劲动力，以工作思路的再深化奠定走在前列的坚实基础，以发展方式的快转变加快走在前列的前进步伐，以关键环节的早突破创造走在前列的最优环境，以发展能力的新提升确保走在前列的实际成效。7月15日,区委召开九届十九次全委(扩大)会议,要求强化项目建设与招商选资,加快高端攀升和特色集聚;推进社会建设高位发展,不断提升群众满意度和幸福感;大力化解各种不和谐因素,切实维护社会稳定;加强党建,提升党的执政能力,为走在前列提供坚强保障。12月16日,区委召开的九届二十次全委(扩大)会议,要求全区高度重视细节,提升发展品质,争创竞争优势;全力提升产业层次,转变发展方式;巩固扩大创建成果,建设和谐玄武;全面加强党的建设,不断提高执政能力,加快推动经济社会建设向发展型、民生型、生态型转变。经过3次全委扩大会议深入研究、细致雕琢,在十七大精神指引下,全区现代化国际性人文绿都标志区建设的蓝图更加清晰了、可操作性更强了,全区各级党组织和广大党员干部进一步坚定了必胜信念,同心同德,以更足的干劲,更强的力度克难奋进。

二、党员干部分批学习实践科学发展观

创造性地提出并深刻阐述中国特色社会主义理论体系,将以人为本、全面协调可持续发展的科学发展观写入党章,是十七大的重大理论贡献。区委通过学习十七大精神认识到,科学发展观是马克思主义关于发展的世界观和方法论的集中体现,是同马克思列宁主义、毛泽东思想、邓小平理论和"三个代表"重要思想既一脉相承又与时俱进的科学理论,是我国经济社会发展的重要指导方针,是发展中国特色社会主义必须坚持和贯彻的重大战略思想。

进入新世纪以来,玄武区经济社会平稳而又较快发展,人民群众生活明显改善,城市环境发生重大变化,全区经济建设、政治建设、文化建设、社会建设以及生态文明建设都取得了较大成绩。玄武区已经站在新的历史起点上,正处在至关重要的发展阶段。能否坚定信心、迎接挑战、战胜困难,变压力为动力、变挑战为机遇,实现科学发展、和谐发展、率先发展,是对全区各级领导班子执政能力和领导水平的重大考验,也是对各级领导干部精神状态和工作作风、实践能力的重大考验。区委认为,深入贯彻十七大精神,学习实践科学发展观,是深化改革开放、又好又快推动玄武新一轮发展建设的迫切需要,也是提高各级党组织和党员干部的领导能力、加强党的执政能力建设和先进性建设的必然要求。在这种情势下,区委决定用1年左右的时间,在全区党员干部中开展学习实践科学发展观活动。

根据区委安排,全区学习实践科学发展观活动分两批展开。第一批从2009年3

月开始，2009年8月基本完成。第一批学习实践活动参加单位主要包括区党政机关，区人大、政协机关，人民法院、人民检察院和人民团体机关。学习实践活动以各级领导班子和党员领导干部为重点，全体党员参加。

每一批学习实践活动按照3个阶段推进。

第一阶段：学习调研。组织党员干部认真学习《毛泽东邓小平江泽民论科学发展》《科学发展观重要论述摘编》，以及省委、市委、区委有关推动科学发展的一系列决策部署和重要文件精神。学习突出重点、联系实际，进行"四个深入思考"：科学发展是什么、科学发展为什么、科学发展靠什么、科学发展抓什么，切实提高学习的针对性和实效性。调查研究主要着眼于如何积极应对保持经济平稳较快发展、维护社会和谐稳定中影响科学发展的突出问题。

第二阶段：分析检查。重点抓好召开领导班子专题民主生活会、形成领导班子分析检查报告两个环节。领导班子成员紧扣党的十六大以来本地区本单位的发展实践，联系领导班子作风建设的实际，深入查找个人和班子在深入贯彻落实科学发展观方面存在的突出问题，面对国际金融危机不利影响反映出来的突出问题，党性修养和作风建设方面的突出问题，深刻分析问题产生的原因，开展严肃认真的批评和自我批评。民主生活会坚持正面教育为主，重在总结经验教训，重在提高思想认识，不搞人人过关。领导班子的分析检查报告要充分反映本地区本单位贯彻落实科学发展观的实际情况，系统梳理存在的问题。对领导班子的分析报告，要组织群众评议。参加评议的既有本地区本单位的党员群众，也有一定数量的基层单位和服务对象代表，特别注意吸收熟悉情况、有较强议政能力的党代表、人大代表、政协委员、专家学者、基层单位代表和服务对象代表参加，以确保评议准确到位，评到关键处、议到要害上，能够实实在在地解决问题。

第三阶段：整改落实。按照问题的轻重缓急和难易程度，分近期、中期、长期作出具体安排，把群众意见最大、最不满意的事情，群众最希望办、当前能够办好的事情作为整改的重点。形成整改方案后，以适当方式向党员、群众公布，做出公开承诺，接受党员、群众监督。

为期近半年的第一批学习实践活动，取得了较为显著的成果，群众满意率达95.10%，基本满意率为4.9%。其成果表现在4个方面：一是进一步树立了与时俱进的创新意识。二是经济布局与产业结构更为优化，科学发展的路径进一步明晰、成果进一步显现。通过对科学发展观的系统学习，在确保经济平稳较快增长的基础上，进一步坚定了推动经济结构向"更好"转变、产业层次向"更高"跨越的根本导向，围绕"以集成集约为坐标原点，纵向实施高端攀升，横向推进特色集聚"的发展战略，加快推动经济结构由适应性调整向战略性调整转变。三是倍加注重经济形势变化给群众生活带来的不利影响，着力解决就业、就学、就医、养老等与群众利益密切相关的突出问题，努力实现各项社会事业全面发展，让全区群众更多地分享发展成果。四是区委领导班子自身建设和全区党建工作不断推进，干部队伍素质进一步提升，战斗力进一步加强。

第二批深入学习实践科学发展观活动从2009年9月开始，2010年2月基本结束。参加单位主要是街道、社区、中等职业学校、中小学校、医院、新经济组织和新社会组织等。针对参加第二批学习实践活动的单位类型多，党组织情况差异较大，党员数量多，行业分布、职业构成多样等特点，区委要求在第二批开展学习实践活动的过程中，突出"五个更加注重"，即更加注重取得实效，更加注重简便易行，更加注重分类指导，更加注重强化基层，更加注重统筹协调。全区共有352个基层单位的1.7万余名党员参加了第二批学习实践活动。这些基层党组织和党员处于全区改革、发展、稳定的第一线，担负着把党的路线方针政策贯彻落实到基层，面对面地团结带领群众推动科学发展、促进社会和谐的重要职责。区委切实抓好这些单位和党员学习实践活动，对于进一步深化基层党建"领航工程"，进一步保持党的先进性，提高党的执政能力，发挥基层党组织推动发展、服务群众、凝聚人心的作用，更好地实现现代化国际性人文绿都标志区目标，起到了保证作用。

三、区第十次党代会定位发展新目标：建设现代化国际性人文绿都标志区

2011年7月24日召开了区第十次党代表大会。区委书记储永宏在大会上所作的《率先发展　科学发展　和谐发展　为建设现代化国际性人文绿都标志区而努力奋斗》的报告中说，实践告诉我们，没有一成不变的发展道路和发展模式。只有牢牢把握科学发展的主题，坚持因地制宜、因时而变，不断拓宽路径、创新模式，才能最大限度地释放潜能，始终走在新一轮发展的前列。在这次代表大会上，区委整体把握玄武发展的阶段特征、禀赋特色与结构特点，以十七大精神为指导，自觉推进战略路径的适应调整和发展模式的适时转型，进一步明确全区经济社会发展目标定位从"富裕文明的现代化玄武"提升为"现代化国际性人文绿都标志区"，发展战略从"科技强区、文化兴区、环境立区"丰富为"特色发展、创新驱动、项目支

撑"，空间布局从"统筹三大区域、打造两个增长极"调整为"三极两环协调发展"，主导产业从"三大产业"（科技信息业、文化旅游业、商贸商务业）细化为"四核四新"（高端商贸业、现代商务业、金融服务、文化创意等4个核心产业，现代服务业和软件与信息服务、生物医药、物联网、环保节能等4个新兴产业）。经过这样调整，全区经济社会的发展目标越来越高远，方向越来越明确，路数越来越清晰宽广。

在党的十七大精神指引下，全区经济社会发展保持着强劲的发展势头。2007年到2010年，地区年生产总值从229.06亿元增加到281.54亿元，增长了23%；全社会年固定资产投资从74亿元增加到91.59亿元，增长了12.4%；年到账外资从5 308万美元增加到8 757万美元，增长了16.5%；地方一般性预算收入从17.32亿元增加到26.57亿元，增长了15.3%；城市居民人均可支配年收入从22 459.39元增加到30 495.4元，增长了13.6%。除2009年因受世界金融危机影响到账外资和财政收入有所下降以外，各项指标年增长幅度都大大超过10%，在富民强区的道路上向前迈出了一大步，为今后经济社会发展增加了韧劲，创造了厚实的物质基础。

区委充分估计科学发展产生的威力，充分估计调整发展战略路径和模式将会发挥的能量，在区第十次党代会上提出了新的奋斗目标：今后5年，全区继续保持经济社会又好又快发展，促进经济现代化、民生现代化、社会现代化、城市现代化、生态现代的全面进步，到2015年地区生产总值突破500亿元，地方一般性预算收入突破50亿元，实际利用外资累计突破6亿美元，居民人均可支配收入年均增长12%以上，在全市首批迈入基本实现现代化的行列。

第二节 开展新一轮解放思想大讨论

一、解决思想观念上的"六不"问题

为了深入查找和克服思想观念上"不适应、不符合、不利于"科学发展的问题和视野不宽、思路不广、定位不高的问题，引导每个干部的眼光、胆识与建设现代

化国际性人文绿都标志区的要求相称,魄力、手笔与标志区的地位相配,区委在深入学习十七大精神的基础上,决定在全区开展新一轮思想解放大讨论。

区委认为,在全区开展新一轮解放思想大讨论,是深入贯彻落实党的十七大精神的内在要求,是总结玄武改革开放30年特别是进入新世纪以来实践经验的迫切需要,是在新起点上加快建设现代化国际性人文绿都标志区的当务之急。区委决定这次大讨论的主题是,以科学发展观为统领,"鼓干劲,提标杆,强措施,出成效"。"鼓干劲",就是要增强危机感、紧迫感、责任感和使命感,不囿于成规,不止于当前,不惑于干扰,不惧于风险,抢抓发展机遇,勇于克难奋进,进一步激发迈向目标的时代激情,把能力发挥到极致。"提标杆",就是要进一步拓宽视野,以国际化的眼光和开放性的思维,高起点、高标准谋划好各项工作,奋勇争先、勇攀高峰。特别是作为全区两大核心增长极的徐庄软件产业基地和新街口核心经济区,更须要按照"国际一流,国内顶级"的标准精心打造能代表和展示南京发展水平的现代高端服务业聚集区。"强措施",就是要针对玄武区步入发展新阶段的新形势,不断更新工作理念,完善工作机制,改进工作方法,使各项举措具有操作性强、见效快、影响广泛而深远的特性。"出成效",就是要以思想解放引领率先发展,以项目推进落实科学发展,以民生改善促进和谐发展,进一步提升发展的速度、质量和效益。

这次大讨论,区委安排在3月下旬至7月底,分宣传发动、学习调研、查摆问题、研究整改4个阶段进行。2008年3月27日,区委制定了开展新一轮解放思想大讨论实施意见,解放思想大讨论在全区正式启动。

为了确保这次解放思想大讨论活动顺利进行,取得预期的效果,区委提出要解决好"怎么解放""解放什么"和"达到什么效果"3个问题。"怎么解放?"——就是既要理念更新和思路创新,又注重行动落实和发展实效,把思想解放体现在从标杆提升到思路调整、从理念创新到模式转变、从工作举措到保障机制的方方面面。"解放什么?"——重点在"三破三立"上下功夫,即:继续破除小富即满的落后思想,树立永不满足的争先意识,强化如履薄冰的危机感,找准玄武区的"南京坐标""江苏坐标""全国坐标"甚至"全球坐标"。继续破除因循守旧的僵化思想,树立与时俱进的创新意识,跳出传统经验、传统模式的局限,走高端化、集约化、国际化的发展道路,打造发展的"无限虚拟空间"。继续破除怕字当头的平庸思想,树立敢闯敢试的开拓意识,切实解决各级领导班子和广大党员干部中不同程度存在的怕担责任、怕冒风险、怕苦畏难等"三怕"现象,鼓励敢干敢试、先干先试、真干真试,做新一轮发展的开拓者和领跑者。"达到什么效果?"——就是要把解放思想的最新成果应用于发展实践,综合运用组织、政策、制度等多项手段,为一切有助于科学发展的新思路、新举措、新作为提供更大空间。

区委建立了责任、督查、考核"三位一体"的推动解放思想大讨论深入开展的工作机制。全区大讨论由区委书记单景南、区长王海宏总负责,区委成立由副书记张萍任组长、有关区领导和部门主要负责同志参加的领导小组,具体领导大讨论活动的开展。区四套班子以及各街道、系统,区机关各部门成立专门领导小组,"一把手"负总责,分管领导直接抓,一级抓好一级。区委成立督查工作组,分组分片进行督促检查,各单位也分别成立由"一把手"任组长的督查工作组,建立领导小组和督查工作双周例会制和区委常委会月汇报制,及时掌握各单位大讨论开展情况,形成区、街、部门两级督查、齐抓共管的格局。严格考核评估,明确规定动作和考核标准,确保大讨论不走过场,达到预期目标,取得实实在在的效果。

二、各级领导干部带头参加解放思想大讨论

在解放思想大讨论活动一开始,区委就要求区四套班子领导和各街道、部门主要负责同志在解放思想大讨论的全过程中以身作则,发挥示范作用,做到"5个带头":带头参加集体学习,带头写学习笔记,带头谈心得体会,带头到基层宣讲,带头落实创新举措。4月23日,区委举行理论学习中心组集中学习会,区四套班子主要领导作了重点发言,为各级干部作示范、表率。

根据区委要求,区领导深入联系点参加学习讨论活动,以自身的实践和感悟引导全区上下争先解放思想、真解放思想、快解放思想。多位领导围绕"在什么问题上不解放?""为什么不解放?"和"怎么解放?"等3个问题上的思考、心得与广大干部群众交流,为广大干部群众释疑解惑。"在什么问题上不解放?"——他们经过深入查摆后认为,主要表现在3个方面:一是在经济方面,少数部门、少数干部对市场经济的规律、要求、态势了解不够全面,理解不够透彻,遇到困难摆问题多、拿方法少,超常规发展的意识不够强。二是在社会建设方面,少数部门、少数干部满足于已有成绩,满足于"单打冠军",对居民群众的新需求、新期待把握不够准、不够深。三是在维护稳定方面,对影响发展的一批历史遗留问题,虽然实行了包括领导包案制在内的一些措施,化解了一些矛盾,但一些干部仍有多层思想顾虑而没

有取得全面突破。"为什么不解放?"——经过深入剖析,多位领导干部认为根本原因在于"5个不够强":进取精神不够强,有些部门在发展目标上留有余地,在工作标准上降格以求,在纵向比较中沾沾自喜,在横向参照中强调客观。拼抢精神不够强,有些干部缺乏锲而不舍、愚公移山的韧劲,推进项目咬劲不足,跟踪客商盯劲不足,向上争取钻劲不足。责任意识不够强,有些干部工作求稳怕乱,不敢承担责任,不敢打破常规,责任感逐级衰减。创新能力不够强,遇到难题纠缠于细枝末节,抓不住主要矛盾,拿不出有效方法。协作意识不够强,有些部门缺乏紧密配合的积极性、主动性,工作中推三阻四、不使全力,影响了发展全局。"怎么解放?"——多位领导干部提出"4个坚持":坚持解放思想;坚持强化责任;坚持创新实干,把说的变成做的,把想的变成实的,把不可能变成可能;坚持紧密协作,打破部门壁垒,再造工作流程,构建多部门、多领域、多层次的协作机制,对焦点、难点问题组织精干力量集体攻关、集中会办。

2008年5月5日,区委书记单景南在《玄武动态》发表文章,同各级干部分享他在新一轮解放思想大讨论中的体会。他说,我们解放思想,一定要"真解放",有"针对性地解放","全过程解放"。"真解放"就是要围绕争当排头兵的目标,对照国内经济社会发展的第一方阵比发展,瞄准国际发达地区找差距。有"针对性地解放",就是要按照科学发展观的要求,正确认识、切实遵循经济社会发展的客观规律,找准影响、制约科学发展的薄弱环节和关键部位,集中解决"两头解放、中间梗阻""重资源拉动、轻创新驱动""重招商引资、轻环境塑造""重创建评先、轻民生内涵"等问题。"全过程解放",就是要把解放思想作为永恒的主题,根据形势发展变化,不断推动"现代"取代"传统"、先进战胜落后、开放冲破封闭,始终让我们的思想与时代同行,眼界与国际接轨,举措与实际合拍,能力与发展齐步。单景南的体会对丰富解放思想大讨论的内涵、推动解放思想大讨论的深化起到了引领作用。

三、解放思想大讨论强化"四个共识"

历时半年的新一轮解放思想大讨论,使全区干部思想更加统一,视野更加开阔,理念、思路更加开阔,精神更加振奋,全区经济、政治、文化、社会等各项建设出现了崭新的气象。

区委和广大干部清醒认识到,当前我国正处在中国特色社会主义建设的历史新阶段，全区发展的内外环境不断发生新变化，这对区委和广大干部的思维理念、创新能力和工作水平都提出了更高的要求，唯有不断地解放思想，不断地把解放思想的成果用于指导实际，才能适应新形势新情况，才能拿出新措施新办法，才能解决新问题，牢牢把握发展的优先权和主动权。广大干部在区委的领导下，对下一步的工作思路、驱动模式、建设路径和发展内涵进行了深入思考和广泛探讨，在4个问题上取得了共识：

一是完善"发展型"的工作思路，着力提升经济质量和效益。构建以"集成集约"为原点、以"高端攀升"为纵轴、以"特色集聚"为横轴的发展模型。以集成集约的理念为指导，挖掘和利用全区的智力、环境、文化、社会等特色资源，积极整合更广范围、更大空间的优质发展要素，用足用活每一寸土地、每一幢楼宇，打造高品质、高含金量、高辐射力的产业发展体系，确保黄金资源产出黄金效益、钻石效益。实施高端攀升战略，搭建面向世界顶级企业的招商平台，加快推动科技产业向创新环节攀升，文化教育产业向创意环节攀升，商贸业向高端环节攀升，商务业向总部环节攀升，推进选商国际化、企业品牌化。实施特色集聚战略，坚持差别定位、分类指导的发展原则，打造新街口与徐庄基地两大核心增长极，打造特色产业园和产业街，形成若干支撑区域发展的经济板块，增强整体优势，提升竞争实力。

二是清晰"创新型"的驱动模式，着力创新政府服务机制、资源整合机制和创新人才引进培育机制等3个机制，为玄武区科学发展注入更强动力。

三是深化"民生型"的建设路径，不断提高群众满意度和幸福感。强化发展是为了人民的执政理念，把"共享"作为重要目标，高标准实现"五有"（学有优教、劳有多得、病有良医、老有怡养、住有宜居）；把"共建"作为基本路径，变少数人创建为全社会共建，把"三最"作为关键抓手，切实解决群众最关心、最直接、最现实的利益问题。公共财政更多地向民生领域倾斜，确保可用财力增量的90%以上用于社会建设，保障各项社会事业快速、均衡、高水平发展。

四是提升"生态型"的发展内涵，努力实现人与自然的和谐。主动调整产业结构，以产业升级推动节能减排，倡导广大居民群众绿色消费。以道路为主线，以广场为节点，以小区为重点，构筑广覆盖、高水准的城市绿色生态系统，打造花园城区。以常态管理和长效管理为目标，以综合管理和精细管理为手段，以数字城管、万米网格为平台，在全市先行一步创新城市管理机制，提升城市管理水平，打造精品城区。

广大干部的"共识",促使在思想大解放中形成的新观念、新思路、新措施转化为全区干部实现玄武区又好又快发展的实际行动,成为指导和推动全区经济社会发展的动力。实践说明,新一轮思想解放大讨论使全区各项工作开展站上了新起点。

第三节 深入推进和谐社区建设

一、制定和谐社区建设新目标

实现社会和谐,始终是人类孜孜以求的一个社会理想,是一个长期的永无止境的目标。党中央继提出科学发展观重大战略思想之后,又提出建设社会主义和谐社会的重大战略目标,2006年10月党的十六届六中全会通过的《中共中央关于构建社会主义和谐社会若干重大问题的决定》指出,社会和谐是中国特色社会主义的本质属性,是国家富强、民族振兴、人民幸福的重要保证。构建社会主义和谐社会,是从中国特色社会主义总体布局和全面建设小康社会全局出发提出的重大战略任务。

社区是社会的基本单元,没有社区的和谐,就没有社会的和谐。随着城市化和市场化进程加快,社区服务覆盖面不断扩大,社会经济成分、组织形式、就业方式、利益关系和分配方式日益多样化,社区在改革、发展、稳定中的地位和作用日益凸显。玄武区历来十分重视社区建设,经过多年努力,取得了显著成绩。但是,随着形势的发展、群众需求的变化,和谐社区建设出现了一些新情况、新问题,必须在高位平台上推动社区建设,实现新的突破,才能更好地满足广大居民群众的新需求、新期待。

2008年8月2日,区委根据《中共中央关于构建社会主义和谐社会若干重大问题的决定》和《国务院关于加强和改进社区服务工作的意见》等文件精神,出台了《深入推进和谐社区建设的意见》和4个配套文件。区委的意见提出了和谐社区建设的新目标,即:瞄准国内先进地区和中等发达国家的社区发展水平,把玄武区建设成为全市和谐社会建设样板区、和谐发展首善区。全面提升区域内群众幸福感和人文素质，做到管理体制健全、服务体系完善、运行机制灵活多样、群众满意度高。按照"五年目标，三年完成"的要求，率先完成"十一五"社区建设各项目标任务，社区基础设施、队伍建设等硬指标全面达标，力争2010年前50%的社区达到精品标准。

为了实现这个目标，区委、区政府采取了5项措施：

明确社区应有职责，理顺政府职能部门与社区的关系，减轻社区工作负担，确保社区从部门和街道的"腿"转变为真正的群众自治组织。全面实行社区工作准入制，除法律、法规或党章有明确规定应由基层自治组织承担的工作以外，对机关部门拟将组织机构、工作任务、创建评比考核等项目交给社区的，须经区和谐社区建设指导委员会审批同意后才能进入社区。坚持按需准入、规范进入、有进有退的原则，对社区现有的创建、考核评比活动进行清理，符合要求纳入社区的，实行服务组织、服务项目、服务经费、服务指导"四进社区"制度，按照"权随责走、费随事转"的原则，都必须明确进入社区的事项、时间、承担任务的专门性组织，向社区公开经费渠道。对已经进入社区的项目，凡群众普遍不认可的，应予退出。

实施资源整合，建立社区综合服务管理框架。按照"网格化管理，分片到户"的方式，将每个社区划分为若干管理责任区。将社区工作人员、街道干部、下到社区工作的区机关干部合理分配到各个网格，建立以"事"为中心、工作人员不分条口的管理模式。在街道和社区服务平台，推行首问负责制、服务代理制、综合援助制、全员培训制，变"一事一办、一人一办"为"多事一办、一人多办"，提高服务效率和服务水平。

加强信息公开，社区必须向所有居民公开社区工作的各种信息，扩大居民的知情渠道，以便于群众评议和监督。社区要自觉地接受人大代表、政协委员、区委督查组、财政、审计部门、社会舆论对社区工作的监督，保障社区各项事务在阳光下高效运行。

加强社区人才队伍建设，提高社区工作者职业化水平。在2010年前，每个社区至少有2到3名社工获得社会工作职业资格。鼓励大学生进社区工作，到"十一五"末，每个社区必须有1名本科学历的社工。逐步提高社区工作者的待遇，确保玄武区社工待遇在全市城区处于较高水平。从2008年7月1日起，社区居委会在职正书记、正主任的生活补贴从每月1 000元增加到1 300元，副职从950元增加到1 200元，聘用的社区工作者、劳动保障协理员、低保协理员的工资从950元增加到1 100元，取得助理社会工作师职业资格的人员每人每月分别增加50元、100元。从2009年起，在职社区工作者的工资按南京市职工平均工资年度增幅进行调整，逐步形成自然增长机制。

开展绩效评估，把群众满意度作为衡量社区建设的主要标准，让群众成为和谐社区建设的参与者、评判者、受益者。

2010年5月25日，区委又出台了《玄武区和谐社区建设三年(2010年至2012年)行动计划》和《关于推进新一轮和谐社区建设的意见》。意见要求进一步健全区和谐社区建设指导委员会和协调小组，形成党委、政府领导，人大、政协指导，党政各机关、各部门协作，群团组织参与的工作机制，加强对和谐社区建设的领导。充分调动社会力量，建立政府引导、市场运作、多方筹集资金的多元投入机制，区财政每年安排1 000万元作为和谐社区建设的引导资金，提升社区建设的保障水平。

二、围绕纾解民生难题推进和谐社区建设

随着和谐社区建设的深入推进，越来越要求区机关各部门、单位和各级干部有更良好的精神状态和更细更实的工作作风，更好地为建设和谐社区服务。2009年2月11日，区委在根据市委、市政府"攻关服务年"的要求开展的"五服务"行动中，号召区机关部门、单位和各级干部把满足群众需求作为第一职责，把实现群众愿望作为第一追求，扎实办好顺民意、解民忧、增民利的实事，不断提高社区群众的满意度和幸福感。

这次行动的第一项工作是完善服务社区设施，夯实和谐社区建设的物质基础。按照集中财力、统筹推进、分步实施的原则，用3年左右的时间，全面完成满足群众基本需求的基础型城市建设，并在全市率先打造一批能够满足群众日益增长的更高层次需求的提升型样板工程，力争整体水平在全市、全省领先。在开展行动的第一年(2009年)内，开工建设15万平方米经济适用房和廉租房，完成8万平方米危旧房改造和159幢房屋整治，出新7个老旧小区。完成北京东路、长江路等道路绿化提档升级，进一步提高住宅小区绿化覆盖率，新增绿地10万平方米。年内建成锁金村、玄武门、新街口等3个街道的3个精品居家养老服务中心，每个街道建成2~3个示范性社区居家养老站，建立社区体育俱乐部，全区建成8个1 500平方米以上的社区服务站。

第二项工作是扩大服务范围，拓展民生工作的普惠面。全面实施三级审核三榜公示三级监督的"阳光低保"、将低保工作纳入法制化规范化的"规范低保"和对低保和低保边缘家庭开展专项救助和临时救助的"满意低保"3大工程，尽力做到"应保尽保"。建设区级综合服务平台和街道综合社会服务中心，对困难群众在生活、医疗、教育、就业、住房等社会保障方面建立综合性援助服务链，逐步实现"一次援助，综合解决"。扩大惠民医疗服务对象和大重病援助范围，扩大政府资助居家养老服务，政府出资为1 080名老人办理意外伤害保险和意外伤害住院津贴。

第三项工作是深化服务内涵，打造精品型服务。参照中等发达国家标准，全面提升民生服务的品质，力争全省领先、全国一流。建立全区大教育管理网络平台、区域性网络研修平台，启动集体幼儿园提升工程，实现对困难群体助学的全覆盖。围绕城市常态长效管理，健全"大城管"机制，在所有街道装备国际领先的新型智能垃圾收运体系和机械化清扫设施。扶持"洁安序"物业管理公司扩大物业管理的覆盖面，完成了100万平方米老旧小区物业管理，力争全区老旧小区物管覆盖率达到80%以上。推进医疗服务质量标准化管理，实行责任医生进社区团队式服务，每万名居民配备全科医生3.2名以上。推进"平安玄武"建设，确保50%的社区达到"平安社区"标准，居民群众对社会治安的满意率95%以上。

为了把口号化为行动，把目标变成现实，实实在在服务基层、服务群众，区委认为工作重心下移、服务前移是关键。区委为此完善了挂钩联系制度，区四套班子领导分别联系街道，在指导街道理清工作思路、解决实际问题的同时，进一步帮助街道提高对重点工作的组织程度和领导力度。区委设立8个街道督查分组驻点街道，代表区委对区四套班子领导和机关部门服务基层的工作情况实施全过程、常态化督查，把握好为群众服务和推进和谐社区建设的脉搏，协助区委及时发现新情况、解决新问题。

三、和谐社区建设的十二个品牌

区委不断推出新举措，不断推进和谐社区的建设，激发了机关各部门、街道和社区广大干部建设和谐社区的热情，实施了一个又一个新项目。2008年10月，区民政局通过新闻媒体，向社会公布了玄武区和谐社区建设的12个品牌。这些品牌虽然体量"小"，但解决了居民生活中的实际问题，受到了社会的关注，成为玄武区建设和谐社区工作中的一道独特的风景线。

品牌之一：新街口街道的党建工作"5字工作法"

新街口街道党（工）委为了加强党组织对和谐社区建设的领导，提供组织保障，探索出了5字工作法：一是"派"。派优秀党员骨干担任社区内的社会组织党建工作指导员。二是实行"建、联、挂"制度，壮大党员队伍。"建"就是对符合党组织建立条件、经营比较稳定、有一定活动经费的社会组织，按照规定建立党组织；"联"就是对党员人数不足3人的社区社会组织，建联合党支部；"挂"就把仅有个别党员的社会组织的党员组织关系"挂"到所属社区党组织。三是"转"。做好党员的组织关系及时接转，使党员能及时参加组织生活，发挥先锋模范作用。全街道选派了9名党员作为社会组织党建工作的指导员，为200多名社会组织中的党员办理了组织关系转接手续。党组织和党员在社区和谐社会建设中的作用日益显现。

品牌之二：玄武湖街道板仓社区的"一口受理、一网协同"管理服务

以每300户居民为1个单位，将社区划分成若干网格，每个网格配备1名社区工作者，要求每名社区工作者不分专业、不分条口对责任网格内居民、单位、社会组织的情况做到"一口清"，全面负责受理网格内居民、单位、社会组织的各种需求和事务。"一口受理、一网协同"提高了工作效率，堵住了以往服务中可能出现的疏漏。区政府各部门、区域各专业性服务组织、各类社会组织和志愿服务组织也采用同样的方式为网格内的居民和单位服务。

品牌之三：区劳动和社会保障局的"劳动仲裁调解争议进社区"

区劳动和社会保障局为了应对当前劳动争议数量日益增多、争议内容日趋复杂的严峻形势，积极探索调解、处理劳动争议的新思路。在玄武门街道成立了全市首家劳动争议调解中心，设立专门调解接待窗口、调解室，发挥调解中心贴近职工，调解灵活、快捷的优势，让居民不出社区就可调解争议。

品牌之四：公益性物管试水老旧小区

不以营利为目的的区市容管理局洁安序物业管理公司，依托城市管理执法力量，着力解决老旧小区管理难的顽疾。洁安序公司先后接管了后宰门街道富贵山、西村，锁金村街道锁金四村、三村和孝陵卫街道晏公庙西村等8个老旧小区，总面积40万平方米、人口3万余人的物业管理。公司全面推行规范化服务的管理理念，使老旧小区做到24小时有人值守和巡逻，环境保洁全天候。一年来，这些老旧小区没有发生一起偷盗事件，1 200余件纠纷得到有效调解，物业公司获得了社区群众的认可。

品牌之五：市质监局玄武分局、区老龄办、玄武门街道居家养老规范服务

从生活照料、健康医疗、安全守护、精神慰藉、文体教育、慈善救助和法律援助等7个方面，对为老服务组织以及服务质量提出了规范要求。这一规范于2008年5月被省质监局作为地方标准立项。到2008年底，全区64个社区居委会均建立了居家养老服务工作站，并按照居家养老服务规范全方位开展居家养老服务，居家养老服务质量有了保障。玄武门街道的这一做法受到全国老龄办肯定，玄武门街道被称为"没有围墙的敬老院"。

品牌之六：区教育办公室、教育局开办社区学堂

社区学堂以文化讲坛的形式，让政府官员、专家学者、名人名流来到老百姓中间，与居民零距离接触，居民在家门口就能享受内容丰富的高质量的文化熏陶。学堂还为社区居民关注的热点、难点、焦点问题释疑解难。社区学堂每月开课一次，在全区各个街道社区学校轮流开讲。到2007年底，社区学堂已先后开设了《"八荣八耻"宣讲》《解读玄武"十一五"发展蓝图》《心理健康辅导》《共建共享玄武教育现代化》等36课，受众27 000多人。

品牌之七：锁金村街道锁金三村社区开设"开放空间论坛"

"开放空间论坛"是就居民们关心的问题，把社区居民集中来讨论的一种会议形式。它的"开放"之处在于每个居民都可以是讨论会的发起者，也可以是讨论会的参加者。由于不同的参会者对讨论主题的理解有所不同，"开放空间论坛"可为讨论主题提供更多的观点、思路和解决方案，使参会者通过讨论形成共鸣，达成共识。"开放空间论坛"先后开展了21场讨论，有千余人参与，制定出了《锁三社区文明公约》，开辟了"狗狗乐园"，成立了由18名居民组成的"文明督导队"，实施了门球场改建成休闲广场等工程。居民们称"开放空间论坛"是以共鸣求和谐的讲坛。

品牌之八：公教一村社区开辟"幸福留言墙"

公教一村社区在邻里中心外的玻璃墙上，开辟了一块宽1.5米、高1.8米的"幸福留言墙"。留言墙分为"评议栏""晒过去""秀现在""梦未来"等4个板块。"评议栏"评议社区里发生的一些家庭琐事、邻里纠纷、社区内发生的好事和不良行为等，给居民一个说话评理的地方。"晒过去""秀今天""梦未来"3个板块，让居民讲述发生在自己身上的故事。从2006年7月开始，已讨论邻里纠纷、文明素质等各类问题42次，居民发表个人讨论留言412条、建议23条。

品牌之九：红山公园社区组建老年协会

以自我管理、自我服务、自行运作、自主发展为特色的老年协会，是围绕"六个老有"（老有所养、老有所医、老有所教、老有所学、老有所为、老有所乐）的新颖活动载体。老年协会丰富了老年人的健康生活，增强了老年人融入社会、融入时代、融入社区和服务社会的能力，成了老年人热心参与社区建设，积极化解社区内的矛盾，反映社情民意的平台。老年协会成立5年来，举办了7次千人以上的大型文艺演出，每年开展各种形式的文艺活动30多场，参与群众达2万人次，获得了多项荣誉。

品牌之十：区委组织部、团区委实行志愿者（义工）"五化"管理

把开展志愿服务与帮助群众解决实际问题结合起来，建立志愿者"五化"服务管理机制。一是健全组织机构，实行网格化覆盖。二是实行项目运作，为社区居民提供专业化服务。三是建立服务基地，推行实体化运作。四是加强网站建设，实行信息化管理。五是完善对志愿者的鼓励措施，进行星级化评估。2008年底全区网上注册志愿者达53 085人，全年各级志愿者累计参加志愿服务逾4万人次，成了和谐社区建设中的一支重要力量。

品牌之十一：玄武门街道推行认领公益项目的"众蕊计划"

街道每年年初公布需要认领的公益项目清单，驻街道各单位根据自己的实际情况选择认领，签订公益项目认领协议，明确任务、完成时间及责任等。"众蕊计划"至2008年底运作1年多来，先后有"精品街区整治""社区体育中心建设"等10个项目，分别被3304厂、省地质测绘院等驻区单位认领，公益性投入总额达数百万元。"众蕊计划"的实施，美化了社区环境，提高了居民生活质量，密切了驻区单位与社区群众的联系，促进了社区和谐，受到了居民的称赞。

品牌之十二：后宰门街道、区纪委开发和谐社区建设"群众点评台"

街道在点平台上公开党务政务、勤廉公示，公布社区建设信息和办事指南。社区群众可以对街道、社区的工作进行评议，对街道机关干部工作实施监督。自2008年8月后宰门街道在3个社区试办"群众点评台"后，到当年底共收到社区群众各类意见和建议68条，街道、社区根据群众提出的问题进行整改，受到了群众的好评。

四、首创《和谐社区评价准则》

经过几年探索，锁金村街道制定了《和谐社区评价标准》，并在2007年开始实

施。这个评价标准从民主法制、公平正义、诚信友爱、充满活力、安定有序、人与自然和谐相处等6个方面,采取定性与定量相结合的办法评价和谐社区的建设。评价指标共有30个类别96项内容,由专家组和普通群众根据每个类别每个项目的量化分值进行打分,总分值为1 000分。比如在社区"居家养老"评价标准里,就有社区依托街道老少照料中心,健全社区为老年人服务网络,从组织上、制度上、人员上、物质上保障社区为老年人服务事业的开展情况,分值为10分。

评价标准旨在使"和谐社区"由一种理念变成一系列可操作、可评测的指标。有了这个标准,居民和政府就犹如有了一把"和谐尺",居民可衡量社区和谐程度、个人幸福状况,评价政府部门的政绩;政府部门则可用这把"和谐尺"来改进工作,规划未来。

2005年4月29日,时任全国人大常委会委员长吴邦国就和谐社区建设工作考察了锁金村街道,对完善《和谐社区评价标准》提出了指导性意见。2006年初,国家标准化委员会对锁金村街道的《和谐社区评价标准》进行了修订,形成了玄武区一级的《和谐社区评价准则》和《和谐社区评价准则实施细则》。

民政部对锁金村制定的《和谐社区评价准则》给予了高度评价,称这个标准突破了和谐社区建设无规范、缺标准的瓶颈,在国内属首创。2007年7月,民政部给锁金村街道颁发了"全国和谐社区建设自主创新奖"。

2008年,区民政局专门邀请高校学术机构课题组,作为政府和群众之外的"第三方",对居民满意度、幸福指数和人文素质进行抽样调查,根据《和谐社区评价准则》进行评价。测评结果表明,群众对社区工作的综合满意度达85%的高分。

第十八章　坚持创新驱动、内生增长、绿色发展

党的十七大提出的加快经济发展方式转变,是我国经济领域的一场深刻变革,对经济发展理念、目的、战略、途径等提出了新的更高的要求。区委认为,党的十六大以后,经过连续几年的较快发展,玄武区进入了经济实力的稳定上升期、创新驱动的关键突破期、城区品质的优化提升期和社会发展的高位跨越期,但空间和资源硬性约束更趋刚性,传统生产要素的经济贡献率逐步递减,优势资源向优质生产力转化不足,居民收入增长滞后于经济增速,解决发展遗留问题与社会新生矛盾的紧迫性更加突出,已经到了必须以更大的力度创新发展方式、增强内生动力、创新社会管理、促进和谐稳定的紧要关口。区委强化辩证思维,正确处理好现实挑战与战略机遇、速度规模与质量效益、有形资源与无形资源、局部提升与全面协调的关系,以极大的魄力和胆略,制定了产业发展新方略,集中推出了加快重点产业发展、发展总部经济和聚集高层次人才等政策措施,以创新驱动、内生增长和绿色发展,提升科学发展水平,从根本上破解发展难题。这期间,虽然遇到了世界金融危机,但在区委的领导下,各级领导班子带领全区人民主动作为,战胜了金融危机的影响,保证了经济继续向好的势头。

第一节　制定产业发展基本方略

2008年2月15日,区政府印发了《关于进一步加快重点产业发展的若干意见》《关于加快发展总部经济的实施意见》《关于发展科技信息产业的实施意见》《关于加快发展文化旅游产业的实施意见》和《关于加快发展商贸商务产业的实施意见》等5个文件。这5个文件遵循区委关于发展优势产业的方针,提出了全区"十一五"期间的产业发展基本方略——以邓小平理论和"三个代表"重要思想为指导,

以科学发展观为统领,坚持统筹发展与突破重点相结合、扩大规模与兼顾成长相结合、强化引进与自我培育相结合、政府引导与市场运作相结合,以发展总部经济、特色经济和服务外包为突破口,集中全区优势"兵力",把玄武区建设成为南京最具经济实力、创新活力、人文魅力的现代化核心区。

一、加快重点产业的发展

科技信息、商贸商务、文化旅游是玄武区的3大产业。区委、区政府计划在5年内初步建成8个产业集聚区,建成5幢以上的税收超过亿元的楼宇、15个以上的税收超过千万元的都市产业园区(街区),培育4家以上的税收过亿元的总部型企业,实现3大产业税收年均增长35%以上,其税收总量占区财政总收入的70%以上。

区政府每年安排不少于3 000万元作为3大产业发展的专项引导资金。各街道根据辖区内产业实际,安排一定的资金,与区引导资金相配套。引导资金的扶持对象为世界500强、国内100强企业,具有总部经济特征的知名企业总部;区以上认定的现代服务业集聚区、都市经济园和特色产业街区;区产业领导小组认定的重点楼宇和对全区经济发展有突出贡献的优秀企业,以及其他需要扶持的企业。引导资金使用方式灵活多样,根据企业项目的不同特点,可以采用配套资助、奖励、项目补贴、房租或购房补贴、贷款贴息等不同方式。

区政府成立3大产业发展领导小组,牵头负责引导资金的管理、申报和使用,规划、指导、服务相关产业发展,把握发展趋势,组织企业招商。采取"一门式"办公、"一站式"服务等方式,建立"绿色"通道,营造宽松环境,为企业提供工商、税务、环保、安全等方面的服务,并努力提升服务水平。区政府每年对牵头部门实施专项考核。

二、提高科技信息产业自主创新能力

区委、区政府计划到"十一五"末,全区科技信息企业超过1 500家,实现销售收入500亿元;培育年销售收入亿元企业15家,年销售收入5 000万元的企业25家,年销售收入1 000万元的企业35家;每年新认定高新技术企业5家以上,年专利申请量不低于1 500件,实现专利成果转化且落户玄武区的不少于50项。提高科技信息业税收在全区财政收入中的贡献度,每年新增税收超过500万元以上的科技企业5家以上，科技信息税收年增长50%左右，"十一五"末达到或超过6亿元。

根据玄武区的基础、现有条件和发展前景，区委、区政府确定了科技信息产业的重点发展领域：软件业——重点发展行业应用与管理软件、中间件技术与产品、嵌入式软件与终端产品、信息安全软件与产品、Linux系统技术与产品、动漫技术产品，软件出口、外包及相关服务等领域。集成电路——重点发展集成电路设计、核心芯片、嵌入式CPU等领域。现代通信——重点发展电信、移动增值服务，数字终端产品研发，网络与信息服务等领域。生物医药——重点发展具有自主知识产权的化学新药、创新型药剂、现代生物技术制剂和新型医疗器械等领域。节能环保——重点发展新能源技术、节能技术、清洁生产技术的开发与应用，污染物、废弃物的无害化处理、回收再利用等领域。

为了加快科技信息产业发展，区委、区政府制定了改革开放30年以来，玄武区对科技信息产业扶持力度最大、覆盖面最广、涉及单位最多、形式最为灵活的19项鼓励措施，其中加快产业聚集方面4项、推进产学研结合方面4项、引导企业自主创新方面5项、健全科技投融体系方面3项、加强人才队伍建设方面3项。

加快产业聚集方面的4项鼓励措施为：鼓励开发商及业主单位建设科技信息产业园区（街区），对新建设的科技园区（街区），给予50万元以内的建设改造补贴。鼓励开发商及业主单位打造科技定位明确的专业楼宇，对与玄武区签订战略合作协议并共同打造科技特色楼宇的，给予100万元以内的建设改造补贴或奖励。鼓励和支持园区自主开发、建设公共技术平台和公共服务平台，给予30万元以内的补贴。鼓励科技企业集聚发展，对入驻科技园区（街区）的软件、集成电路、现代通信、生物医药等重点行业企业，优先给予相应的项目补贴、租房购房补贴、贷款贴息、贷款担保或奖励。

推进产学研结合方面的4项鼓励措施为：鼓励企业与高等院校、科研院所共建工程技术中心或企业研发中心，开发产业共性或关键性技术，给予30万元以内的项目补贴。鼓励科技规模企业从高等院校、科研院所引进科研成果或自主研发具有自主知识产权产品并实施产业化，给予20万元以内的项目补贴。鼓励高等院校、科研院所利用科技优势进行产业开发，对各高校及科研院所相关项目在玄武区注册并经营的，特别是应用新技术、前景广阔的，给予20万元以内的租房补贴或项目补贴。鼓励高等院校、科研院所在区内建立重点实验室、研发中心、公共技术服务平台等科技公共基础设施并对外提供市场化服务，给予10万元以内的奖励。

引导企业自主创新方面的5项鼓励措施为：鼓励科技企业开展各项科技资质认定工作，对通过高新技术产品和企业认定、软件产品和企业认定的，给予一次性奖励；对通过CMM/CMMI认证并获得省、市主管部门奖励的企业，给予10万元以内的一次性配套奖励；对通过系统集成资质认证或集成电路设计认证的企业，给予2万元以内的一次性奖励。鼓励企业积极申报各级各类科技计划项目，对获得国家、省、市专项支持的科技企业，给予一定配套资助。鼓励企业加强自主创新，争创品牌，对具有自主知识产权的产品被评为各级名牌产品的科技企业，优先给予奖励。鼓励企事业单位加强知识产权保护，对符合区高新技术产业发展重点领域的高新技术产品和相关技术服务，政府通过采购的方式，推动其进入市场应用；对获得软件著作权登记、集成电路布图设计登记的企业，在国家主管部门收取的实际发生费用额度内，给予一定补贴。大力培育拥有核心竞争力的软件外包企业，对新引进和新培育的软件外包企业，给予30万元以内的项目补贴。

健全科技投融体系方面的3项鼓励措施为：鼓励国内外投资者来区设立风险投资机构，营造中小企业发展的良好金融环境。对新注册资金1 000万元以上的科技风险投资机构，投资玄武区科技信息产业导向项目的资金，3年内累计超过其注册资本或出资总70%的，给予上限为20万元的补助。对新注册资金3 000万元以上的科技贷款担保机构，为玄武区科技信息产业导向项目贷款提供担保，并以不高于国家规定标准收取担保费的，给予上限为10万元的补助。区中小企业担保公司优先为具有较好发展前景的中小型科技企业提供贷款担保。成立玄武科技创业风险投资公司，对具有成熟商业计划和潜在商业价值的科技企业或项目进行风险投资。

加强人才队伍建设方面的3项措施为：每年表彰奖励对全区科技信息产业发展贡献突出企业（综合贡献前10名、成长进步前10名）的负责人，给予10万元以内的奖励。鼓励企业建立博士后工作站。每新建一个且运行正常，给予20万元以内的一次性补贴。对从事科技信息产业人才培训，培训规模与质量达到一定标准、毕业生在玄武区就业情况较好的企业，给予5万元以内的奖励。

三、拓展商贸商务产业发展空间

区委、区政府计划至"十一五"末，全区新引进国际一线品牌企业50家以上，引进和培育影响力强的国内外连锁企业15家以上，形成南京高档商贸集群。商贸商务业总税收年增长35%以上，至"十一五"末，年税收超过22亿元。每年新增服务外包企业 25 家，实现服务外包产业销售收入 15 亿元以上，其中出口额 2 亿元以上。以新街口商圈玄武核心区为中心，打造以总部经济为特征的商端商务集聚区，大力发展为生产服务的现代商务业，形成南京高端商务产业群。争创国家、省、市"社区商业"示范区，为居民群众提供便利的社区商业服务。确定现代百货业、金融保险中介等商务服务业、科技产品流通和汽车汽配贸易等商贸流通业、新兴电子商务业以及社区商业，为全区重点发展领域。

区委、区政府围绕加快商贸商务产业聚集、实施品牌战略、突出创新发展和发展社区商业制定了一系列鼓励政策。引进国际著名百货企业入驻德基广场、珠江壹号、新世界百货、凯润金城等重点商业楼宇，给予 50 万元以内的房租补贴。积极入驻红山、孝陵卫商贸商务中心，对商业中心建设有重要支撑作用的国内外知名百货企业或大型超市企业，给予 30 万元以内的租房补贴。鼓励各类特色商业街区形成消费特色，提升综合消费能级，对已经认定的特色街区，给予投资方 30 万元以内的项目补贴。对首次进入南京市场的国际一线品牌，在玄武区成立独立核算法人的企业，给予 50 万元以内的一次性租房或购房补贴。对经营业主引进国际一线品牌的，给予 30 万元以内的一次性补贴。对首次进入南京市场的外地品牌连锁企业，在玄武区成立独立核算法人企业并汇总纳税的，给予 30 万元以内的一次性租房或购房补贴。对新引进的服务外包企业，或积极参与国内外服务外包业务的区内重点企业，给予 30 万元以内的项目补贴。对被评为国家级的商业示范社区、省级商业示范社区、市级商业示范社区，分别给予 20 万元、15 万元、10 万元以内的补助。对农贸市场升级改造项目，给予 30 万元以内的补贴；对被评为国家级或市级绿色市场的，给予 5 万元以内的奖励，以鼓励为社区居民提供更方便、更优越的消费环境。

四、鼓励创新发展文化旅游产业

区政府出台的《关于加快发展文化旅游产业的实施意见》，对文化旅游产业提出了新的发展目标："十一五"期间，每年新增文化旅游企业 100 家以上，每年新增税收 500 万元以上的文化旅游企业超过 4 家。文化旅游产业增加值每年增幅达 30％以上，到"十一五"末，文化旅游产业增加值占全区 GDP 比重 10％以上。文化旅游业总税收年增长 40％以上，"十一五"末超过 7 亿元。

意见确定了文化旅游业重点发展领域。动漫游戏业：重点扶持动漫和网络游戏作品研发制作、交易及衍生产品开发等。旅游业：重点扶持休闲旅游、生态旅游、体验旅游等深度旅游。创意设计业：重点扶持产业研发设计、建筑设计、文化艺术设计、咨询策划设计、时尚消费设计等新兴文化创意行业。休闲娱乐业：重点扶持演艺、广播影视节目制作与交易，以及大型娱乐休闲等行业。新闻传媒和出版发行业：重点扶持出版发行和版权服务行业、音像图书出版物制品交易市场、广告业等。会展服务业：重点扶持大型展会、特色展会及其衍生行业。体育产业：重点扶持体育产品开发与市场、运动员经济、大众健身、体育媒体与市场等。

为了加快文化旅游产业的集聚和创新发展，区政府制定了4项鼓励政策：一是鼓励业主单位或第三方参与开发建设文化产业园、创意产业园、休闲创意街区、古玩字画等文化艺术品交易市场、特色旅游用品交易市场，对新建设的各类文化产业园区、街区和市场，给予50万元以内的建设改造补贴。对成功创建"国家级文化产业示范基地"的园区，给予10万元以内的配套奖励。二是鼓励和支持园区自主开发，建设公共服务平台，特别是对建设数字动漫或创意设计等要求较高的对公共服务平台的园区，给予30万元以内的补贴。三是鼓励文化、旅游相关企业集聚发展，对入驻文化旅游产业园区（街区）的相关企业，特别是能形成产业链或集聚效应的重点企业，除积极帮助其争取省、市文化旅游产业相关政策的扶持外，优先给予相应的项目补贴、租房购房补贴、贷款贴息、贷款担保或奖励。四是充分调动企业家发展文化旅游产业的积极性，每年表彰奖励对全区文化旅游产业发展贡献突出企业的负责人（综合贡献前10名、成长进步前10名），给予10万元以内的奖励。

为了推动文化产业特色发展和旅游产业创新发展，区政府还另外制定了11项奖励措施，其中文化产业6项、旅游产业5项（具体内容略）。

第二节 构建人才聚集高地

一、实施"432"人才计划

随着经济社会发展，人才工作在科学发展、建设更高水平全面小康社会，以及在区域竞争中越来越具有决定意义。区委认为，近年来玄武区人才队伍建设取得了一定成绩,但是人才总量和人才综合竞争力还不能适应经济社会事业发展的需要,特别是急需的高层次、复合型人才缺乏,人才结构分布也不尽合理,人尽其才的用人机制还有待完善。人才工作跟不上经济社会发展这个尖锐问题,已经摆在全区各单位、各部门面前。区委要求各单位、各部门务必审时度势,增强责任感和紧迫感,从全局和战略的高度,充分认识人才的基础性、战略性和决定性作用,积极营造育才、聚才、用才、爱才的良好环境,努力开创人才工作新局面。

2008年7月,区委召开人才工作会议,制定了《关于加强人才工作的意见》,决定围绕全区经济社会事业发展目标,重点实施"432人才计划",加快推进人才强区进程。"4",就是要加强4支人才队伍建设——以增强科学判断能力,应对复杂局面、依法执政和总揽全局能力为重点,培养造就一支充满生机与活力的党政人才队伍;以推动区域产业发展为重点,吸引和凝聚一批具有较强驾驭市场经济和管理现代企业能力的经营管理人才队伍;以专业领域自主创新与发展为重点,培养造就一批高素质的专业技术人才队伍;以加强社会管理、改进社会服务、促进社会和谐稳定为重点,培育建设一支社会工作人才队伍。"3",壮大三大产业骨干人才队伍——服务全区重点产业发展,建立健全高新技术产业人才协会、新街口核心区商贸商务业经营管理人才协会、文化旅游人才协会三大产业人才协会。依托3个协会,吸引、带动更多的人才集聚玄武区,促进玄武区主导产业发展壮大。"2",形成2个人才集聚区——围绕加快新街口、徐庄两个核心增长极发展,完善关联产业及配套服务,打造适合国际国内各类人才聚集、创业、生活的功能区,加强产业引导,选名企、招大商,鼓励和支持企业大力引进高层次人才、急需人才,逐步形成以商贸商务业经营管理人才、高新技术产业人才为主体的新街口核心经济区和徐庄软件产业基地2个人才高地。

为了确保"432人才计划"的实现,区委、区政府加快人才培养和引进步伐。广泛采取公推、竞聘等方式,建立健全民主、公开、竞争、择优选拔的党政人才机制,并通过到外地挂职和选派到重点项目、社区锻炼干部。坚持"请进来"和"走出去"相结合的工作思路,同步推进海外高层次人才引进和本土人才国际化提升,以人才国际化加速人才高端化。推行"创新在高校、创业在园区"模式,引导驻区高校院所的内生型优秀人才走出校区、走进园区,为科技创业创新提供源源不断的人才支撑。依托三大产业人才协会,组织经营管理人才和专业技术人才研讨培训、参观考察等活动,为人才"充电",提供吸取新知识、新技能的机会。依托省、市高层人才中心、珠江路IT人才市场等载体，帮助企业引进专门人才。鼓励企业事业单位采取聘请顾问、技术合作、委托开发、人才租赁等柔性方式，灵活引进高层次人才。大力营造鼓励人才干事业、支持人才干成事业、帮助人才干好事业的区域环境，引导各类人才到玄武区经济社会急需的地方施展才华。2008年7月28日，区委、区政府决定，建立每年不少于100万元的区级人才工作专项资金，用于区级人才的培养、招聘、表彰和奖励。从政策上支持、鼓励用人主体、企事业单位在增加人才培训费用方面的投入。鼓励、引导境内外社会组织、民间资本以多种形式支持人才资源开发，为更多的人才成长和创业创新提供物质保障。

二、发挥政策效应，广开招贤之门

区委认为，人才工作的竞争，很大程度上是人才政策的竞争。人才高地，也必然是人才政策高地。要把制定有吸引力、竞争力的人才政策作为吸纳人才工作的抓手，用一流的政策吸引一流的人才。

在市场经济条件下，优秀人才是有价的。为了吸引高层次人才，2008年7月28日，区委、区政府专门制定了引进主导产业高层次人才的政策。政策规定，对引进的科技信息、文化旅游、商贸商务三大主导产业骨干企业所急需的高级经营管理人才和掌握关键技术的高层次研究开发专家，通过人才所在单位一次性给予每人不超过5万元的创新资金资助。对携带在国内或国际上处于领先水平的技术成果到玄武区创办企业，其产品符合玄武区主导产业发展方向，有较大市场潜力和预期有较好经济效益的企业领军人才，一次性给予每人（团队）不超过10万元的创业资金资助，对创办企业提供不超过100万元的贷款担保，并从区产业引导资金中一次性给予5万~10万元的购房补贴或5万元的租房补贴。区有关部门积极推荐高层次产业人才参加省、市高层次创业创新人才及项目申报工作，争取省、市资金扶持。完善优秀人才职称评定方法，对高层次人才优先予以评聘，协助高层次人才办理技术职称评定、晋升等手续，并适当减免人事档案保管费。帮助引进的高层次人才解决购房、落户、子女入学等问题，为他们在玄武区生活、工作创造必要条件，从多方面加大对高层次人才的激励。

区委、区政府特别注重完善和健全科学的人才评价机制，排除陈规陋习，坚持以能力和业绩为导向评价人才。克服人才评价中重学历、资历，轻能力、业绩的倾向，通过实践检验人才。对党政人才的评价重在群众认可，对经营管理人才的评价重在市场和出资人认可，对专业技术人才的评价重在社会和业内认可，对社会工作人才的评价重在服务对象认可。每2年开展一次杰出人才及突出贡献专家评选表彰活动，鼓励各单位进行不同层次的优秀人才和优秀成果的评比表彰。对被评为玄武区杰出人才或有突出贡献专家的各类人才，由区委、区政府颁发荣誉证书，给予奖励以及相应待遇。通过多种措施，真正做到优秀人才进得来、留得住，都有充分发挥自己聪明才智的舞台，竞相迸发创新创优活力。

三、完善人才服务系统

区委、区政府坚持以人为本，不断完善服务体系和丰富服务内容，全面提升服务品质，把更好地满足企业与人才的实际需求，更有力地推动人才的成长发展，作为服务的出发点和落脚点。全区人才服务工作呈现3大特点：

从常规服务到专业化服务。区人才工作办公室等职能部门多次组织相关部门的一把手、分管领导和具体工作人员，分层次、有重点地开展玄武区产业定位、业务技能知识等培训，让管人才的人了解人才，懂得人才的工作、生活特点。2012年10月，区人才工作办公室与苏州大学联合举办了玄武区人才工作者专题培训班，考察学习苏州工业园区、昆山市人才工作的先进经验，一起研讨玄武区人才工作思路，提升人才工作者的素质。根据许多人才（特别是青年人才）的专业要求，区人才工作办公室多次牵头组织"一对一"辅导，协助人才制作、修改项目申报书、PPT，邀请相关领域的专家审阅、修改人才创业计划书，使创业计划更符合实际，更富有可操作性。多次举办"321计划"申报、"省双创计划"申报的专题辅导会、模拟答辩会，邀请专家现场指导，为人才提供专业化服务。

从通用性服务到个性化服务。区委、区政府建立"重点人才领导联系制"，印发区委、区政府领导联系重点人才名单，以文件形式明确区领导联系的人才对象。区级重点人才区领导亲自抓，街道、园区重点人才各街道、园区领导亲自抓，重点联系、走访和实行"面对面"服务。开通玄武工商绿色通道，各街道、园区配备人才的"一站式"服务专员，为人才提供金融代办服务。在区人力资源和社会保障局开设高层次人才服务窗口，受理政策兑现、政务、财税等服务。严格按照市委、市政府要求，及时、足额兑现人才创业扶持政策，2012年向入选"321引进计划"的77名人才一次性兑现了8 400万元的创业启动资金，通过人才所在的实体兑现办公场所和公寓，兑现率位居全市前列，在海内外人才中树立了玄武区关心爱护人才和重信重诺的良好形象。

从单项服务到全方位服务。按照区委、区政府要求，进一步创新服务内容，不断完善"一揽子"人才服务体系。建立人才与企业成长规划制度，将人才项目与科技项目结合起来，根据人才和企业的自身特点，申请更好、更高级别的人才项目和科技项目，使服务长效化。依托物联网与集成电路设计产业园、钟山生命科学园等产业园区，建设了一批公共技术服务平台，引导高校院所公共技术平台向园区和企业开放，为企业人才发展和成长提供价低质优的公共服务。在全省率先建成以科技金融服务为主题的南京科技金融园和长三角技术产权交易中心，并以此为基础和平台，建立门类齐全的投融资体系，为高层次人才科技创业创新提供全方位的金融支撑。在继续做优"玄武一号"、中小企业互助资金等现有金融产品的基础上，推出了"科技金融支持中小企业发展便民计划"，针对人才创新创业的不同发展阶段推出相应的科技金融服务产品，使资金的使用更科学、更有效。

区委、区政府在每年之初都制定全年人才工作目标，排出全年人才工作必须完成的任务和需要解决的问题，并把每项工作落实到相关责任单位。比如，2010年全区人才工作目标共有35项，其中的第1项为"面向海内外引进一批拥有自主知识产权、符合玄武区产业定位，以带技术、带项目、带资金形式来玄武区创新创业的高层次人才和团队，引进3名左右省高层次创新创业人才，力争5~8名人才纳入省高层次创新创业人才培育计划"，责任单位是徐庄管委会和各街道；第20项是"招录、引进10名左右具有研究生学历的公务员，充实党政人才队伍"，责任单位是区委组织部和区政府人事局。每一项的目标非常具体，可操作性强。每年的人才工作目标都纳入全区"四个建设"责任体系，年底对各责任单位进行考核，确保人才工作年年有进步，年年出新貌。

经过几年的努力，全区高层次人才引进和培养计划初见成效。2009年全区从海外归来到玄武区兴办企业的高层次人才有王鹏、徐明等10多人，其中3人被评为"江苏省创新创业人才"，各获得了100万元的资助。作为中国软件名城的重要窗口、玄武区"一园四极"发展格局中的重要一极，徐庄软件园成功集聚了一批海内外高层次创新创业人才。截至2012年12月底，徐庄软件园已引进国家级人才计划10人、省"双创"计划19人、省科技创新团队5人、省"333"人才工程12人、省"博士集聚计划"8人、市领军型科技创业人才42人、市科技创业家7人等各类高层次人才百余人；涌现施向东与水木动画、陈伟与矽力杰、徐明与博兰得、逯利军与赛特斯等一批国家级人才计划创业人才和高成长性科技企业（"水木动画""矽力杰""博兰得""赛特斯"均为企业名称）；汇聚了叶甜春、尤肖虎、黄晓刚等多位国内顶级专家；建成了南京市徐庄软件园管理委员会博士后科研工作站、江苏先声药业（集团）有限公司博士后科研工作站和江苏正大天晴药业股份有限公司博士后科研工作站等3家国家级博士后科研工作站，以及先声药业省级院士工作站和先联信息市级院士工作站等2家省、市级院士工作站。高层次人才聚集高地在徐庄软件园区已经初具规模。

第三节　利用区位优势发展总部经济

一、总部经济是区经济发展的必然选择

总部经济是将企业价值链与区域资源实现最优结合，对区域经济发展产生重要影响的一种经济形态，也是中心城市经济发展到更高阶段，推进产业升级，实现都市经济发展内涵式、集约化、可持续的内在要求。玄武区作为中心城区，拥有良好的区位优势和比较完善的基础设施，拥有丰富的行政、人才、信息、技术资源，生态环境好，文化氛围浓厚，现代服务业比较发达，发展总部经济具有比较优越的条件；同时，作为发展相对成熟的老城区，空间约束日益突出，迫切需要提升资源整合力和辐射带动力，实现发展方式转变。在这样的背景和条件下，2007年11月23日召开的区委九届十六次全委（扩大）会议决定把发展总部经济作为优化结构、拓展空间、扩张总量、提高综合竞争力和可持续发展能力的战略选择，明确提出把总部经济作为未来玄武区经济发展的主攻方向之一，最大限度地发挥比较优势，加快打造一流环境，加快构筑一流载体，加快引进一流企业，推动全区经济尽快踏上新台阶。

在区委作出发展总部经济的决策之前，区发改局便召开总部经济发展研讨会，邀请区政府专家咨询委员会10名专家建言献策。多位专家认为应该把发挥自身优势、培育总部经济作为全区发展经济的"重中之重"，引导各经济部门和街道领导

层对发展总部经济有新的认识。随后，区招商局又对全区发展总部经济的现状、经验和困难进行了分析，为区委、区政府决策提供参考。2007年底，区委作出发展总部经济的决策之后，区政府拨出专款，聘请东南大学经济管理学院院长徐康宁教授对玄武区总部经济发展战略进行专题研究，从理论和实践的结合上推动总部经济的健康发展。

从玄武区的实际出发，区委、区政府主要发展5类总部型经济：国家和中央部委确定的大企业（集团）总部或分支机构；世界500强、国内100强企业的总部或分支机构；上市公司的总部或分支机构；年营业额1亿元以上的规模企业；其他符合玄武产业发展导向，经区相关产业发展领导小组认定的企业。

根据总部经济发展需要，区政府相关部门建立健全了工作机制。招商局是总部经济发展的主要工作部门，2008年招商局建立了"总部经济重点楼宇"评选和定期招商等制度，为发展总部经济跨出了重要一步。在2008年4月南京市重点项目洽谈会上，玄武区举办了总部经济投资说明会，置地广场、汇杰广场等6幢楼宇被区政府命名为"总部经济楼宇"。下半年，招商局组织小分队赴苏北等地开展总部经济专题招商活动，与一批潜力巨大、有来宁发展意愿的民营企业成功对接，建立了卓有成效的沟通渠道。区招商局通过登门拜访、邀请访问及合作推动项目等方式，与高力国际、戴德梁行、仲量联行、世邦魏理仕、第一太平戴维斯等国际知名中介机构建立紧密联系，在资源推介、信息互通、客户协调和地块项目等方面加强合作，在互利双赢的基础上推动玄武区总部经济与世界经济对接，扩展各类总部经济的数量规模和提升总部经济的品质。

二、出台加快发展总部经济扶持政策

2008年2月15日，玄武区政府制定了加快总部经济发展的优惠政策，国家和中央部委确定的大企业（集团）总部或分支机构，世界500强、国内100强企业总部或分支机构，上市公司的总部或分支机构，年营业额1亿元以上的规模企业都可享受新制定的优惠政策。

新制定的优惠政策主要有：对新引进的境内外大型企业总部或地区总部，在玄武区购买自用办公用房的，给予100万元以内的购房补贴；租赁自用办公用房的，给予50万元以内的一次性租金补贴。鼓励总部企业快速扩张。对基本符合上市条件、有意向上市融资的总部企业或规模企业，区政府积极支持，由相关部门帮助其解决上市过程中遇到的各种困难和问题。对贡献特别显著的，给予 300 万元以内的贴租或贴息。鼓励规模企业向总部型发展。对有重大并购或重组计划，不断向区外扩张、壮大企业规模，向总部型企业发展的规模企业，根据其经济贡献度和企业扩张投入，给予相应补贴。每年评选对全区经济发展或相关产业发展贡献突出的优秀总部企业家(或优秀规模企业家)，给予 30 万元以内的奖励。鼓励总部企业负责人参选市区人大代表、政协委员，提高他们参与玄武区建设的积极性。对新引进纳税额超过 300 万元的外地来宁企业，当年按其增值税和企业所得税区库留成部分的 20% 予以扶持。对成长潜力大、发展快的新经济企业，特别是成功利用国内外知名风险投资的企业或项目，重点扶持，给予 20 万元以内的项目补贴。

区委、区政府计划通过这些优惠政策的实施，使玄武区成为全市发展总部经济的一方热土。据 2008 年底统计，全区共有年纳税额 100 万元以上的总部型企业 72 家，其中：全国总部 35 家，如依维柯、先声药业等；区域总部 13 家，如南京海尔工贸、江苏富士达电梯等；区域职能总部 24 家，如趋势科技等；世界 500 强的区域总部、职能总部或分支机构 21 家，如西门子江苏分公司、南京麦当劳、马士基航运南京分公司、ABB 南京分公司等。全年总部型企业纳税总额 8.68 亿元，占全区当年财政总收入的 28%。全区总部经济初具规模，已成为全区名副其实的新的经济增长点。

三、成长中的总部经济三大板块

从发挥地区优势出发，区委、区政府经过科学规划，形成了不同特色的发展总部型经济的 3 大板块，即：新街口核心经济区、徐庄软件产业基地、环紫金山环玄武湖总部经济产业带。

新街口核心经济区——新街口玄武片区面积约 5 平方千米，人口约 17 万，是全区资源最集中、条件最优越的地区。仅新街口街道范围内单体建筑面积 3 000 平方米以上的楼宇达 90 幢，近 260 万平方米，在建的还有德基广场二期、凯润金城等 13 个项目，在未来 2 年内，将新增商业营业面积 30 万平方米、商务办公面积 42 万平方米。作为南京总部经济发展的重点区域之一，新街口核心区着重吸引国内外区域总部和职能总部入驻，形成了以区域总代理、结算中心、投资中心、营销中心、采购中心、国内外金融机构分支机构等为主的总部集聚区。在全区 72 家总部型企业中，有 40 家在新街口核心区(包括新街口和梅园新村 2 个街道)，占总数的一半以上；全年纳税额3.36亿元，占总部型企业纳税总额的38.6%。

徐庄软件产业基地——徐庄基地位于钟山风景区东部，交通便捷，多条国道和高速公路交汇于此。基地按照国际一流科技园区的标准建设，占地面积265公顷，规划总建筑面积为130万平方米，其中研发用房占60%。作为南京打造软件名城的重要标志和代表性地区，徐庄软件产业基地充分利用政策优势和品牌优势，吸引国内外大型企业研发总部入驻，形成以研发总部为主的总部经济集聚区。截至2008年底，先声药业、中科集团等总部型企业和西门子、ABB公司等世界500强企业的总部和分支机构已抢先一步入驻徐庄软件产业基地。

环山环湖产业带——环紫金山环玄武湖产业带是玄武区未来发展总部经济重要的预留空间，其中，熊猫集团原厂区规划建筑面积40万平方米以上，是南京全市核心城区最后一块宝地，是玄武总部经济持续发展的重要保障。孝陵卫地区将成为以生物医药研发为重点的生态型总部经济基地。环玄武湖特色产业带将发展以文化创意、休闲娱乐等为重点的特色经济，并以周边环境和景观建设为契机，打造一批总部经济基地。

根据区政府的发展规划，在"十一五"期间，每年引进世界500强、国内100强、央企或上市公司等大型企业在玄武区设立地区总部或职能总部3家以上，引进其他国内外龙头企业在玄武区设立地区总部或职能总部10家以上。力争到"十一五"末，全区各类总部型企业达100家，总部经济税收在全区财政总收入中的贡献度达50%以上。通过3~5年时间的工作，把新街口玄武片区和徐庄软件产业基地分别建设成为省、市知名的商务型企业总部集聚区和科技型总部企业集聚区。

第四节 成功应对世界金融危机影响

一、世界金融危机波及玄武区

从2008年下半年开始，玄武区经济受国际金融危机的影响越来越明显，一些企业开始减产、降薪、裁员，外向型经济受到很大冲击，房地产、金融等产业的效益明显下滑。2009年7月24日，区长助理、区发改局局长王东受区政府委托，在区政协常委会议上通报了世界金融危机对玄武区经济的影响情况。他说，有3个方面值得特别关注：

信心下跌。全区企业家信心指数和企业景气指数双双下降。这场危机引起的企业效益下滑、个人资产缩水等问题都不是最可怕的，最大的影响是各方对经济发展的信心下跌，企业投资意愿不足，老百姓消费欲望不强。这是当前面临的最严峻挑战。

财政收入增速减缓。受宏观经济形势影响，再加上2008年初财政收入的高基数，2009年伊始，区财政收入和地方一般预算收入都出现了较大幅度的负增长，财政收入完成情况形势严峻。1—2月份，全区完成财政总收入7.17亿元，同比下降20.8%；地方一般预算收入3.99亿元，下降18.8%。从区级一般预算收入的4大税种来看，除个人所得税与去年基本持平外，企业所得税、增值税和营业税都出现较大降幅。3月份，在多方共同努力下，全区地方一般预算收入才勉强完成"出水"目标。

实体经济受到严重冲击。2008年，全区私营企业开业2 284户，比上年下降2.39%；歇业1 057户，增长101.72%。2009年一季度，私营企业开业453户，同比下降19.40%；歇业1 191户，同比增长576.70%。这些一升一降的数据说明，全区中小企业在经济危机的冲击下，已面临空前的生存危机。此外，2009年1—3月，区规模以上工业总产值、主营业务收入与去年同期相比，也都出现了负增长。其中，珠江路科技企业现价总产值、主营业务收入分别下降了7.03%和9.68%。

世界金融危机对玄武区的影响，比预计的要严重得多。

二、各级领导干部坚定信心、主动作为

面对异常严峻的经济形势，区委于2009年2月12日召开常委(扩大)会议暨全区经济工作会议，要求各级干部树立信心，在应对金融危机中身体力行，走在前列。

区长王海宏说，全区如何化解危机，如何在相同的环境下，措施高人一筹，行动先人一步、快人一拍，信心尤为重要。从某种意义上讲，信心就是生产力、战斗力。信心真正的确立，关键是各级领导干部身体力行。在困难面前，要防止只谈困难，看不到有利因素，不去想如何克服困难抓住机遇、举措、办法；要坚决防止悲观思想，力戒做表面文章，消极应付，不能"不推没动作、推了也只有小动作"，

要坚决杜绝只有小动作；气可鼓不可泄，坚决杜绝发表丧失信心的言论。区委、区政府吹响背水一战的冲锋号，各级领导决不能打退堂鼓。

王海宏认为，今年经济工作就是打一场硬仗、苦仗，是要"肉搏拼刺刀"的。只有真正坚定各级领导者的工作信心，才能真正带动、提振社会方方面面的信心。只要信心不滑坡，办法总比困难多。坚定信心，就是要切实承担起发展的责任。在今年这样一个特殊时期，保增长的意义不仅是经济方面的：从大局来看，今年全国财政收入增长目标为8%，江苏为10%，南京为12%。作为省会城市中心城区，对照现代化国际性人文绿都标志区的发展定位，玄武区增长目标至少不能低于全省、全市平均水平；从玄武区发展全局来看，虽然经济下行压力较大，但立足保运转、保民生、保稳定，增长12%的目标是最基本的要求——只有完成必成指标、冲刺期成指标，才能更好地为改善民生、发展产业等工作提供有力保障。

王海宏说，坚定信心，就要将目标付诸实践。财税、GDP等主要经济指标以及有关专项指标，是经区人大审议通过的，具有法定意义。空谈误事，实干兴区。现在需要的不是坐而论道，泛泛而谈，而是真抓实干，干一件成一件。有的事情、有的项目，一拖几年，还是情况不明、数据不清、方案不详，这就是典型的空谈。大家不要再谈目标"高"与"低"的问题、"现实不现实"的问题了，而是要把时间和精力集中到实干中去，多研究如何实现的问题，将主要事项、项目逐一具体化、时序化，制定出清晰的行动路线图，坚持抓存量和增量并重，抓当前和长远并重，抓服务和管理并重，抓紧每一月、每一周、每一天，确保目标任务如期完成。

三、全区同心勠力，经济逐步向好

针对世界金融危机严重影响玄武区经济发展的现状，区委于2009年2月11日出台了《关于深入开展"五服务"的实施意见》，明确要求区机关各部门、单位和各级干部要全心全意服务群众、千方百计服务企业、全力以赴服务项目、满腔热情服务人才，真心实意服务基层，帮助困难企业走出困境，力争实现主要经济指标快速平稳增长。

根据区委的要求，区机关相关部门结合自己的工作为战胜危机的影响献计献策。区政协依托"企业家联谊会"，加强企业之间的交流，提高应对金融危机的能力。3月4日，组织40名企业家针对当前企业和政府应对全球金融危机急需要明确和解决的问题进行座谈研讨。会议通过企业家联谊会《应对全球金融危机倡议书》，并在此基础上形成主席会建议案,受到区委、区政府的重视和企业的欢迎。10月30日,企业家联谊会开展"后危机时代企业发展之路"主题联谊座谈活动,邀请东南大学经济管理学院庄亚明教授作"金融危机与企业发展"专题讲座。企业家委员们结合玄武区经济发展和企业自身实际,就"经济危机时代企业发展之路"开展交流研讨,提出了中小企业抓住发展机遇、加快产业结构调整、努力实现转型升级等意见和建议。

区工商联总结、推广中科集团、雄狮电子商城、柯菲平医药有限公司、东来集团、新伊汽配商城商会、华东医药公司、金昆鹏、新街口街道商会、锁金村街道商会、后宰门街道商会等10个单位应对金融危机的对策和经验。中科集团积极开拓国内外市场,加快销售网络建设和产品结构调整,提升竞争力。2008年销售额下降一成,但纳税额仍保持1 400多万元的高位;2009年头2个月在销售额下降14%的情况下,带头发出不减员、不减薪、不欠薪的倡议,在社会上产生了巨大影响,起到了"保增长、促发展"、提振信心的作用。金昆鹏公司不依、不靠、不等,重新整合资源,腾笼换鸟,适时抓住市场产品的变化,2009年2月初转向做戴尔一线品牌的电脑销售,为企业带来了转机和生机,有效缓解金融危机带来的影响。区工商联相关负责人带着这些经验走访8个街道的基层商会和30多家企业,与街道分管经济工作的主任和企业家协会会长、执委进行座谈,传送这些应对金融危机的招数,为企业树立信心、抱团发展、加快转型升级提供新路子、新办法。

区委政法委、区综治办开展"应对金融危机维护社会稳定"专题调研,根据辖区内企事业单位的状况,调整应对金融危机、维护社会稳定的工作措施。区法院及时制定司法举措和创新工作形式,为经济稳定发展提供有力的司法保障,对因企业流动资金短缺而引发的债务纠纷案件,慎用财产保全等刚性措施,积极采取"活查封"以及调解、和解等灵活方法,帮助企业渡过难关。法院工作人员走访联通公司、依维柯公司、熊猫集团等多家企业,召开司法应对措施研讨会、劳动争议案件审判工作座谈会,及时提供司法服务,积极化解各种利益纷争,为企业排忧解难。

经过全区上下共同努力,较快地扭转了经济增速下滑态势,区域经济在应对危机中逐步向好。重点项目扩容提速,2009年全年安排39个重点经济建设项目,总投资达50亿元。新增商业楼宇面积60余万平方米。新街口核心经济区载体规模进一步扩大,徐庄软件产业基地建设顺利推进,两个经济增长极效应进一步放大。新庄汽配城、朝阳山等地块成功挂牌出让,紫金生态园、南京十朝文化园、红山美食街等成功开园、开业。新成立的区金融办加大了对企业的支持,组织银企对接,信贷额度新增100亿元,为企业争取中央、省、市专项资金8 500万元,区财政安排产业发展资金7 000万元,为企业重整旗鼓提供了资金支撑。区内主要企业从各自条件出发,纷纷参加软博会、广交会、旅游博览会等会展,举办珠江路电脑节、集成电路产业洽谈会、民国美食节等活动,实现了市场新拓展。区相关部门建立健全重大项目(重点企业)审批代办等制度,不断优化发展环境,全年引进注册资金亿元以上的企业7家,百思买、三菱电机等世界500强企业(分支机构)6家,汉王科技、猎宝网络等知名软件企业35家,迪奥、托德斯等国际一线品牌10个。2009年全年完成地方一般预算收入22.40亿元,同口径增长15%;实现地区生产总值237.95亿元,比上年增长11.90%;全社会固定资产投资80.76亿元,增长1.2%;实际利用外资7 000万美元;社会消费品零售总额261.45亿元,增长17.1%;城镇居民人均可支配收入达2.77万元,增长10%。虽然有的指标的增幅并不是近几年中最高的,甚至有所下降(如外贸出口额),但在世界金融危机影响的大背景下能取得如此成绩,无疑弥足珍贵。

第十九章　全面推进以民生为重点的社会建设

在经济发展基础上逐步提高人民群众物质文化生活水平，是改革开放和社会主义现代化建设的根本目的。玄武区委认真贯彻党的十七大精神，秉持发展为了人民、发展依靠人民、发展成果由人民共享的执政理念，加快推进以改善民生为重点的社会建设，在全面发展科、教、文、卫事业的同时，特别注重解决好群众就业、养老、社会救助、环境污染等"短"中之"短"和社会安全、突发灾害等难以预见的问题，为群众安居乐业筑起一道道坚实的保障屏障，不断提升群众的富裕度、满意率、幸福感和安全感，建设有更高生活质量和更有人情味的城区。区委书记储永宏在区第十次党代会报告中说："实践说明，关爱民生，致富百姓，充分保护群众利益，是以人为本、执政为民的具体体现。只有充分保障群众利益，充分尊重群众意愿，充分发挥群众积极性，党和政府的各项决策才能转化为广大群众的自觉行动，各项事业才能不断推向前进。"

第一节　坚持民生普惠，改善群众生活

一、创建充分就业区

就业，民生之本，收入之源。

进入新世纪以来，全区就业形势依然严峻，尤其是下岗职工再就业和新生劳动力的就业问题成了带有全局性影响的重大社会问题。区委、区政府坚持贯彻执行就业是提高群众生活水平的最实在、最有效、最根本的措施和方略，从立足构建和谐社会、维护社会稳定和建设小康社会的高度，大力建设充分就业区，实现人人有岗位，动态消除零就业家庭，破解就业难题。

2007年3月26日，市政府公布了全市"创建充分就业区（县）"的评审结果，玄武区等成为首批"充分就业区"。在以后几年中，玄武区经过不懈努力，一直保持"充分就业区"的称号。从2007年至2011年的5年中，全区新增就业岗位累计113 628个，实现就业人数累计64 251人，援助困难人员就业10 455人，城区登记失业率2.5%左右，创历史低位。

按照区委、区政府的要求，区相关部门和街道、社区密切配合从5个方面采取措施破解就业难题：

一是加强组织领导，建立劳动保障专业机构。全区66个社区都建立了"社区劳动保障站"，聘用114名专职劳动保障协理员。各站实现人员、经费、场地、机构、制度、工作"6到位"，在全区实现联网，对需要就业人员和家庭的基本情况做到心中有数。实行"片区专管"体制，街道行政辖区为片管区，街道劳动保障所为责任主体；社区为专管区，社区劳动保障站为责任主体；同时在辖区内的企业、经济实体中设立人力资源专员，与社区专管员对口工作，整合辖区全部空岗信息建立"岗位储备银行"，与劳动力资源库进行匹配，提高就业工作的针对性和有效率。

二是加强对就业困难群体和重点人群的指导。对未就业的应届高校、中专和技校毕业生做好专项登记，掌握毕业生的就业愿望。政府相关部门和学校、企业联手采集空岗信息，有目的地开发岗位，按IT、电子、通信、贸易、服务、制造等行业分类，引导毕业生进行对口应聘就业。2006年7月17日，区劳动和社会保障局招募100名应、往届大中专毕业生进行免费创业培训，然后拿出南京数码港的100节柜台免费让他们"练摊"，实施"创业孵化"。前2个月免柜台租金、水电费，销售利润全部归创业者。2个月后，有志继续创业的可签订1年期正式协议，仍享受免柜台租金优惠。为了帮助女性就业，区劳动保障局、区妇联邀请市创业、致富、发展巡回报告团到玄武区演讲，办女性专场招聘活动，现场提供服务员、话务员、幼儿教师、收银员、缝纫工、会计、文员等多种适合女性就业的岗位1 400多个。玄武区是名闻全市的"兵区"，全区每年等待安置的军嫂人数占全市军嫂总数的80%。为了做好军嫂的就业工作，区委、区政府在帮助军嫂转变就业观念的同时，出台一系列扶持政策，对为安置军嫂而新开办的企业自领取税务登记证起，3年免征营业税和所得税。各社区网站都开设军嫂就业专页，一旦军嫂上网求职，区劳动等部门和社区马上通知其参加各类培训，由政府交纳培训费。军嫂们的就业、择业能力明显提高，由开始时眼睛只盯住好单位逐步转变为自主创业，先后办起了加工童装、工艺礼品等个体经营体或私人企业。

三是开展职业技能培训,帮助就业困难人员提高就业能力。全区对各类就业人员按其专业进行市、区两级培训,培训合格后在网上广泛推荐。2008年区劳动和社会保障局开展万人职业大培训,各培训机构紧跟市场需求,开发了药膳师、营销员、营养配餐员、中式烹饪、中式面点、育婴师等市场需求旺盛的职业培训新工种。全年各类培训机构培训了11 226人次,其中接受培训的新生劳动力1 324人次,再就业培训5 111人次。

四是以创业带就业,拓宽就业渠道。开展创建创业园、创业一条街、创业社区、创业家庭的"四创"活动,并出台扶持政策,对验收合格的各类创建体给予奖励:创业园奖励3万元,创业一条街奖励2万元,创业社区奖励1万元,创业家庭1 000元。到2008年底,全区涌现初具规模的创业园3个、创业街5条、创业社区2个、创业家庭1000多户,为全区扩大就业提供了舞台。2009年和2010年,全区创业带动就业人数累计达18 150人。

五是以制定优惠政策,扶持就业。全区审核、发放了4 300本《再就业优惠证》,持优惠证人员的再就业率达90.5%。区相关部门发放各类补贴支持用人单位扩大招收就业人员。2007年全区给67家用人单位岗位补贴3 331人次、199万元,给36家用人单位社保补贴2 985人次、326.97万元,给灵活就业困难人员社会保险补贴10 990次、726.27万元,发放小额担保贷款27笔、108万元,帮助用人单位和就业人员解了燃眉之急。

2009年,受世界金融危机的影响,玄武区经济不景气,给就业工作带来了前所未有的压力。年初失业人员增加、用工需求锐减同步出现。区劳动保障部门积极应对,以"双维护、五服务"(即维护企业利益、维护职工利益,服务企业、服务群众、服务基层、服务项目、服务人才)为重点,把促进企业发展和保障职工权益结合起来,采取市区联动汇集岗位、购买公益服务岗位、扶持创业机构等多种举措,服务"千企"、筹集"万岗",开展"订单式""定向式"培训,多次举办专场招聘和订单式招聘会,形成了"周周有招聘、天天有岗位"就业局面。全面建立欠薪报告制度、工资支付监控制度和工资保证金制度,使劳动者"劳者有岗、在岗有薪、薪有常增"。完善创业项目、创业培训、创业指导、小额贷款、企业孵化、跟踪服务相结合的创业服务体系,使有创业愿望的人都有机会创业,有创业能力的人都能成功创业。全年新增就业岗位26 178个,实现再就业11 172人,援助困难人员就业2 102人，促进新生劳动力就业2 437人。全区的就业工作经受住了考验，保持了就业局势的基本稳定。

二、完善社会救助体系

由于种种原因，在任何时候，全社会不可避免地存在生活困难的人员、人群和家庭，因此，建立和完善社会保障体系是全面建设小康社会必不可少的重要内容。区委在整体上提高群众生活水平的同时，积极探索和完善以政府救助为主、社会援助为辅、社区互助为补的，区、街、居（社区居委会）三级衔接、互为补充的社会救助体系。全区社会保障体系的日趋完善，有效地保障了社会困难群体的生活稳定。2007年区政府被评为南京市劳动和社会保障工作先进单位。

大力扩大城镇居民的社会保险，提升"五大保险"（城镇职工基本养老、医疗、失业、工伤、生育保险）的覆盖率是区委、区政府完善社会救助体系的首要工作。在已经实施的五大保险中，医疗保险是涉及面最广的险种。区相关部门先易后难，通过逐街、逐校、逐社区、逐户宣传政策，依次推进低保人员、重度残疾人员等享受财政全额补助的人员，老年居民、学生儿童等享受部分财政补助的人员和其他人员的参保工作。从2007年至2009年的3年中，每年参加医疗保险的人数都在5万人左右。据2011年7月召开的区第十次党代表大会提供的数据，全区"五大保险"的覆盖率均保持在99%以上，基本上实现了应保尽保的目标。

区委、区政府建立健全分层分类的社会救助办法，提高救助的及时性和有效性。一是梳理1983年至2004年1.48万名被征地农民的基本信息，从2008年开始为其中的2 057名农民发放老年生活困难补助，每年发放补助400多万元。出台《玄武区被征地老年农民享受基本医疗保障实施办法》，由政府出资为2 098名被征地老年农民办理城镇居民医疗保险。二是从2008年开始，为支援"三线"建设的253名回宁定居的"老军工"发放生活补贴，每年发放总额20多万元。三是为108名无养老、无工作、无正常生活来源的"三无""老知青"发放老年生活困难补助，每年发放5万元左右。四是救助临时困难家庭。2007年8月，玄武区在全市率先出台《困难家庭临时救助办法》，救助对象主要是家庭月收入低于南京市低保标准一半即600元的困难家庭。对这类家庭中享受定抚定补的重点优抚对象、在乡残疾军人，每人每月补助医药费100元；对重度残疾家庭、老养残疾家庭、一户多残家庭，每户每月发放100元爱心券；对低保边缘户家庭中有危害社会治安可能但已在医院接受治疗的精神病患者,每人每月救助100元;对70岁以上困难独居老人,由政府购买每月180元的服务。区政府每月用于临时救助的经费由30万元增加到300万元,惠及全区2 500户低保边缘户家庭。

发展社会慈善事业。2009年,区政府依托综合救助信息平台,募集慈善物资200万元,开发"网上慈善超市"。建立区级社会捐助接收站,完成各街道社会救助中心建设,全面出新、规范各街道的慈善超市,开展接收实物捐赠和进行实物救助工作。2010年区政府又募集慈善款807.20万元,支持街道社会救助中心。全区实施社会救助"三项工程":民生暖心工程——为低保家庭发放"慈善超市爱心券",每户每月50元;免费血透工程——为低保家庭中的尿毒症患者实施免费血透;生命健康工程——为低保家庭中的癌症患者每天赠送一瓶牛奶。

完善社会救助体系,是社会主义制度优越性的体现,执政为民的应有之义。在不断完善救助工作的同时,区委、区政府坚决贯彻落实《江苏省社会保险费征缴条例》,指导用人单位遵守国家劳动保障法律法规,依法为员工缴纳社会保险,切实维护职工合法权益。区劳动和社会保障局和地税依据各自职责,分别负责社会保险扩面和社会保险费的征缴工作,按照要求扩大"五大保险"覆盖面和规范企业参保缴费行为。全区8个街道都成立了劳动保障监察中队,进一步加强对用人单位劳动用工行为的监管,及时调处化解劳动纠纷,维护劳动双方的合法权益,协助落实各项社会救助措施。

三、加快推进养老事业

至2007年底,全区60岁以上老年人口6.7万,占户籍总人口的15.2%。区委、区政府按照"党政主导、社会参与、全民关怀"的老龄工作方针,围绕老有所养、老有所医、老有所教、老有所学、老有所为、老有所乐的工作目标和"城区老龄工作社区化、社区老龄工作社会化"的工作思路,以提高老年人生活质量为目的,以社区为依托、服务为支撑、社会化为方向,构建较为完善的居家养老服务工作新体系。

区委、区政府将居家养老服务列为和谐玄武建设的重要内容,纳入五年规划和年度奋斗目标。区政府先后制定了《关于建立和完善社会化养老服务体系的工作意见》《玄武区居家养老社会化服务发展规划》《社会养老服务规范》等文件,加快推进养老服务事业。区四套班子各有一位领导分工负责老龄工作,成立由分管副区长为组长，区老龄办、民政、卫生、司法、文化、体育等部门领导组成的居家养老服务领导小组，街道、社区成立了相应的领导和协调小组。全区形成党委、政府主导，老龄委主管，各部门配合，街居（街道、居委会）主抓，纵向到底、横向到边的居家养老服务工作网络，建立政府购买服务、社区互助服务、市场有偿服务和义工志愿服务的"四位一体"，区、街、居养老服务"三点一线"的居家养老工作格局。

居家养老服务内容日益丰富和完善。从起初的生活照料服务、医疗康复服务，逐步增加了文体娱乐服务、安全保障服务、精神慰藉服务和法律援助服务，形成了"六个服务"为一体的居家养老社会化服务网络。其中，老年生活照料服务网络以独居和困难老人为主要服务对象，通过社区服务中心市民求助热线、万家帮社区服务呼叫系统、街道社区服务中心、社区老年互助社、社区卫生服务站、志愿者服务队（党员义工站）、各街道居家养老服务中心等组织开展日间照料和托老服务。文体娱乐服务网络旨在满足老年人群多样化的文化娱乐需求。全区建立了10家科普大学、8个社区学习中心和127个社区教育基地，举办公益性讲座，组建近千支门球队、腰鼓队、书画队、京剧票友队、歌咏队等老年文体活动队伍，老年人社区教育参与率达78%。由区法律援助中心老年人权益分部、街道老年维权站、社区老年维权分站和老人庇护所组成的区、街、居三级老年维权网络，主要是在精神和物质两个方面为老年人群排难分忧。各社区居委会成立心理疏导室，建立社区精神慰藉站，宣传心理保健知识，开展心理调适和心理疏导活动，满足老年人所渴求的倾诉、宣泄、交流和安抚的需求，排解老人们的各种忧虑、困惑、压抑等情绪，帮助他们保持良好的心境、和谐的人际关系和进一步确立战胜困难的意志品质。多层次、全方位的养老服务，受到了全社会特别是广大老年人的欢迎。

为了确保居家养老服务工作的可持续发展，区委、区政府实施"三化"运行方式：投资多元化——在政府投入不断加大的基础上，由过去政府投资包办转变为政府政策引导，吸引社会投资，实行区政府、街道、社会三方共同投入。区政府特别安排5 000万元专项资金，带动街道、社会1.5亿元投入社区基础建设，并规定街道当年新增财力的70%全部用于公共服务。2007年，区财政以奖代拨，投入7 000多万元新建、改造8个街道居家养老服务中心（至2008年底，全区64个社区全部成立居家养老服务中心）和25家社区为老服务活动用房1.4万平方米，相当于"十五"期间所建活动用房的总和。区财政投入200多万元，为70岁以上困难老人居家养老服务买单。机构实体化——全区居家养老服务机构全部是采用实体化运作方式的民间非营利组织。2007年全区登记注册的民间组织有1 015家，其中服务类组织达469个，专门从事为老服务的有111个。服务规范化——在总结居家养老服务实践经验的基础上，按照全国老龄办关于居家养老的有关要求，制定了全省首部居家养老服务标准。"标准"分机构设置要求、机构人员岗位职责、服务项目、服务质量评价和服务质量改进等5部分，每一部分都制定若干要求对标准进行细化。在岗位职责部分，对机构主要负责人以及医护人员、护理、厨师炊事员、财会人员应该具备的素质、日常工作标准都有明确的规定；在服务项目部分，"标准"要求设立生活照料、健康护理、安全守护、精神慰藉、文体教育、慈善救助和法律援助等7个方面的服务，并且提出了每项服务的质量控制规范。政府所有的购买服务都严格按照规划立项、招标选择、质量控制、综合评估、资助兑现的程序，规范操作。

区委、区政府将居家养老工作列为和谐社区测评、三个文明考核和社区评议政府部门、居民评议社区居委会的"双评议"活动的主要标准，以老人满意度作为考核的尺度，与各部门、街道的奖励挂钩，实行工作目标化、目标项目化、项目刚性化。区政府建立"月督办、季通报、年终评"督察机制，加强对居家养老在家服务工作的领导和管理。区老龄办2007年获江苏省老龄工作先进单位称号。

第二节 实现科教文卫全面发展

一、建设科技创业创新名城示范区

玄武区委历来重视科技发展工作。2011年，区第十次党代表大会明确聚焦"四个第一"（人才第一资源，教育第一基础，科技第一生产力，创新第一驱动力），实施创新驱动战略，提出以机制创新、资源整合、体系构建、人才集聚作为创新发展的基本路径，打造"中国人才与科技创业创新名城示范区"，推动全区科技创新水平再上新台阶。

2011年8月，在科技引领经济转型、创新活力显著增强的基础上，区政府进一步加强对科技创新的领导,成立由区主要领导牵头的区科技创新工作组织协调领导小组,建立与省、市科技创新相关部门重大创新项目会商制度,建立与高校、科研院所定期研究产学研合作重大事项制度,从组织领导、创新投入、产业发展、创新载体、企业水平、知识产权、产学研合作、国际合作、社会创新氛围等多个方面构建区域创新评估指标,完善创新考核奖惩办法,提高全区上下创新积极性,充分释放科技创新活力。

2011年7月,由区科技局牵头拟定"1+5"科技创新专项扶持政策,对创新载体建设、企业创新能力提升和自主知识产权开发给予更多的倾斜性扶持。全年投入科技政策引导资金超过3 000万元。这是玄武区历史上覆盖面最广、扶持手段最多、扶持力度最大的综合性科技创新扶持政策体系。在这一政策的推动下,全区科技创新在多个方面取得了突破:

实施特色科技产业"先行"机制。根据玄武区电子信息产业优势和驻区高校院所科教资源优势,突出抓好集成电路设计产业发展。在徐庄软件产业基地规划建设南京国际集成电路设计产业园,扶持服务高层次人才创业和高水平企业创新,培育了以两名国家级人才计划创业人才(南京赛特斯网络科技有限公司总经理逯利军和南京博兰德电子科技有限公司总经理徐明)为代表的高层次创业人才队伍,以承担国家重点国际合作新产品研制项目的南京埃森环境技术有限公司和承担江苏省重点科技成果转化项目的南京通华芯科技有限公司、南京微盟电子有限公司等为代表的高水平创新型企业队伍,集聚全市80%以上的民营集成电路设计企业,集成电路设计年销售收入可突破3.5亿元,实现纳税可突破3 000万元。2010年,南京国际集成电路设计产业园被科技部授予"国际科技合作基地"称号。

创新服务企业、服务人才的内容和形式。利用网络化、信息化手段,结合企业发展需求,着力服务人才创业、企业创新,加大领军企业培育力度。实施了《玄武区"十二五"321双十双百①培育计划》。建立区"321"科技企业培育工作体系,探索"科技主管部门主导、公共服务平台引导、专业咨询公司辅导"的合作培育机制。重点完善企业基本信息数据库,2011年相继建成玄武区科技成果转化服务平台、"321人才"企业在线服务平台和科技创新专家工作站,为企业提供管理支撑服务、技术支撑服务、人才支撑服务、金融支撑服务。

---

① "双十",即培育20家科技创业企业、10家科技上市后备企业;"双百",即培育100家高新技术企业和220名领军型科技创业人才。

创新科技园区等载体的运营模式。按照"利益共享、风险共担"的产学研合作原则，区政府与东南大学签署科技创新合作协议，以公司制方式开展合作，建立以"资本为纽带"的科技创新利益共享机制，推进共建南京绿色城市技术创意园。加大孝陵卫地区"钟山生命科学园"建设规划工作，与高校院所合作寻找项目，鼓励驻地单位共建孵化载体，推进区域科技成果转化。支持紫金玄武科技创业特区建设，聘请东南大学专家拟定园区产业规划，推进重大项目招商工作。鼓励园区与高校院所共建战略性新兴产业创新中心。截至2011年底，全区已建有市级以上科技孵化器8个、工程技术中心58家、战略性新兴产业创新中心1家。

创新科技惠民工作。围绕群众关注的民生问题，发挥科技创新对惠民工程的支撑、引领作用。2011年6月，在玄武门街道台城社区启动"三新科技社区"建设试点工作。利用物联网技术手段整合社区全方位的资源。针对社区管理需求和居民生活需求，重点建设社区科技广场，建成社区老人居家健康安全远程监测系统和社区信息化管理统计系统，构建社区管理服务新模式，让科技创新成果惠及广大社区居民。

二、提升教育现代化水平

教育是提高国民素质、促进人的全面发展的根本大计，寄托着人们对美好生活的期盼。玄武区委、区政府把握各个历史阶段教育发展的时代特征，突出教育发展的优先地位，为实施教育优先发展战略规划了方向和路径。"九五"提出了"办好每所中小学，推进教育现代化"的目标；"十五"确立"高质量办好每所学校，高水平建设教育强区"的目标；"十一五"提出要"全面推进素质教育，建设教育现代化强区"的目标；"十二五"提出"高质量实施素质教育，高水平实现教育现代化"的目标。

2006年以来，区委、区政府加大了教育经费的投入。义务教育经费全额纳入区财政预算，经费单列，预决算情况每年要向区人大专题报告，接受监督。教育财政拨款的增长高于财政经常性收入的增长，生均公用经费按省定标准及时足额划拨到位。"十一五"期间区级财政教育预算内拨款从2006年的19 248万元增长至2010年的49 890万元，年均增长26.88%，2010年是2006年的2.59倍，占全区一般预算支出总量的31.61%，教育支出成为公共财政的第一大支出。全区的办学条件显著改善。投入300多万元全面完成校舍安全鉴定工作。学生平均占有教育建筑面积全部达到教育现代化的标准。校校都建有塑胶跑道的运动场所,现代化标准的计算机室、网络学习室、多功能教室和音乐、美术、舞蹈等专用教室,以及学科实验室、图书室、阅览室。教育信息化水平逐年提高。"十五"以来,先后投入2个亿,全面建成玄武教育信息区域网(区域学科网站19个),全区中小学全部建成校园网,并实现校校通、室室通和百兆交互到桌面。计算机生机比达到5∶1。全区中小学所有教室都安装固定的多媒体教学设施,班班、室室都能用多媒体教学;每校配备1～2块电子白板,方便师生互动式教学。每个中学装备2～4个计算机网络教室,小学装备1～3个计算机网络教室,满足信息技术与学科课程整合教学的需要。

充分放大优质教育资源,提升"新、弱、小"校的办学质量,减轻择校压力,达到更高层次的教育优质均衡,满足广大人民群众对优质教育的需求。采取"结对学校"方式,安排骨干教师重点帮扶相对薄弱的学校,每年校际交流教师数十人。特别重视帮扶城郊接合部学校,紫东实验学校和孝陵卫中学两校青年教师与名校强校教师一对一结对签约培养,3年共签约青年教师53人,占两校教师总数的44%。组建集团学校,先后成立了2个中学、3个小学的办学集团,即:九中集团(含弘光分校、北校区、震旦分校)、十三中集团(含科利华分校、锁金分校、红山分校)、北京东路小学集团(含阳光分校)、长江路小学集团(含长江路小学分校)、成贤街小学集团(含成贤街小学分校)。集团学校的组建,增强了成熟名校的带动能力,推进了全区教育水平的整体提高。

建立健全教育公平机制。2006年义务教育阶段免收杂费,2008年开始在义务教育阶段免收课本费。制定《玄武区社会城乡困难家庭教育救助制度的实施办法》,先后建成8个社会援助中心和70个社区互助社,为困难家庭子女就学开辟"绿色通道"。建立健全从幼儿园到大学的教育助学全覆盖体系。开设"爱心班",招收品学兼优的特困生,免去一切费用。2011年,发放家庭困难子女"助学"961人次、45.6万元;发放职高、中专困难学生助学金3 924人次、294.3万元;发放大学生生源地助学贷款31人次、15.9万元;为区内符合幼儿助学条件的9 992名幼儿拨付助学券款1 998.4万元。外来务工农民子弟义务教育入学率达100%。外来务工农民子弟初中阶段学生全部就读公办学校。2011年。外来务工人员子女在公办小学就读接纳率为97.1%。为保证外来务工人员子女就学,玄武区每年安排专项资金,对接纳外来务工人员子女就学的公办学校,按照小学120元/(生·年)、初中

180元/(生·年)的标准给予经费补贴。通过普通学校随班就读和特教学校培智两个途径,对残疾儿童入学实施"零拒绝"政策,确保残疾儿童100%入学。

以"名师工程"为龙头,以培养骨干教师为重点,以提高全体教师专业素质为基础,狠抓教师教育。区财政每年按照教师工资总额的2.5%拨付教师培训专项费。对校级领导实施"请进来、走出去"的办法,选派有发展潜力的校长到国家、省级校长培训中心接受高层次培训,与中央教科所合作举办校长研修班,请国内外的专家到玄武区开讲座。按照"典型示范、梯队发展"的思路,抓好特级教师、市学科带头人和市优秀青年教师等后备人选的培养工作,实施"骨干教师签约培养制",采取"外派委培,适当调入,青优结对,分片教研"等措施,帮助薄弱学校教师成长。截至2011年底,全区小学教师大专率达93.6%,初中教师本科率达80.5%,高中教师研究生率已达13.1%,中等职业学校"双师型"教师比例达55%。全区小学、初中教师学历达标率超过教育现代化标准20个百分点,高中教师研究生学历率达教育现代化标准2倍以上。全区拥有南京基础教育专家4人(占全市四分之一)、在岗特级教师18人、在岗教授级高级教师6人,市名校长、名教师、学科带头人72名,市优秀青年教师166人。2009年十三中校长王军在首届全国教育改革创新奖评选活动中获优秀校长奖;2010年长江路小学校长宋斌当选"全国劳动模范",北京东路小学附属幼儿园吴绍萍当选全国十大"教书育人楷模";2011年全区有34名教师被评为"南京市优秀青年教师",171名教师被评为"区优秀教育工作者"。

三、发挥资源优势,筑就文化高地

文化产业是城区创新能力的催化剂,对于激活社会创造力,提升城区品位,满足人民群众日益增长的文化需求具有无可替代的作用。区委、区政府把发展文化产业作为玄武区经济社会发展的重要组成部分,把文化强区列入建设全市现代化服务业先行区、全国科教中心示范区、东部城市绿色中心的形象区和和谐建设的样板区的目标之中,大大加快了文化事业和文化产业的发展。从2006年起,全区"文化产业增加值"和"市民文教娱乐服务支出比重"两大文化指标,在全市居领先地位:2006年文化产业增加值占全区GDP的比重近6%,远远高于3.1%的全市平均水平;2007年的居民教育文娱服务消费占家庭消费支出比重上升至22.3%,超过小康标准值4.3个百分点。

玄武区内共有文化旅游景点23处，其中世界文化遗产1处，国家5A级旅游景点1处，国家4A级旅游景点2处，博物馆、纪念馆5处，对外开放的明代城墙5段，是名副其实的"文化资源大区"。这些人文景观的独特魅力，是文化产业发展的丰厚物质基础。

2007年，区委、区政府制定了《关于加快发展文化事业和文化产业的意见》，进一步明确了发展的重点和相应的扶持政策。意见规定，每年由区财政安排专项资金500万元，作为发展文化教育产业的引导资金，重点扶持文化旅游业、文化创意产业、动漫游戏产业、出版发行和版权服务业、会展服务业和体育产业。在"十一五"（2006—2010）期间，文化产业增加值占全区GDP的比重上升到8%，居民人均文化消费支出占全部消费的比重保持在20%以上。文化产业的增长速度高于国民经济的增长速度，高于传统服务业的增长速度。

2008年，区委、区政府根据专家和相关部门完成的《玄武区文化产业发展态势与对策研究》成果，确定了"两个依托"发展文化产业的基本思路，即依托区域内良好的产业发展基础、丰富的自然环境资源、深厚的历史文化底蕴和较高的社会事业发展水平，扩大民国文化、明清文化的影响；依托深厚的科教、文化优势，大力发展以智力、以创新为内核的高新技术产业，拓展文化产业的发展空间，推动科技、文化产业的品牌集聚。区发改局与东南大学合作，研究制定《2008—2012年玄武区产业发展纲要》，在文化产业的发展方向、空间布局和总体目标等方面进行更加科学的规划，重点打造长江路文化旅游集聚区、明城墙时尚休闲产业区和宁栖路创意产业区等8大产业集聚区，力争3～5年内，文化产业销售收入达10亿元。根据"两个依托"的思路和"发展纲要"，区委、区政府先后制定了《关于加快推进文化产业园建设的政策意见》《关于鼓励和扶持动漫产业发展的政策意见》《关于加快文化创意产业的政策意见（试行）》等3个指导性文件，在先期拨付的500万元文化产业引导资金兑现到位的基础上，从2008年起引导资金增加到1 000万元。

在区委、区政府一系列政策的推动下，全区文化产业发展提速。2007年，江苏文化产业园、南京数码动漫园被评为国家动画产业基地，享受国家广电总局、商务部、科技部等部门的政策扶持，并优先享受省、市出台的相关优惠政策，成为企业、人才、资金聚集的高地和教、学、研相融合的文化产业发展载体。南京最早出现的依托民国文化打造的1912时尚街区，经过3年的培育，2007年底占据全市70%的酒吧市场，成为业内的高端品牌，其影响力向无锡、扬州等周边城市辐射。

2008年，长江路文化一条街、南汽266都市产业园、明城汇、江宁织造府、江苏省农科院生态园、南京凤凰座、蒋王庙街一号地块、王家湾地块等项目的建设进展快速。2009年，好享购无店铺销售节目平台、联青网数码科技有限公司《雪豆》手机动漫等8个项目分别获省、市文化产业扶持资金，总额达800万元。这一年，全区新增包括注册资金亿元以上的蓝海传媒营销有限责任公司等在内的文化企业372家，全区累计文化教育产业法人单位1 782家。玄武区被市委宣传部评为2009年度文化产业推进工作先进区。

在文化产业欣欣向荣发展的同时，玄武区积极丰富和拓展社区文化、校园文化、企业文化、军营文化、广场文化，全区群众性文化活动充满生机，一片繁荣。除了每年举办"玄武之春"文艺演出以外，2007年全区成功举办《手拉手共创美好未来——红山之冬》广场文艺演出、在北极阁广场举行的《唱响和谐，舞出精彩》"金陵五月风"展演等多场较大规模的群众文化活动。2008年以"收获幸福"为主题的南京市文化惠民工程公益文艺演出的启动仪式在大行宫广场举行，全年在玄武区的演出多达近百场。群众性的文艺创作硕果累累。2008年9月，在江苏省美术馆举办了第四届长江路文化艺术节暨《美丽的玄武、可爱的家园》书法、美术、摄影作品展，71幅摄影作品和72幅书画作品反映了玄武区自然风光、历史遗迹、人文风情及近年来经济发展、城市建设和群众美好生活。2011年，区文化局精心组织创作的合唱《把我的奶名叫》《香格里拉》在第十一届全国中老年艺术大赛中获牡丹金奖，作品《安全督察》获江苏省优秀法制文艺剧本征集评选二等奖，纪念辛亥革命100周年的大型广播剧《共和之父》在金陵之声广播电台和中国国际广播电台成功播出，并通过了南京市"五个一工程"奖评选。2012年，在南京市群众文艺创作大赛中，小品《划痕》、器乐《五月栽秧》、舞蹈《万山层林》和《远情》分别获创作奖和表演金奖。为庆祝中国共产党成立90周年特别创作的《红梅赞歌献给党》大型歌会，演出后得到一致好评，获得了第八届金陵合唱节"最佳演唱创意奖"。歌会以梅香金陵和幸福玄武为主线，既有革命先烈艰苦斗争场面的再现，又有当代玄武人民的新风貌、新追求、新期望，焕发了群体的时代记忆和共同情感，展现了玄武人民在改革开放的时代大潮中，勇于争先，开拓创新，率先发展的伟大实践和丰硕成果，思想性和艺术性都达到较高的水平。

四、完善社区卫生服务体系

玄武区是南京市基层医疗卫生机构综合改革试点区。区委、区政府以服务民生为出发点，深化医药卫生体制改革，不断完善社区卫生服务体系，提升提优社区卫生服务水平。2010年7月15日起，各社区实施国家基本药物制度，对基本药物和规定范围内的补充药品全部实行"零差率"销售，"以药养医"成为历史，大大减轻了居民的医疗负担。2011年6月，全区卫生系统基层医疗卫生机构全部定性为公益性全民事业单位，从体制上保证了医药服务民生，提高了幸福玄武品质。

2006年以来，区委、区政府进一步加大对医疗卫生的投入，加快基础设施建设。到2011年底，区政府投入1 290万元，卫生系统克服困难，自加压力，采取向空中发展、资源整合、房屋置换、收回出租房、租赁等多种形式，自筹资金2 390万元，建设面积2.1万平方米的卫生用房，其中新增面积6 561平方米，极大地改善了社区群众的就医环境和医务人员的工作环境。卫生系统各基层单位累计投入500余万元，设置专用信息化机房，更新信息网络及硬件设施，组建区域卫生专网(专网支撑了国家疫情直报系统、计划免疫系统、区政府OA系统的运行)，升级了社区卫生服务管理系统，在全市率先实现市民卡在社区卫生服务中的应用。

积极推进社区卫生服务与三级医院的合作，提高社会卫生服务水平。鼓励公共卫生进社区卫生服务中心、全科团队进社区(全区共组建了29个全科医生团队，其中市级示范团队2个)、责任医生进家庭的服务，努力实现"小病在社区，大病进医院，康复回社区"的医疗模式。区卫生局与中大医院联手，打破院、社界限，让大医院成为社区卫生中心的诊疗部、专家库，社区卫生中心成为大医院的门诊部、康复部，形成院社合作、上下联动的一体化"医院·社区·家庭"卫生服务新格局。

实施确立"三名八优"①人才培养工程。全区除了招聘20多名中高级卫生专业技术人才以外，还多方开拓培训渠道，走多元化培养人才之路。一是与市中医院、中大医院、454医院和东大医学院分别签订玄武区卫生人才实践基地和培训基地协议。聘请中大医院8位科主任担任8家社区卫生服务中心的业务副主任，直接参与社区卫生服务中心的业务管理，在提高社区卫生服务中心医疗技术水平的同时，手把手传授技术，帮助社区卫生服务中心培养人才。二是委托东大医学院对全区卫生系统45岁以下的319名全科医生、159名社区护士分期分批进行临床技能脱产培

---

① "三名"：名中心、名科室、名学科带头人；"八优"：管理、监督执法、医疗、医技、护理、传染病预防、慢性病管理、妇幼保健等8类优秀人才。

训，举办10多期省、市级医学继续教育培训，选派9批、70多名业务骨干参加省、市卫生监督、疾病控制、妇幼保健业务培训，这批业务骨干培训后再回系统培训其他业务人员。三是建立名中医"师带徒"制度，13对师承双方通过年度考核，达到了进步的要求，充实了中医人才队伍。通过规范化培训，涌现了一批业务尖子。朱晨、章士美、邵东平、陈慧玲、万太保等5位中医师当选"玄武区名中医"，魏红、吕国萍、徐家庆、王兆麟、夏维、沈康等6位中医师当选"玄武区优秀中医人才"。2011年，区疾病预防控制中心副主任医师唐弘当选为首批"南京地区十佳医生"，锁金村社区卫生服务中心护士长郭建玲当选为首批"南京地区人民满意卫生工作者"。

切实加强卫生应急工作。在区卫生局增设卫生应急科，组建医疗救护队、防疫防化队、女子民兵连和医疗应急小分队共4支队伍108人。增强传染病防控能力，连续数年将传染病发病率有效控制在156.03/10万以下，无重大传染病发生，孕妇管理率达100%，婴儿及5岁以下的儿童死亡率分别控制在1.089‰和1.8‰以内。严格履行卫生监管职能，重点做好经营性公共场所、二次供水、医疗机构、职业病防治、放射诊疗单位、学校卫生、消毒及涉水产品卫生的日常监管。学校卫生以及医疗卫生服务机构监管覆盖率达100%，公共场所卫生监督量化分级管理率达到了70%以上。全区公共卫生服务能力得到了全面提升。

第三节 全面建设环境友好型社会

一、落实环保优先方针

建设生态文明，是关系人民福祉和未来的长远大计。进入新世纪，党中央提出了建设生态文明的战略部署，把建设生态文明纳入了中国特色社会主义事业"五位一体"的总体布局。党的十六大提出，要"推动整个社会走上生产发展、生活富裕、生态良好的文明发展道路"。党的十七大将建设生态文明确定为全面建设小康社会的重要目标。在中央一系列指示的指引下，区委、区政府统一各级领导班子和广大干部的认识，全面部署环保优先的措施，加快了城区生态建设的步伐。

"十五"期间，玄武区在环境保护方面取得重大进展和显著成效，全区经济、社会和环境可持续发展的能力与水平不断增强，但是，环境保护也面临的形势依然严峻：区域面积小，人口密度大，环境资源和环境承载能力十分有限，环境基础设施建设相对滞后，环境污染、生态破坏现象还没有完全消除，环保投入和能力建设滞后于经济发展水平，环境质量还不能满足人民群众生产生活的需求。区委认为，面对经济快速发展与环境压力增大的挑战，面对提升城区综合竞争力的客观需要，面对人民群众对优良人居环境的不断追求，全区各级党组织、政府各部门必须充分认识环保优先的重要现实意义，要以对人民群众和子孙后代高度负责的精神，深刻认识环境保护的艰巨性、复杂性和长期性，进一步增强环境保护的责任感和紧迫感，切实把环境保护与生态建设工作摆上重要位置，把环保优先的方针落到实处。

2007年2月5日，区委、区政府制定《关于落实环保优先加快城区生态建设推进科学发展的若干意见》。"意见"指出，落实环保优先方针的核心是解决加快发展与保护环境发生矛盾时的从属关系，关键是各级领导干部要牢固树立、自觉服从环境保护是实现科学发展内在要求的发展理念。从"十一五"开始，必须在思想观念上实现"三个转变"，在实际工作中实现"八个优先"。

思想观念的"三个转变"：一是从重经济增长轻环境保护转变为环境保护与经济增长并重，把加强环境保护作为调整经济结构、转变经济增长方式的重要手段，在保护环境中求发展。二是从环境保护滞后于经济发展转变为环境保护和经济发展同步，做到不欠新账，多还旧账，改变先污染后治理、边治理边破坏的状况。三是从主要用行政办法保护环境转变为综合运用法律、经济、技术和必要的行政办法解决环境问题，自觉遵守经济规律和自然规律，提高环境保护工作的科学性和可持续性。

实际工作中的"八个优先"：在编制发展规划时，优先编制环保规划。环境保护规划作为全区经济社会发展的基础性、约束性、指导性规划，从源头上预防环境污染与生态破坏。在作出发展决策时，优先考虑环境影响。在经济结构调整时，优先发展清洁产业，加快形成全区环境友好型产业体系。在利用有限资源时，优先节约环境资源。到"十一五"期末，全区实现万元GDP综合能耗削减20％以上，万元GDP用水量削减10％以上，工业循环重复用水率提高到80％以上。在审批建设项目时，优先进行环境评估。将环境影响评价作为建设项目的前置审批环节，实行

4个"一律"——凡未进行环评或环评未通过的建设项目一律不得实施；凡不符合国家、省、市产业政策和明令禁止的建设项目一律不得立项；凡在饮用水源保护区、风景名胜区等环境敏感区域内的无关项目一律不得审批；凡不符合选址要求的餐饮、小五金加工项目，一律不予审批建设。在安排公共财政支出时优先安排环保投入。把环保投入作为公共财政支出的重点，确保环保支出的增幅高于经济增长速度。按照"污染者付费，投资者受益"的原则，鼓励社会各类投资主体以各种形式参与环境基础设施建设。在生产工艺技术改造时，优先采用环保型技术。在考核干部政绩时优先考核环保指标的完成情况。在区级的各类评先创优中，环保拥有"一票否决权"。

区委、区政府要求到2007年底，全区环境质量综合指标达到小康社会水平；到2009年底生态建设指标基本达到国家考核要求；到2010年底，区域环境达到全市目标，基本建成东部城市绿色中心形象区。到"十一五"期末，全区生态环境明显改善，产业结构进一步优化，经济、社会和环境效益进一步提升，主要污染物排放总量和排放强度进一步削减，公众的生态意识与环境意识进一步提高，危害群众健康的突出环境问题得到解决。与"十五"期末相比，国内生产总值单位能耗降低20%、二氧化硫排放总量降低9.2%、化学需氧量排放总量降低17.2%，森林覆盖率达到25%、绿化覆盖率达到59.2%以上、全社会环保投入占全区生产总值的比例保持在3%以上。

2008年，全区落实环保优先方针初见成效。以区长环保工作目标为主线，强化环境管理和行政执法，全面进行环境综合整治，圆满完成了环境质量、主要污染物减排、区域环境综合整治、环境管理等4个方面21条区长环境保护目标任务，完成率达100%。2008年是全市实行区长环境保护任期目标考核第5轮的第一年，在全市区长环保工作目标的考核评比中，玄武区名列六城区第一名，为今后落实环保优先方针开了一个好头。

二、铁腕治理污染企业

由于历史原因，玄武区多家小型企业、特别是作坊式企业对环境的污染十分严重。区发改委、环保、安检、工商等职能部门联手，在帮助这些企业做好职工群众思想工作，处理好企业与各方的利益关系，安排好职工生活的基础上，对这些企业实行"关""停""并""转"，以铁腕手段清除污染源，切实减少污染物的排放。

2008年，区委、区政府成立专门机构，按照市政府的要求对化工生产企业进行环保安全整治工作。玄武区共有4家化工生产企业，均位于孝陵卫街道。第一家是苏科农化有限公司，主要生产农用农药化工类产品。这家公司经过技术改造，于2008年底搬迁到六合化工园建设新的生产基地。第二家是街道创办的集体所有制福利企业紫金山冶炼化工厂，就业职工大多为残疾人员。近年来由于生产逐年缩减，街道将这家化工厂的闲置厂房出租给开源特种工艺厂生产各种标牌，标牌生产过程产生的废水含有超过标准的重金属。环保部门规定其在2008年前停止与租赁到期的开源特种工艺厂续期，不得再进行金属标牌生产。第三家是生产乳胶漆的天竹科技实业有限公司，经整顿和技改，于2008年底搬至安徽来安县汊河工业新区，并在2009年2月办理了工商营业执照的变更手续。第四家是生产乳白胶的南京诚信化工厂，经区相关部门多次教育和执法，2008年4月，这家厂被关闭，拆除出售全部生产设备；6月，企业营业执照被注销。

2011年，南京市对"三高两低"（高污染、高能耗、高排放，低效益、低产出）企业进行专项治理，公布了173家被认定为"三高两低"企业名单，位于玄武湖街道的南京路桥总公司沥青拌合厂名列其中。区政府相关职能部门立即行动，下达限期治理通知书。经过近7个月的督促，妥善安排200多名职工转岗，最终使这家企业停工停产，拆除设备，1.7万吨物料全部清除出场。2012年南京市又公布了162家"三高两低"企业名单，玄武区一家企业榜上有名。区职能部门深入企业宣传法律法规，共同研究解决问题。当年，这家企业实行停产。

为了从源头上杜绝污染企业的"再生""新生"，区政府严格执行项目审批和环评制度。2011年审批各类新建项目96个，全部办理环境评价手续，对其中存在选址不当、不符合产业定位要求的12个项目进行"劝退"或实行拒批，对已审批的55个建设项目进行"三同时"验收，达标率为100％。

三、解决群众最迫切的环保问题

从2007年到2011年，区各部门接受群众反映环保问题的来访来信3 697件次，平均每年700多件次。按照区委、区政府规定的"来访必接，接访必查，查后必处"的要求，区环保部门对群众来访来信内容分析后发现，群众来信来访反映的环保问题集中在扬尘、噪声、油烟污染和河水黑臭等方面。区委、区政府实施"蓝天清水"工程，对突出的环保问题有计划地进行专项治理，让群众获得看得见、摸得着、信得过的实惠。

2009年区环保局和区建设局联手河道所等单位对城区黑臭河流实施专项治理。一是对全区32条总长约61千米的河道进行全天候保洁，打捞漂浮物、清运垃圾和清扫岸坡，投资198万元加强对河道的日常养护。二是对照省、市制定的黑臭河流的判定标准，确定全区15条河流为待整治的黑臭河流。作为治理试点的秦淮河北段，到年底投入60余万元，完成了第一阶段的整治工程。推进唐家山沟、紫金山一沟两条黑臭沟河的整治，通过控制源拦污、河道清淤、生态治理，使两沟水质明显好转，溶解氧、高锰酸盐指数、氨氮、总磷等4项黑臭河流检测指标都好于限值。三是加强对玄武湖、前湖、紫霞湖等16个重点水域的巡查和监控管理，及时掌握水体质量状况，确保区域水质达到环保小康指标的要求。玄武湖的东南湖和西北湖、紫霞湖断面水质达标率均为100%。

2010年，全区开展工地扬尘污染专项整治，加强对72个建筑施工工地、106个雨污分流工地和23个拆迁工地的管理。区政府出台了《扬尘污染治理工作方案》，组织环保、住建、城管、安监等部门和8个街道分头监控。全年出动300余人次对60多家工地进行督察，对存在问题的30多家工地下达了整改通知书。为了确保治理成果长效，区政府实行"三联合、三结合"（职能部门联合制定扬尘污染控制计划、联合督促检查、联合专项执法；把扬尘污染防控与项目审批相结合、与夜间施工审批相结合、与排污收费相结合）管控新办法，倒逼建筑施工单位严格落实扬尘防控措施，减少扬尘。专项治理立竿见影，收效明显，全区空气良好天数由2008年的310天上升到2012年的317天，良好天数连续多年稳定在全年天数的85%左右。

治理城区噪声扰民。2007年玄武区在孝陵卫街道沧波门余粮地区3.3平方千米范围内进行噪声达标区建设，并通过达标验收。至此，全区噪声达标区覆盖面达到100%。2008年，区委、区政府为了巩固治理噪声的成果，强化长效管理，采取了5项措施：一是严把新建项目审批关，噪声不达标的项目不予审批；二是鼓励企业、事业单位积极开展技术改造，逐步淘汰高噪声工艺设备；三是对固定噪声源定期监察监测，一旦发现超标现象立即要求整改；四是加大对噪声扰民案件的处罚力度，区环保部门实行24小时全天值班制度，及时处理群众投诉，一旦发现噪声扰民行为，迅速采取措施坚决遏制；五是交警大队实施"机动巡管"，提高执法效率。经对全区监测站46个点位的监测，取得有效数据46组，平均值为52.4分贝；交通噪声监测28个点位，总路长30.8千米，取得有效数据28组，各道路加权平均值为68.0分贝；均达到目标考核的要求。

治理餐饮业污染。玄武区域内有国际会议中心、新世纪大酒店、山水大酒店、中山宾馆等55家大规模酒店，这些酒店的防治设施较为完善，噪声、废水等处置较为得当，而区内1 700多家中小型餐饮企业产生的噪声、油烟、废水严重影响了群众生活，是引发居民频频投诉的重要方面。高楼门地区的小型餐饮企业较为集中，2008年，区环保、市容、卫生、房产、工商等部门联手在这里创建控制餐饮污染示范区，对36家餐饮企业进行废水废气排放、污染能源使用、油烟噪声、"白色污染"等4个方面的整治，群众投诉明显减少。市环保局认为这一经验有代表性，值得全市其他地区借鉴。2009年区环保局选择10家规模以上的餐饮企业的油烟排放实施在线监控，通过GPRS无线传输新技术将运行情况实时传送到区环保局监控中心，由监察人员进行远程监控，杜绝企业停运环保设施行为和防止排污超标的情况发生，为环境管理和环境执法提供快捷、准确依据。为了实现餐饮业污染治理长效化，区相关职能部门在全市首推环保否决制，餐饮业在申办营业执照前必须取得环保部门审批，否则不予发放营业执照；首推餐饮业谈判制，通过投诉人和餐饮店负责人座谈，共商治理对策，化解矛盾；首推餐饮业退出制，对屡次被投诉而又拒不整改的餐饮店，在办理证照年审时不予审批或者没收证照。这3个在全市"首推"制度的实施，有效规范了餐饮业的经营行为，餐饮污染大为减少。

第四节 建设百姓安居乐业家园

一、启动新一轮"平安玄武"创建行动

玄武区平安社区建设始于2003年，经过5年的努力，各类执法资源得到有效整合，逐渐形成了纵横相连的综合治理体系。2007年和2008年，区委、区政府连续召开3次专门会议，开启新一轮平安社区建设。2008年年初召开的区委常委会提出，"新一轮平安社区建设不提新口号，在进一步完善社会矛盾纠纷调解机制、社会治安防控机制和加强基层基础设施建设3个方面(也称'平安社区三大建设')再

奠基础、再强机制"，要求平安社区达标率在2007年实现50%的基础上，逐年稳步上升，争取到2011年达到85%以上，为建设现代化国际性人文绿都标志区创造更加和谐稳定的社会环境，保持玄武区平安建设工作全市率先、全省领先，争创全国社会治安综合治理先进地区。

根据2008年2月1日区委、区政府制定的《关于在新一轮平安建设中深入推进"三大建设"的设施意见》，加强了街道综治办、司法所、人民法庭、公安派出所建设力度，确保基层政法综治和平安建设工作有人抓、有人管。在街道一级层次，整合综治、公安、司法、信访、维稳等方面的工作力量，建成集维护稳定、综合治理和平安建设为一体的工作平台，建立"矛盾联调、治安联防、工作联动、问题联治、平安联创"的"五联"工作机制，实现信息资源共享、力量统一调配，提高基层综治和平安建设工作效率。在社区一级层次，推进集社区警务、治安联防、矛盾纠纷调处、流动人口管理服务、预防青少年违法犯罪、安置帮教、社区矫正、禁毒及情报信息收集等9项职能于一体的社区综治办建设，夯实平安建设根基。

按照区委、区政府的部署和要求，街道和社区在平安建设中加强了4个方面的工作：

加大治安复杂地区管理力度。1912街区是全区治安情况最为复杂的地区之一。在区综治办的协调和组织下，成立了由公安、交管、街道、工商、消防、环保等部门派员组成的综合治理办公室，与街区管委会办公室合署办公，在加强对商家管理的同时，抽调6名警员和100名保安人员专门负责街区的治安管理工作。在街区内各重要部位安装监控探头，各场所使用金属探测器，严查可疑人员；每家场所均由警方派驻保安人员，及时通报突发事件，组织便衣民警对场所内聚众吸食毒品、扒窃等行为进行打击。通过综合治理，1912街区基本实现了"不发生火灾，不发生重大伤亡事件，不发生有影响的刑事案件，各场所规范经营，街区治安秩序良好，各类案件低发"的目标。长途汽车东站、南京火车站和一枝园街区等治安较为复杂的地区，经过整治，治安面貌都有明显改观。

加大对流动人口管理力度。全区实行业主责任制和暂住地责任制。积极推行外来人员集中住宿、集中管理、集中服务"三集中"，加快流动人口居住点建设，提高流动人口"三集中"比例。逐步实现整建制外来人员集中居住率达85%以上、零星外来人员集中居住率达30%以上的创建目标。加强流动人口综合服务站(点)和外来人口协管员队伍建设，推广房屋租赁服务社、流动人口流入地和流出地结对服务管理、外来人员信息社会化采集等经验和做法，不断提升对外来人口的服务水平和管理水平。外来人口较为集中的沈阳村，2008年经过整治以后，治安形势大为好转，刑事案件和入室盗窃案件发生率分别比2007年下降60%和67.7%。

加大对治安条件较差的老旧小区的整治力度。针对老旧小区环境秩序"脏""乱""差"、矛盾问题不断、盗窃案件多发的状况，区委、区政府相关部门经过深入调研后，形成了"政府出资，规范引导，市场运行"的老旧小区管理新思路。2011年，区综合治理办公室抓住区政府出新老旧小区的契机，投入专项经费100万元，开展安装"千幢百户平安门"、共建"千门百院联动网"、推行"千人千店公约行"等活动，提高老旧小区群众的安全感。原本治安问题较多的玄武湖街道樱铁村小区，经投入数百万元改造、整顿以后，实现了入室盗窃和车辆盗窃"零发案"、社区服务"零距离"、社区管理"零投诉"，成了老旧小区平安建设的样板。

广泛开展系列平安创建活动。街道和社区综治办组合各种资源，在2008年开展平安街道、平安社区（村）、平安校园、平安家庭创建活动的基础上，又陆续开展平安医院，平安市场、平安景区、平安铁路区段、平安企业、平安场所、平安道路、平安金融（网点）、平安工地（拆迁）等创建活动，提高平安创建活动的覆盖面，不让平安创建有"漏洞"，有"盲点"，有"被遗忘的角落"。

二、推进社会矛盾纠纷大调解机制建设

区委认真研究新时期社会矛盾纠纷的规律特征后认为，构建党委政府统一领导、政法综治委牵头协调、司法行政组织实施、有关部门各司其职、社会各方广泛参与、多种手段综合运用的社会矛盾纠纷大调解机制，及时发现、控制、调处平等主体之间的各类社会矛盾纠纷，是正确处理新形势下人民内部矛盾，为建设和谐玄武创造良好社会环境的重要举措。这种机制有利于"发现在早、化解在小"，有效控制群体性事件和"民转刑"案件上升势头；有利于建立多元化的纠纷解决机制，使人民调解、行政调解、司法调解等法律规定的各项调解制度得到充分运用，相互衔接配合，提高解决各类矛盾的成功率；有利于增强群众法治意识，在调解中引导群众自觉守法和依法表达诉求、依法维权；有利于提高机关工作人员依法行政、依法办事的能力和水平，减少因决策失误和执法不公引发的社会矛盾纠纷；有利于逐步提升人民调解工作保障水平和调解能力，不断增强全区解决矛盾纠纷的社会自治

功能。2008年3月28日,区委制定了《深入推进社会矛盾纠纷大调解机制建设的实施意见》,决定在全区实行"大调解"化解社会矛盾。

根据"大调解"机制的需要,区委调整区社会矛盾纠纷调解工作领导小组,由区综治委主任担任组长,由区政府分管副区长担任常务副组长,司法、法院、检察、公安以及矛盾纠纷多发行业和领域的相关主管部门为领导小组成员单位。100人以上的企事业单位建立调解室,街道成立调处中心,中心依托人民调解组织将调解工作向基层延伸,向行业渗透,在全区范围内建立了驻区企事业单位、社区(行政村)、街道、区4级调解网络。2008年9月,区政府制定《关于成立区人民调解组织实施意见》,为区、街两级调解组织各配备了2名专业调解员,同时根据不同矛盾纠纷的特点,成立了企业改制、征地拆迁、医患纠纷、劳动争议、环境纠纷等专业调解小组,提高了调解水平,逐步实现了解决"小矛盾"不出社区、解决"大矛盾"不出街道,筑牢化解社会矛盾纠纷的第一道防线。到2009年初,全区共有各类调解组织211个、调解员1 156人。

区委、区政府制定了一系列制度,提高了"大调解"的工作效率,保证了"大调解"的顺利运行。一是排查分析制度。建立多层次、多渠道、全覆盖的纠纷排查和舆情分析信息网络,规定重大、有影响的矛盾纠纷在发生后1小时内上报区调处中心,街道每周、区每月组织1次纠纷排查、分析会,并及时上报排查调处情况,努力做到对各类社会矛盾纠纷早发现、早研判、早处置。二是限时调处制度。街道、社委会、行政村和企事业单位负责调解的纠纷、区政府有关部门负责调解的纠纷、区街调处中心直接受理及下级移送上来的调解纠纷,均应在15个工作日内办结;重大、疑难、复杂的纠纷,必须在60个工作日内办结。对调解不成的纠纷,必须在5个工作日内移送,由上一级人民调解组织进行调解。三是定期回访制度。各级调解组织要变群众"上访"为工作人员"下访",对已调结的纠纷,特别是较复杂的或有可能出现反复的纠纷进行走访,及时掌握调解协议执行情况和当事人的思想状况。每月回访件数不得少于当月调解成功件数的50%。四是检查督办制度。区调处中心加强对各部门、街道和基层单位调解工作的指导、督促和检查,及时掌握调处进度和调处结果。对因排查调处工作不力造成矛盾激化或发生重大群体性事件的单位和个人,要向同级党委、政府和有关部门提出责任查究建议。五是推行指导员和首席调解员制度。聘请从事民事审判工作的法官、擅长民事案件代理和行政争议的律师和法学专家作为矛盾纠纷调处工作指导员,由他们对调解工作人员进行业务培训。在全区选聘了 70 名首席人民调解员，使区、街道、社区 3 级调解组织都配设首席人民调解员。鼓励调委会建立心理疏导室。锁金村街道将 30 名获得高级心理保健师证书的工作人员分派到各社区，使每个社区都有 1 到 2 名心理保健师；心理保健师每星期接待群众来访，对矛盾纠纷采取法律法规讲解和心理安抚疏导相结合的方式进行调解，提高了化解矛盾纠纷的成功率。

玄武区实行"大调解"机制处理社会矛盾和纠纷，收到了比较好的效果，得到了社会广泛好评和人民群众的拥护。在 2 年多的时间里，全区调处各类矛盾纠纷 8 896 人次，调解率 100%，成功率达 98%，没有发生一起因调解不及时而引发的民转刑案件。

三、保持打击违法犯罪行为的高压态势

严厉打击违法犯罪行为，是建设平安玄武、平安社区的应有之义。区政法部门按照区委、区政府的部署和要求，"依法严厉打击、及时主动打击、精确有效打击"，每年针对不同的安全形势，开展多种形式的专项行动，稳、准、狠地打击违法犯罪分子和歪风邪气，为百姓安居乐业营造了良好的社会环境。

2007 年全区先后开展"春雷"行动、"猎豹"行动和打击"两抢"、盗窃机动车专项行动，成功侦破了抢劫银行提款人案、兰园农贸市场拎包案等社会影响恶劣的大案要案；摧毁了 3 个贩毒团伙、1 个贩枪团伙以及以李中国为首的带有黑社会性质的组织和以闻银华为首的恶势力团伙。全年侦破各类刑事案件 3 736 起，破案率 42.3%，对命案、抢劫、爆炸、放火、强奸、盗机动车等 11 类案件的现场勘查率达 100%。全区近四分之一的社区为"无刑事案件社区"，60% 的社区达到"平安社区"标准。

2008 年全区启动了"百日大会战，全力迎奥运"和"飓风"等专项行动，向各类违法犯罪行为发起猛攻。成功破获了危害在校学生案、扬言爆炸公交公司案和玄武湖湖边抢劫案等一批省市有恶劣影响的大要案；成功破获了公安部挂牌的"3·31"枪案、省厅督办的"2·26"贩毒专案以及市局挂牌的 2 起邪教煽动案，为全市排除了潜在的不安定因素。全年发生的刑事案件比 2007 年下降 1.5%，破案率提高了 3.5 个百分点；"两抢"案件和可防性案件分别下降 2.3% 和 5.9%。

2009 年区政法部门面对世界经济危机冲击以及维护稳定的考验，强化矛盾化解能力和应急处置能力，围绕重点地区、重点行业、重点人群进行矛盾纠纷和风险

评估,开展"平安保卫战""抓安全、除隐患、促平安"大巡查等行动和开展"春风化雨促和谐""服务企业零距离"等活动,落实分级防控措施,精确打击各类违法乱纪犯罪行为。成功破获了跨省贩毒案、网络贩枪案、跨境电信诈骗案和系列撬砸汽车玻璃案,较好地破解了发生在珠江路的扒窃案、北极阁站街招嫖案,以及火车站和长途汽车站非法拉客运行等顽症。抢劫、抢夺、入室盗窃等直接影响群众安全感的案件比上一年分别下降19.1%、9.9%、5.2%。社区可防性案件下降11.56%,79%的社区达到平安社区标准。

2010年区政法部门开展"千名保安护治安"等行动,警牌车辆"亮灯"上路,勤务自行车"亮灯"进社区,向基层延伸防范打击触角,进一步严密治安阵地管控。成功破获韶山路故意伤害案、玄武湖持刀抢劫案、红山系列"飞镖"伤害案等大要案,成功侦破全国首例甲流原材料诈骗案、全市"节油器"诈骗串案等一批手段罕见、性质恶劣的新型犯罪案件,成功侦破公安部挂牌督办的特大跨省贩卖海洛因团伙案。全区没有发生重大群体性事件和重大恶性案件,刑事案件发案比上一年下降0.09%。

2011年区政法部门开展"春季攻势"和"清网行动"等专项打击行动,完善武装巡逻、便衣侦控等工作机制,通过精确引导和动态巡防,将30%的警力推向街面和治安复杂地区,在10个派出所各设1个盘查点,实行街面盘查联动。全区追回89名在册逃犯中的86名,到案率达96.63%,其中在逃9年至15年的命案逃犯全部追回。破获银行卡犯罪案件132起,捣毁4个窝点,收缴假币16.85万元。快速破获进香河路持刀抢劫银行存款人案、由23人组成的火车站地区盗抢团伙案、电脑黑客网络盗窃案等一批案件。全区刑事案件发案率比去年下降1.8%,人民群众安全感得到进一步提升。

玄武区持续多年采取多种策略和多种手段严厉打击违法犯罪行动,锻炼和造就了一支治安能力强、治安水平高、与广大群众密切联系的干警队伍,打击刑事犯罪活动的主动性、针对性强,经济案件的打击处理率、结案率和挽回损失率全面提高。玄武区委、区政府被省委、省政府表彰为2006—2010年社会治安综合治理先进集体,玄武区被省综治委表彰为"平安区",被南京市委、市政府表彰为"平安南京建设先进区"。

四、构筑应对突发事件的安全屏障

2008年4月1日,区政府依据《中华人民共和国突发事件应对法》及有关法律、法规，参照国及省、市突发公共事件应急案，结合玄武区实际，出台《玄武区突发公共事件总体应急预案（试行）》。预案基本上涵盖了玄武区历史上曾经发生过的突发事件和预计今后可能发生的突发事件，形成了一道保障人民群众生命财产安全的屏障。

预案将突发公共事件分为4大类，并按类别制定了16个专项预案：

自然灾害类有2个专项预案：（1）玄武区雪灾应急预案；（2）玄武区水灾、台风灾害预案。

事故灾难类有6个专项预案：（1）玄武区交通事故应急预案；（2）玄武区火灾事故应急预案；（3）玄武区环境污染事故应急预案；（4）玄武区特种设备安全事故预案；（5）玄武区危险化学品事故应急预案；（6）玄武区安全生产重特大事故应急预案。

公共卫生事件类有4个专项预案：（1）玄武区突发公共卫生事件应急处理预案；（2）玄武区重大动物疫情（禽流感）控制预案；（3）玄武区重大传染病预防工作应急预案；（4）玄武区食物、职业中毒事故应急预案。

社会安全事件类有4个专项预案：（1）玄武区舆情信息应急预案；（2）玄武区预防和应对市场价格波动预警应急工作预案；（3）玄武区重大节日及重大活动期间突发事件工作预案；（4）玄武区公共场所安全事故应急预案。

"总体应急预案"对应急组织体系、应急保障、奖惩制度都作了具体规定。

2008年6月16日，区政府又根据社会发展的需要，出台《玄武区突发性公共事件新闻处置预案》，确保在发生突发性公共事件后，能够及时、准确地发布有关信息，主动引导舆论，澄清事实，解疑释惑，维护社会稳定，最大限度地避免、缩小和消除因突发公共事件造成的各种负面影响，为妥善处置突发公共事件营造良好的舆论环境。区成立区新闻中心，在区突发公共事件总体应急管理工作领导小组统一领导下开展工作。区政府新闻发言人由区政府办副主任和区委宣传部副部长担任；区委宣传部副部长兼任区新闻中心主任。各街道、系统、部门明确1名新闻发言人，形成全区突发公共事件的新闻发布组织网络。较大突发性公共事件的新闻处置工作，在区委、区政府统一领导下由区政府办公室、区新闻中心、牵头处理的政府主管部门负责组织指导并具体实施。未经授权或批准，任何部门和单位不得擅自发布事件相关信息。对违反工作纪律，蓄意封锁或随意散布消息造成重大消极影响和后果的，依纪、依法追究有关人员责任。

2010年3月22日区政府成立了由区委副书记、区长王海宏为主任，区委常委、区政府常务副区长杨晓阳为常务副主任，区政府各部门主要负责人，区委宣传部、统战部、政法委和区总工会、团区委等单位的有关负责人为成员的应急管理委员会。应急管理委员会负责研究制定应急管理工作发展规划和政策措施，依据区政府制定的突发事件专项应急预案，统一领导、指挥、协调重大突发事件防范和应急处置工作。按照分工，区政府副区长在相关突发事件应急指挥中兼任总指挥，以进一步加强对应急管理工作的组织领导，提高突发事件防范应对能力，确保人民群众生命财产安全，确保人民群众安居乐业。

第二十章 提高党的建设的科学化水平

党的十七届四中全会通过了《中共中央加强和改进新形势下党的建设若干重大问题的决定》，根据世情、国情、党情的变化 提出了提高党的建设科学化水平的重大任务，要求深入贯彻落实科学发展观，使党的实践始终体现现代性、把握规律性、富于创造性。2009年11月13日，区委召开九届二十五次会议，学习党的十七届四中全会精神和胡锦涛总书记在会上讲话的精神，号召各级党组织和广大党员以改革创新的精神，围绕党建工作的总体目标，以科学理论指导党的建设，以科学制度保障党的建设，以科学方法推进党的建设，全面推进党的组织建设、作风建设、制度建设和反腐倡廉建设。从2009年至2012年，区委在每年年初都出台加强党的建设的"一号文件"，一年落实一两项建设新措施，不断增强基层组织和党员的活动能力和影响力、号召力，确保党始终走在时代前列，带领广大干部群众开创全区转型发展、创新发展和跨越式发展的新局面。

第一节 增强基层党组织和党员的执行力

一、不断解放思想，不断更新观念

党的基层组织和广大党员是执行党的方针、政策和开展各项工作的第一方阵，第一线的力量，他们精神状态和思想解放的程度，直接关系到党的方针和各项政策、措施的贯彻执行的质量，直接关系到各项工作的成功与否。区委认为，近几年建设成功的人才、科技、产业、生态互动的徐庄基地，名商云集、名品汇聚的新街口商务商贸区，历史文化与现代时尚相融的长江路文化街区，居民满意的和谐社区，无不是解放思想的结果。实践使区委认识到，观念高度决定视野宽度，思想深度决定发展程度，唯有不断解放思想，才能使观念与时俱进，认识更加全面，战略更加科学，举措更加有力。

新的事业需要先进思想引领。党的十七大后，区委在开展解放思想大讨论的基础上，继续对各级党组织和广大党员干部加强理论教育和解放思想教育，在每一桩重要事项实施之前，都组织广大党员干部学习有中国特色社会主义理论，把学习实践科学发展观贯穿始终，提出解放思想的目标和要求。许多党员深有体会地说，如果我们用常规的眼光、老的观念看玄武，山还是这片山，河还是这条河，就只能在老框框里谈困难，看不到发展的新空间，找不到发展的新思路。

在2008年12月16日召开的区委九届二十次全委（扩大）会上，区委提出必须坚持不断解放思想。各级党组织和党员干部要正视发展困难，围绕破难前进解放思想，用超常规的思路找出路，用超常规的目标鼓干劲，用超常规的举措赢主动，用超常规的环境聚合力，不断强化知难而进的闯劲、迎难而上的韧劲，克难奋进的拼劲。要直面竞争挑战，围绕争先赶超解放思想，放眼如林强手找坐标，瞄准国内顶级定战略，对接国际平台抢机遇，努力挖掘潜力，把能力发挥到极致、把革命激情发挥到极致。要勇担重任，围绕更好更快解放思想，狠抓项目增后劲，聚集高端促升级，放大特色创优势，集成集约铸品牌，在科学发展的道路上先走一步，快走一步。只要真解放思想，全过程解放思想，推动经济社会发展就会有源源不竭的动力。

在区第十次党代会上，区委从玄武区的实际出发，从转变观念入手，提出了解放思想的新目标要求。各级党组织和广大党员干部要以"三学"（学以立德、学以增智、学以创业）、"三宽"（眼界宽、思路宽、胸襟宽）、"三先"（全市领先、全省率先、全国争先）、"三创"（创新、创业、创优）的精神解放思想，看大势、谋大局、做大事，坚持不懈地以现代理念、科学态度推动先进理念战胜落后观念、开放思维冲破封闭束缚、现代模式取代传统模式，抢抓和用好新机遇，坚定地走新路，靠观念创新、科技创新、制度创新、环境创新实现新发展。

区委决定从2011年起，每半年紧扣一个事关全区发展重点，要求相关部门和负责人员从思想认识到具体工作思路进行系统阐释，在超常规发展、大局思维、创新驱动、特色发挥多个方面提出自己的见解，有针对性地推进思想解放，把思想解放转化为搞好实际工作的推动力，加快全区经济社会建设向发展型、民生型、生态型转变。

二、提高基层组织和党员干部的政治业务素质

2008年1月10日,区委在党建工作意见中强调,把建设高素质的党员干部队伍和领导班子放在首位,使各级领导班子尽快建设成为思想政治坚定而又善于领导群众的坚强领导集体。全区开展了大规模的干部轮训工作。轮训的党员干部涵盖各个领域,轮训内容多达9项,先后举办了开放型经济培训班,城市管理与社区建设培训班,街道工作研讨班,科技信息、文化旅游、商务商贸"三大产业"培训班,经济政策理论和业务知识专项培训班,以及党务干部培训班、中青年干部培训班,帮助广大党员干部尽快地实现知识更新,提高实际工作能力。

区委鼓励各级领导干部到高校听课,委派干部到发达地区挂职锻炼,参加重点项目建设,创造条件,引导广大党员干部做学习型、研究型、实干型干部。

各级党组织的"一把手"是广大党员解放思想的领头雁,真抓实干的中坚。区委举办了"一把手"增强掌控全局的能力研讨班,提高他们驾驭全局、处理复杂问题的本领。122位"一把手"参加了研讨。区委认为,作为"一把手",要解决好"想不想、敢不敢、能不能"解放思想的问题,务必要站在经济社会发展的前列,为广大党员干部群众做克服困难、开拓进取、大胆创新的表率。研讨班上,省委党校教授储东涛作了题为《中心城市核心城区发展研究》的报告,区委常委、常务副区长杨晓阳就如何加快玄武区经济发展、加强执行能力的建设谈了自己的体会,为"一把手"们增强全局观念、提高思想站位在理论和实践上提供辅导。区综合办主任、区房产局局长、区建设局局长、区财政局局长、区招商局局长、区民政局局长、锁金村街道工委书记、孝陵卫街道工委书记等多位"一把手"撰写文章或在研讨大会上发言,同全区各级"一把手"分享他们增强掌控全局能力的经验和体会。

玄武区委一直重视对"一把手"的教育和培养。早从2006年下半年开始,区委邀请社区群众、企事业单位代表及人大代表、政协委员等,对区机关54个部门的"一把手"进行信任度投票,让群众评出自己满意的"一把手"和不满意的"一把手","倒逼""一把手"提高素质,提高工作能力。测评主要内容包括服务意识、服务水平、服务能力及执行中央"廉政准则"和"八项规定"等方面情况。投票后,由区机关工委等部门组成的区作风办负责汇总、梳理、分析和统计,并将排名结果及时反馈给"一把手"本人。区委规定,对在第一次信任度投票排名处于末位

的限期整改;在第二次信任度投票中排名还是处于末位的,不得参加各类先进评比,组织上约其诫勉谈话;在第三次信任度投票中仍然排名末位的,将按规定将其调离领导岗位。有一位区管干部,对信访反映的问题处置不力,导致群众集体上访,受到了区相关部门问责处理,并在全区予以通报批评。

玄武区从信任度评测的"倒逼"到举办研讨班提高掌控全局的能力,形成了对"一把手"教育、培养、监督机制的完整工作链,在全省尚属独创,对推动党的建设、领导班子建设意义非同一般,影响深远,受到基层单位和广大干群的称赞和支持。

三、开展"创先争优"活动

在解放思想、增强工作能力的基础上,区委从2010年6月起,根据市委的安排,启动了以"服务群众解难题,创先争优促发展"为主题,以"组织创先进,党员争优秀,群众得实惠"为目标的"创先争优"(创建先进基层党组织、争当优秀共产党员)活动,激发各级党组织和党员的活力、动力,引导大家把干劲凝聚到开创新局面上来,凝聚到干事创业上来,聚集到为群众服务上来。

区委要求各党(工)委把"创先争优"活动作为当前基层组织建设的一项重要任务,作为改革发展的重要抓手,切实加强组织领导。全区1 086个基层党组织、22 211名党员参加了"创先争优"活动,参与率将近100%。活动形式丰富多样,各系统各单位从实际出发,以"满意先锋""牵手行动""双树双比"等形式,促进"创先争优"活动全面展开,不断导向深入。

在"创先争优"初见成效以后,区委及时组织领导点评和群众评议,发扬成绩,弥补不足。区、街道和企业共举办了86场点评会,1 240名领导干部参加点评,被点评的党组织1 032家,被点评的党员累计达17 535人,占全区党员的80%左右;全区共召开96场评议会,参与评议的群众达5 200多名,群众的满意率普遍达到95%以上。由上级领导和广大群众参加的点评和评议,给了各级党组织和广大党员"照镜子"的机会,既给他们看到了自己的进步,也给他们找到了自己进一步提高的方向,使"创先争优"活动更加贴近全区的中心工作和上级领导部门的要求,更加贴近社会实际和群众的所思所想,加大了活动的影响力。全区991个基层党组织、17 862名党员向群众公开承诺尽职尽责、高质量办好自己承担的工作任务决心和规划。区机关党组织和党员开展了"机关社区手牵手"活动,机关党组织和党员牵手337户低保边缘户,从物质上和精神上帮助这些"边缘户"走出困境。到年底为止,全区对小区建设、社会保障、社会和谐和高端产业发展等方面的工作进行梳理,发现并办妥了116件重要的惠民实事,受到了广大群众的好评。"创先争优"活动成了广大市民群众认可的"满意工程",区委在此基础上,把"创先争优"活动作为党的建设的一项重要的经常性工作。

|第二节| 建立常态督察机制

一、首次成立常态督察机构

区委、区政府的重大决策,贵在落实,重在实效。区委在总结以往经验教训的基础上,于2009年1月24日在全市率先成立了直属特设机构——督察组,以确保区委、区政府的重大决策和重点工作的落实,实现督察工作专业化、常效化。

区委督察组由区委副书记负总责,与区委纪委合署办公。督察组设立"经济建设""民生工作""和谐社会建设""安全稳定"等4个专项组,进驻8个街道和14个部门(系统)进行常态化督察。经区委授权,督察组拥有批评权、建议权,可参与领导班子和领导干部的政绩考核,可向有关部门提出选任、调整和奖惩建议。

区委书记储永宏在2011年7月24日举行的区第十次党代会上所作的工作报告中说,实施"1+4+8"常态督察,形成责任、督察、考核"三位一体"的落实机制,是区委在科学发展观的指导下不断加强党的建设的一项重要工作。实施常态督察在制度上完善了责任传导机制,增强了各级党员干部的执行力、工作责任心和积极性,为在各项工作中充分发挥党组织的战斗堡垒作用和党员的先锋模范作用搭建了新的平台,推动了党风、政风和社会风气的进一步好转,得到了省委巡视组的充分肯定。

二、创新形式,突出重点,讲究实效

按照区委、区政府的重大决策和中心工作,督察组确定每年的督察重点,并将每个督察重点的具体途径、工作措施、完成时限列成"菜单",按"单"督察,规

范督察流程。这些督察"菜单"及其阶段性督察结果,不仅"开"给区分管领导(部门),而且"开"给责任单位(责任人),使责任单位明确职责,更好地解决以往责任不清、推诿扯皮等问题,保证了所督察的各项工作有序推进。

在制定责任、督察、考核"三位一体"机制的当年即2009年,督察组对财税、拆迁、重点项目建设、城市管理、防汛救灾、维护社会稳定等工作,采取现场观察、开会调查、问卷调查、个别约谈等方式,逐项进行督察,对工作不力的5个责任单位、12位责任人进行了通报批评。2010年督察组会同审计、房产等部门对宁武拆迁公司、创盛拆迁公司、区建设局等单位和部门2007年以来的拆迁工作实施专项督察,针对一些久推不进的工程和烂尾项目发送督察单,提出了整改意见,明确责任主体,落实解决问题的时间节点,促进责任单位形成工作合力,有效地扭转了拆迁工作一度被动的局面。

在区第十次党代会上,区委根据中央和省委、市委反腐倡廉的各项部署,进一步加强对区委、区政府重大决策的监督检查,以确保政令畅通、执行高效。一是突出对创新驱动战略的监督检查。围绕"人才引领、科技创业""制度先试、园区先行"等关键举措,按照目标性任务、鼓励性政策、禁止性要求等不同内容实施有针对性的监督,保证创新驱动战略各项任务按时序进度和品质要求高效推进。二是加强对幸福城区建设的监督检查。幸福城区建设是全区人民的热切期盼。区委要求督察机构围绕事关群众切身利益的重点问题,尤其是对重大民生政策、大额民生资金的使用、重点民生工程的推进,一件件跟进,一项项督查,一桩桩落实,确保把党的温暖真正送到群众手中,确保党的群众工作落到实处。三是强化对领导干部廉洁从政的监督检查。继续抓好党中央、省委、市委和区委制定和颁布的各项廉政要求的贯彻落实,督促领导干部严格自律,把各项廉政要求内化为自身的行动准则,自觉遵守,带头执行准则。

在到2011年底的3年里,督察组向区委、区政府领导和主管部门以及责任单位编发督察文书585份,其中《督察专报》102期、《督察通报》218期、《督察内参》17期、督办通知单和《督察转办单》196份、督察情况汇报52份,沟通了上下左右,增强了各级党组织的执行力和落实力。

第三节 推进干部思想作风的源头治理工作

一、构建重在预防教育的监管体系

根据中央《建立健全惩治和预防腐败体系 2008—2012 年工作规划》的要求，区委经过调查研究，在总结经验教训的基础上，围绕加强执政能力建设，以推进党风廉政建设与经济建设良性互动为出发点，以重在预防、重在教育、重在治本，抓住防止权力异化、规范权力运行两个根本问题，出台了《玄武区建立健全惩治和预防腐败体系 2008—2012 年工作方案及责任分工》，形成了集"教育引导、权力制约、纠风治乱、督办问责、治腐惩戒、协调保障"于一体的具有玄武特色的防腐体系。

区委新构建的干部监管体系，主要内容是建立 4 项机制：

坚持依法依规，构建权力约束机制。一是强化对政府部门的监管，坚持按照《中华人民共和国行政许可法》的要求，规范政府行为，提高依法行政水平，积极推进政府及其部门行政行为的制度化、规范化建设，健全和完善各项行政管理体制制度、考核监督制度、责任追究制度。二是深化行政审批制度改革，建立和健全审批责任制，落实首问责任制、服务承诺制、限时办结制，向社会公布具体审批内容、审批条件、审批程序、审批时限、责任部门和监督渠道。三是规范行业协会和中介机构管理，完善社会资源市场化配置。四是完善政府采购制度，逐步把各种办公用品、设备、公共设施及劳务纳入政府采购范围，实施定点供应商的市场准入和退出机制，在提高采购效率、降低采购成本的同时，堵塞借机"权力寻租""贪污腐败"的漏洞。

突出重点环节，建立健全监督机制。一是加强党内监督，重点是加强对领导机关、领导干部，特别是各级领导班子主要负责人的监督，根据不同层次、不同岗位领导活动的特点，加强对领导班子和领导干部行使权力的监督。二是加强人大法律监督。三是加强政协民主监督，坚持执行政治协商"三在前、三优先"制度，即重大决策要协商在党委决策之前、人大通过之前、政府实施之前，制定经济和社会发展中长期规划要先协商后决策、对重要人事安排和关系人民群众切身利益的重大决策要先协商后决策、制定重要的地方性法规和政府规范性文件要先协商后通过。坚持实行政协委员视察、评议和约谈制度。四是加强职能监督。五是加强群众监督，推行政府信息公告和政情发布制度，拓宽群众参与政府决策的渠道，健全听政制和重大决策群众审议制，落实群众参与权。六是加强新闻舆论监督。重大政策的出台、重要活动的开展和大案要案的查处等重大事项，及时向新闻舆论机构通报，对群众关注的热点、难点问题通过新闻舆论督促有关部门及时解决。

创新评价方法，建立健全廉政激励机制。充分运用对干部考察考核、经济责任审计、责任考核、民主评议、信访举报等方面的信息和结果，把定量评价和定性评价结合起来，科学评价党员干部的廉政情况。对取得突出成绩的单位和个人，进行表彰，除在政治上给予荣誉外，给予一定的物质奖励，充分发挥其在各个层级的导向作用。

注重民意反馈，建立健全测评预警机制。采取设立举报箱、问卷调查等形式，开展民意调查，及时了解人民群众的意见和建议，掌握群众关心的热点问题。深入开展评议机关活动和行风评议工作，注重评议结果的运用。强化信访分析，实行提供警示书等制度，做到早发现、早提醒、早预防、早纠正。

区委期望力争经过3~5年的努力，建成比较完善的与社会主义市场经济体制相适应的教育、制度、监督三者并重的预防和惩治腐败体系，达到全区党员干部廉洁自律的自觉性和拒腐防变的能力明显增强，各级党组织的执政水平不断提高，部门和行业风气普遍好转，人民群众的满意率明显上升的目标。

二、坚持实行群众评议机关制度

区委认为，机关部门和机关干部的作风如何，基层群众最有发言权，要加大企业、街道、基层群众在评议中的权重，真正做到机关部门、机关干部的作风由基层群众来评判。党的十七大以后，区委把群众评议机关活动列为全区作风建设长效机制中的一项重要内容，形成了制度。

玄武区群众评议机关是从2002年纪委组织的"千人评机关"活动演变、发展而来的。这一年，区纪委会同有关部门组织全区200多家企事业单位、街道、系统的代表及部分人大代表、政协委员近千人，对全区49个部门的工作作风、工作态度、工作效率等12个方面进行评议，对机关作风的转变起到了很大的促进作用。

从 2003 年开始，区纪委有计划地开展群众评机关活动，每年评 1 次，评议结果作为年终考核的重要依据，并由区委主要领导在每年的机关作风建设大会上将评议结果进行通报和讲评，扩大评议的社会影响。

2008 年 6 月 6 日，区委决定进一步健全群众评议工作，出台了建立机关作风建设长效机制的主导意见：一是建立健全群众性的评议机制的目的，必须有效地推动机关政务从"管理导向型"向"服务导向型"转变。二是扎实推进重点工作、重点评议对象和重点服务部门作风的专项评议制度，每年在一两个部门或重点项目工程，集中开展专项评议活动（2008 年先在"1912 街区"开展专项评议），让企业和基层群众的意见更直观、更鲜明地体现在评议结果之中。三是建立健全评议成果运用机制。平时考核成绩占 40%，年终考核占 60%，在一定范围内通报考核结果。将评议结果与其他考核挂钩，大力表彰先进的同时敢于追究责任，树立典型，鞭策后进。四是区机关作风建设领导小组每半年向区委常委会汇报一次群众评议的情况，总结和推广经验，不断提高群众评议的水平，增大群众评议的效果。

三、纠风查腐，严格执纪执法

对于干部队伍中出现的不正之风和腐败行为，区委在做好思想教育工作的基础上，一如既往地坚决查处，严惩不贷。

在区委的领导和组织下，区纪委加强与公安、检察、法院、审计等部门的协同配合，发挥各自优势，形成了查处腐败案件的合力。据对区第九次党代会以来的统计，共立案违纪案件 103 件（人），其中：区管干部 12 人，开除党籍 18 人，开除公职 4 人，移送司法机关 3 人；另有 69 名党员干部受到问责处理。通过查处这些案件，为国家和集体挽回经济损失近 3 000 万元。充分发挥党风联络员、行风监督员的作用。通过他们对机关作风，特别是对重点部门、基层站（所）和服务窗口政风的明察暗访，发现问题，督促整改，老百姓的利益得到了有效保护。全区排除阻力推进药房托管改革，药品利润率下降 10%，累计让利患者 1 400 多万元。对工程建设实施专项治理，为国家节约资金 5 134 万元。认真治理党政机关、企事业单位、社会团体"小金库"，查处违规资金近 30 万元。针对群众反响强烈的庆典、研讨会、论坛、达标评比活动过多过滥等问题，区委纪检监察机关进行了专项治理，堵住了大量浪费，纯化了社会风气，其中仅 2009 年就撤销全区党群系统 27 家单位 106 项评比达标表彰活动，节省资金 150 多万元。

2008年10月23日,区委常委会决定在重点工作上实行"三方问责"制。这项新制度规定,凡重点工作①推进不力,落实不到位,群众不满意,造成全局的不良影响,区四套班子中的相关领导、部门主要负责人、街道工委书记都必须承担责任。责任的承担方式为经济处罚或政纪处分。"三方问责"制的实行,逼使各级领导干部把问责的方向从别人引向自己,从客观引向主观,夯实了各级领导肩上的担子,进一步加强了各级领导的工作责任心,推进了他们工作作风和领导方法的转变。

在区第十次党代会上,区委采取措施,部署加大违纪违法案件的查处力度,决定在4类案件上严肃亮剑:一是严肃查办发生在领导干部中以权谋私、失职渎职案件,重点领域和关键环节中的案件,严重违反政治纪律和组织人事纪律案件;二是严肃查办发生在基层政权组织和重点岗位的贪污贿赂、滥用职权、与民争利、侵吞国家和集体财产的案件;三是严肃查办商业贿赂案件,加大对行贿行为的处罚力度;四是严肃查办阻碍创新驱动战略实施的案件。在"亮剑"过程中,区委充分运用现代科教手段,丰富基层党风廉政建设网络平台功能,弘扬先进,鞭挞丑恶,在全区营造风清气正、崇廉耻贪、奋发争先的良好氛围。

---

① 重点工作是指:1. 重点建设项目、招商引资、组织税收等经济工作;2. 民生事业、城市管理、和谐社会等社会建设工作;3. 群众来信来访、平安玄武等社会稳定工作;4.《文明创建三年行动计划》等重要任务,以及区委、区政府确定的其他重点工作。

结束语

从 1978 年 12 月到 2012 年 11 月，从十一届三中全会后拨乱反正到十八大提出"全面建成小康社会"，玄武区像全国一样经历了翻天覆地的变化。在区委领导下，广大党员干部群众高举社会主义旗帜，不断解放思想，勇于探索和创新，物质文明建设和精神文明建设取得了一个又一个胜利，谱写了玄武区发展史上的华彩篇章。

玄武区这 34 年的巨变，大致可分为 3 个阶段：

从 1978 年至 1992 年，医治"文化大革命"的创伤，启动改革开放。"文化大革命"后，百废待兴，百事待举，区委贯彻执行十一届三中全会精神，在千头万绪的工作中紧紧抓住"一个中心、两个基本点"（一个中心：以经济建设为中心；两个基本点：坚持四项基本原则和坚持改革开放）开展工作。经过"实践是检验真理的唯一标准"的学习和讨论，广大干部群众正本清源，把被"四人帮"颠倒了的是非纠正过来。全区不失时机启动改革开放，扩大企业自主权，建立多种形式的经济责任制，大力发展横向联合，简政放权，搞活企业，调动企业和职工的积极性，较好地解决了"职工吃企业的大锅饭"和"企业吃国家的大锅饭"问题。区委坚持"两手抓"，一手抓经济建设，一手抓精神文明建设，全区城市建设和各项社会事业同步发展。在摆脱了"文化大革命"后 3 年间在前进中徘徊的状态之后，经济社会发展迅速进入了良性循环。

从 1992 年至 2002 年，解放思想，坚持发展才是"硬道理"，改革开放步步深化，经济社会快速发展。邓小平南方谈话和确立邓小平建设有中国特色社会主义理论在全党的指导地位，为区委和各级党组织在改革和发展等重大问题上冲破传统观念和"左"的思想束缚提供了强大的精神武器，进一步明确了前进的路子和方向。区委调整工作思路，加快企业经营机制转换和推进企业产权制度改革，大力培育社会主义市场经济体系，实施"科教兴区、市场兴区、共同发展"三大战略，使经济实力大为增强。全区提前超额完成"八五""九五"计划、顺利实施"十五"计划，带着两个文明建设的丰硕成果进入 21 世纪。这个 10 年，是玄武区历史上发展速度最快、经济效益最好、区域环境改善最为显著、特色工作影响最广的时期。

从2002年至2012年,继往开来加快现代化建设,向率先全面建成小康社会的目标迈进。区委按照党的十六大和十七大精神,以邓小平理论和"三个代表"重要思想为指导,学习践行科学发展观,推进和谐社会建设。各级党组织和广大干部群众响应区委提出的"发展要有新思路,改革要有新突破,开放要有新局面,工作要有新举措"的号召,精神面貌为之一新。区委果断地利用优质资源,构建"一园两带三区"的发展新框架,制定产业发展新方略,坚定不移地走创新驱动、内生增长、绿色发展之路,增强了全区经济实力,增强了全区经济社会发展的韧劲。需要特别指出的是,2003年区委举全区之力,打赢了抗击突如其来的非典型肺炎(简称"非典")疫情的阻击战;2008年和2009年区委和各级干部主动作为,又成功应对了世界金融危机的挑战,确保了全区经济社会持续向好发展。

纵观34年的战斗历程,虽然有崎岖,有曲折,但又好又快地发展是主旋律。区委和全区干部群众收获的不只是区域面貌的巨变,不只是经济社会的蓬勃发展,更重要的是提高了执行党的路线、方针、政策的自觉性,增强了执政能力和协调社会各方发展的能力。至少有5个方面的经验是值得总结和应该继续发扬的:

一是在任何情况下都必须坚持认真学习、吃透中央精神,在思想上、行动上时时刻刻同中央保持一致。"保持一致",是每一个共产党员和各级党组织坚强的理想信念的标志,是夺取革命和建设胜利的根本保证,当然也是党的纪律所规定的每一个共产党员必须做到的基本要求。改革开放以来,党的每一次代表大会之后,区委都结合玄武区的思想实际和工作实际,列出学习专题,通过多种形式,组织和引导全区干部群众掀起学习热潮,使中央精神家喻户晓,深入人心。区委常委和区委中心学习组率先垂范,带头学习,掌握中央精神精髓,严格要求机关各部门、各系统和各街道排除干扰,以中央精神指导实践,推动各项工作在正确的轨道上不断取得新成果。

二是必须坚持"以人为本"的执政理念,依靠群众,相信群众,踏踏实实为群众谋利益。区委多次对各级干部进行"为人民服务"的再教育,提出了"用干部的行动把党的政策变成群众的掌声"的响亮口号,无论制定改革和发展的政策措施、实施城市改造、建设和谐社区、为群众办好事办实事,还是与人民群众深恶痛绝的以权谋私、执法犯法等腐败行为作斗争,都把群众参与、群众评判、群众受益作为前提,使人民群众成为改革、发展的最终得益者。正如区第十次代表大会的工作报告所说，只有充分尊重群众意愿，充分保障群众利益，充分发挥群众的积极性，党和政府的各项决策才能转化为群众的自觉行动，各项事业才能无往而不胜。

三是必须坚持"两手抓"，两手都要"硬"。"两手硬"是包括玄武区在内的许多地方付出了不小的代价取得的经验教训。在中央、省委、市委的领导下，区委在坚持以经济建设为中心的同时，结合形势的发展，多次进行坚持"四项基本原则"的教育，开展"五讲、四美、三热爱"活动，改进思想政治工作，加强民主法制建设，制定一系列加强精神文明建设的制度，加大对精神文明建设的投入，保证了全区物质文明建设和精神文明建设互相促进、同步发展、相得益彰。现在，"两手抓、两手硬"已成为广大干部群众的共识，成为区委和各级党组织开展工作必须遵循的铁律。

四是必须坚持从实际出发，实事求是，与时俱进。作为全市最大的中心城区，玄武区的发展具有标志性意义。区委深感肩上的重担，以自身思想的不断解放，不断自加压力，不断提升奋斗目标。从区第五次党代会提出建设"花园式文明区"、第六次党代会提出"区街经济上一个新台阶"、第七次党代会提出"'十五'继续翻一番"、第八次党代会制定跨世纪发展新目标、第九次党代会确定构建"一园两带三区"发展新框架，到区第十次党代会提出"建设现代化国际性人文绿都标志区"，全区经济社会发展一步一步向高位攀升。显然，区委以永不满足的进取意识，保持与广大干部群众"一起向前看""一切向前看"的精神状态，必定能创造新的辉煌。

五是必须坚持"党要管党"，把党的思想建设、组织制度建设和作风建设放在区委工作首位，不断提高党的执政能力。20世纪80年代初，区委针对长期受"左"的错误思想影响特别是"文化大革命"造成的严重后果，在全体党员中开展争做合格党员活动，严格执行中央纪委制定的《关于党内政治生活的若干准则》，认真处理了一批不合格党员，集中解决了领导班子"软""散""懒"问题，为以后党的建设打下了良好的基础。随着改革开放的深化，区委进行了全面整党，在领导干部和领导班子中开展了以"讲学习、讲政治、讲正气"为主要内容的党性党风教育，开展了以"三个代表"重要思想为主要内容的坚持共产党员先进性教育活动和学习实践科学发展观活动，加强了以完善预防腐败体系为重点的反腐倡廉建设，不断为党的肌体注入新活力。党员队伍素质大为提高，各级党组织的领导水平和执政能力大为提高，党的政治核心领导作用得到充分发挥，为玄武区经济社会发展提供了坚强的组织保证和领导保证。

中国共产党南京市玄武区历史
（1978-2012）

2012年11月召开的党的十八大，是在我国进入全面建成小康社会的决定性阶段召开的一次十分重要的会议。坚持和发展中国特色社会主义是大会贯彻始终的主线。大会根据我国经济社会发展实际，确定了"在中国共产党成立一百年时全面建成小康社会""在新中国成立一百年时建成富强民主文明和谐的社会主义现代化国家"的宏伟目标。十八大以后，玄武区和全市其他区、县一样，围绕实现社会主义现代化和中华民族伟大复兴的总任务，相继展开一系列理论创新和实践创新活动，拉开了建设有中国特色社会主义新时代的大幕。

2012年12月3日，区委召开十届八次全委（扩大）会议，联系玄武区实际学习贯彻十八大精神，落实省委、市委根据十八大精神提出的新要求。区委研判了面临的新形势后认为，随着十八大精神的贯彻落实，以创新驱动为主要特征、以转型升级为重要抓手的新一轮科学发展全面提速，为玄武区率先于全市实现基本现代化大业增添了强劲动力，玄武区仍然处于大有可为的战略机遇期。伴随着"青奥"节点的来临，国内外优质资源加速集聚，全区项目投入逐年攀升、载体功能日臻完善、承载能力明显增强、服务要素集成、高端产业集聚所形成的比较优势和累积的发展能量将在今后一段时期持续释放，为整合各方要素、全面"转型""提升"创造了良好条件。全区正迎来黄金发展期，迈入了快速上升期。区委也清醒地看到，由于全市发展格局的深刻变化，玄武区面临着空间资源受限、经济转型阵痛、利益诉求多元的挑战。全委（扩大）会议决定将"转型""提升"作为玄武区率先实现基本现代化大业、建设现代化国际性人文绿都标志区的一以贯之的工作主题，以国际化、高端化、特色化为主导策略，在创业创新、空间集约、生态人文、服务品质、民生幸福和党的建设等6个方面，奋力走在全市或全省的前列。全委（扩大）会议号召全区各级党组织和广大党员干部群众，在十八大精神指引下，凝心聚力，争先率先，开创现代化国际性人文绿都标志区建设新局面。

建设社会主义现代化强国，梦圆中华民族伟大复兴，是又一次无比壮丽的"万里长征"。可喜的是玄武区迈出了成功的第一步，取得了良好的开端。过去的一切已经结束，新的一切尚待开始。在新长征路上，尽管会有乱云飞渡，风吹浪打，但我们坚信，在习近平新时代中国特色社会主义思想的指导下，在党中央、省委、市委的正确领导下，区委凭着多年积累的丰富的执政经验，凭着已经取得的雄厚的物质基础，一定能够带领全区人民谋新篇、开新局，排除一切艰难险阻，在75.46平方千米的玄武大地上画出更新更美的画图。

附 录

玄武区 1—10 次党代表大会

第一次代表大会

时　间：1956 年 4 月 11 日

大会工作报告：

陈少瑞：《在中国共产党南京市玄武区第一次代表大会上的报告》

中共南京市玄武区第一届委员会组成人员：

委　员：

于敬芝（女）	孔学仕	朱　虹（女）	衣国章	李　明
李连荣	李忠林	汤俊通	宋英华（女）	吴仲三
时　光	陈少瑞	周国胜	周　群	吴淑坤（女）
胡行之	董先锋（女）	徐寿彭	高庆华	黄少甫
傅建安				

候补委员：

田淑贞（女）	孙军大	孙玉定	陈仲调	张月英（女）
张苏影	闻广玉	赵正庭	唐保清	

常　委：

于敬芝（女）	李　明	时　光	周国胜	陈少瑞
高庆华	黄少甫			

书　记：陈少瑞

副书记：李　明　高庆华

第二次代表大会

时 间：1970年10月9日至10月10日

大会工作报告：

王砚农：《高举毛泽东思想伟大红旗，加强党的领导，为进一步巩固和加强无产阶级专政而斗争》

中共南京市要武区第二届委员会组成人员：

委 员：

王砚农（军）	王子威（军）	王焕益（军）	王 德（军）	王秋生
尹洪云（军）	孔学仕	韦生贵	邓秀梅（女）	孙 忠（军）
李意刚（女）	宋 杰（女）	张春荣	吴 瑾（女）	洪月白（女）
胡文辉	姚 武	高顺源	储凤涛	臧振珉
鲁文慈（女）				

常 委：

| 王砚农（军） | 李意刚（女） | 孙 忠（军） | 尹洪云（军） | 王子威（军） |
| 臧振珉 | 孔学仕 | | | |

书 记：王砚农（军）

副书记：李意刚（女）

第三次代表大会

时 间：1978年12月26日至12月28日

大会工作报告：

王炳凯：《把党的工作重点切实转移到社会主义现代化建设上来，更好地为生产服务为职工群众生活服务》

中共南京市玄武区第三届委员会组成人员：

委 员：

于敬芝（女）	于顺浪	王 亮	王子威	王炳凯
王雪珍（女）	刘 忠	杜师岳	沈荣昌	时 光
陆贵祥	吴 瑾（女）	杨莲菊（女）	郑光成	周忠恭
洪月白（女）	洪 流	唐伦庆	晨 钟	秦邦和
郭思贵	郭勇杰	袁振青	黄少甫	谢子新
彭 英	滕瑞卿（女）			

候补委员：

王士兰(女)　　毕先民　　　衣国章　　　何金星　　　吴仲三

吴品直(女)

常　委：

王炳凯　　　袁振青　　　郭思贵　　　于敬芝(女)　　晨　钟

洪　流　　　谢子新　　　王　亮　　　刘　忠　　　　滕瑞卿(女)

王子威

书　记： 王炳凯

副书记： 袁振青　郭思贵　于敬芝(女)

第四次代表大会

时　间： 1984年8月29日至9月1日

大会工作报告：

王　亮：《振奋精神　开拓前进　努力开创各项工作新局面》

中共南京市玄武区第四届委员会组成人员：

委　员：

王　亮　　　王　勇　　　王美英(女)　王雪珍(女)　王道明

邢后望　　　孙　勋　　　朱鼎川　　　李则斌　　　李向群(女)

李树茂　　　陈书林　　　余建东　　　周　强　　　赵宜民(女)

洪瑞琰　　　祝　辉　　　离桂英(女)　晨　钟　　　蒋来先

候补委员：（以得票多少为序）

任文英(女)　杨　曦　　　陈发银　　　任兆清

常　委： 王　亮　李向群(女)　朱鼎川　陈书林　赵宜民(女)　祝　辉

书　记： 王　亮

副书记： 李向群(女)　朱鼎川

第五次代表大会

时　间： 1987年8月17日至8月20日

大会工作报告：

李向群：《团结奋斗　求实创新　加快各项改革和两个文明建设步伐》

中共南京市玄武区第五届委员会组成人员：

委　员：

王　亮	王　勇	王美英(女)	孙　勋	朱龙生
朱久英(女)	朱鼎川	任兆清	李则斌	李向群(女)
李树茂	陈书林	余建东	周　卫	杨福明
祝　辉	柳家文	高桂英(女)	畦世达	费永远

候补委员：

| 王雪珍(女) | 杨国民(女) | 章重明 |

常　委：

| 李向群(女) | 陈书林 | 朱龙生 | 杨福明 | 费永远 |
| 余建东 | 畦世达 | 祝　辉 | 李树茂 | |

书　记： 李向群(女)

副书记： 陈书林　朱龙生　杨福明

第六次代表大会

时　间： 1990年8月20日至8月23日

大会工作报告：

李向群：《坚持党的基本路线　团结依靠全区人民　夺取玄武区改革与建设的新胜利》

中共南京市玄武区第六届委员会组成人员：

委　员：

王　勇	叶万兴	朱鼎川	任　淮	任兆清
齐永保	李向群(女)	李树茂	杨福明	杨源泽
沈永宽	陈　勋	陈书林	陈怀根	陈绍明
姜洪鲁	祝　辉	费永远	徐祖培	高桂英(女)
畦世达				

候补委员：

| 王美英(女) | 许卫宁 | 金相硕 | 李嘉敏(女) |

常　委：

| 李向群(女) | 任　淮 | 徐祖培 | 叶万兴 | 杨福明 |
| 费永远 | 畦世达 | 李树茂 | 祝　辉 | |

书　　记：李向群(女)

副书记：任　淮　徐祖培　叶万兴

第七次代表大会

时　　间：1994年7月20日至7月23日

大会工作报告：

赵大平：《学习理论　解放思想　深化改革　加快发展　夺取玄武区两个文明建设新胜利》

中共南京市玄武区第七届委员会组成人员：

委　　员：

王克麟	王学智	戎　江	任　淮	任兆清
许卫宁	李树茂	杨源泽	吴金珠(女)	沈永宽
陈　勐	纵经民	赵大平	赵宜民(女)	姜洪鲁
费永远	徐传德	徐祖培	黄正亮	黄亚玲(女)
窦汉生				

候补委员：

杨意中(女)	吴百辉	李天成	杨冬梅(女)

常　　委：

赵大平	任　淮	徐祖培	徐传德	窦汉生
费永远	黄正亮	李树茂	纵经民	

书　　记：赵大平

副书记：任　淮　徐祖培　徐传德

第八次代表大会

时　　间：1999年7月21日至7月23日

大会工作报告：

任　淮：《面向新世纪　迎接新挑战　努力开创两个文明建设新局面》

中共南京市玄武区第八届委员会组成人员：

委　　员：

王　旭	王付荣	车明军	戎　江	任　淮
任兆清	许卫宁	孙建和	杨太兰(女)	杨意中(女)
李永革	吴金珠(女)	沈永宽	宋晓辉(女)	陆必坤

陈　勐　　　　黄亚玲(女)　　黄正亮　　　　黄增余　　　　梁广宏
曾宪翔

候补委员：

李天成　　　　叶家国(女)　　吴百辉　　　　孙康龙

常　委：

任　淮　　　　曾宪翔　　　　黄正亮　　　　吴金珠(女)　　陆必坤
王付荣　　　　梁广宏　　　　黄增余　　　　孙建和

书　记：任　淮

副书记：曾宪翔　黄正亮　吴金珠(女)

第九次代表大会

时　间：2004年11月28日至11月30日

大会工作报告：

陆　冰：《全面贯彻落实科学发展观　切实提高党的执政能力　为建设富裕文明的现代化玄武而努力奋斗》

中共玄武区第九届委员会组成人员：

委　员：

陆　冰　　　　傅　成　　　　陆必坤　　　　张　萍(女)　　梁广宏
王海宏　　　　宋晓辉(女)　　杨晓阳　　　　汤　政　　　　易　兵
王敬玲(女)　　刘显平　　　　孙康龙　　　　苏宇红(女)　　李永革
吴为民　　　　张利明　　　　姚正陆　　　　顾小荣　　　　徐　春
曹　曙　　　　曹谦荣　　　　蒋　健

候补委员：

杨冬梅(女)　　王　东　　　　许　恺　　　　吴　炜

常　委：

陆　冰　　　　傅　成　　　　陆必坤　　　　张　萍(女)　　梁广宏
王海宏　　　　宋晓辉(女)　　杨晓阳　　　　汤　政　　　　易　兵

书　记：陆　冰

(2006年4月4日至2011年5月，单景南任区委书记；2011年6月起，储永宏任区委书记)

副书记：傅　成　陆必坤　张　萍(女)　梁广宏

第十次代表大会

时　间：2011年7月24日至7月26日

大会工作报告：

储永宏：《率先发展　科学发展　和谐发展　为建设现代化国际性人文绿都标志区而努力奋斗》

中共玄武区第十届委员会组成人员：

委　员：

王　东	王　静（女）	王少华	苏　郑（女）	李玉鹏
杨乐华	杨冬梅（女）	邱小凡	张　杰	张　萍（女）
张仲金	张连春	易　兵	周　雯（女）	宗在卿
胡士宁	姚正陆	徐晓洁（女）	徐曙海	曹　曙
梁广宏	蒋　健	储永宏	蓝　军	滕　涛

候补委员：

| 黄栋林 | 戴康顺 | 马千山 | 李大海 | 王敬玲（女） |

常　委：

储永宏	徐曙海	邱小凡	易　兵	杨乐华
曹　曙	苏　郑（女）	王　静（女）	宗在卿	周　雯（女）
滕　涛				

书　记：储永宏

副书记：徐曙海　邱小凡

在第一次党代会召开之前，从1949年6月至1956年4月，玄武区区级党的组织机构为1949年6月18日成立的中共南京市第一区工作委员会，为南京市委的派出机构。夏冰流、黎靖、黎民、陈少瑞先后任工委书记，郑康、李健民、赵瞻、高庆华先后任工委副书记，陈少瑞、高庆华、李明、于敬芝（女）、吕建华为工委常务委员。

后 记

经过前后 8 年多的努力，《中国共产党南京市玄武区历史（1978—2012）》出版了。

这本党史书稿，是在玄武区委直接领导下，在省委、市委党史工作办公室指导下，在区相关部门的支持、帮助下，汇集各方智慧和力量，通力合作的成果。2014年初，区委党史办成立了由党史办工作人员、聘请的退休老同志以及相关专家学者参加的编写组，在时任区委常委、组织部部长梁爱国的领导下，由党史办主任钱钦民牵头，栾震、余蔚民、宋洪兵等历届党史办主任参与，一起商讨书稿编写事宜。

本书稿的编写工作分两段时间进行。2017 年底前完成 1978 年至 2002 年部分后，根据上级党史办的要求，书稿的时间下限延长至 2012 年党的十八大召开。其间，因为向中国共产党成立 100 周年献礼，编写组投入编写新中国成立前地下党在玄武区的斗争史料《红色玄武 30 年（1919—1949）》书稿，暂时停止了本书稿的编写工作。2021 年 10 月，《红色玄武 30 年（1919—1949）》出版以后，编写组重新启动本书稿的编写工作。2022 年底本书稿初步完成后，编写组先后征求了市委党史办、区委区政府相关部门和部分老同志的意见，在综合各方面意见的基础上，又对全书内容进行了多次较大的调整和修改。2023 年初，经市委党史办和区委审核批准，全书最后定稿。

为了力求全面、准确地反映这一时期玄武区委带领全区人民进行现代化建设的工作实际，编写组学习和吸取《中共南京市玄武区地方史（1949—1978）》的编写经验，参照了南京市其他区、县编写党史的思路和方法，注意处理好 4 个关系：一是述和评的关系。以记述为主，以评说为辅，书稿主要记述历届区委贯彻落实中央和省、市委的方针、政策所做的工作和取得的成果，辅以简要点评，一般不作专题评说。二是共性和个性的关系。书稿在记述区委贯彻执行上级党委统一部署的任务的同时，突出记述区委从玄武区实际情况出发作出的决策和制定的措施，充分体现玄武区的工作特色。三是连续性和阶段性的关系。区委的许多工作，如党的建设，发展教、科、文、卫等社会事业，等等，都贯穿整个历史阶段。书稿紧扣这些工作的主线，注重挖掘和记载各个阶段的工作重点和工作特点，从而反映各项工作和各项社会事业的发展和深化。四是主流和支流的关系。书稿以绝大部分篇幅记述区委的工作措施和成绩，对工作中的不足甚至失误，也根据区历届党代会报告的精神加以记录，实事求是总结历史经验，以更好地"以史为鉴"。此外，随着经济社会的发展，客观环境发生了变化，党和政府对一些具体工作的方针、政策作了调整，比如人口生育政策，为扩大就业而鼓励居委会兴办经济实体，等等。这些方针、政策的变化是党的历史的一个组成部分，书稿记录这些变化，有益于读者更深刻地看到玄武区发展的艰难和曲折，更全面地认识国情、区情。

本史稿的时间跨度为 34 年，其间区委召开了 8 次党代表大会（第三次至第十次）。本史稿叙事以区历次党代表大会的决策和工作部署为经线，列"拨乱反正与改革开放起步""开创改革开放和城区工作新局面""初步建立社会主义市场经济体制""继往开来，加快社会主义现代化建设""夺取全面建设小康社会新胜利"等 5 编共 20 章。第一编的第一、二、三、四章由华惠毅执笔；第二编的第五、六、七章由周大玮执笔，第八章由乙维清执笔；第三编的第九、十、十一、十二章由周建安执笔，第十三章由乙维清执笔，第四编的第十四、十五、十六章和第五编的第十七、十八、十九、二十章以及结束语由华惠毅执笔。全书由华惠毅统稿。区党史办孟进、张伟、张海峰和郑晔等同志为书稿编写做了大量的资料整理、内外协调和后勤保障等方面工作，付出了辛勤劳动。

在编写过程中，编写组得到了区委办公室、区人大常委会办公室、区政府办公室和区政协办公室、区纪委、区委宣传部、区发改局、区档案局、区总工会、区妇联等部门、单位的大力支持和具体帮助，他们给编写组提供了大量的文件、调查报告、原始记录、工作简报、领导人的讲话记录，为编写组对重要历史资料进行比对和考证创造了条件。在此，一并表示感谢。

由于受编者的思想、政策、业务水平所限，书稿中疏漏与不当之处在所难免，敬请批评指正。

编写组

2022 年 12 月